„Reichsbürger"

Dirk Wilking (Hg.)

**Demos – Brandenburgisches
Institut für Gemeinwesenberatung**

„Reichsbürger"
Ein Handbuch

3. Auflage

Gefördert durch:
Tolerantes Brandenburg
Landespräventionsrat Sicherheitsoffensive Brandenburg
Landespräventionsrat Sachsen

Demos – Brandenburgisches Institut für Gemeinwesenberatung
in Trägerschaft von „Demokratie und Integration Brandenburg e.V."
Geschäftsstelle:
Zum Jagenstein 1
14478 Potsdam
Tel.: 0331/740 62 46; 0173/648 95 81
Fax: 0331/740 62 47
E-Mail: geschaeftsstelle@big-demos.de
www.gemeinwesenberatung-demos.de

Titelbild: © Oliver Feldhaus, 2014
Satz: Ralph Gabriel, Berlin
Druck: Brandenburgische Universitätsdruckerei
und Verlagsgesellschaft Potsdam mbH

ISBN: 978-3-00-055980-8

Inhalt

Vorwort zur 3. Auflage 7
Vorwort zur 1. Auflage 9

Teil 1
Das Phänomen der „Reichsbürger"

Michael Hüllen, Heiko Homburg
    „Reichsbürger" zwischen zielgerichtetem Rechtsextremismus,
    Gewalt und Staatsverdrossenheit 15
Jan-Gerrit Keil
    Zwischen Wahn und Rollenspiel – das Phänomen
    der „Reichsbürger" aus psychologischer Sicht 54

Teil 2
Der Umgang mit „Reichsbürgern" in der Verwaltungspraxis
aus juristischer Sicht

Christa Caspar, Reinhard Neubauer
    Durchs wilde Absurdistan: Was zu tun ist, wenn „Reichs-
    bürger" und öffentliche Verwaltung aufeinandertreffen 119
Reinhard Neubauer
    „Malta Inkasso": „Wer wird Millionär?"
    in der „Reichsbürger"-Variante 208

Teil 3
Das „Reichsbürger"-Milieu in Brandenburg

Dirk Wilking
    Die Anschlussfähigkeit der „Reichsbürger" im ländlichen
    Raum aus der Sicht des Mobilen Beratungsteams im
    Brandenburgischen Institut für Gemeinwesenberatung 221

Yasemin Désirée Krüger
Das „Reichsbürger"-Milieu in Brandenburg aus
demokratietheoretischer Perspektive 244

Teil 4
Vergleich der „Reichsbürger" mit den „souveränen Bürgern" in den USA

Trystan Stahl, Heiko Homburg
„Souveräne Bürger" in den USA und deutsche „Reichsbürger" –
ein Vergleich hinsichtlich Ideologie und Gefahrenpotenzial 263

Verzeichnis der Autoren und Herausgeber 287

Vorwort zur 3. Auflage

Nachdem die 2., unveränderte Auflage des im Sommer 2015 erstmals veröffentlichten Bandes schnell vergriffen war, erschien wegen der anhaltend großen Nachfrage und neuer Entwicklungen eine überarbeitete und erweiterte Neuauflage angezeigt. Die beiden Vorauflagen erfuhren in den Medien eine große Aufmerksamkeit. Die seltene Situation, dass ein Fachbuch bundesweit wiederholt sogar Eingang in der Tagespresse findet, lässt ein Zunehmen des Phänomens der „Reichsbürger" mehr als deutlich werden. Die kommunikative Bewältigung von „Reichsbürgern" ist in Wissenschaft und Praxis nach wie vor ein unterbelichtetes Thema. Regelmäßig werden z.B. in Konfliktbewältigungsseminaren „nur" die gewöhnlichen Querulanten berücksichtigt, nicht aber die Gruppe der „Reichsbürger", die abwegig argumentieren und an einer Problemlösung überhaupt nicht interessiert sind, sondern die Konfliktlage nur weiter vertiefen möchten. Die außerordentlich große Nachfrage an dem Band hat vermutlich auch mit den aktuellen Ereignissen zu tun. Im Zuge der sog. Flüchtlingsdebatte kam es im Jahr 2015 entlang der Pegida- und AfD-Anhängerschaft zu einer deutlich spürbaren Delegitimation staatlicher Institutionen, es wurde ein Konstrukt der „Uneigentlichkeit" geschaffen. Die „Lügenpresse" erhalte Anweisungen vom Staat, der wiederum von externen Kräften gesteuert werde, um einen biologischen und kulturellen Machtwechsel in Deutschland zu verursachen. Entsprechend wurden und werden Veranstaltungen und Demonstrationen in diesem Milieu auch von „Reichsbürgern" angemeldet. In diesem Klima entstanden nicht nur weitere solcher „Reichsbürger"-Gruppen, sondern es steigt auch die Militanz gegen Polizei und Behörden. Bewaffnete Auseinandersetzungen und brutales Vorgehen gegen Polizisten und andere Exekutivbeamte steigen quantitativ und qualitativ und Tendenzen zur Selbstjustiz werden sichtbar. Im Oktober 2016 verletzte ein „Reichsbürger" im bayerischen Georgensgmünd mit mehreren Schüssen vier Polizisten, von denen einer den schweren Verletzungen am Folgetag erlag.

Die vorliegende 3. Auflage ist weiterhin dem Ziel verpflichtet, ein brauchbares Handbuch vorzulegen. Der Titel „Reichsbürger" wurde nicht in „Reichsbürger/Selbstverwalter" geändert, auch wenn inzwischen die „Selbstverwalter" zunehmend in einem Atemzug mit den „Reichsbürgern" genannt werden. „Reichsbürger" und „Selbstverwalter" werden hier als Teile des gleichen Phänomens betrachtet, zumal in der Realität die Phänomene selten trennscharf auseinanderdividiert werden können. Sowohl das Milieu der Akteure ist hier derzeit identisch als auch die Zielgruppe der Verwaltungen. Es scheint aber einen ersten Trend zu geben, dass sich die Gruppen zunehmend des „historischen Ballastes" unterschiedlichster „Verfassungen" zugunsten einer radikal reklamierten Eigenstaatlichkeit entledigten. Diese Entwicklung ist aber noch nicht so klar, dass sie derzeit ein eigenes Kapitel begründen könnte. Es wird in der 3. Auflage auch an der Gliederung des Bandes in vier Teile festgehalten:

Im *Teil 1* steht zunächst das Phänomen der „Reichsbürger" unter Berücksichtigung aktueller Entwicklungen im Blickpunkt. Michael Hüllen und Heiko Homburg erörtern aus der Sicht des Verfassungsschutzes Brandenburg die Vielfalt der Gruppierungen und deren Handlungsansätze. Jan-Gerrit Keil betrachtet die Akteure aus psychologischer Sicht und teilt sie anhand ihrer Persönlichkeitsmuster in verschiedene Gruppen ein. Er beschreibt die verschiedenen Abstufungen des „Reichsbürger"-Daseins von der wahnhaft kranken Persönlichkeitsstörung ohne Fähigkeit zur Krankheitseinsicht auf der einen Seite hin bis zum politischen Provokateur auf der anderen Seite, der sich seines perfiden Rollenspiels sehr wohl bewusst ist.

Im Gegensatz zu den Vorauflagen findet sich im *Teil 2* nicht nur der Beitrag von Christa Caspar und Reinhard Neubauer zum Umgang mit den „Reichsbürgern" in der Verwaltungspraxis aus aktueller juristischer Sicht, sondern es wurde hier ein weiterer Beitrag von Reinhard Neubauer neu in den Band aufgenommen. Dort werden Empfehlungen für den Umgang mit der derzeit in der Praxis immer öfter in Erscheinung tretenden Bedrohung durch „Malta Inkasso" gegeben.

Das „Reichsbürger"-Milieu in Brandenburg wird im *Teil 3* dargestellt. Dirk Wilking zeichnet die langjährigen Erfahrungen des Mobilen Beratungsteams im Brandenburgischen Institut für Gemeinwesenberatung mit der regionalen Szene in Brandenburg nach. Neu ist hier ein Beitrag von Yasemin Désirée Krüger in die 3. Auflage aufgenommen worden, die das „Reichsbürger"-Milieu in Brandenburg aus demokratietheoretischer Perspektive betrachtet.

Im *Teil 4* ziehen Trystan Stahl und Heiko Homburg einen Vergleich der deutschen „Reichsbürger" zu den „souveränen Bürgern" in den USA und zeigen erstaunlich viele Gemeinsamkeiten auf.

Zu guter Letzt zum einen der Hinweis, dass die Aufsätze die Auffassung der verschiedenen Autoren bzw. Institutionen wiedergeben, und zum anderen der Gender-Hinweis: In dem Band ist die weibliche Form der männlichen Form gleichgestellt; lediglich aus Gründen der Vereinfachung und Lesbarkeit wurde die männliche Sprachform gewählt.

Die 3. Auflage haben die Koordinierungsstelle „Tolerantes Brandenburg", der Landespräventionsrat Sicherheitsoffensive Brandenburg und der Landespräventionsrat Sachsen gefördert. Ohne diese finanzielle und die aktive

Unterstützung aus den Ministerien und Verwaltungen des Landes Brandenburg und des Freistaates Sachsen hätte es keine Neuauflage gegeben. Ihnen allen sei herzlich gedankt.

Potsdam, im Dezember 2017   *Dirk Wilking*

Vorwort zur 1. Auflage

Dieser Band ist das Resultat einer langjährigen Zusammenarbeit des Städte- und Gemeindebundes Brandenburg, des Landkreistages Brandenburg, des Verfassungsschutzes Brandenburg, des Landeskriminalamtes Brandenburg, des Mobilen Beratungsteams im Brandenburgischen Institut für Gemeinwesenberatung, der Polizeifachhochschule Brandenburg, der Brandenburgischen Kommunalakademie und der Mitarbeiter der brandenburgischen Landes- und Kommunalverwaltungen. Erfreulicherweise beteiligt sich auch der Verfassungsschutz Sachsen an dem Band, weil dort ein ähnlicher Problemdruck besteht.

Seit dem Jahr 2009 fanden zunächst in Oranienburg (später auch in anderen Städten des Landes) Informationsveranstaltungen zu verschiedenen Themen des Rechtsextremismus speziell für Mitarbeiter von Verwaltungen statt. Aus den inzwischen neun thematischen Veranstaltungsreihen sticht die zum Thema „Reichsbürger" deutlich heraus. Denn die Resonanz war so hoch, dass zahlreiche weitere Veranstaltungen folgten. In den Jahren 2012 bis 2014 nahmen rund 2.000 Bedienstete der Landes- und Kommunalverwaltungen daran teil. „Reichsbürger" sind zugegebenermaßen nicht das Zentrum der rechtsextremen Probleme im Lande. Sie sind nicht einmal durchgängig rechtsextrem. Der sehr hohe Informationsbedarf bei Verwaltungsmitarbeitern hat aber einen durchaus nachvollziehbaren Grund. In den Amtsräumen des Landes finden sich viele Meter Akten, die sich mit entsprechenden Eingaben und Anschreiben beschäftigen. Es gibt sogar „Todesurteile" und Bedrohungen. Die Probleme der betroffenen Mitarbeiter wurden offenbar durch die Veranstaltungen angesprochen und (hoffentlich) auch zufriedenstellend behandelt. Es gebührt den beteiligten Institutionen Dank, dass sie sich auf dieses „exotische" Feld eingelassen haben und – trotz im Vorfeld geäußerter Skepsis – die Praktiker haben machen lassen. Auch für die beteiligten Referenten war es ein zunächst mühsames Unterfangen, sich in die bizarr anmutenden Gedankenwelten der „Reichsbürger" einzulassen.

Der vorliegende Band wendet sich sowohl an jene Menschen in den Verwaltungen, die an den Veranstaltungen teilgenommen haben, an jene, die keinen Platz mehr bekommen haben, als auch an jeden anderen Interessierten. Es wurde versucht, die Texte so zu gestalten, dass ein praktikables Handbuch zur Verfügung steht, das auch für den Verwaltungsalltag allgemein tauglich ist. Mittlerweile hat sich das Thema ebenfalls bundesweit etabliert. Und spätestens mit den sog. Montagsdemonstrationen sowie dem Auftreten des Popmusikers Xavier Naidoo haben „Reichsbürger" sogar in der nationalen Presse große Resonanz gefunden.

Die Texte gruppieren das Thema nach sich ergänzenden Themenbereichen. Michael Hüllen, Heiko Homburg und Yasemin Désirée Krüger fächern die Vielfalt dieser (nicht nur rechtsextremen) Gruppierungen und ihrer Handlungsansätze auf und beschreiben die Vielfalt der oft sehr unterschiedlichen Ansätze von „Reichsbürgern". Jan-Gerrit Keil zeichnet die Muster von Persönlichkeitsmerkmalen solcher Akteure nach. Christa Caspar und Reinhard Neubauer behandeln das konkrete Verwaltungshandeln und Reaktionen auf das Verhalten von „Reichsbürgern". Hier finden sich Hinweise zu konkreten Möglichkeiten der Verwaltungen, mit dem Phänomen im Alltag umzugehen. Dirk Wilking beleuchtet die Wirkung dieser Gruppen in das Gemeinwesen und die daraus resultierenden Gefahren durch das Ineinandergreifen mit anderen regionalen Szenen. Alexander Schulze ergänzt diese brandenburgische Sicht durch Aspekte aus Sachsen. Trystan Stahl und Heiko Homburg verweisen anschließend auf zum Teil erstaunliche Parallelen der „Reichsbürger" mit amerikanischen Fundamentalisten der Sovereign Citizens.

Unter den Autoren gab es zunächst eine verständliche Meinungsverschiedenheit zu Begrifflichkeiten, einige plädierten für „Verschwörungstheorien" bzw. „Verschwörungstheoretiker", andere für „Verschwörungsfantasien" bzw. „Verschwörungsfanatiker" oder „Verschwörungsfantast". Die Autoren haben sich im Zusammenhang mit „Reichsbürgern" mehrheitlich gegen die Verwendung der Begriffe „Verschwörungstheorien" bzw. „Verschwörungstheoretiker" entschieden. Die Abgrenzung und Definition dieser Begriffe wäre indes einen eigenen Beitrag wert gewesen. Der Leser soll daher an dieser Stelle für das Problem der Begrifflichkeiten zumindest kurz sensibilisiert werden: Der Begriff „Verschwörungstheorien" ist ein allgemein gebräuchlicher Begriff, aber letztendlich hier unzutreffend, denn um Theorien, die wissenschaftlichen Standards entsprechen, handelt es sich ja gerade regelmäßig nicht. Man täte den „Verschwörungsfantasten" eigentlich zu viel Ehre an, billigte man ihren Überzeugungen den Status einer Theorie zu. Das Wesen einer Theorie ist das Bemühen um Erkenntnis, um Falsifikation oder Verifikation der Theorie, also letztendlich um gesichertes „Wissen". Hingegen konstruiert sich der

Fantast aus seiner Gedankenwelt, seinen Überzeugungen und nicht zusammenhängenden Realitätsbruchstücken eine Welt, an die er glaubt, hier geht es also um „Glauben".

Zu guter Letzt noch der Gender-Hinweis: In dem Band ist die weibliche Form der männlichen Form gleichgestellt; lediglich aus Gründen der Vereinfachung und Lesbarkeit wurde die männliche Sprachform gewählt.

Dem Landespräventionsrat Sicherheitsoffensive Brandenburg und dem Landespräventionsrat Sachsen sei schließlich für die Finanzierung gedankt, ebenso unseren Unterstützern in den Ministerien und Verwaltungen des Lan des Brandenburg und des Freistaates Sachsen.

Potsdam, im Juli 2015   *Dirk Wilking*

Teil 1

Das Phänomen der „Reichsbürger"

Michael Hüllen, Heiko Homburg

„Reichsbürger" zwischen zielgerichtetem Rechtsextremismus, Gewalt und Staatsverdrossenheit

I. Einleitung

Das Entsetzen war groß, als im August und Oktober 2016 bei Polizeieinsätzen gegen „Reichsbürger" in Reuden (Sachsen-Anhalt) und Georgensgmünd (Bayern) ein Polizist getötet und mehrere Polizisten zum Teil schwer verletzt wurden (siehe *Abbildung 1*).[1] Der deutschen Öffentlichkeit wurde schlagartig klar, dass die bis dahin nicht selten verharmloste „Reichsbürger"-Szene die Schwelle zur brutalen Gewalt erstmalig überschritten hatte. Seit November 2016 werden „Reichsbürger" daher von den Verfassungsschutzbehörden als Beobachtungsobjekt eingestuft. „Reichsbürger" und ihre Aktivitäten kön-

---

[1] Am 25.8.2016 stürmte ein Sondereinsatzkommando der Polizei ein Grundstück in Reuden, um eine Zwangsvollstreckung durchzusetzen, Das Grundstück gehörte Adrian U., einem hoch verschuldeten und tief in die „Reichsbürger"- und „Selbstverwalter"-Szene verstrickten ehemaligen „Mister Germany". Als Adrian U. mit einer illegalen Waffe auf die Polizisten zukam, kam es zu einem Schusswechsel. Zwei Polizisten wurden verletzt, Adrian U. wurde ebenfalls angeschossen und sitzt seitdem wegen versuchten Mordes an einem Polizeibeamten in Untersuchungshaft. Am 19.10.2016 war ein Sondereinsatzkommando der bayerischen Polizei in das Haus des „Reichsbürgers" Wolfgang P. in Georgensgmünd eingedrungen. Wolfgang P., ein von der Insolvenz bedrohter Fachtrainer für Gewaltprävention, Freizeitjäger und Sportschütze, war steuersäumig. Weil er seine Kfz-Steuer nicht bezahlt hatte und auch anderweitig in der Stadt auffiel, wurde seine waffenrechtliche Genehmigung vom Landkreis wegen Unzuverlässigkeit widerrufen. Als sich die Polizisten Zugang zu seinem Haus verschafften, um seine Waffen zu konfiszieren, schoss Wolfgang P. vom oberen Stockwerk seines Hauses durch eine Tür auf die Beamten. Der Polizist Daniel E. wurde von mehreren Kugeln getroffen und erlag am Folgetag einer Lungenverletzung. Drei weitere Polizisten wurden ebenfalls verletzt. Die Staatsanwaltschaft Nürnberg-Fürth erhob im April 2017 Anklage wegen Mordes und versuchten Mordes. Das Landgericht Nürnberg-Fürth verurteilte Wolfgang P. am 23.10.2017 wegen Mordes, zweifachen versuchten Mordes sowie gefährlicher Körperverletzung zu lebenslanger Haft. Vgl. zum Abschluss des Falles Wolfgang P. den Prozessbericht von Maxwill, Peter (2017): Urteil in „Reichsbürger"-Prozess. Ein „wahrhaftiger Mensch", ein Mörder, in: Spiegel Online vom 23.10.2017, unter http://www.spiegel.de/panorama/justiz/reichsbuerger-prozess-ein-wahrhafter-mensch-ein-moerder-a-1174273.html, Stand der Abfrage: 23.12.2017. Vgl. zu den Fällen „Reuden" und „Georgensgmünd" auch Keil, Jan-Gerrit (2017): Zwischen Wahn und Rollenspiel – das Phänomen der „Reichsbürger" aus psychologischer Sicht, S. 54 (103 ff.), in diesem Band.

nen seitdem in ganz Deutschland mit nachrichtendienstlichen Mitteln beobachtet werden.

Die Verfassungsschutzbehörden und die Landeskriminalämter betrachten das Milieu inzwischen sehr differenziert und unterscheiden zwischen „Reichsbürgern" und „Selbstverwaltern". Das Gesamtmilieu setzt sich aus Vereinen, personellen Netzwerken und Einzelpersonen zusammen, die aus unterschiedlichen Motiven und mit unterschiedlichen Begründungen die Existenz der Bundesrepublik Deutschland und deren Rechtssystem ablehnen, demokratisch gewählten Repräsentanten die Legitimation absprechen, sich als außerhalb der Rechtsordnung stehend definieren und deshalb bereit sind, Verstöße gegen die Rechtsordnung zu begehen. Schon seit einigen Jahren werden kommunale Verwaltungsbedienstete von „Reichsbürgern" und „Selbstverwaltern" belästigt und teilweise bedroht. Ebenso stehen Richter, Staatsanwälte, Justizmitarbeiter und Polizisten verstärkt im Fokus dieses Milieus. Nach dem tödlichen Vorfall von Georgensgmünd werden „Reichsbürger" und „Selbstverwalter" von den Landeskriminalämtern auf waffenrechtliche Erlaubnisse hin überprüft, um diese ggf. zu entziehen und so den Waffenbesitz verhindern zu können.

Abbildung 1: Gedenkminute am 29.10.2016 in Teltow für den von einem „Reichsbürger" in Georgensgmünd getöteten SEK-Beamten Daniel E.[2]

---

[2] Bild: Polizei Teltow, 2016. Hintergrund: Bundesweit wurde am 29.10.2016 an vielen Einsatzfahrzeugen der Polizei das blaue Sondersignal für eine Gedenkminute eingeschaltet und Funkantennen mit Trauerschleifen versehen. In der brandenburgischen Stadt Teltow setzte man ein besonderes Zeichen. Vor der örtlichen Wache bekundeten die Feuerwehr und der städtische Rettungsdienst gemeinsam mit der Polizei ihre Anteilnahme.

Dass es bisher im Land Brandenburg noch zu keiner einschneidenden Gewalttat in diesem Milieu gekommen ist, hängt u.a. mit der intensiven Aufklärung zusammen, die verschiedene Institutionen und Behörden seit geraumer Zeit im Land leisten. „Reichsbürger" und „Selbstverwalter" treten seit einigen Jahren so zahlreich in Brandenburg auf, dass allein der Verfassungsschutz Brandenburg in den Jahren 2012 bis 2017 über 100 Informations- und Beratungsveranstaltungen mit rund 5.000 Bediensteten der Landes- und Kommunalverwaltungen durchgeführt und frühzeitig Informationsmaterial angeboten hat.[3] Das brandenburgische Landeskriminalamt (LKA) und das Mobile Beratungsteam von „Demos – Brandenburgisches Institut für Gemeinwesenberatung" führen ebenfalls regelmäßig Informationsveranstaltungen durch.[4] Darüber hinaus wurde der Landtag Brandenburg umfassend über „Reichsbürger" und „Selbstverwalter" informiert.[5]

---

[3] Vgl. Ministerium des Innern und für Kommunales des Landes Brandenburg (2013): „Reichsbürger" und Selbstverwalter". Eine Information des Verfassungsschutzes, Potsdam; Rathje, Jan (2014): „Wir sind wieder da". Die „Reichsbürger": Überzeugungen, Gefahren und Handlungsstrategien, Berlin (Amadeu Antonio Stiftung); Landesamt für Verfassungsschutz Sachsen (2015): „Reichsbürger". Eine Information des sächsischen Verfassungsschutzes, Dresden; Senatsverwaltung für Inneres und Sport Berlin (2015): Die Reichsbürgerbewegung, Infoflyer, Berlin; Ministerium für Inneres und Sport des Landes Sachsen-Anhalt (2015): Reichsbürger. Sonderlinge oder Teil der rechtsextremen Bewegung?, Tagungsband zur Fachtagung am 8.10.2014, Magdeburg.

[4] Vgl. zur „Reichsbürger"-Bewegung aus der Sicht des Mobilen Beratungsteams in Brandenburg Wilking, Dirk (2017): Die Anschlussfähigkeit der „Reichsbürger" im ländlichen Raum aus der Sicht des Mobilen Beratungsteams im Brandenburgischen Institut für Gemeinwesenberatung, S. 221 (221 ff.), in diesem Band.

[5] Vgl. Abgeordnete Bettina Fortunato (DIE LINKE), Fragestunde, Landtag Brandenburg, Drucksache 5/6696, S. 4; Abgeordneter Klaus Ness (SPD), Kleine Anfrage 2649, Landtag Brandenburg, Drucksache 5/6720, und die Antwort der Landesregierung, Landtag Brandenburg, Drucksache 5/6888, S. 5721 f.; Abgeordnete Andrea Johlige (DIE LINKE), Kleine Anfrage 1312, Landtag Brandenburg, Drucksache 6/3133, und die Antwort der Landesregierung, Landtag Brandenburg, Drucksache 6/3298, sowie Kleine Anfrage 1833, Landtag Brandenburg, Drucksache 6/4375, und die Antwort der Landesregierung, Landtag Brandenburg, Drucksache 6/4588; Abgeordneter Erik Stohn (SPD), Kleine Anfrage 2040, Landtag Brandenburg, Drucksache 6/4926, und die Antwort der Landesregierung, Landtag Brandenburg, Drucksache 6/5070, sowie Kleine Anfrage 2203, Landtag Brandenburg, Drucksache 6/5309, und die Antwort der Landesregierung, Landtag Brandenburg, Drucksache 6/5481; Abgeordneter Danny Eichelbaum (CDU), Kleine Anfrage 2044, Landtag Brandenburg, Drucksache 6/4930, und die Antwort der Landesregierung, Landtag Brandenburg, Drucksache 6/5071; Abgeordnete Björn Lakenmacher (CDU)/Danny Eichelbaum (CDU), Kleine Anfrage 2210, Landtag Brandenburg, Drucksache 6/5320, und die Antwort der Landesregierung, Landtag Brandenburg, Drucksache 6/5483; Ausschuss für Inneres, Landtag Brandenburg, Ausschussprotokoll 5/49, S. 34 ff., Ausschussprotokoll 6/23, S. 28 f., Ausschussprotokoll 6/28, S. 28 ff., jeweils unter http://www.parldok. brandenburg.de, Stand der Abfrage: 23.12.2017.

Dennoch birgt das Milieu der „Reichsbürger" und „Selbstverwalter" im Land Brandenburg weiterhin Radikalisierungspotenzial in sich. Das zeigt ein prägnantes Beispiel aus dem Süden Brandenburgs: Einige Monate vor der grausamen Tat in Georgensgmünd hält der „Reichsbürger" Rico H. Mitarbeiter der Ausländerbehörde, Gerichtsvollzieher und die Polizei im Landkreis Oberspreewald-Lausitz in Atem. Das bezieht sich weniger auf seine „Montagsdemonstrationen" in der Stadt Großräschen, die er einige Monate lang veranstaltete. Vielmehr sind es seine ständigen „Besuche" in der Ausländerbehörde des Landkreises, wo er die Mitarbeiter wochenlang mit verschiedenen, unsinnigen Anliegen rund um die Staatsangehörigkeitsbescheinigung[6] unter Druck setzt. Als er sogar nach Dienstschluss nicht von den Mitarbeitern der Kreisverwaltung ablässt, muss die Polizei zur Hilfe gerufen werden. In den folgenden Monaten konzentriert sich Rico H. auf die Polizei. Insbesondere bei Vollstreckungsmaßnahmen unterstützt er andere „Reichsbürger" als Rechtsbeistand[7] und filmt Polizeimaßnahmen. Mithilfe zusammengeschnittenen Filmmaterials versucht er, die Polizei als unfähig und als Vertreter eines „Unrechtsstaates" darzustellen. Auch das Facebook-Profil von Rico H. ist einschlägig und weist ihn als langjährigen Anhänger bekannter Verschwörungserzählungen aus. Um den Jahreswechsel 2015/2016 wird nach Rico H. gefahndet. Schließlich wird er Ende Januar 2016 in Senftenberg von der Polizei aufgegriffen. Rico H. war auf dem Weg zu seiner „Montagsdemonstration". In einem Rucksack trug er ein Bajonett.

Für Menschen wie Rico H. ist die Bundesrepublik kein souveräner Staat, sondern ein *„Geschäftsmodell"* namens *„BRD GmbH"*[8] zur *„Ausplünderung des Volkes"* und daher *„illegitim"*. Für sie sind somit alle Gesetze, amtliche Bescheide und Gerichtsurteile nichtig. Ihr Sehnsuchtsort ist das Deutsche Reich. „Reichsbürger" sind der Auffassung, eine über die Abstammung ererbte, *latente, verborgene Staatsangehörigkeit* mache sie zu Angehörigen dieses Reiches. Alternativ zur Vorstellung eines Deutschen Reiches erklären andere Teile dieses Milieus ihre eigenen Grundstücke zu „souveränen" Gebieten oder „Staaten". Die naiven Staatsideen solcher „Selbstverwalter" sind

---

[6]   Der Staatsangehörigkeitsausweis wird grundsätzlich dann verlangt, wenn entsprechende Rechtsfolgen von Gesetzes wegen an die deutsche Staatsangehörigkeit einer Person geknüpft sind, diese also nur eintreten, wenn die Person nachweislich deutscher Staatsangehöriger ist.

[7]   Vgl. zum Umgang mit „Rechtskonsulenten", Bevollmächtigten und Beiständen Caspar, Christa/Neubauer, Reinhard (2017): Durchs wilde Absurdistan: Was zu tun ist, wenn „Reichsbürger" und öffentliche Verwaltung aufeinandertreffen, S. 119 (195 ff.), in diesem Band.

[8]   Siehe dazu unter IV. 3.

geprägt von altertümlichen, gewohnheits- und naturrechtlichen Vorstellungen, die mit einem modernen Rechtsstaat nicht kompatibel sind. „Reichsbürger" und „Selbstverwalter" lehnen rechtsstaatliche Prinzipien wie die Unabhängigkeit der Justiz oder Kernelemente der Demokratie wie die unmittelbare Verantwortlichkeit der Regierung radikal ab. Daher geraten sie immer häufiger mit den Gesetzen in Konflikt und belästigen Gerichte, Gerichtsvollzieher, Polizei sowie Finanz- und Kommunalbeamte mit ihren Eingaben.

Dieser Text geht den Fragen nach, die bis heute am häufigsten auf den Informationsveranstaltungen gestellt wurden: Was macht „Reichsbürger" und „Selbstverwalter" zu Extremisten und welche Rolle spielt Gewalt in diesem Milieu? Diese Fragen sollen aus Sicht des Verfassungsschutzes Brandenburg und mithilfe konkreter Untersuchungskriterien aus der Extremismusforschung beantwortet werden. Grundlage sind mehrere hundert Vorgänge aus Brandenburg, die zu dieser Problematik vorliegen. Darauf und auf weiteren öffentlich zugänglichen Quellen aufbauend wird zunächst eine Definition dieses politischen Spektrums und das Geschichts-Narrativ dieses Milieus – eine Art Gegengeschichte, die im Rechtsextremismus wurzelt, aber auch verschwörungsideologische Anteile enthält – dargestellt. Dem folgt ein Lagebild zur aktuellen Situation im Land Brandenburg, um die wichtigsten Gruppen dieses Milieus[9] aus Sicht des Verfassungsschutzes aufzuzeigen. Danach werden mittels eines Kriterienkatalogs typische extremistische Strukturmerkmale aus der eher dünnen und fragmentarischen Ideologie der „Reichsbürger" und „Selbstverwalter" herausgestellt.

Unter Extremismus werden im Kontext der Verfassungsschutzgesetze von Bund und Ländern alle Bestrebungen (im Sinne politischer Personenzusammenschlüsse) sowie Einstellungen und Ideologien verstanden, die gegen die Minimalbedingungen einer modernen Demokratie und offenen Gesellschaft gerichtet sind. In der Bundesrepublik Deutschland sind das aus normativer Sicht die Prinzipien der freiheitlichen demokratischen Grundordnung, d.h.:

– das Recht des Volkes, die Staatsgewalt in Wahlen und Abstimmungen und durch besondere Organe der Gesetzgebung, der vollziehenden Gewalt und der Rechtsprechung auszuüben und die Volksvertretung in allgemeiner, unmittelbarer, freier, gleicher und geheimer Wahl zu wählen;

---

[9] Die Autoren sprechen sich für die Bezeichnung „Milieu" anstatt „Bewegung" aus. Damit sind lose Personennetzwerke Gleichgesinnter, die ähnliche Werthaltungen, Grundeinstellungen und Mentalitäten teilen, gemeint. Das können sowohl Einzelakteure als auch kleine Gruppen sein, vgl. Gensing, Patrick (2016): Die „Reichsbürger" und das Frühwarnsystem, unter www.politische-bildung-brandenburg.de/node/12679, Stand der Abfrage: 23.12.2017.

- die Bindung der Gesetzgebung an die verfassungsmäßige Ordnung und die Bindung der vollziehenden Gewalt und der Rechtsprechung an Gesetz und Recht;
- das Recht auf Bildung und Ausübung einer parlamentarischen Opposition;
- die Ablösbarkeit der Regierung und ihre Verantwortlichkeit gegenüber der Volksvertretung;
- die Unabhängigkeit der Gerichte;
- der Ausschluss jeder Gewalt- und Willkürherrschaft;
- die im Grundgesetz konkretisierten Menschenrechte.

Damit wird deutlich, dass dieser Beitrag sowohl das juristische Extremismusverständnis der Verfassungsschutzbehörden als auch ein politikwissenschaftliches Verständnis von Extremismus umfasst bzw. zusammenführt. Erst unter zusätzlicher Zuhilfenahme wissenschaftlicher Kategorien, die unten aufgeführt werden, lassen sich die politischen Wirkungsabsichten ideologischen Denkens deuten und daraufhin überprüfen, ob sie auf die Ablösung des demokratischen Rechtsstaates (z.B. durch ein autoritäres System) hinauslaufen. So kann der Verfassungsschutz seiner Aufgabe gerecht werden, Gefahren für die Demokratie bzw. für die Sicherheit des Bundes oder eines Landes frühzeitig zu erkennen, um ihnen präventiv zu begegnen und sie effektiv zu bekämpfen. Dieser breitere Analyseansatz ermöglicht am Ende der Darstellung eine Einschätzung, ob das Milieu der „Reichsbürger" und „Selbstverwalter" über den Mord in Georgensgmünd hinaus langfristig weiteres Radikalisierungspotenzial in sich birgt.[10]

II. Definition

Wer im Internet Informationen über „Reichsbürger" oder „Selbstverwalter" sucht, trifft auf ein zahlenmäßiges kaum überschaubares, personell sehr heterogenes und seit Jahren gut vernetztes Spektrum. Außerdem stößt man auf ein scheinbar undurchdringliches Knäuel skurriler politischer Überzeugungen, weshalb dieser Personenkreis in der Vergangenheit oft als versponnen abgetan und damit verharmlost wurde. Erfahrungen mit geschäftsunfähigen oder psychotischen Personen aus diesem Milieu haben diese Tendenz noch

---

[10] Vgl. Freitag, Jan (2014): „Reichsbürger". Eine Bedrohung für die Demokratie oder lächerliche Verschwörungstheoretiker? Das Beispiel Brandenburgs, in: Backes, Uwe/ Gallus, Alexander/Jesse, Eckhard (Hg.): Jahrbuch Extremismus & Demokratie, 26. Jahrgang, Baden-Baden, S. 155 ff.

verstärkt.[11] Spätestens seit dem Übergriff des „Deutschen Polizei Hilfswerks" (DPHW),[12] einer – mittlerweile zerschlagenen Gruppierung – auf einen Gerichtsvollzieher am 23.11.2012 in einem Ortsteil der Stadt Radeburg (Sachsen),[13] und damit in Verbindung stehenden Waffenfunden in Zwickau (Sachsen) hat sich der Blick auf „Reichsbürger" und „Selbstverwalter" verändert. Sie wurden Gegenstand umfangreicher Berichterstattung in den Medien. Dabei stand meistens der politische Fanatismus, der einen Teil dieses Milieus kennzeichnet, im Mittelpunkt.[14]

Aber was genau sind „Reichsbürger" und „Selbstverwalter"? Die hier zugrunde liegende Definition ist gültig für die Arbeit der Verfassungsschutzbehörden in Bund und Ländern. Demnach sind „Reichsbürger" und „Selbstverwalter" *„Gruppierungen und Einzelpersonen, die aus unterschiedlichen Motiven und mit unterschiedlichen Begründungen, unter anderem [mit Bezug] auf das historische Deutsche Reich, verschwörungstheoretische Argumentationsmuster oder ein selbst definiertes Naturrecht, die Existenz der Bundesrepublik Deutschland und deren Rechtssystem ablehnen, den demokratisch gewählten Repräsentanten die Legitimation absprechen oder sich gar in Gänze als außerhalb der Rechtsordnung stehend definieren und deshalb bereit sind, Verstöße gegen die Rechtsordnung zu begehen."*[15] „Reichsbürger" und „Selbstverwalter" unterscheiden sich dabei weniger durch ihre Ziele, sondern vielmehr durch die Begründung ihrer unterschiedlichen Handlungsweisen. Obwohl eine trennscharfe Differenzierung zwischen den beiden Erscheinungsformen nicht immer möglich ist, beziehen sich „Reichsbürger" in der Regel auf das Deutsche Reich und argumentieren häufig revisionistisch. Das Milieu existiert schon seit über 30 Jahren und definiert sich über selbst hergestellte Fantasieausweise (siehe *Abbildung 2*), die sie als Teil des Deutschen Reiches ausweisen sollen. Die führende Organisation in diesem Spektrum ist „Die Exil-Regierung Deutsches Reich", die sich 2012 von der „Exil-

---

[11] Vgl. Gessler, Phillip (2000): Die Reichsminister drohen mit dem Tod, unter http://www.taz.de/!1217553/, Stand der Abfrage: 23.12.2017.

[12] Vgl. zur Aktivität des DPHW in Brandenburg sowie zu Uniform und Dienstausweis des DPHW die Abbildungen 7 und 8 bei Wilking (Fn. 4), S. 237 f., in diesem Band.

[13] Vgl. Caspar/Neubauer (Fn. 7), S. 124, in diesem Band.

[14] Vgl. zur Einteilung der „Reichsbürger" in vier Gruppen Keil (Fn. 1), S. 54 f., in diesem Band; Neue Osnabrücker Zeitung (2016): Ein Psychiater warnt: Sind „Reichsbürger" alles nur Spinner?, unter http://www.noz.de/deutschland-welt/politik/artikel/796860/sind-reichsbuerger-alles-nur-spinner, Stand der Abfrage: 23.12.2017.

[15] Arbeitsdefinition der Verfassungsschutzbehörden in Deutschland. Die Definition der Landeskriminalämter unterscheidet sich von dieser Definition nur unwesentlich.

regierung Deutsches Reich" abgespalten und in den letzten Jahren personell verjüngt und neu aufgestellt hat.[16]

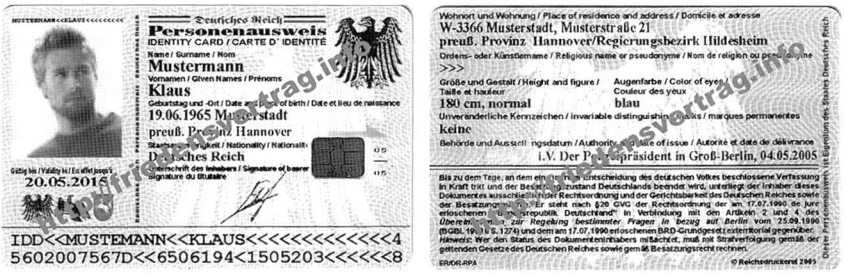

Abbildung 2: Fantasieausweis der „Exilregierung Deutsches Reich"[17]

„Selbstverwalter" hingegen sind oft an ihren naturrechtlich „inspirierten" Äußerungen und Verhaltensweisen erkennbar, wobei sich ihr territorialer Hoheitsanspruch zunächst auf ihr Grundstück beschränkt. „Selbstverwalter" behaupten, dass Deutschland im Einigungsprozess 1990 untergegangen sei oder es seit der Abdankung des deutschen Kaisers keine gültige deutsche Verfassung mehr auf deutschem Boden gegeben habe. Untermauert durch diverse Fantasiepapiere (z.B. *„Bestallungsurkunden", „Lebenderklärungen", „Internationale Geburtsurkunden"* oder *„Personen- und Identitätsausweise"*) erklären sie sich für „souverän". Sehr oft steckt hinter der Maskerade des „Reichsbürgers" und „Selbstverwalters" der Versuch, sich Steuern, Bußgeldern oder sonstiger finanzieller Verpflichtungen zu entledigen. Vorbild für diesen Teil der Szene sind die „souveränen Bürger" (englisch: sovereign citizens) in den USA.[18] Ähnlich wie diese gründen „Selbstverwalter" seit einigen Jahren „Gemeinden", „Staaten" und andere Fantasiegebilde. Die eigens dafür geschriebenen „Verfassungen" dokumentieren in der Regel deutlich, wie fundamental dieses Milieu die freiheitliche demokratische Grundordnung ablehnt. Der demokratische Rechtsstaat in Form einer unabhängigen Justiz hat in den auf Fehlinterpretation natur- und vernunftrechtlicher Überlegungen fußenden Vorstellungen dieser Aktivisten keinen Platz. Beiden gemeinsam ist die Orientierung an Verschwörungsideologien und -mythen.

---

[16] Siehe dazu unter V. 2. und VII. I.

[17] Bild: http://friedensvertrag.info/index.php/reichsdokumente/dokumente/14-reichspersonenausweis, Stand der Abfrage: 23.12.2017.

[18] Vgl. zu den „souveränen Bürgern" in den USA Stahl, Trystan/Homburg, Heiko (2017): „Souveräne Bürger" in den USA und deutsche „Reichsbürger" – ein Vergleich hinsichtlich Ideologie und Gefahrenpotenzial, S. 263 (263 ff.), in diesem Band.

III. Kulturkonflikt

Es ist kaum zu verstehen, dass Menschen realitätsferne Einbildungen, wie die Bundesrepublik Deutschland sei kein Staat, in der Öffentlichkeit vertreten und sich mit Fantasiepapieren aus dem heimischen Drucker ausweisen wollen. Folgt man den Lerntheorien, so entwickeln Menschen ihre Sichtweisen und Einstellungen nicht von selbst, sondern greifen auf Angebote zurück, welche die Gesellschaft bereitstellt. Dabei ist die Wahrscheinlichkeit, ein Denkangebot anzunehmen, umso höher, je stärker und länger es auf die Individuen einwirkt. Heute tritt dabei das Internet mit seinen sozialen Medien in den Vordergrund. Rigide Auffassungen wie die „Reichsbürger"-Ideologie sind als Angebot im Internet schnell aufzufinden. Die Aneignung entsprechender Orientierungen ist vor allem dann stark ausgeprägt, wenn Werte angesprochen werden, die nach persönlicher Einschätzung nicht mehr in ausreichendem Maße gesellschaftlich vertreten werden.[19] Das betrifft insbesondere pluralistische Gesellschaften, die einen stetigen Modernisierungsprozess aus sich selbst heraus erzeugen, wodurch Werte, Einstellungen und Orientierungen und damit die Menschen selbst einem kontinuierlichen Veränderungsdruck ausgesetzt sind.

„Reichsbürger" und „Selbstverwalter" befinden sich somit in einer Art politisch-kulturellem Grundkonflikt, der sich im Land Brandenburg zum einen im Gegensatz zwischen zentrumsnahen und eher zentrumsfernen Regionen manifestiert. Zum anderen richtet sich die Agitation der „Reichsbürger" gegen die politischen Eliten und das politische System. Sowohl der Politik als auch dem politischen System wird abgestritten, die „wahren Interessen" des Volkes zu vertreten und fühlt sich insbesondere im ländlichen Raum alleingelassen.[20] Den sozialwissenschaftlichen Theoriemodellen folgend sind diejenigen eher bereit, systemfeindliche Reaktionen zu äußern, die sich aufgrund von gesellschaftlichen Modernisierungsprozessen in einer schwächeren Position befinden. Viele der in den Verwaltungen eingehenden Schreiben aus diesem Milieu deuten darauf hin, dass die Absender

---

[19] Vgl. Parsons, Talcott (1964): Social Strains in America, in: Bell, Daniel (Hg.): The Radical Right, Garden City/USA, S. 209 ff.

[20] Vgl. Pecker, Katrin (2010): Wo wird rechtsextrem gewählt? Ein Kurzbericht zu den Landtagswahlergebnissen rechtsextremer Parteien in Brandenburg, in: Wilking, Dirk/ Kohlstruck, Michael (Hg.): Einblicke III. Ein Werkstattbuch, Potsdam (Demos – Brandenburgisches Institut für Gemeinwesenberatung), S. 175 ff. Vgl. auch die umfangreichen Einstellungsanalysen zur Demokratie in Brandenburg bei Niedermayer, Oskar/Stöss, Richard (2008): Einstellungen zur Demokratie in Berlin und Brandenburg 2002-2008 und Gesamtdeutschland 2008, Berlin (Otto-Stammer-Zentrum).

„Blitzableiter" für aufgestauten Frust suchen und sich daher gegenüber den Mitarbeitern gern demonstrativ abfällig über das politische System „BRD GmbH" äußern.[21] Betroffene Mitarbeiter berichten außerdem, „Reichsbürger" und „Selbstverwalter" würden ihnen gegenüber immer aggressiver auftreten. Besonders Leidtragende sind oft Gerichtsvollzieher, Mitarbeiter im kommunalen Außendienst und die Polizei. Trotz allem beteuern „Reichsbürger" und „Selbstverwalter" immer wieder, nicht extremistisch zu sein. Der Popmusiker Xavier Naidoo, der sich zeitweise als öffentlicher Unterstützer dieses Milieus zu erkennen gab, hielt sich und „Reichsbürger" lediglich für Systemkritiker.[22] Damit traf er das Selbstverständnis des gesamten Milieus ziemlich gut.

Aus Sicht des Verfassungsschutzes Brandenburg sind die Thesen von „Reichsbürgern" oder „Selbstverwaltern" alles andere als legitime Systemkritik, denn sie kollidieren mit der freiheitlichen demokratischen Grundordnung. Der von ihnen geschürte Zweifel an der Souveränität der Bundesrepublik Deutschland, die Behauptung einer nicht existierenden Staatlichkeit und der Glaube an die alleinige Fortexistenz des Deutschen Reiches sollen die verfassungsmäßige Ordnung des demokratischen Rechtsstaates delegitimieren.

[21] Vgl. zur „Reichsbürger"-Rhetorik Keil (Fn. 1), S. 64 ff., in diesem Band.

[22] Vgl. Markwardt, Nils (2014): Xavier Naidoo: Oh, wie bös ist das System, unter http://www.zeit.de/kultur/2014-10/xavier-naidoo-systemkritik-reichsbuerger, Stand der Abfrage 23.12.2017. Der identitäre Blog „Kulturkritik" rechtfertigt Naidoos Begriff der Systemkritik und führt zu seinem Text aus: *„An dieser Stelle folgt nun der Übergang zur Systemkritik. Dazu wird eine überholte Zinseszins Ökonomie in Verbindung mit den USA und den etablierten deutschen Parteien CDU und FDP gebracht. Man kann hier konstatieren, dass Naidoo im Gegensatz zu den allermeisten Kollegen seiner Zunft erkannt hat, wie postdemokratisch bis oligarchisch die westlichen Demokratien inzwischen sind. Volkes Wille ist weit weg vom Machtzentrum eines Systems, das sich einen ‚NSU' als konkrete Gefahr konstruieren muss, um eine ca. 5.000 Mann Partei zu kriminalisieren, deren NS-Lastigkeit wirkliche Sprünge in die Gesellschaft bis dato eigentlich lockerverhindert hat. Eine besondere Stärke im Text des Liedes ist darin zu sehen, dass keine wirkliche Antwort gegeben werden soll, sondern zunächst an die ‚Bewusstseinswerdung' (Dutschke) appelliert wird."*, vgl. Kulturkritik (2014): Dissidenten – Sein und Systemkritik, unter http://www.kontrakultur.de/2014/12/03/dissidenten-sein-und-systemkritik/, Stand der Abfrage: 24.8.2017 (aktuell nicht mehr abrufbar).

IV. Die historisch-fiktionale Gegenerzählung im „Reichsbürger"-Milieu

Argumentativ orientieren sich „Reichsbürger" – auch wenn es nicht jeder einzelne Szeneangehörige realisiert – an der historisch-fiktionalen Gegenerzählung des Rechtsextremismus, wie es sie schon in der völkischen und antisemitischen Bewegung des 19. und 20. Jahrhunderts gab[23] und die aktuell nach wie vor bei Rechtsextremisten zu finden ist.[24] Diese Gegenerzählung bezieht sich auf autoritäre, ethnisch-nationalistische sowie kollektivistische Wertvorstellungen. Sie beruht ebenso zu großen Teilen auf realitätsfremden Einbildungen, die nichts mehr mit der realen Geschichte Deutschlands zu tun haben. Diejenigen, die diese historisch-fiktionale Gegenerzählung verbreiten, sind an historischen Entwicklungen, Fakten und Überlieferungen nur instrumentell interessiert. Der Potsdamer Politikwissenschaftler Gideon Botsch spricht von Collagen *„montiert mit Spekulationen, Mutmaßungen, widerlegbaren Thesen und teilweise auch mit Phantasien."*[25]

In der historisch-fiktionalen Gegenerzählung werden nicht nur geschichtliche, sondern auch pseudogeschichtliche Ereignisse und Sinnbilder thematisiert.[26] Diese fiktiven Erzählungen werden wie selbstverständlich geglaubt, weil sie eine innere Stabilität, Festigkeit und Geschlossenheit herstellen.[27] Die Auffassungen von „Reichsbürgern" setzen sich größtenteils aus rechtsextremistischen Ideologiefragmenten, geschichtsrevisionistischen Mythen sowie Verschwörungsfantasien zusammen. Im Folgenden werden die wichtigsten „Erzählstränge" im „Reichsbürger"-Milieu dargestellt.

---

[23] Vgl. Winkler, Heinrich August (2010): Der lange Weg nach Westen. Deutsche Geschichte vom Ende des Alten Reiches bis zum Untergang der Weimarer Republik, München, S. 229 ff., mit dem Hinweis zum Zusammenhang von Modernisierung und antijüdischer Propaganda ab 1873.

[24] Vgl. Botsch, Gideon (2011): Die historisch-fiktionale Gegenerzählung des radikalen Nationalismus. Über den rechtsextremen Zugriff auf die deutsche Geschichte, in: Fröhlich, Claudia/Heinrich, Horst-Alfred/Schmid, Harald (Hg.): Jahrbuch für Politik und Geschichte, Band 2, Stuttgart, S. 27 (30).

[25] Botsch (Fn. 24), S. 28.

[26] Vgl. Botsch (Fn. 24), S. 30.

[27] Vgl. Botsch (Fn. 24), S. 30.

1. Geschichtsrevisionistische Mythen

a) Die These von der Fortexistenz des Deutschen Reiches
„Reichsbürger" konfrontieren die Verwaltungen Brandenburgs immer wieder mit einem Urteil des Bundesverfassungsgerichts[28] zum Grundlagenvertrag zwischen der Bundesrepublik Deutschland und der DDR aus dem Jahr 1973. Daraus zitieren sie meistens diese Passage:

> *„Das Grundgesetz [...] geht davon aus, dass das Deutsche Reich den Zusammenbruch 1945 überdauert hat und weder mit der Kapitulation noch durch Ausübung fremder Staatsgewalt in Deutschland durch die alliierten Okkupationsmächte noch später untergegangen ist; das ergibt sich aus der Präambel, aus Art. 16, Art. 23, Art. 116 und Art. 146 GG. Das entspricht auch der ständigen Rechtsprechung des Bundesverfassungsgerichts, an der der Senat festhält. Das Deutsche Reich existiert fort [...], besitzt nach wie vor Rechtsfähigkeit, ist allerdings als Gesamtstaat mangels Organisation, insbesondere mangels institutionalisierter Organe selbst nicht handlungsfähig. [...] Mit der Errichtung der Bundesrepublik Deutschland wurde nicht ein neuer westdeutscher Staat gegründet, sondern ein Teil Deutschlands neu organisiert [...] Die Bundesrepublik Deutschland ist also nicht ‚Rechtsnachfolger' des Deutschen Reiches [...]."*

Bemerkenswert ist, dass „Reichsbürger" einen entscheidenden Teil des eben zitierten letzten Satzes aus dem Urteil des Bundesverfassungsgerichts bewusst unterschlagen. Und der lautet so: *„Die Bundesrepublik Deutschland ist also nicht ‚Rechtsnachfolger' des Deutschen Reiches, sondern als Staat identisch mit dem Staat ‚Deutsches Reich', – in bezug auf seine räumliche Ausdehnung allerdings ‚teilidentisch' [...]."* „Reichsbürgern" unterläuft also aufgrund von Informationsdefiziten, Ignoranz, Ideologie und einfältiger fiktionaler Gegenerzählung der Denkfehler, der Staat „Deutsches Reich" existiere fort und der Staat „Bundesrepublik Deutschland" sei nicht dessen Rechtsnachfolger, weil sie den entscheidenden Zusatz – die Bundesrepublik Deutschland ist als Staat identisch mit dem Staat „Deutsches Reich" – ausblenden.

Man muss weit in die Geschichte der Bundesrepublik Deutschland zurückblenden, um festzustellen, dass die politische Vorstellungswelt vieler „Reichsbürger" damit de facto an einen zentralen Mythos des Rechtsextremismus

---

[28] Bundesverfassungsgericht, Urteil vom 31.7.1973 – 2 BvF 1/73, BVerfGE 36, S. 1 ff. = Neue Juristische Wochenschrift (NJW) 1973, S. 1539 ff.; vgl. Caspar/Neubauer (Fn. 7), S. 130 f., in diesem Band.

anknüpft. Die sich in der Nachkriegszeit als „Nationale Opposition" verstehenden rechtsextremistischen Parteien überhöhten damals das Wiedervereinigungspostulat durch einen pathetischen Reichsmythos, *als sei [...] Deutschland [...] nicht ein Nationalstaat unter anderen, sondern eben ‚das Reich', ein Staat von höherer Würde und Weihe [...].*[29] Für die rechtsextremistischen Parteien der damaligen Zeit war die nationale Frage der Ansatzpunkt, um eine Massenbasis für den angestrebten Systemwechsel aufzubauen. Die These von der Fortexistenz des Deutschen Reiches jenseits der Bundesrepublik Deutschland ist daher von Rechtsextremisten im Laufe der Nachkriegsjahrzehnte zu einer Kampagne geformt worden, deren Ziel es war, der Bundesrepublik die Legitimation zu entziehen. Im Zuge dieser Kampagne wurden demokratische Verfassungsgrundsätze, Werte, Institutionen und Führungsgruppen immer wieder systematisch abgewertet und verächtlich gemacht.[30]

b) Die These vom fehlenden Friedensvertrag

Aus der historischen Tatsache, dass zwischen Deutschland und seinen Kriegsgegnern nach dem Zweiten Weltkrieg kein Friedensvertrag geschlossen wurde, leiten „Reichsbürger" eine angeblich fehlende Legitimation der Bundesrepublik ab und bilden Fantasiegebilde (z.B. „Kommissarische Reichsregierungen", „Exilregierungen"[31]). Auch diese Argumentation ist Teil der historisch-fiktionalen Gegenerzählung des Rechtsextremismus. Seit den 1960er-Jahren versuchen Rechtsextremisten, die bedingungslose Kapitulation Deutschlands im Zweiten Weltkrieg zu einem Waffenstillstand umzudeuten. Einer der ersten, der diese Geschichtsfälschung verbreitete, war der im Jahr 2014 verstorbene Rechtsextremist und Terrorist Manfred Roeder. Er vertrat ab 1975 die Auffassung, dass der von Adolf Hitler testamentarisch eingesetzte Reichspräsident, Großadmiral Karl Dönitz[32], nach wie vor das rechtmäßige Staatsoberhaupt Deutschlands sei, aber von den Alliierten an der Ausübung des Amtes gehindert wurde. Die letzte Reichsregierung, der Dönitz vorstand, sei nie zurückgetreten und lediglich die Wehrmacht habe kapituliert. Da statt eines Friedensvertrages angeblich nur ein Waffenstillstand geschlossen worden sei, bestehe das Deutsche Reich in seinen Grenzen fort. Ebenso sei die Abtrennung von Reichsgebiet nichtig. Nachdem Dönitz mitgeteilt hatte, er betrachte sich nicht als Reichspräsident, schlussfolgerte Roeder, Volk und Reich seien führerlos

---

[29] Graf von Kielmansegg, Peter (1969): Vom Nationalismus zum Konzept des „blockfreien" Europas, in: Schweitzer, Carl-Christoph (Hg.): Eiserne Illusionen. Wehr- und Bündnisfragen in den Vorstellungen der extremen Rechten nach 1945, Köln, S. 85 ff.

[30] Vgl. Stöss, Richard (2005): Rechtsextremismus im Wandel, Berlin, S. 197.

[31] Siehe zu den „Kommissarischen Reichsregierungen" und „Exilregierungen" unter V. 2.

[32] Dönitz ist 1980 verstorben.

geworden.[33] Daher käme *„nur eine neue, originäre Übernahme der Reichs-vertretung in Frage. Das ist ein elementarer Vorgang [...] Das Lebensrecht des Volkes verleiht diesem Vorgang die Legitimität [...]."*[34] Schließlich berief Roeder für den 23.5.1975 einen „Reichstag" nach Flensburg ein. Unter den Reichsfarben Schwarz-Weiß-Rot gründeten er und weitere rechtsextremistische Gesinnungsfreunde die „Freiheitsbewegung Deutsches Reich" (FDR). Roeder wurde deren Sprecher. Rund drei Jahre später erklärte sich die FDR zur Vertreterin des Deutschen Reiches. Roeder wurde „Reichspräsident" und „Reichsverweser". „Kommissarische Reichsregierungen" und „Exilregierungen" haben diese Symbolik aufgenommen und neu interpretiert. Geblieben ist die – im Kern antidemokratische – Vorstellung einer Wesenseinheit von politischer Führung und Volk.

c) Die These von der mangelnden Souveränität Deutschlands
„Reichsbürger" behaupten, dass Deutschland nicht souverän sei und die Alliierten des Zweiten Weltkrieges Deutschland immer noch besetzt hielten. Folglich können nur sie deutsches Regierungshandeln legitimieren. Diese Argumentation setzt ebenfalls an einem wesentlichen Erzählstrang der historisch-fiktionalen Gegenerzählung des Rechtsextremismus an. Sie war Bestandteil der rechtsextremistischen Kampagne zur Wiederherstellung des Deutschen Reiches. Die hauptsächlichen Agitationsziele dieser Kampagne waren die Besatzungsmächte und die politische Elite der Bundesrepublik Deutschland. Letztere war nach Meinung der Rechtsextremisten Handlanger der Alliierten, insbesondere der Amerikaner. Gegenüber den Besatzungsmächten lautete der Vorwurf, dass die Teilung Deutschlands ein willkürlicher Akt sei. Solange der im Potsdamer Abkommen angekündigte Friedensvertrag mit Deutschland nicht geschlossen sei, bestehe das Deutsche Reich als Ganzes fort und die Machtausübung der Besatzungsmächte sei illegal.[35] Ebenso wurde den politischen Führungseliten vorgeworfen, sie würden gemeinsam mit den Alliierten das Deutsche Reich vernichten. Anlässe waren die Gründung zweier deutscher Staaten – Bundesrepublik Deutschland und DDR – sowie der Verzicht auf die ehemaligen deutschen Ostgebiete. Die Rechtsextremisten forderten stattdessen einen Volksstaat, welcher die deutschen Interessen vertrete und diese gegen äußere wie innere Reichsgegner durchsetze.

---

[33] Vgl. Mecklenburg, Jens (1996): Handbuch deutscher Rechtsextremismus, Berlin, S. 514 f.; Stöss, Richard (1989): Die extreme Rechte in der Bundesrepublik. Entwicklung, Ursachen, Gegenmassnahmen [sic], Opladen, S. 163 f.
[34] Stöss (Fn. 30), S. 163.
[35] Vgl. Stöss (Fn. 30), S. 38.

2. Rechtsextremistische Ideologieelemente: Die These von der Staatenlosigkeit

Überall in Deutschland versuchen „Reichsbürger" und „Selbstverwalter", in Archiven ihre deutsche Abstammung („Blutslinie") bis in die Zeiten des Deutschen Reiches von 1871 bis 1913 nachzuverfolgen. Die dahinterstehende These besagt, dass alle Änderungen im Staatsangehörigkeitsrecht seit der Abdankung des Kaisers Wilhelm II. im Jahr 1918 keinen Bestand hätten, weil ab diesem Zeitpunkt kein deutscher Staat mehr rechtmäßig gegründet wurde. Damit wären alle Deutschen seit der Weimarer Republik bewusst staatenlos gehalten worden. Mit dem Nachweis der deutschen Abstammung würden sie sich wieder auf eine andere „staatliche Ebene" stellen. Mit dieser These schließen sich „Reichsbürger" rechtsextremistischen Vorstellungen einer organischen Demokratie an, die auf dem Grundsatz der „weißen Vormachtsstellung" (englisch: white supremacy) beruht. Rechtsextremisten gehen davon aus, dass eine von unterschiedlichen Ethnien geprägte Demokratie unmöglich demokratisch sein kann. Da die Protagonisten aus dem „Reichsbürger"-Milieu zugleich eine konstitutionelle Monarchie einfordern, liegt die Vermutung nahe, dass sie sich am chauvinistischen Reichsnationalismus des Deutschen Kaiserreiches orientieren. Dieser verband den Nationalismus mit der „Rassenfrage" und dem Antisemitismus.[36]

3. Verschwörungsideologische Mythen von der „BRD GmbH" und der „Verschwörung gegen das deutsche Volk"

Neben den geschichtsrevisionistischen Mythen bemühen „Reichsbürger" Verschwörungsfantasien, um die Bundesrepublik Deutschland zu delegitimieren. Dabei werden auch hier Elemente der historisch-fiktionalen Gegenerzählung des Rechtsextremismus bemüht, allen voran die umfassende Verschwörungserzählung von der Weltherrschaft der Juden.

Die Behauptung von „Reichsbürgern" und „Selbstverwaltern", Deutschland sei eigentlich eine Firma namens *Bundesrepublik Deutschland – Finanzagentur GmbH"* mit Sitz in Frankfurt am Main,[37] ist nichts anderes als eine Verschwörungsfantasie. Abgesehen davon, dass Bund, Länder und Kommunen selbstverständlich Unternehmen gründen dürfen, ist diese Behauptung ein *„polemischer Versuch, die Bundesrepublik Deutschland als ein reines*

---

[36] Vgl. Winkler (Fn. 23), S. 254 ff.
[37] Vgl. zur „BRD GmbH" Caspar/Neubauer (Fn. 7), S. 149 ff., in diesem Band; Stahl/ Homburg (Fn. 18), S. 273, in diesem Band.

Geschäftsmodell darzustellen"[38]. Sie soll die Assoziation wecken, die politischen Eliten in Deutschland verrieten die Interessen der Bevölkerung, indem sie sich korrumpieren ließen und die Deutschen sklavisch ausbeuteten.[39] Hier schimmert der rechtsextremistische Vorwurf der „nationalen Unzuverlässigkeit" durch. Diese These ist anschlussfähig an die antisemitische Verschwörungsideologie, wonach im Hintergrund eine unsichtbare „jüdische Weltregierung" als dunkle Macht wirke, die für alles, was in der Welt passiere, die Verantwortung trage. Zu dieser „Weltregierung" zählten „jüdische Banken" der amerikanischen Ostküste und insbesondere die Familie Rothschild.[40]

Bei den „Selbstverwaltern" nimmt diese Verschwörungsfantasie eine zentrale Rolle ein. Verwaltungsmitarbeiter wundern sich oft über Schreiben, die mit *„Mann aus der Familie"* oder *„Frau aus der Familie"* unterzeichnet und zusätzlich mit einem „Blutsdaumen" vom Unterzeichnenden und manchmal sogar von weiteren „Zeugen" gestempelt sind.[41] Oftmals bezeichnen sich die Absender als *„geistig lebendige natürlich-freie Menschen auf Erden in der Welt im ewigen Schöpferbund, Mensch nach § 1 BGB"* und legen ihren Schreiben *„Internationale Geburtsurkunden"*, *„Heimatscheine"* und *„Lebenderklärungen"* bei. So sei man z.B. *„zu keinem Zeitpunkt auf hoher See verschollen"*. Verschiedene Gruppierungen, wie der „One People's Public Trust" (OPPT)[42] mit seiner Unterorganisation „Internationaler Justizgerichtshof für Naturrecht, Völkerrecht und allgemeingültige Rechtsprechung", der „Staatenbund Deutschland/Verfassungsgebende Versammlung" oder die „Heimatgemeinde ‚Gemeinde Chiemgau'" stellen die Legitimation von Nationalstaaten generell infrage. Stattdessen streben sie eine „natürliche Ordnung", eine „geistlich sittliche" Erneuerung nach naturrechtlichen oder „göttlichen" Ideen an. Hinter Aufrufen aus diesem Spektrum (z.B. *„Hol Dir Deine Heimat zurück"*[43] oder

---

[38] So der Berliner Historiker Jochen Staadt, zitiert nach Littlewood, Tom/Möglich, Manuel (2012): „Wild Germany – Die ZDFneo-Reportage: Deutsche Reichsregierung" vom 26.7.2012.

[39] Eine systematische Vermutung von Verschwörung und Korruption wird in einigen Theorien sogar als ein Definitionskriterium für den Rechtsextremismus herangezogen, vgl. z.B. Scheuch, Erwin K./Klingemann, Hans-Dieter (1967): Theorie des Rechtsradikalismus in westlichen Industriegesellschaften, in: Ortlieb, Heinz-Dietrich/Molitor, Bruno (Hg.): Hamburger Jahrbuch für Wirtschaft- und Gesellschaftspolitik, 12. Jahrgang, Tübingen, S. 13 f.

[40] Diese Verschwörungsfantasie hat auch Anhänger außerhalb des rechtsextremistischen Lagers.

[41] Siehe z.B. zu einem Daumenabdruck in roter Tinte („Blutsdaumen") eines „souveränen Bürgers" in den USA die Abbildung 1 bei Stahl/Homburg (Fn. 18), S. 271, in diesem Band.

[42] Vgl. zum OPPT Caspar/Neubauer (Fn. 7), S. 154 ff., in diesem Band.

[43] Vgl. Hilfswerk – Netzwerk – von Mensch zu Mensch für Heimath und Recht. DuBistKeinPersonal.de. Hole Dir die Heimat zurück!, unter http://dubistkeinpersonal.de/, Stand der Abfrage: 23.12.2017. Der Titel der Website orientiert sich offensichtlich an dem Song

"Der Weg in die Eigenverantwortung als Souverän") steht die verschwörungsideologische Vorstellung, dass die Demokratie in Gänze ein gigantisches Täu-
schungsmanöver sei. In Wahrheit würde die ganze Welt von einer kleinen
Gruppe mächtiger Menschen gesteuert, die eine „Neue Weltordnung" (englisch: new world order – NWO) verwirklichen würden. Diese Vorstellung ist
ebenfalls oft antisemitisch konnotiert, erhält aber aus unterschiedlichen politischen Richtungen immer wieder Nahrung.[44]

V. Lagebild aus Sicht des Verfassungsschutzes Brandenburg

1. Soziodemografische Merkmale

In Brandenburg sind 440 „Reichsbürger" und „Selbstverwalter" bekannt
(Stand: 25.12.2017). Davon sind 40 Personen (9 Prozent) behördlich bekannte
Rechtsextremisten. Jeder zweite „Reichsbürger" oder „Selbstverwalter" ist über
50 Jahre alt. Die meisten sind männlich (71 Prozent). Rund fünf Prozent des Milieus verfügen über waffenrechtliche Genehmigungen. Im Vergleich zur brandenburgischen Gesamtbevölkerung ist dieser Anteil viermal höher.[45]
   Mittlerweile sind die Wege, die von einem vormals normalen bürgerlichen
Leben zu *„Reichsregierungen"*, *„Bundesräthen"*, *„Freistaaten"* oder *„Bundesstaaten"* oder ähnlichen Milieus führen können, nachvollziehbarer geworden.
Wie bereits angedeutet, werden solche Entwicklungen oft durch grundlegend
empfundene gesellschaftliche Umbrüche hervorgerufen. Zusätzlich führen
finanzielle und soziale Nöte im Leben dieser Bürger zu Verunsicherung über
den eigenen gesellschaftlichen Status. Dieser wird als bedroht wahrgenommen. An diese Stelle treten oft niedrigschwellige, leicht nachzuvollziehende,

---

„Komm mit …" der rechtsextremistischen Band „Gigi und Die Braunen Stadtmusikanten".
In dem Songtext heißt es: *„So viele Jahre glaubtest Du den Demagogen, Du hingst an
ihren Lippen doch sie haben Dich belogen, und immer wenn's drauf ankam, liessen sie
Dich im Stich. Bis heute hast Du's mitgemacht, AB MORGEN OHNE DICH! Hey komm
mit Uns, hol dir die Heimat zurück!, Hey komm mit Uns, Wir zwingen dich zum Glück!,
Hey komm mit Uns, hol dir mit Uns Deine Heimat zurück!"*

[44] Der heute zu den Verschwörungsideologen auf der Seite der radikalen Rechten zählende
   Publizist Jürgen Elsässer (COMPACT) gründete 2009 als damals noch zum linken politischen Spektrum zählender Publizist die „Volksinitiative ‚Gegen Finanzdiktatur'". Seine
   Eröffnungsrede war überschrieben mit dem Titel „Gegen die Räuber, die die Welt beherrschen", vgl. Elsässer, Jürgen (2009): Gegen die Räuber, die die Welt beherrschen,
   in: ders. (Hg.): Gegen Finanzdiktatur. Die Volksinitiative: Grundsätze, Konzepte, Ziele,
   Berlin, S. 15 ff.

[45] Vgl. Ministerium des Innern und für Kommunales des Landes Brandenburg (2017): Verfas-
   sungsschutzbericht Brandenburg 2016, Potsdam, S. 141.

oft verschwörungsideologische Erklärungen, die sich verfestigen und später kaum noch zu korrigieren sind. Das Milieu der „Reichsbürger" und „Selbstverwalter" unterbreitet in solchen Situationen willkommene Vernetzungsmöglichkeiten und den Austausch mit Menschen, die ähnliche Ängste und Auffassungen haben. Die weitere Entwicklung ist damit vorprogrammiert: Erste Fantasiepapiere werden im Internet erworben. Eine Flagge des Deutschen Reiches wird im Vorgarten aufgestellt oder ein Schild mit Warnhinweisen auf „exterritoriales Gebiet" am Gartenzaun befestigt. Gemeinsame provokative „Amtsgänge" mit erfahrenen „Reichsbürgern" und der Besuch von Stammtischen und Informationsveranstaltungen von „Selbstverwaltern" folgen. Der Briefkasten samt Namensschild wird demontiert. Zum Schluss werden eigene Visitenkarten mit Fantasiefunktionen des „Reichsbürger"-Milieus gedruckt. So werden die verschwörungsideologischen Vorstellungen der „Reichsbürger" und „Selbstverwalter" sozial wirksam, verändern nachhaltig die politische Wahrnehmung sowie das politische und gesellschaftliche Handeln der betroffenen Personen. Kenner der Szene gehen davon aus, dass einschlägige Texte von bekannten Bands und erfolgreichen Musikern, die seit Jahren verschwörungsideologisches Gedankengut künstlerisch verpackt transportieren, ebenfalls zur Verfestigung des Milieus beitragen. Wolfgang P., der im sozialen Netzwerk Facebook zwei Profile unterhielt, teilte eine Vielzahl entsprechender Videos bekannter Künstler.[46]

„Reichsbürger" und „Selbstverwalter" sind ein Phänomen des ländlichen Raums in Brandenburg. Die meisten der bekannt gewordenen Vorfälle mit „Reichsbürgern" spielen sich in diesen Regionen des Landes ab. Zwar sind alle 14 Landkreise und die vier kreisfreien Städte mit „Reichsbürgern" und „Selbstverwaltern" konfrontiert. Der Landkreis Dahme-Spreewald war im Jahr 2017 aber mit Abstand am stärksten belastet, gefolgt von den Landkreisen Elbe-Elster, Potsdam-Mittelmark und Oberhavel (siehe *Abbildung 3*). Die meisten „Reichsbürger" und „Selbstverwalter" in Brandenburg sind autarke Einzelpersonen oder gehören zu kleineren, unstrukturierten Milieus, die sich regional- und ortsbezogen in den letzten Jahren durch Nachbarschafts- und Kennverhältnisse herausgebildet haben.[47] In der *Abbildung 3* wird dieses Milieu aus Sicht des Verfassungsschutzes Brandenburg dargestellt.[48]

---

[46] Vgl. Psiram (2017): Wolfgang Plan, unter https://www.psiram.com/ge/index.php/Wolfgang_Plan, Stand der Abfrage: 23.12.2017.

[47] Vgl. Ministerium des Innern und für Kommunales des Landes Brandenburg (Fn. 45), S. 92.

[48] Vgl. zur „Reichsbürger"-Bewegung aus der Sicht des Mobilen Beratungsteams in Brandenburg Wilking (Fn. 4), S. 221 ff., in diesem Band.

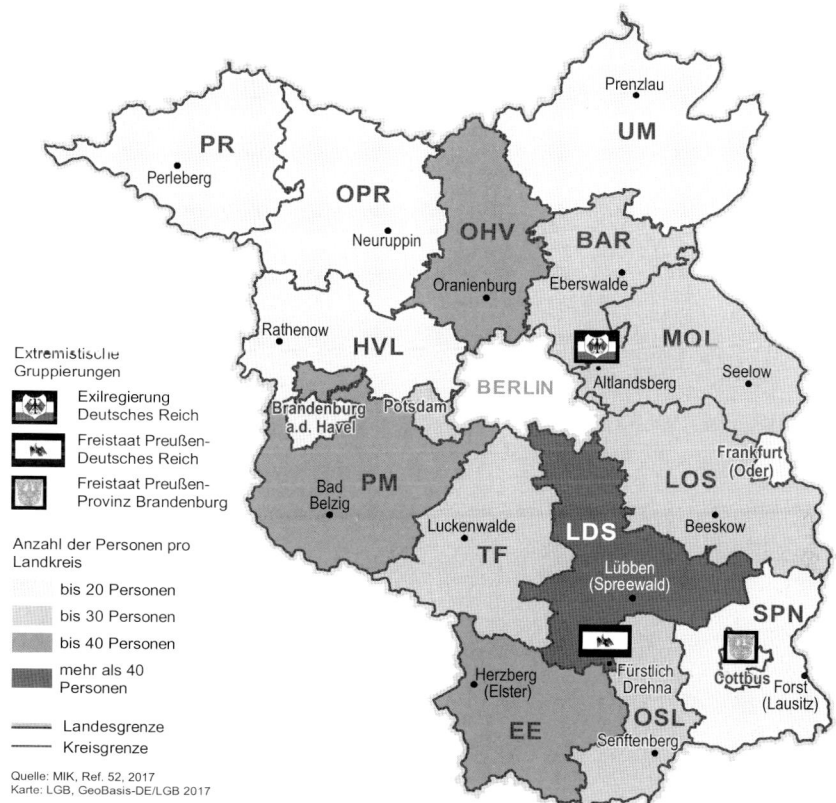

Extremistische
Gruppierungen

Exilregierung
Deutsches Reich

Freistaat Preußen-
Deutsches Reich

Freistaat Preußen-
Provinz Brandenburg

Anzahl der Personen pro
Landkreis

bis 20 Personen

bis 30 Personen

bis 40 Personen

mehr als 40
Personen

Landesgrenze

Kreisgrenze

Quelle: MIK, Ref. 52, 2017
Karte: LGB, GeoBasis-DE/LGB 2017

Abbildung 3: Übersichtskarte zur Verteilung der „Reichsbürger" und „Selbstverwalter"
im Land Brandenburg im Jahr 2017[49]

2. Revisionistische Gruppierungen

„Reichsbürger" in ihrer heutigen Ausprägung sind ein relativ junges Phänomen. Ihre ideologischen Wurzeln und symbolischen Aktionsformen sind
– wie eben beschrieben – in der rechtsextremistischen Geschichte verankert.
Die erste Gruppe, die hier vorgestellt werden soll, bekennt sich offen gegen
die Prinzipien der freiheitlichen demokratischen Grundordnung. Diese
„Reichsbürger" sind Revisionisten und damit ein Teil der politischen Bewegung des Rechtsextremismus. Ihre Gruppen haben in der Vergangenheit
symbolische Aktionsformen herausgebildet, die das „Reichsbürger"-Milieu
insgesamt geprägt haben.

[49] Ministerium des Innern und für Kommunales des Landes Brandenburg (eigene Darstellung).

33

Teile dieses Milieus sind den Verfassungsschutzbehörden schon seit 1985 als rechtsextremistische „Kommissarische Reichsregierungen" (KRR) bekannt.[50] Sie waren Teil der rechtsextremistischen Kampagne zur Wieder-herstellung des Deutschen Reiches und bildeten damit bis zur Wiederver-einigung Deutschlands einen der Agitationsschwerpunkte im Rechtsextre-mismus. Schon damals stellten diese Gruppierungen Fantasiepapiere her und richteten zahlreiche Schreiben an Verwaltungen. Später erweiterte sich das Spektrum der „Reichsbürger" durch eine Reihe revisionistisch orien-tierter rechtsextremistischer Vereinigungen, die viel zielgerichteter als die „Kommissarischen Reichsregierungen" an einer Erneuerung der Reichsidee arbeiteten. Dazu gehörten die „Reichsdeutsche Bewegung" des Rechtsex-tremisten Reinhold Oberlercher und deren Nachfolger „Deutsches Kolleg". Auch die „Reichsbürgerbewegung" (RBB) des Rechtsextremisten Horst Mah-ler zählte dazu. Zugleich war im Land Brandenburg mit der „Europäischen Aktion" (EA) eine revisionistische Gruppierung aktiv, die in Frankfurt (Oder) einen Stützpunkt mit wenigen Aktivisten betrieb.[51] Nach den Vorstellungen der „Europäischen Aktion" *bedarf es nur des politischen Willens der Deut-schen, das Reich wieder aufzurichten zu dem Zeitpunkt, in dem der Gegner zu schwach wird, um es zu verhindern."*[52] Die „Europäische Aktion" strebt einen *„geordneten Übergang von der BRD ins Deutsche Reich"* an und will zusammen mit den bundesrepublikanischen Behörden *„die Überwindung des Provisoriums und die Errichtung eines definitiven Zustandes in Form des Deutschen Reiches bewirken."*[53] Innerhalb der rechtsextremistischen Szene waren „Reichsbürger" trotz ideologischer Gemeinsamkeiten allerdings iso-liert. In erster Linie ist das auf politisches Unvermögen, elitäres Sendungsbe-wusstsein sowie kurioses Verhalten dieser Zusammenschlüsse (Uniformen, Fantasiepapiere) zurückzuführen. Aus diesen Gründen vermieden große Teile des rechtsextremistischen Spektrums zu viel diskreditierende Nähe.[54]

---

50 „Kommissarische Reichsregierungen" und „Reichsbürger" wurden in den Verfassungs-schutzberichten des Ministeriums des Innern und für Kommunales des Landes Branden-burg in regelmäßigen Abständen immer wieder erwähnt.

51 Vgl. Ministerium des Innern und für Kommunales des Landes Brandenburg (2015): Verfas-sungsschutzbericht Brandenburg 2014, Potsdam, S. 84 f.

52 Schaub, Bernhard (2011): Der Staat der Deutschen. Geschichte und Rechtslage des Deut-schen Reiches und der Bundesrepublik Deutschland, Eschenz/Schweiz, S. 73.

53 Schaub (Fn. 52), S. 74.

54 Vgl. Pfahl-Traughber, Armin (1998): „Konservative Revolution" und „Neue Rechte". Rechtsextremistische Intellektuelle gegen den demokratischen Verfassungsstaat, Opladen, S. 184 ff.

Die Bedeutung „Kommissarischer Reichsregierungen" für die Szene insgesamt ist in den letzten Jahren deutlich zurückgegangen. In den Jahren 2016 und 2017 war in Brandenburg nur eine Gruppierung aus dem Milieu der früheren „Kommissarischen Reichsregierungen" oder „Exilregierungen" aktiv, nämlich „Die Exil-Regierung Deutsches Reich".[55] Sie ist bundesweit tätig und lädt jeden Monat an verschiedenen Orten in Deutschland zu „Bürgertreffen" bzw. „Informationsveranstaltungen" ein, mit denen sie ihre Anhängerschaft zu vergrößern versucht. Die Aktivitäten dieser Vereinigung erstrecken sich vom östlichen Brandenburg und den östlichen Bezirken Berlins bis in den Süden des Landes Brandenburg. Der Verein versucht, die Aktionsform der „Kommissarischen Reichsregierungen" oder „Exilregierungen" wiederzubeleben. Ziel dieser Vereinigung, die sich selbst als *legitime Regierung der Deutschen* ansieht, ist die Reorganisation des Deutschen Reiches in den Grenzen von 1871 als Kaiserreich. Verfassung und Gesetzgebung der Bundesrepublik Deutschland sieht die Gruppierung als nichtig an.[56]

Neben dieser Gruppierung existierten bzw. existieren in Brandenburg weitere Zusammenschlüsse: „Freistaat Preußen", „Provinz Brandenburg", „Verein zur Förderung des Rechtssachverstandes in der Bevölkerung – Brandenburg" (RSV-Brandenburg), „Freistaat Preußen – Deutsches Reich", „Landgemeinde Hosena" und „Stadtgemeinde Cottbus". Die aktivste Gruppe in diesem Gesamtspektrum war bisher der „Freistaat Preußen", der allerdings seine Aktivitäten eingestellt hat.[57] Die dahinterstehenden Aktivisten hatten einige Jahre lang von Potsdam und Cottbus aus ein Netzwerk über die Grenzen Brandenburgs hinaus etabliert, in dem es bereits zu Waffenfunden kam.[58] Der „Freistaat Preußen" hielt das Grundgesetz für ein Besatzungskonstrukt

---

[55] Siehe dazu unter VII. I. Die bislang in Brandenburg über viele Jahre immer wieder aktive „Exilregierung Deutsches Reich" von Norbert Schittke aus Hildesheim hat sich in „Deutsche Zukunft" umbenannt. Schittke selbst hat sich von der Abspaltung von „Die Exil-Regierung Deutsches Reich", bei dem ein Großteil der Aktivisten von Bord ging und gleichzeitig das Internetportal der Vereinigung kaperte, nicht mehr erholt. Seine neue Gruppierung spielt außerhalb Niedersachsens keine Rolle mehr.

[56] Vgl. unter http://www.friedensvertrag.org/index.php/ziele-der-exilregierung, Stand der Abfrage: 23.12.2017.

[57] Siehe dazu unter VII. 2.

[58] Vgl. Der Westen vom 1.11.2106: SEK-Kräfte stellen bei „Reichsbürgern" Waffen sicher, unter https://www.derwesten.de/panorama/sek-kraefte-stellen-bei-reichsbuergern-waffen-sicher-id12322873.html, Stand der Abfrage: 23.12.2017; NDR Online vom 2.11.2016: Nach SEK-Einsatz: „Reichsbürger" bestreiten Vorwürfe, unter http://www.ndr.de/nachrichten/schleswig-holstein/Nach-SEK-Einsatz-Reichsbuerger-bestreiten-Vorwuerfe-,reichsbuerger150.html, Stand der Abfrage 25.8.2017 (aktuell nicht mehr abrufbar).

und ist vor allem durch seine geschichtsrevisionistischen Thesen aufgefallen. Nachdem die Hauptprotagonistin der Gruppierung im August 2015 verstorben war, wurden die Mitglieder und Interessenten aus Cottbus geschäftsführend verwaltet. Die dort ansässige „Provinz Brandenburg" organisierte für die rund 50 Mitglieder und Interessenten aus der Region „Preußenrunden" und Seminare, bei denen u.a. die Geschichtsmythen des Rechtsextremismus und antisemitisch gefärbte Verschwörungsideologien vermittelt wurden. Personell eng verwoben mit der Struktur „Provinz Brandenburg" ist der „Verein zur Förderung des Rechtssachverstandes in der Bevölkerung – Brandenburg" aus Cottbus, der bundesweit einen gewissen Bekanntheitsgrad erlangt hat, weil sich der führende Aktivist der Gruppe gegenüber dem ARD-Politikmagazin „Kontraste" vom Rundfunk Berlin-Brandenburg (rbb) im Juni 2016 laut Gedächtnisprotokoll der Redakteure als Anhänger antisemitischer Verschwörungsideologien und als Holocaustleugner outete: „,Wir […] wissen, dass die Merkel Jüdin ist und Freimaurerin. Und es gibt ein Bild, wo Adolf Hitler auch so dasteht. Der wurde von Anfang an von jüdischen Banken unterstützt.' Die Juden hätten den Holocaust nur inszeniert. Die sechs Millionen Toten zweifelt er an. Er lädt uns zu einem Stammtisch vom ,Freistaat Preußen' ein […]."[59] Im Jahr 2015 hatte der Verein versucht, mit einer Liste zur Kommunalwahl anzutreten. In Cottbus zirkulieren immer wieder Flugblätter dieser Gruppierung, die zehn bis zwölf örtliche Sympathisanten hat. Der „Verein zur Förderung des Rechtssachverstandes in der Bevölkerung – Brandenburg" pflegt eine eigene Internetseite, die vor allem das esoterisch verbrämte Gedankengut und die antisemitischen Thesen der Schweizer „Anti-Zensur-Konferenz" wiedergibt.[60] Deren Organ „Stimme und Gegenstimme" wird ebenfalls auf der Internetseite der Vereinigung angeboten.[61] Bei einer Führungsperson des Vereins wurde wegen des Verdachts auf illegalen Munitionsbesitz eine Hausdurchsuchung durchgeführt. Dabei wurde die Polizei fündig.[62]

Einige Personen, die im Geflecht rund um den „Freistaat Preußen" aktiv waren, haben 2016 den „Freistaat Preußen – Deutsches Reich" gegründet und unterhalten vom südlichen Brandenburg aus Beziehungen zu Gruppie-

---

[59] Vgl. rbb Online vom 9.6.2016: Wie gefährlich sind die Reichsbürger?, unter http://www.rbb-online.de/kontraste/archiv/kontraste-09-06-2016/wie-gefaehrlich-sind-die-reichsbuerger.html, Stand der Abfrage: 23.12.2017.

[60] Vgl. unter http://rsv-brandenburg.de/blog/, Stand der Abfrage: 23.12.2017.

[61] Vgl. unter http://rsv-brandenburg.de/portfolio, Stand der Abfrage: 23.12.2017.

[62] Vgl. Lausitzer Rundschau Online vom 9.2.2017: Polizei steht bei Reichsbürgern vor der Tür, unter http://www.lr-online.de/nachrichten/Tagesthemen-Polizei-steht-bei-Reichsbuergern-vor-der-Tuer;art307853,5833082, Stand der Abfrage: 23.12.2017.

rungen mit ähnlichen Namen im gesamten Bundesgebiet wie „Bundesstaat Bayern", „Bundesstaat Sachsen" oder „Bundesstaat Baden". Teilweise verschicken diese Zusammenschlüsse gemeinsame „Anordnungen" an Verwaltungen in ganz Deutschland.[63] Gegen einige der Mitglieder dieser „Bundesstaaten" wird derzeit strafrechtlich ermittelt.[64]

Die „Landgemeinde Hosena" wurde 2016 von Aktivisten der „Reichsbürger"- und „Selbstverwalter"-Szene aus Senftenberg (Landkreis Oberspreewald-Lausitz) und Hoyerswerda (Sachsen) gegründet. Hosena ist ein Stadtteil von Senftenberg und gehörte früher zu Schlesien. Das Ausrufen von „Landgemeinden", „Samtgemeinden" oder „reaktivierten Gemeinden" ist eine neuere Aktionsform des Milieus und wird ebenso in anderen Bundesländern (z.B. Sachsen-Anhalt, Bayern, Nordrhein-Westfalen) praktiziert.[65] Seit 2016 ist die „Stadtgemeinde Cottbus" aktiv, seit 2017 die „Gebietskörperschaft Oranienburg" (Landkreis Oberhavel). Solche informellen Zusammenschlüsse des Milieus waren in der Vergangenheit meistens nicht von langer Dauer. In den Jahren 2012 und 2013 gab es einen ähnlichen Versuch bereits in der Gemeinde Gosen (Landkreis Oder-Spree), wo für die Dauer von eineinhalb Jahren eine „Samtgemeinde" gegründet wurde.[66]

3. Regionale, unstrukturierte „Reichsbürger"-Milieus

Neben diesen Zusammenschlüssen haben sich in vielen Teilen Brandenburgs kleinere, unstrukturierte regionale „Reichsbürger"-Milieus herausgebildet. Oft handelt es sich um Menschen, die sich vom politischen System abgewandt haben, weil sie ihre Werte politisch nicht mehr vertreten fühlen.[67] Daher kann ein Teil dieses „Reichsbürger"-Spektrums mit dem Be-

---

[63] Vgl. „Amtsblätter des Staatenbundes Deutsches Reich", unter http://www.freistaat-preussen-info.world/, Stand der Abfrage: 23.12.2017.

[64] Vgl. Zeit Online vom 21.3.2017: Polizei durchsucht Räume von Reichsbürgern, unter http://www.zeit.de/gesellschaft/zeitgeschehen/2017-03/reichsbuerger-bundesstaat-bayern-razzia-baden-wuerttemberg, Stand der Abfrage: 23.12.2017.

[65] Vgl. unter http://netzwerkvolksentscheid.de/2015/07/21/reorganisation-der-gemeinden-der-weg-aus-dem-dilemma-heraus/, Stand der Abfrage: 23.12.2017. Vgl. auch Video vom 28.2.2016: Reaktivierung der Gemeinden, unter http://bewusst.tv/reaktivierung-der-gemeinden/, Stand der Abfrage: 23.12.2017.

[66] Vgl. zur „Grundgemeinde Gosen" („freiWIND") Wilking (Fn. 4), S. 233 ff., in diesem Band.

[67] Vgl. zur Abwendung vom politischen System in Brandenburg Botsch, Gideon (2011): Die extreme Rechte als „nationales Lager" – „Versäulung" im lebensweltlichen Milieu oder Marsch in die Mitte der Gesellschaft?, in: Kopke, Christoph (Hg.): Die Grenzen der Toleranz. Rechtsextremes Milieu und demokratische Gesellschaft in Brandenburg. Bilanz und Perspektiven, Potsdam, S. 57 ff., unter http://opus.kobv.de/ubp/volltexte/2011/4084/pdf/kopke_grenzen.pdf, Stand der Abfrage: 23.12.2017. Auch Botsch verweist mit Blick

griff „Staatsverdrossenheit" oder „Protest" charakterisiert werden.[68] Mit dem etwas unpräzisen, aber eingängigen Begriff „Staatsverdrossenheit" ist die mangelnde Anerkennung der politischen Ordnung (Idee der Demokratie, Form der Demokratie, Funktionieren der Demokratie) gemeint. Die Mehrheit dieses unstrukturierten Milieus eint die Ablehnung des demokratischen Rechtsstaates mitsamt seiner Verwaltung. Sympathien für ein monarchisches System und kollektivistische Vorstellungen sind daher nicht selten anzutreffen in diesem Milieu. In allererster Linie fallen „Reichsbürger" und „Selbstverwalter" allerdings auf, weil sie sich hartnäckig Bußgeldern, kommunalen Gebühren, Rundfunkbeiträgen und Steuerzahlungen widersetzen. Dazu richten sie umfangreiche Schreiben an die Kommunal- und Steuerverwaltungen. Auch Gerichte und andere Behörden sind davon betroffen. In diesen Schreiben bemängeln sie oft aus ihrer Sicht fehlende Unterschriften oder fehlende Rechtsgrundlagen. Zwar sind die Konsequenzen für die hartnäckige Verweigerungshaltung oft hohe Mahngebühren, Pfändungen, gerichtliche Verfahren oder gar Erzwingungshaft.[69] Aber bevor es so weit kommt, müssen die kommunalen Mitarbeiter im Innen- wie im Außendienst oft dem hohen Druck des Milieus standhalten. Zu den regionalen, unstrukturierten „Reichsbürger"-Milieus zählen in Brandenburg auch jene, die behaupten, sie seien aus der Bundesrepublik „ausgetreten" und praktizierten nun „Selbstverwaltung". Hinzu kommt ein größeres Umfeld politischer Sympathisanten. Als Mitläufer oder Trittbrettfahrer versenden sie gelegentlich Briefe an Verwaltungen. Vorlagen dafür finden sich schließlich zuhauf im Internet.

In Brandenburg versuchen immer wieder bundesweit operierende Aktivisten aus dem „Reichsbürger"-Milieu (z.B. Mustafa Selim Sürmeli mit seinem „Internationalen Centrum für Menschenrechte/Zentralrat Europäischer Bürger" aus Stade bei Hamburg), Einfluss auf die regionalen, unstrukturierten Milieus zu gewinnen. Auf der Internetseite seiner Gruppierung fanden sich daher zeitweilig auch Kontaktadressen aus Brandenburg.[70]

---

auf verschiedene Studienergebnisse darauf, dass sich bestimmte Milieus in den ostdeutschen Bundesländern von den etablierten Parteien nicht mehr vertreten fühlen. Vgl. zur Hinwendung zum Milieu der „Reichsbürger" in Brandenburg Feist, Mario (2010): Das „Fürstentum Germania" – „Nicht rechts, nicht links, sondern vorne"?, in: Wilking/Kohlstruck (Fn. 20), S. 109 ff.

[68] Vgl. grundlegend Fuchs, Dieter (1989): Die Unterstützung des politischen Systems der Bundesrepublik Deutschland, Opladen.

[69] Vgl. zu Handlungsempfehlungen für den Außendienst und die Vollstreckung Caspar/Neubauer (Fn. 7), S. 191 ff., in diesem Band.

[70] Vgl. unter www.zeb-org.de, Stand der Abfrage: 26.3.2015 (aktuell nicht mehr abrufbar).

Auffällig ist, dass es immer wieder unstrukturierte Milieus gibt, die nach festen Strukturen streben. Häufig misslingt das bereits im Ansatz. In Potsdam versuchten „Reichsbürger" aus Wiesenburg/Mark (Landkreis Potsdam-Mittelmark), mit Unterstützung hessischer Aktivisten eine Stiftung zu gründen, und scheiterten. Auch in Cottbus schlug der Versuch der „Reichsbürger" fehl, den bereits erwähnten „Verein zur Förderung des Rechtssachverstandes in der Bevölkerung – Brandenburg" ins Vereinsregister eintragen zu lassen.

In der Stadt Großräschen im Landkreis Oberspreewald-Lausitz existiert eine besonders verhaltensauffällige Milieustruktur, die durch den bundesweit bekannten Verschwörungsideologen Rico H. geprägt wird. Dieser bedrohte – wie oben bereits ausgeführt wurde – zeitweilig Mitarbeiter der Kommunalverwaltung und bereitete in den letzten Jahren der Polizei und Gerichtsvollziehern viele Schwierigkeiten.[71] Besondere Beziehungen pflegt er zum „Aktionsbündnis.gelberschein.info" aus Königs Wusterhausen. Zusammen mit dem Hauptaktivisten der Gruppierung bot er Seminare zum Thema „Überwindung der Staatenlosigkeit" an.

4. Milieumanager

Eine dritte Gruppe, die in Brandenburg eine Rolle spielt, kann als Milieumanager bezeichnet werden. Das sind Personen, die aus eigennützigen Zwecken ein Interesse daran haben, dass die Unterstützung für das politische System der Bundesrepublik nachlässt. Politische Krisensituationen wie die des Euro oder der militärische Konflikt im Osten der Ukraine sind ihre Geschäftsgrundlage. Sie suchen die Öffentlichkeit, halten Vorträge und schüren Ängste. Damit verdienen sie ihr Geld, denn sie verkaufen „Rechts- und Steuerberatung", Seminarplätze, Geldanlagen, Bücher, Zeitschriften und andere Medien. Das in der „Reichsbürger"- und „Selbstverwalter"-Szene sowieso beliebte Internet nutzen auch diese „Manager", um ihren Umsatz zu erhöhen. Dort sowie in Vortragsveranstaltungen und auf „Montagsdemonstrationen" verbreiten sie Verschwörungsmythen. Diese Personen sind nicht zwingend Rechtsextremisten. Sie verfolgen häufig eine bewusst legalistische Strategie.[72] Die meisten Milieumanager wirken von außen auf Brandenburg ein. Dazu gehört Jo Conrad, ein bekannter Verschwörungsfantast, der bereits in der rechtsextremistischen Zeitschrift „Recht und Wahrheit" des nordrhein-westfälischen Neonationalsozialisten Meinolf Schönborn veröffentlichte.

---

[71] Siehe dazu unter I.
[72] Vgl. zur legalistischen Strategie Pfahl-Traughber, Armin (2004): Rechtsextremismus. Eine kritische Bestandsaufnahme nach der Wiedervereinigung, Bonn, S. 25.

Conrad hat 2012 mit seinem Projekt „Aufbruch-Gold-Rot-Schwarz" (GRS) oder auch „Deutschland-Projekt" versucht, das unstrukturierte „Reichsbürger"- und „Selbstverwalter"-Milieu für eine „Neuordnung Deutschlands" zu gewinnen. Darunter war auch eine Brandenburger Gruppierung namens „freiWIND" aus Schöneiche bei Berlin. In Brandenburg selbst gab es ebenfalls einen Milieumanager: Andreas Clauss. Im Jahr 2010 nahm er an einem „Wahrheits-Kongress" des Schweizer Sektenführers Ivo Sasic teil. Auf dem gleichen Kongress trat auch die Holocaustleugnerin Sylvia Stolz, ehemalige Verteidigerin von Horst Mahler, auf. Clauss ist am 22.9.2016 verstorben. Die Informationsplattform „Sonnenstaatland" schrieb über ihn u.a.: *„Clauss war einer der großen und echten Verdiener der Reichsbürgerszene, der – entgegen allem[,] was er propagiert hat – auch ganz ordentlich sein Gewerbe angemeldet und entsprechende Steuern etc. abgeführt hat. Er verkaufte teilweise wertelose [sic] ‚Goldsparpläne' und diente sich als Verwalter von ‚pfändungssicheren Stiftungen' an. Es gab schon lange Gerüchte, dass Gut und Geld, welches Clauss als ‚Vorsitzendem' der jeweiligen ‚persönlichen' Stiftungen anvertraut wurden[,] auf Nimmerwiedersehen verschwunden war."*[73]

VI. „Reichsbürger" – Feinde einer offenen Gesellschaft

1. Orientierung an den Strukturmerkmalen extremistischer Ideologien

Die in Brandenburg vorliegenden Schreiben von „Reichsbürgern" und „Selbstverwaltern" zeigen deutlich, das Milieu verfügt über keine geschlossene, sondern nur über eine fragmentarische, als „dünn" zu bezeichnende Ideologie.[74] Sehr wahrscheinlich liegt hierin auch ein wesentlicher Grund, dass sich das Milieu so rasch vergrößert. Einige der wenigen „programmatischen" Dokumente sind die „21 Punkte zur tatsächlichen Situation in Deutschland"[75], die Veröffentlichung „Die ‚BRD'-GmbH oder zur völkerrechtlichen Situation in Deutschland und den sich daraus ergebenden Chan-

---

[73] Vgl. unter https://www.sonnenstaatland.com/2016/09/24/reichsbuergeridol-andreas-clauss-verstorben/, Stand der Abfrage: 23.12.2017.

[74] Vgl. Priester, Karin (2007): Populismus. Historische und aktuelle Erscheinungsformen, Frankfurt am Main, New York/USA.

[75] Vgl. unter https://sonnenstaatland.wordpress.com/2013/04/05/21-punkte-zur-tatsachlichen-situation-in-deutschland-analyse-aufklarung/, Stand der Abfrage: 23.12.2017.

cen für ein neues Deutschland"[76] sowie „Das Deutschland Protokoll"[77]. Dennoch sind die Ansichten, die „Reichsbürger" oder „Selbstverwalter" in ihren Videoclips, Kommentaren und Schreiben vertreten, alles andere als harmlos. Es ist bereits darauf hingewiesen worden, dass bestimmte politische Positionen dieses Milieus tief im Rechtsextremismus verwurzelt sind.[78] Dass der Rechtsextremismus für „Reichsbürger" so etwas wie eine Wirtsideologie ist, wird von ihnen jedoch immer wieder verneint und vehement in Abrede gestellt. Aus der Perspektive einer streitbaren Demokratie ist es jedoch viel entscheidender, was jemand ist, als das, was er zu sein glaubt. Dafür werden nun typische „Strukturmerkmale extremistischer Doktrinen" herangezogen, um zu prüfen, ob „Reichsbürger" und „Selbstverwalter" über Gemeinsamkeiten im Denken mit denen verfügen, die als „Feinde einer offenen Gesellschaft" bezeichnet werden können.[79] Dieser Analyseansatz ist insofern interessant, als er sich weniger am bewährten normativen Extremismusbegriff der Verfassungsschutzgesetze anlehnt, sondern rein politikwissenschaftlich ausgerichtet ist.

2. Dogmatischer Absolutheitsanspruch

Der dogmatische Absolutheitsanspruch manifestiert sich bei Extremisten in der Behauptung, ihre Einsichten und Behauptungen seien absolut wahr, allgemeingültig und nicht bezweifelbar. Kritikimmunität und Absolutheitsanspruch spiegeln sich auch in der „Reichsbürger"-Szene und bei „Selbstverwaltern" wider. Dort herrscht neben vielen anderen verworrenen Auffassungen die Überzeugung, jeder Deutsche besäße eine latente, „verborgene" Staatsangehörigkeit des Deutschen Reiches, die über Abstammung „vererbbar" sei. Diese „vererbte" Staatsangehörigkeit würde das Deutsche Reich „wiedererwecken" und seine Handlungsfähigkeit wiederherstellen. Verbunden wird das mit der Aufforderung zur „Ahnenforschung"[80]. Belegt werden soll die deutsche Abstammung anhand von Geburts-, Sterbe- und Heirats-

---

[76] Vgl. Maurer, Klaus (2016): Die „BRD"-GmbH oder zur völkerrechtlichen Situation in Deutschland und den sich daraus ergebenden Chancen für ein neues Deutschland, 3. Auflage, o.O.

[77] Vgl. Fröhner, Holger (2014): Das Deutschland Protokoll, Gelnhausen.

[78] Siehe dazu unter IV.

[79] Vgl. zu den nachfolgenden Merkmalen Pfahl-Traughber, Armin (2010): Gemeinsamkeiten im Denken der Feinde einer offenen Gesellschaft. Strukturmerkmale extremistischer Doktrinen, in: Pfahl-Traughber, Armin (Hg.): Jahrbuch für Extremismus- und Terrorismusforschung 2009/2010, Brühl, S. 9 ff.

[80] Vgl. unter http://reichsmeldestelle.org, Stand der Abfrage: 23.12.2017.

urkunden. Auch die Gruppierung „Bundesstaat Deutschland" orientiert sich am Abstammungsprinzip. In den Vorschlägen zu einem künftigen „Verfassungsentwurf" findet sich die Formulierung: *Jeder Mensch, welcher den Nachweis der Abstammung durch Geburt in einem Bundesstaat (Preußen, Bayern, Hessen, Sachsen, Württemberg, [sic] etc.) erbracht hat, ist gleichzeitig auch Staatsangehöriger des Bundesstaat [sic] Deutschland.*[81] Die „Reichsbürger"-Ideologie beruht somit auf dem Fundament der Ethnie als konstituierendem Bedingungsfaktor für das künftige soziale Miteinander im ersehnten Deutschen Reich, welches an die Stelle der Bundesrepublik und damit auch an die Stelle der freiheitlichen demokratischen Grundordnung treten soll.

3. Identitäre Gesellschaftskonzeption

Eine identitäre Gesellschaftskonzeption überhöht die Bedeutung der Gruppe, des Kollektivs oder des Staates gegenüber dem Stellenwert des einzelnen Menschen und fordert dessen konformistische Unterordnung. Der Einzelne wird nicht als eigenständiges und souveränes Individuum angesehen, sondern sein Wert und seine Würde sind nur durch die Zugehörigkeit zu einer Gesamtgruppe oder zu einem Kollektiv bestimmt. Derartige Auffassungen plädieren für die politische Einheit von Regierenden und Regierten und richten sich gegen den Pluralismus als Bestandteil einer offenen Gesellschaft. Ein Beispiel für die Einheit von Regierenden und Staatsvolk im Milieu der „Reichsbürger" und „Selbstverwalter" ist die Vorstellung einer „direkt aufsteigenden Demokratie",[82] die die von Peter Fitzek (siehe *Abbildung 4*) angeführte Gruppierung „NeuDeutschland" (auch unter „Königreich Deutschland" bekannt) aus Sachsen-Anhalt anstrebte. Diese – mittlerweile zerschlagene – sektenartige Struktur hatte eine „Verfassung" mit einer konstitutionellen Wahlmonarchie niedergeschrieben. Aktives und passives Wahlrecht sollten nur die haben, die sich einen solchen Status „erarbeiten".[83] Darin spiegelt sich die Fixierung auf Einheit und Geschlossenheit durch den jederzeit möglichen Ausschluss von abweichenden Auffassungen wider. Diese Vorstellungen zeugen zugleich von einem autoritären Staatsverständnis, das von einer Einheit von Regierenden und Regierten ausgeht.

[81] Vgl. § 82 eines „Verfassungsentwurfs", unter https://www.verfassunggebende-versammlung.com/was-ist-eine-vv/verfassungsentwurf/, Stand der Abfrage: 23.12.2017.

[82] Vgl. unter http://krd-blog.de/produkt/verfassung-des-koenigreichs-deutschland/, Stand der Abfrage: 25.8.2017 (aktuell nicht mehr abrufbar).

[83] Vgl. unter http://koenigreichdeutschland.org/de/verfassung.html#deu_verfassung, Stand der Abfrage: 23.12.2017.

Abbildung 4: Zu viel Rio Reiser gehört: Der Koch Peter Fitzek wollte „König von Deutschland" sein[84]

4. Dualistischer Rigorismus

Das Merkmal des dualistischen Rigorismus bezeichnet in extremistischen Ideologien den Hang zur unnachgiebigen Polarisierung. Extremisten werten somit einerseits die eigenen Auffassungen als allein richtig und verteidigenswert auf und diffamieren andererseits andersdenkende Positionen als falsch und verwerflich. Solche Einstellungen führen oft zu zweiteiligen Deutungsrastern und teilweise zu dämonisierten Feindbildern. Besonders im „Reichsbürger"- und „Selbstverwalter"-Milieu fällt diese Einstellung ins Gewicht. Mit Rückgriffen auf diverse Verschwörungsfantasien, die oft auf antisemitischen Annahmen beruhen, werden vielfältige Feindbilder konstruiert. Teilweise richten sie sich auf den Feind in den eigenen Reihen. So versuchte Peter Fitzek (siehe *Abbildung 4*), einen seiner Kritiker mit einer antisemitischen Äußerung mundtot zu machen: *„Diese Rolle des Judas spielst Du wirklich gut […]. Eine gewisse Volksgruppe, die vorherrschend Deine Nasenform hat, lebt seit Langem in ähnlichen Lügen und wartet immer noch auf ihren Erlöser. Erlöst werden sie dann, wenn sie diesem dann in der entsprechenden Zeit ihre Mittel und Kraft zur Transformation der Welt zur Verfügung stellen und ihre Rolle als Sklaven des Dunklen freiwillig beenden."*[85]

---

[84] Bild: http://de-de.facebook.com/NeuDeutschland, Stand der Abfrage: 25.8.2017 (aktuell nicht mehr abrufbar).
[85] Vgl. unter http://krd-blog.de/peter-fitzek-und-richard-gantz-die-letzte-email/, Stand der Abfrage: 25.8.2017 (aktuell nicht mehr abrufbar).

Oft richten sich die Feindbilder gegen demokratisch gewählte Regierungen, denen per se unterstellt wird, sie würden Politik nur inszenieren, um die Staatsbürger allesamt hinters Licht zu führen. Auf der Internetseite der Cottbuser Gruppierung „Verein zur Förderung des Rechtssachverstandes in der Bevölkerung – Brandenburg" (RSV-Brandenburg) wurde unterstellt, dass der islamistische Anschlag auf das Satiremagazin „Charlie Hebdo" vorgetäuscht gewesen sei: *„Ich bin ein unbewusster, hirnloser Idiot. Nach dem inszenierten Anschlag auf ein staatlich subventioniertes Satire Magazin in Paris folgen viele ‚Menschen' einer Werbekampagne und wollen ‚charlie' sein. Aber was bedeutet das? Es ist ein Bekenntnis[,] was seinesgleichen sucht[,] und obendrein eine Verhöhnung durch die Federführenden."*[86]

5. Holistische Steuerungsabsichten

Unter holistischen Steuerungsabsichten wird der Anspruch von Extremisten verstanden, ganzheitliche Aussagen über die Beschaffenheit und Entwicklung von Gesellschaften zu machen. Daraus leiten Extremisten oft einen Anspruch auf eine totale Steuerung der Gesellschaft ab. Als exemplarisch für das Milieu der „Reichsbürger" und „Selbstverwalter" kann die angestrebte Überwindung der Bundesrepublik Deutschland mit ihrer freiheitlichen demokratischen Grundordnung gelten. In einem Flugblatt des eben schon genannten Vereins „RSV-Brandenburg" aus Cottbus heißt es: *„Die nach dem Krieg von den Siegermächten eingesetzte Verwaltungsorganisation des besetzten Gebietes (sprich BRD GMBH Handelsregistereintragung HRB 51411 haftbar mit 25000 Euro) hat im Namen für Deutschland (also uns Bürgern) ca. 2 Billionen Euro Schulden aufgenommen. […] Das Kasperletheater demokratische (Volksbestimmte) Wahl dürfte jeder als Betrug und alles andere als Demokratie erkannt haben […] Wer in diesem Land unzufrieden ist[,] sollte […] andere Menschen über diese Zusammenhänge und Ungerechtigkeit aufklären und dann als Gruppe direkten Einfluß auf die unterste Verwaltungsebene Bürgermeister ausüben. […] Die Bürgermeister muß man […] mit Masse damit konfrontieren."*[87] Solche Auffassungen sollen die Gesellschaft ganzheitlich prägen, was notwendigerweise auch drastischere Maßnahmen zur Umsetzung solcher Ziele nach sich ziehen kann. Die umfangreichen Waffen- und Munitionsfunde der letzten Jahre deuten auf weiter gehende Absichten im Milieu der „Reichsbürger" und „Selbstverwalter" hin.

---

[86] Vgl. unter http://rsv-brandenburg.de/, Stand der Abfrage: 23.12.2017.
[87] Vgl. unter http://rsv-brandenburg.de/dokument/ordner/dl.php?datei=51, Stand der Abfrage: 23.12.2017.

6. Fundamentale Verwerfung

Die Einstellung der fundamentalen Verwerfung bezieht sich auf die absolute und rigorose Ablehnung des demokratischen Verfassungsstaates mit seiner freiheitlichen demokratischen Grundordnung und stellt somit das Kernmerkmal des politischen Extremismus dar. Im extremistischen Denken stellt die bestehende politische und soziale Ordnung etwas fundamental Schlechtes dar, das durch eine grundlegende Umwälzung zugunsten eines anderen idealisierten Gesellschaftsmodells überwunden werden müsse. Auch bei „Reichsbürgern" und „Selbstverwaltern" nimmt die fundamentale Verwerfung eine zentrale Rolle ein. Die Bundesrepublik Deutschland ist im Verständnis dieser Milieus fundamental illegitim und damit auch fundamental schlecht. Durch die Diffamierung als „Scheinstaat" oder „BRD GmbH" wird der Bundesrepublik Deutschland jegliche Staatlichkeit abgesprochen. Die Zielsetzung der „Reichsbürger"-Agitation ist somit nicht die Teilnahme an den politischen Prozessen innerhalb des bestehenden politischen Systems. Sie sehen sich vielmehr als Gefangene in einem ihnen fremden Feindstaat und verfolgen eine darauf ausgerichtete außerstaatliche Obstruktionsstrategie. Dazu gehört auch die Gründung von „Staatenbünden".

Zielsetzung ist die Beseitigung der verfassungsmäßigen Ordnung durch ein wie auch immer geartetes Reichsfantasiegebilde. Damit sind sie eine sicherheitsgefährdende Bestrebung gegen den Bestand des Bundes oder eines Landes im Sinne des § 4 Abs. 1 Nr. 1 des Brandenburgischen Verfassungsschutzgesetzes (BbgVerfSchG)[88].

7. Gewalttätigkeit

Der extremistische Charakter einer politischen Bestrebung ist nicht nur aus den politisch-programmatischen Äußerungen, sondern auch aus dem Handlungsstil ableitbar. Dazu gehört die Frage der Gewalt als strategische Handlungsoption. Gewaltandrohungen gehören in Teilen des Milieus bereits seit Längerem zum politischen Handlungsfeld, wobei bislang nur Einzelpersonen tatsächlich zur Gewaltanwendung neigen. Die Gewalttaten von Adrian U. in Reuden und Wolfgang P. in Georgensgmünd deuten allerdings darauf hin, dass innerhalb der Szene immer wieder mit Radikalisierungsschüben gerechnet werden muss. Die Frage, ob die Schussverletzung, die Adrian U. einem

---

[88] Gesetz über den Verfassungsschutz im Land Brandenburg vom 5.4.1993, Gesetz- und Verordnungsblatt Teil I, S. 78, zuletzt geändert durch Gesetz vom 17.12.2014, Gesetz- und Verordnungsblatt Teil I, Nr. 44.

Polizeibeamten in Reuden zugefügt hat, als Gewalttätigkeit mit einkalkulierter Tötung oder der Todesschuss von Wolfgang P. in Georgensgmünd als Gewalttätigkeit mit bewusster Mordabsicht zu werten sind, sind im Fall von Wolfgang P. mittlerweile geklärt. Für Wolfgang P. sei durch die Schüsse kein Mensch, sondern lediglich ein Amtsträger gestorben, wurde der Vorsitzende Richter des Landgerichts Fürth-Nürnberg zitiert. Ein solcher Angriff auf Repräsentanten des Staates sei verachtenswert und stehe auf tiefster Stufe.[89] Aus Äußerungen von einzelnen „Reichsbürgern" und „Selbstverwaltern" in den sozialen Netzwerken lässt sich schlussfolgern, dass der Tod von Polizisten als Folge subversiver Aktivitäten einkalkuliert wird. Im Vorfeld der Aktion „Sturm auf den Reichstag" am 8.5.2015 äußerte man sich entsprechend: *„Wer sich uns in den Weg stellt, muss damit rechnen vernichtet zu werden. Sollten uns Polizisten ohne Gegenwehr passieren lassen, gibt es auch keinen Grund, Widerstand zu leisten."*[90]

VII. Fallbeispiele für antidemokratische Bestrebungen

1. „Die Exil-Regierung Deutsches Reich"

„Die Exil-Regierung Deutsches Reich" hat sich 2012 von Norbert Schittkes „Exilregierung Deutsches Reich" abgespalten. In ihren deutschlandweiten Vorträgen zur „BRD GmbH" macht die Gruppierung keinen Hehl daraus, dass sie die bestehende politische Ordnung als fundamental ablehnt und die Demokratie durch ein anderes, traditionalistischeres Staats- und Gesellschaftsmodell ablösen will. Organisatorisch betrachtet ist „Die Exil-Regierung Deutsches Reich" der bundesweit größte „Reichsbürger"-Zusammenschluss, wobei keine genauen Mitgliederzahlen vorliegen. In der Region Berlin-Brandenburg trifft sich die Gruppe allerdings mit teilweise bis zu 60 Mitgliedern und Sympathisanten. Strategisch ist sie um Mitgliedergewinnung bemüht und versucht, die regionalen, unstrukturierten „Reichsbürger"-Milieus an sich zu binden.

---

[89] Vgl. Maxwill, Peter (2017): Urteil in „Reichsbürger"-Prozess. Ein „wahrhaftiger Mensch", ein Mörder, in: Spiegel Online vom 23.10.2017, unter http://www.spiegel.de/panorama/justiz/reichsbuerger-prozess-ein-wahrhafter-mensch-ein-moerder-a-1174273.html, Stand der Abfrage: 23.12.2017.

[90] Vgl. unter https://de-de.facebook.com/kundgebungen/posts/805942409474242, Stand der Abfrage: 25.8.2017 (aktuell nicht mehr abrufbar); Hinweise auf dieses Zitat finden sich auch unter https://forum.sonnenstaatland.com/index.php?topic=1431.15 unter „Antwort #20" vom 6.3.2015, Stand der Abfrage: 23.12.2017.

„Die Exil-Regierung Deutsches Reich" ist bundesweit politisch tätig und lädt jeden Monat an verschiedenen Orten in Deutschland zu „Bürgertreffen" bzw. „Informationsveranstaltungen" ein, mit denen sie ihre Anhängerschaft zu vergrößern versucht. Ziel der Gruppierung „Die Exil-Regierung Deutsches Reich", die sich selbst als *legitime Regierung der Deutschen* ansieht, ist die Reorganisation des Deutschen Reiches in den Grenzen von 1871 als Deutsches Kaiserreich. Verfassung und Gesetzgebung der Bundesrepublik Deutschland sieht die Gruppierung als nichtig an. Ihre Hauptvertreter treten in Videos auf YouTube für eine am Kaiserreich von 1871 orientierte Monarchie in Deutschland ein.[91] Damit ist ihr Weltbild vor allem durch nationalistische, zentralistisch-staatsautoritäre Prinzipien bestimmt. „Die Exil-Regierung Deutsches Reich" postuliert darüber hinaus eine Gemeinschaftsordnung auf Basis ethnischer Identität. Die Gruppierung empfiehlt auf ihrer Internetseite, die bereits oben erwähnte Ahnenforschung zu betreiben. Ebenso finden sich dort unter der Überschrift „Deutsch den Deutschen oder die geplante Vernichtung einer Sprache" nationalsozialistische Diktion sowie fremdenfeindliche, antisemitische und rassistische Anspielungen. Von *„politisch bevorzugten Migrationshintergründlern mit fehlender Lern- und Integrationsbereitschaft"* und von *„geistig umerzogenen und verblendeten Deutschen"* ist die Rede. Ebenso dürfe das *„deutsche Volk […] nicht weiter bestehen wie bisher. […] Eigenschaften nimmt man einem Volk durch Senkung des Bildungsstandes und rassische Mischung und damit genetische Kreuzung."*[92]

Die Behauptung, die Bundesrepublik Deutschland sei illegal und existiere nicht, wird durch die Gruppierung mit der Aufforderung verbunden, keine Steuern, Abgaben oder Bußgelder in Deutschland zu bezahlen. „Die Exil-Regierung Deutsches Reich" bietet vorgefertigte Beschwerde- bzw. Widerspruchsschreiben zum Download im Internet an. Haupteinnahmequelle ist der Verkauf von wertlosen „Reichsdokumenten", für die bis zu 120 Euro Gebühren verlangt werden.[93] Die Hauptakteure sind in Brandenburg und Berlin ansässig. In Berlin befindet die Kontaktadresse der Gruppe.

Aktuell versucht die Gruppierung „Die Exil-Regierung Deutsches Reich", Überfremdungsängste zu stärken und Visionen des Untergangs der Deutschen zu schüren. Sie kündigt eine bevorstehende Weltherrschaft des „politischen Zionismus" an. Nationalstaaten sollen unter Druck gesetzt und zugunsten

---

[91] Vgl. unter http://friedensvertrag.org/index.php/aktuelles/453-im-glanze-vergangener-zeiten, Stand der Abfrage: 23.12.2017.

[92] Vgl. unter http://friedensvertrag.org/index.php/aktuelles/418-deutsch-den-deutschen-oder-die-geplante-vernichtung-einer-sprache, Stand der Abfrage: 23.12.2017.

[93] Vgl. unter http://friedensvertrag.org/index.php/reichsmeldeamt, Stand der Abfrage: 23.12.2017.

einer von Juden beherrschten „Neuen Weltordnung" ausgelöscht werden.[94] Die Aufnahme von Flüchtlingen in Deutschland lehnt die Gruppierung ab und spricht davon, dass der *„Holocaust gegen die deutschen Völker"* inzwischen eine neue Qualität erreicht habe. Flüchtlinge nennt sie *„Invasoren"* und Flüchtlingsunterkünfte *„Invasorenunterkünfte"*.[95] Die völkische, antisemitische und rassistische Ideologie der Gruppierung wird durch solche Auffassungen deutlich.

2. „Freistaat Preußen" und Nachfolgeorganisation „Provinz Brandenburg – Freistaat Preußen"

Die Gruppierung „Freistaat Preußen" wurde 2014 von einer mittlerweile verstorbenen Kleinstunternehmerin gegründet, deren unternehmerische Aktivitäten mehrfach in der Insolvenz endeten. Die Gruppierung war in Brandenburg gut vernetzt und konnte in einigen Regionen des Landes Aktivisten aus regionalen Milieus in Cottbus, Potsdam und Brück (Landkreis Potsdam-Mittelmark) an sich binden. Gemessen an den Mitgliederzahlen und politischen Sympathisanten gehörte auch der „Freistaat Preußen" mit zu den größten Vereinigungen des „Reichsbürger"-Milieus in ganz Deutschland. Der „Freistaat Preußen" verfügte über 200 Mitglieder und Sympathisanten. Davon stammten die meisten aus Brandenburg. Ein geringer Anteil kam aus Berlin, Sachsen, Niedersachsen und Schleswig-Holstein. Nach einer polizeilichen Maßnahme im Februar 2017 und internen Auseinandersetzungen spaltete sich der „Freistaat Preußen" im Frühjahr 2017 auf. Ein Teil der Mitglieder gründete den „Freistaat Preußen – Deutsches Reich". Der verbliebene Teil nennt sich „Provinz Brandenburg – Freistaat Preußen". Zu den mit der „Provinz Brandenburg – Freistaat Preußen" verbundenen Strukturen gehören die „Stadtgemeinde Cottbus" sowie der „Verein zur Förderung des Rechtssachverstandes in der Bevölkerung – Brandenburg" (RSV-Brandenburg).

Die ursprüngliche Vereinigung „Freistaat Preußen" wurde organisatorisch aus Cottbus gesteuert. In der dort aktiven Gruppierung „Provinz Brandenburg" sammelten sich die meisten Aktivisten. Von dort aus wurden auch bundesweit mit dem „Freistaat Preußen" verbundene Gruppierungen – die „Provinzen" – aus dem Norden und Westen Deutschlands mit Unterlagen (z.B. mit Fantasie-

---

[94] Vgl. unter http://friedensvertrag.org/index.php/aktuelles/443-nachruf-auf-die-deutschen-völker, Stand der Abfrage: 23.12.2017.

[95] Vgl. unter http://friedensvertrag.org/index.php/aktuelles/467-clausnitz-bautzen, Stand der Abfrage: 23.12.2017.

papieren) versorgt. Weiter regionale Schwerpunkte des „Freistaates Preußen" lagen in den Landkreisen Potsdam-Mittelmark und Dahme-Spreewald sowie in der Landeshauptstadt Potsdam. Der „Freistaat Preußen" gliederte sich bundesweit in acht „Provinzen". Alle unterstanden einer „Administrativen Regierung Freistaat Preußen", die in Rheinland-Pfalz ansässig war. Daneben gab es eine „Stabsstelle", die sich *„Auswärtiges Amt Freistaat Preußen"* nannte. Die Aktivisten, die in der „Stabsstelle" aktiv waren, kamen aus Brandenburg. Verbunden war all dies durch aufwendig und relativ professionell wirkende „Weltnetzseiten". Veröffentlicht wurden „Bekanntmachungen", skurrile „Urteile" aus der eigenen Organisation und Anordnungen. Verwiesen wird auf Publikationen wie „Das Deutschland Protokoll"[96]. Ebenfalls konnten Fantasiepapiere wie ein „Staatsangehörigkeitsausweis" erworben werden, wobei in diesem Fall eine Kopie des Personalausweises und *„Abstammungsnachweise bis mindestens 1913"* beizufügen waren. Laut *„vorläufiger Gebührenordnung des Freistaat Preußen"* wurden für dieses wertlose Stück Papier 35 Euro berechnet.[97] Des Weiteren wurden diverse vorgefertigte Vordrucke wie *„Rückgabe des Personalausweises"* zum freien Download angeboten.[98]

Daneben präsentierte sich die Gruppierung auf Facebook, Twitter, YouTube und Scribd. In der Gesamtbetrachtung finden sich nahezu alle Argumentationsmuster wieder, welche das „Reichsbürger"-Milieu prägen: Die Bundesrepublik Deutschland habe keine gültige Verfassung und sei kein souveräner legitimer Staat, ein Friedensvertrag fehle und daher bestünde nach wie vor der Kriegszustand. Außerdem sei der „Freistaat Preußen" nach dem Zweiten Weltkrieg völkerrechtswidrig aufgelöst worden. Die Anhänger betrachteten ihren „Freistaat" als souverän. Sie glaubten ebenfalls, sie lebten mitsamt ihres „Freistaates" einstweilig im Exil. In einem Interview mit dem Inforadio äußerte sich eine brandenburgische Anhängerin vom „Freistaat Preußen" über dessen Ziele wie folgt: *„Wir wollen unsere Verwaltung aufbauen, unseren völkerrechtlich konformen Staat aufbauen, wir wollen in das Völkerrecht kommen, wo die Würde des Menschen unantastbar ist – das macht die BRD nicht. Die BRD ist ein reines Firmenrecht, wir sind nur im Handelsrecht und klar, der BRD gefällt es natürlich nicht. Aber unser Ziel ist es nicht, irgendetwas lahmzulegen, unser Ziel ist es, etwas aufzubauen, nämlich einen Staat wieder*

---

[96] Vgl. Hill, Ralf Uwe (2007), Das Deutschland Protokoll, o.O.
[97] Vgl. unter http://freistat-preussen.info/service/geb%C3%BChrenordnung.html, Stand der Abfrage: 15.11.2016 (aktuell nicht mehr abrufbar).
[98] Vgl. unter http://freistaat-preussen.info/download-bereich/category/5-textvorlagen.html, Stand der Abfrage: 15.11.2016 (aktuell nicht mehr abrufbar).

aufzubauen.“[99] In Schreiben an Verwaltungen war von der *„BRD GmbH“*[100] und von der *„Firma Land Brandenburg“* die Rede. Mitarbeitern öffentlicher Verwaltungen wurde „illegales Handeln“, „Amtsmissbrauch“ und „Amtsanmaßung“ vorgeworfen. Ihre Auffassung untermauerten die Möchtegern-Preußen u.a. mit der Abgabe ihrer Personalausweise bei den Behörden. Von den zahlreichen „Reichsbürger“-Meldungen in Brandenburg bis Ende des Jahres 2015 standen sehr viele mit dem „Freistaat Preußen“ in Verbindung. Die Abspaltung „Freistaat Preußen – Deutsches Reich“ setzt diese Aktivitäten fort.

Ideologisch war der „Freistaat Preußen“ revisionistisch orientiert. Auf der Homepage hieß es: *„Über das 3. Reich können und wollen wir an dieser Stelle nicht viel schreiben. Wichtig zu wissen ist, dass die meisten Bücher sehr einseitig und verfälscht die Geschichte wiedergeben […] Im Gegensatz zur [sic] einer Diktatur, haben die Nationalsozialisten nicht die ‚Macht‘ ergriffen, sondern Adolf Hitler wurde vom deutschen Volk in freier Selbstbestimmung […] gewählt […] Von einer Nazi-Diktatur kann daher wohl kaum die Rede sein!“*[101] Der Verein versuchte darüber hinaus, völkisch-nationalistische und rassistische Stereotype zu verbreiten: *„Na ja, der DFB tritt ja für die BRD nun in Frankreich mit seiner Mannschaft auf einer internationalen Bühne an mit seinem Aufgebot als ‚Nationalmannschaft‘ …? In welchen Farben lief denn die Fußball-‚Nationalmannschaft‘ der BRD bisher bei internationalen Wettbewerben (lateinisch Inter: zwischen, lateinisch national: völkisch, also diesem ‚zwischenvölkischen Fußballwettbewerb[‘]) so auf?“*[102] Damit orientierte sich der „Freistaat Preußen“ argumentativ am völkischen Nationalismus, der nationalistisch-antisemitischen Strömung, die Ende des 19. Jahrhunderts entstand und für den Nationalsozialismus bestimmend wurde.[103]

Bei der Nachfolgeorganisation „Provinz Brandenburg – Freistaat Preußen“ ist das nicht anders. Sie setzt allerdings andere Akzente und macht vor allem aus ihrer antisemitischen Grundeinstellung und dem damit einhergehenden homogenen Volksbegriff keinen Hehl. In einem Aufruf *„Konzerne brauchen Wachstum, Menschen benötigen Frieden!“* finden sich die entsprechenden Hinweise: *„Bei näherer Betrachtung der Realität […] steht [sic] auf der einen*

---

[99] Vgl. unter http://www.rbb-online.de/politik/beitrag/2016/03/reichsbuerger-brandenburg-preussen-portraet.html, Stand der Abfrage: 15.11.2016 (aktuell nicht mehr abrufbar).

[100] Siehe dazu unter IV. 3.

[101] Vgl. unter http://www.freistaat-preussen.info, Stand der Abfrage: 15.11. 2016 (aktuell nicht mehr abrufbar).

[102] Vgl. unter http://freistaat-preussen.info/attachments/article/184/Zur%20EM.pdf, Stand der Abfrage: 15.11.2016 (aktuell nicht mehr abrufbar).

[103] Vgl. Puschner, Uwe/Schmitz, Walter/Ulbricht, Justus H. (Hg.) (1996): Handbuch zur „Völkischen Bewegung“ 1871-1918, Berlin.

Seite die Völker dieser Erde und auf der anderen Seite ein paar Familien, welchen die 50 bis 100 Konzerne dieser Welt gehören. Wenn es tatsächlich überhaupt so viele sind, denn je tiefer man versucht zu blicken.um so [sic] dunkler wird es. […] Die völlige Interessenlosigkeit gegenüber der [sic] nächsten Generationen […] zeigt sich deutlich in der ausgesprochenen Egomanie, krankhaften Ich-Sucht […] der heutigen Gesellschaften. Welche letztlich wieder durch die Manipulation der Massen durch die Medien entarten konnte. Gute Werte werden durch diese nicht mehr vermittelt. Alles[,] was unseren Ahnen gut und heilig war[,] wird heute in den Dreck getreten. Man wird verfolgt und verleumdet, wenn man das Wort Heimat, Nation, Brauchtum […] und Volk ausspricht. Ein Volk ohne Wissen seiner Geschichte […] hat keine Zukunft."[104] Am Ende des Aufrufes bricht sich dann die antipluralistische Vorstellung einer Einheit von Regierenden und Regierten Bahn: *„Das Bindeglied zwischen den Völkern und den Konzernen sind die Parteien. Es sind Vereine, welche wie Logen aufgebaut sind. Man hat sie bewußt [sic] zwischen Volk und Regierungen installiert, um die Völker von jeglicher Mitbestimmung abzuschneiden."*[105]

Daran zeigt sich, dass beim „Freistaat Preußen" und seiner Nachfolgeorganisation „Provinz Brandenburg – Freistaat Preußen" durchaus Bezüge zu klassischen rechtsextremistischen Ideologieelementen vorhanden waren bzw. immer noch vorhanden sind. Sie treten jedoch etwas abgeschwächter als bei der Gruppierung „Die Exil-Regierung Deutsches Reich" hervor. Dennoch lassen sich die oben[106] vorgestellten „Strukturmerkmale extremistischer Doktrinen" nachweisen: dogmatischer Absolutheitsanspruch, identitäre Gesellschaftskonzeption, dualistischer Rigorismus, holistische Steuerungsabsichten und fundamentale Verwerfung – all dies erfüllte der „Freistaat Preußen" bzw. erfüllt die „Provinz Brandenburg – Freistaat Preußen" durchaus. Ebenso lassen sie sich am Brandenburgischen Verfassungsschutzgesetz (BbgVerfSchG) und damit am normativ ausgerichteten Extremismusbegriff messen. Danach handelt es sich beim „Freistaat Preußen" und seiner Nachfolgeorganisation nicht nur um einen Zusammenschluss verhaltensauffälliger Einzelpersonen. Vielmehr sind beide als Personenzusammenschlüsse zu verstehen, die ziel- und zweckgerichtete, aktive Verhaltensweisen gegen die freiheitliche demokratische Grundordnung aufwiesen bzw. immer noch entfalten.

---

[104] Vgl. unter http://provinz-brandenburg.org/2017/09/07/konzerne-brauchen-wachstum-menschen-benoetigen-frieden/, Stand der Abfrage: 23.12.2017.
[105] Vgl. unter http://provinz-brandenburg.org/2017/09/07/konzerne-brauchen-wachstum-menschen-benoetigen-frieden/, Stand der Abfrage: 23.12.2017.
[106] Siehe dazu unter VI.

VIII. Fazit

Die Betrachtung des „Reichsbürger"-Milieus in Brandenburg hat ergeben, die Ansichten von „Reichsbürgern" und „Selbstverwaltern" sind ideologisch tiefer im rechtsextremistischen Denken verankert als bisher angenommen. Die einzelnen Elemente ihrer historisch-fiktionalen Gegenerzählung – reale Geschichte und erfundenes Beiwerk, geschichtsrevisionistische Mythen und Verschwörungsfantasien – erleichtern es dem Milieu, an politik- bzw. staatsverdrossene Stimmungen in der Bevölkerung anzuknüpfen. Auch Taktik und Methoden rechtsextremer Propaganda sind deutlich sichtbar. Dazu zählen das Schüren einer Krisenstimmung durch die systematische Abwertung der parlamentarischen Demokratie sowie ständige Diffamierung und Delegitimierung des demokratischen Verfassungsstaates und seiner Vertreter. Dies wird sicherlich zum Anwachsen des „Reichsbürger"- und „Selbstverwalter"-Milieus in Brandenburg und andernorts beigetragen haben. Mehr noch: Potenzielle „Reichsbürger" und „Selbstverwalter" werden mit der Aussicht auf Zugang zu exklusiven, geheimen Kenntnissen geködert, um sich den einzelnen regionalen Milieus anzuschließen. Gideon Botsch deutet dies so: *„Man gehört einer außerordentlichen Gruppe an, die Einsicht in Zusammenhänge hat, welche anderen verborgen bleiben."*[107]

Individuelle Motivationen zum Mitmachen sind vielfältig. Sie können politischer, wirtschaftlicher, aber auch psychosozialer Natur sein. Die Szene bündelt knallharte Rechtsextremisten, Menschen in wirtschaftlichen oder gar gesundheitlichen Nöten, Frustrierte, Neugierige und solche, die das Milieu als Geschäftsmodell entdeckt haben. Nicht jeder Szeneaktivist ist daher automatisch als Rechtsextremist zu werten. Je länger er sich jedoch im Milieu bewegt, desto größer wird die Wahrscheinlichkeit, dass er den dort vorherrschenden rechtsextremistischen Grundton verinnerlicht. Je weiter entfernt urbane Zentren liegen, desto größer scheint die Sogkraft zu sein. Gemeinsam wird der Glaube an die nicht existierende Bundesrepublik Deutschland kultiviert oder zumindest die Überzeugung, man könne aus ihr wie aus einem Verein einfach austreten und sich aller Pflichten entledigen. Dieses Milieu lebt in einer Parallelwelt und zimmert sich dort einen internetbezogenen Verschwörungsextremismus zusammen. Außerhalb der eigenen Parallelwelt herrschen Lug und Trug. Sich selbst wähnt man in der Rolle des Erleuchteten und eifrigen Missionars. Insofern ist das aktuell anwachsende „Reichsbürger"- und „Selbstverwalter"-Milieu auch Ausdruck einer offenen und pluralistischen

---

[107] Botsch (Fn. 24), S. 37.

Gesellschaft, die einige schlicht darin überfordert, die damit einhergehende Komplexität zu reflektieren. Wenn wirre, dumpfe und auf rechtsextremistischen Kernideologemen beruhende Verschwörungszirkel Zulauf haben, verliert die Demokratie an einer sehr sensiblen Stelle Bindungs- und Integrationskraft. Denn diese Zirkel richten ihre Weltsichten nicht nur nach innen. Sie richten sie sendungsbewusst vielmehr nach außen und nutzen die Mittel der offenen Gesellschaft für die Etablierung ihrer Gegenöffentlichkeit. Ab einem bestimmten Punkt erzwingen sie so die Auseinandersetzung über ihre verworrenen Thesen. Und ab exakt diesem Zeitpunkt werden ihre Verschwörungsfantasien Bestandteil des Diskurses selbst. Mit jemandem einen rationalen Diskurs führen zu müssen, der sich rationalem Denken vollends entzieht, ist jedoch schwierig.

Für die Sicherheitsbehörden und die Zivilgesellschaft sind „Reichsbürger" und „Selbstverwalter" eine große Herausforderung. Wenn es einzelnen Milieumanagern, „Exilregierungen" oder größeren Milieus gelingt, die Aktivisten tief in diese parallele, von anderen nicht nachzuvollziehende Deutungswelt einzubinden, dann besteht die Gefahr, dass sich dieses Lager weiter festigt und verschließt. Da die meisten Thesen der „Reichsbürger" und „Selbstverwalter" Merkmale des extremistischen Denkens aufweisen und gezeigt werden konnte, dass einzelne Gruppierungen beginnen, rechtextremistische Ideologie zu verbreiten, besteht die Gefahr, dass sich der Aktionismus und die Aggressionen in diesem Milieu verstärken.[108] Erste Anzeichen zeigten sich bereits in den vergangenen Jahren mit Drohungen gegenüber Angestellten des öffentlichen Dienstes und körperlichen Übergriffen auf diese. Der Mord am Polizisten Daniel E. am 19.10.2016 in Georgensgmünd hat deutlich gemacht, dass im Milieu der „Reichsbürger" und „Selbstverwalter" bereits Radikalisierungsprozesse stattfinden. Verfassungsschutz, Polizei und die Zivilgesellschaft müssen das „Reichsbürger"-Milieu weiterhin im Blick behalten und Radikalisierungstendenzen entschieden begegnen. Die nachrichtendienstliche Beobachtung der „Reichsbürger" und „Selbstverwalter" wird dabei eine wichtige Hilfestellung sein.

---

[108] Vgl. Freitag, Jan/Hüllen, Michael/Krüger, Yasemin (2017): Zur Entwicklung der Ideologie der „Reichsbürger", in: Backes, Uwe/Gallus, Alexander/Jesse, Eckhard (Hg.): Jahrbuch Extremismus & Demokratie, 29. Jahrgang, Baden-Baden, S. 159 ff.

Jan-Gerrit Keil

Zwischen Wahn und Rollenspiel – das Phänomen der „Reichsbürger" aus psychologischer Sicht

I. Einleitung

Das Phänomen des „Reichsbürgertums"[1] als Zusammenschluss einer in sich homogenen Gruppe zu bezeichnen, ist kaum möglich. Trotz der sehr unterschiedlichen und verschiedenartigen Ausprägungen kann man aber von einer lose verknüpften Bewegung Gleichgesinnter sprechen. Dabei lassen sich mindestens vier größere Gruppen unterscheiden:

– Zuerst gibt es die traditionellen nationalistisch geprägten „Reichsbürger", nach deren Empfinden das Deutsche Reich und damit auch das Dritte Reich nie untergegangen ist und die zumeist sehr empfänglich für rechtspopulistische oder sogar eindeutig rechtsextreme Attitüden sind. In Ausnahmefällen wird auch die genau gegenteilige Meinung vertreten, dass man eben jenes zu Unrecht immer noch weiter bestehende Dritte Reich bekämpfen müsse, da sonst niemand diesen Missstand erkennen würde.[2]
– Eine weitere Gruppierung bilden die sich selbst als staatenlose Aussteiger bezeichnenden „Selbstverwalter", die sich nicht mehr weiter zum Personalbestand der „BRD GmbH" zählen lassen wollen.[3]
– In die dritte Kategorie fallen die selbst ernannten Monarchen und Stifter eigener Königreiche oder Fürstentümer sowie eine Vielzahl von Verschwö-

---

[1] Vgl. im Einzelnen Hüllen, Michael/Homburg, Heiko (2017): „Reichsbürger" zwischen zielgerichtetem Rechtsextremismus, Gewalt und Staatsverdrossenheit, S. 15 (15 ff.), in diesem Band.

[2] So richtet sich der ehemalige NPD-Funktionär und verurteilte „PMK-Straftäter Rechts" Rüdiger Klasen (Jahrgang 1967) nach einer ideologischen Kehrtwende nunmehr explizit gegen das seiner Meinung nach nicht erkannte Weiterbestehen der faschistischen Machtherrschaft unter dem Deckmantel der BRD, er benennt sich inzwischen mit dem Namen Rüdiger Hoffmann und schützt seine Seite als vermeintliche Satireseite vor, vgl. unter https://staatenlos.info, Stand der Abfrage: 23.12.2017.

[3] Vgl. zur „BRD GmbH" Hüllen/Homburg (Fn. 1), S. 29 f., in diesem Band; Caspar, Christa/Neubauer, Reinhard (2017): Durchs wilde Absurdistan: Was zu tun ist, wenn „Reichsbürger" und öffentliche Verwaltung aufeinandertreffen, S. 119 (149 ff.), in diesem Band; Stahl, Trystan/Homburg, Heiko (2017): „Souveräne Bürger" in den USA und deutsche „Reichsbürger" – ein Vergleich hinsichtlich Ideologie und Gefahrenpotenzial, S. 263 (273), in diesem Band.

rungsfanatikern und Anhängern weiterer esoterischer und sektiererischer Ideen. Mitunter verbindet sich das eine auch mit dem anderen. So beansprucht der Reichskanzler der „Exilregierung Deutsches Reich", Norbert Schittke, gleichzeitig noch die englische Thronfolge für sich.[4]

- Die letzte Gruppe bilden unternehmerisch orientierte Milieumanager,[5] die die „Reichsbürger"-Ideologie mehr oder weniger teilen und Gleichgesinnten das Geld aus der Tasche ziehen, indem sie diesen Devotionalien in Form von Reichsausweisen, Fantasiewährungen etc. kommerziell anbieten und ihnen außerdem auch eine öffentlichkeitswirksame Internetplattform bieten, auf der sie ihr Gedankengut verbreiten können.

Was alle Vertreter als gemeinsames Bestimmungsstück eint und damit die Bezeichnung einer zumindest losen Bewegung rechtfertigt, ist die Negierung der Bundesrepublik Deutschland als rechtmäßiger Staat. Es besteht der gemeinsame Wunsch, kein Bürger dieses Landes mehr zu sein, sondern einem eigenständigen Staatsgebilde anzuhängen. Bei der Frage, was das denn für ein Staatsgebilde sein solle, herrschen aber bereits große Unterschiede. Der geteilte Hauptbestandteil ihrer Identität ist somit eine Nicht-Zugehörigkeit aus der sich eine Nicht-Identität bzw. eine Gegen-Identität konstituiert, womit ein wesentlicher Punkt in Bezug auf die Psychogenese und mögliche Psychopathologie der „Reichsbürger" bereits herausgestellt wäre.

Der Beitrag hat es sich zur Aufgabe gemacht, zunächst auf der beschreibenden Ebene eine phänomenologische Sichtweise bezüglich der gewöhnlichen Aktionsformen und prototypischen Interaktionen mit Behörden vonseiten der „Reichsbürger" zu liefern. Im anschließenden Teil werden die dahinterliegenden vermuteten innerpsychischen Prozesse näher beleuchtet. In der Auseinandersetzung mit der Psychogenese der „Reichsbürger" gilt es dabei, das ganze Kontinuum von ideologisch geprägter und bewusst-provokanter – also ab-

---

[4] In einem Schreiben an die Polizeidirektion West des Landes Brandenburg zur angeblichen Einführung neuer Kfz-Kennzeichen durch die „Exilregierung Deutsches Reich" aus dem Jahr 2013 unterzeichnete Norbert Schittke (Jahrgang 1942) als *„Fürst Nobert Schittke zu Romkerhall (Ritterhof) Reichskanzler der Exilregierung Germane/Deutsches Reich und Zuständiger des Germane/Deutsches Reich – Kaiserreich, Prinz des Hauses Hannover und Haus Windsor, deutsches Stammland der Dynastie, eine jüngere Nebenlinie der ernestinischen Wettiner. Ist das Herzogtum Sachsen-Coburg und Gotha, danach Haus Hannover, mit König Georg V., auch König des Hauses Windsor alles rein deutsch. Bei Rückfragen bitte an Kontaktbüro s.o. ".* Die Vielzahl der Ämter und das übertriebene Streben nach Anerkennung und Reputation drängen sich einem hier schon beim ersten Durchlesen unmittelbar und in aller Deutlichkeit auf. Vgl. zur „Exilregierung Deutsches Reich" Hüllen/Homburg (Fn. 1), S. 35 und S. 46, in diesem Band.

[5] Vgl. zu den Milieumanagern Hüllen/Homburg (Fn. 1), S. 39 f., in diesem Band.

sichtlicher – Realitätsverkennung auf der einen Seite und krankhaftem Wahn ohne jede Realitätseinsicht auf der anderen Seite darzustellen. Dabei wird anhand eines prototypischen Verlaufsmodells auch auf die wenigen, aber tragischen Fälle eingegangen, in denen Konfrontationen mit „Reichsbürgern" zur Gewalteskalation geführt haben.[6] Im Ergebnis soll eine vertiefte Problemsicht dafür geschaffen werden, wie Anhänger der „Reichsbürger"-Szene ihrer Psyche nach „ticken", um den betroffenen Behördenmitarbeitern im Schlussteil des Textes einzelne konkrete Handlungsempfehlungen aus psychologischer Sicht für einen professionelleren Umgang in der Auseinandersetzung mit dieser speziellen Klientel an die Hand zu geben.[7]

II. Phänomenologie der „Reichsbürger"

1. Gewöhnliche Aktionsformen der „Reichsbürger"

Aus Sicht der Brandenburger Polizei lassen sich vier Hauptbetätigungsfelder der „Reichsbürger" feststellen, die regelmäßig anzutreffen sind und meist auch in Kombination miteinander auftreten:
– Erstellen und Vertreiben von Fantasiedokumenten;
– Übernahme von Fantasieämtern und Vortäuschung hoheitlicher Befugnisse;
– Vielschreiberei;
– Ablehnung der Zahlung von Steuern und kommunalen Abgaben sowie Widerstandshandlungen gegen hoheitliche Maßnahmen.

a) Erstellen und Vertreiben von Fantasiedokumenten
Zur Stiftung einer eigenen, neuen von der Bundesrepublik unabhängigen Identität erschaffen sich die „Reichsbürger" neue Ausweise und Dokumente, die ihre eigene Staatsform legitimieren sollen. Dies umfasst in erster Linie die Ausweispapiere, die dann mit Vorliebe *„Personenausweis"* anstatt – wie gemeinhin üblich – Personalausweis genannt werden.[8] Sie möchten damit betonen, dass sie sich nicht als Personal der „BRD GmbH" bezeichnen lassen wollen. Ebenso findet man häufig Führerscheine, Amtsausweise für Fantasieämter

---

[6] Siehe dazu unter III. 3. b).
[7] Vgl. zu Handlungsempfehlungen aus juristischer Sicht Caspar/Neubauer (Fn. 3), S. 164 ff., in diesem Band.
[8] Siehe z.B. zum Fantasieausweis der „Exilregierung Deutsches Reich" die Abbildung 2 bei Hüllen/Homburg (Fn. 1), S. 22, in diesem Band.

(z.B. Reichskanzler und Reichsaußenminister), eigene Briefmarken, Stempel und neue Kfz-Kennzeichen bzw. zum Teil überklebte Kfz-Kennzeichen, die kein EU-Zeichen mehr enthalten. Nicht selten kommen auch noch originale Stempel aus dem Dritten Reich zur Anwendung bzw. werden die neu erschaffenen Fantasiedokumente mit Bildmarken des Dritten Reiches versehen. Die territoriale Ausdehnung des beanspruchten Reichsgebietes wird dabei in der Bebilderung und Ausdehnung der Grenzen des NS-Reiches von 1937 dargestellt.

Es ist bei der Betrachtung der Akteure darauf hinzuweisen, dass sich hier grundsätzlich zwei Gruppen unterscheiden lassen:
– die Gruppe der Vertreiber und Anbieter sowie
– die Gruppe der Anwender und Käufer solcher Devotionalien.

Während Letztere sich diese Fantasiedokumente entweder selbst basteln oder bei anderen „Reichsbürgern" gegen Geld beschaffen müssen, bieten Erstere diese Dokumente zum Kauf an und betreiben zumindest in kleinem Umfang Handel damit. Entsprechend sind auch eigene finanzielle Interessenlagen anzunehmen und man kann hier von Milieuverwaltern oder sogar Milieumanagern sprechen.

b) Übernahme von Fantasieämtern und Vortäuschung hoheitlicher Befugnisse
Einhergehend mit der Ausstattung von Fantasiedokumenten kommt es gehäuft auch zu einer Übernahme von Fantasieämtern und der Vortäuschung hoheitlicher Befugnisse. Die Personen bezeichnen sich als *„Reichskanzler"*, *„Reichsminister"*, *„Generalstaatsanwalt"*, *„König von Deutschland"* oder *„Polizeipräsident"*. Der Fantasie sind hier praktisch keine Grenzen gesetzt. Auffällig ist die große Diskrepanz zwischen Schein und Sein. Trotz real meist sozial und beruflich gescheiterter Existenz werden ausnahmslos Ämter und Mandate mit hoher und höchster Reputation angestrebt, die qua Amt eine größtmögliche Autorität verbreiten sollen. Kurios wird die Situation insofern, als es dadurch zu einer starken Vermehrung von Ämtern kommt. Zum einen beanspruchen die meisten Personen gleich mehrere bedeutende Ämter für sich – getreu dem Motto: *„Viel hilft viel!"*. Zum anderen lässt sich ein inflationärer Aufwuchs an nebeneinander bestehenden „Exilregierungen" bzw. „Ersatzregierungen" verzeichnen.[9] Dieser ergibt sich daraus, dass pro Regierung ja jedes hohe Amt nur einmal zur Verfügung steht und somit der Nachfrage nur unter Abspaltung

---

[9] Vgl. Hüllen/Homburg (Fn. 1), S. 33 ff. und S. 46 ff., in diesem Band.

oder Neugründung weiterer Staatsformen und Regierungsgebilde begegnet werden kann. Es liegt somit in der Natur der Sache, dass sich die Einzelbewegungen untereinander mehr spalten als einigen, und jeder dieser Fantasiestaaten letztlich über mehr Häuptlinge als Indianer verfügt. Die Mehrzahl der Ämter bezieht sich vorrangig auf repräsentative Rollen und wird schon aufgrund der real nicht vorhandenen Exekutivmöglichkeiten wenig funktional gelebt. Zwar werden pro forma Regierungssitzungen abgehalten, diese haben aber lediglich für die anwesenden Regierungsmitglieder selbst eine Relevanz und dienen mehrheitlich der internen Organisation im Sinne eines Vereinstreffens. Außenwirkungen sind mit den Ämtern in der Regel nicht verbunden, sodass der Tatbestand der Amtsanmaßung gemäß § 132 des Strafgesetzbuches (StGB) normalerweise nicht erfüllt ist. Eine Ausnahme bildete hier das im Jahr 2012 in Sachsen gegründete „Deutsche Polizei Hilfswerk" (DPHW), das im Sinne einer Bürgerwehr für „Reichsbürger" gegründet wurde.[10] Die Mitglieder statteten sich in diesem speziellen Fall mit eigenen Uniformen und Dienstausweisen aus und äußerten explizit den Wunsch, auch exekutiv tätig zu werden. Vereinzelt kam es tatsächlich zu tätlichen Übergriffen auf Gerichtsvollzieher während deren Amtsausübung, da die Vollstreckung seitens der Mitglieder des DPHW als vermeintliche rechtlose *„Plünderei"* betrachtet wurde.[11] Während das DPHW seine vermeintlich rollenlegitimierte Amtsmacht ausnutzt, um als Hilfspolizei im Sinne der eigenen Rechtsauffassung zu agieren und somit staatliche Ansprüche abzuwehren, kann bei Peter Fitzek und seinem „Königreich Deutschland" ein Missbrauch des Fantasietitels „König von Deutschland" zum Zwecke der Bereicherung an seinen „Untertanen" angenommen werden.[12] Ihm wurden ein Verstoß gegen das Kreditwesengesetz (KWG) und Untreue in 27 Fällen zur Last gelegt, denn er soll mittels einer Fantasiebank insgesamt 1,3 Mio. Euro seiner „Kunden" in den Jahren 2009 bis 2013 veruntreut haben.[13] Das Landgericht Halle (Saale) hat

---

[10] Vgl. zur Aktivität des DPHW in Brandenburg sowie zu Uniform und Dienstausweis des DPHW die Abbildungen 7 und 8 bei Wilking, Dirk (2017): Die Anschlussfähigkeit der „Reichsbürger" im ländlichen Raum aus der Sicht des Mobilen Beratungsteams im Brandenburgischen Institut für Gemeinwesenberatung, S. 221 (237 f.), in diesem Band.

[11] Vgl. zu den strafrechtlichen Verurteilungen Caspar/Neubauer (Fn. 3), S. 124, in diesem Band.

[12] Vgl. zu Peter Fitzek Hüllen/Homburg (Fn. 1), S. 42 f., in diesem Band.

[13] Vgl. Pressemitteilung des Landgerichts Halle (Saale) Nr. 024/2016 vom 19.9.2016, unter http://www.presse.sachsen-anhalt.de/index.php?cmd=get&id=879817&identifier=742c 92902dd2ce6738cf4e9748776cd0, Stand der Abfrage: 23.12.2017, und Nr. 028/2016 vom 19.10.2016, unter http://www.presse.sachsen-anhalt.de/index.php?cmd=get&id=88 0353&identifier=626ea2a35235cd4fcaee1fe6b7362e32, Stand der Abfrage: 23.12.2017.

gegen Peter Fitzek mit Urteil vom 15.3.2017[14] eine Haftstrafe von drei Jahren und acht Monaten verhängt.[15]

c) Vielschreiberei

Der dritte große Handlungsbereich der „Reichsbürger" bezieht sich auf die Vielschreiberei. Mit ausnahmslos sehr langen Textdokumenten – fünf bis zehn Seiten sind hier keine Ausnahme, sondern die Regel – werden Behörden und Amtsträger oder Zivilpersonen, hier zumeist herausgehobene und bekannte Individuen, mit Beleidigungen, Belehrungen, Beschimpfungen bis hin zur Erpressung und Nötigung überzogen. Nicht selten werden dabei verquere Ideen der eigenen Vorstellungen vom weiter bestehenden Deutschen Reich mit einem fragmentarischen Zitat-Teppich der unterschiedlichsten juristischen und historischen Schriften sowie mehr oder weniger latent vorhandenen, rechtspopulistischen, fremdenfeindlichen und antisemitischen Einstellungen verknüpft. Im Einzelfall können diese Schriften durchaus den Straftatbestand der Volksverhetzung gemäß § 130 StGB erfüllen. Hauptproblem der Vielschreiberei bleibt aber die generelle Unsinnigkeit des Anliegens, die prinzipielle Unerfüllbarkeit der aufgestellten Forderungen und die damit verbundene Zeit- und Ressourcenverschwendung, die zur Blockierung der Behörden führt. Man muss davon ausgehen, dass zumindest ein Teil der „Reichsbürger" seine Freude daran hat, die Behörden in ihrer Arbeit zu sabotieren und ihnen bei Nichterfüllung ihrer Wünsche mit drastischen Maßnahmen bis hin zur *„Todesstrafe nach Kriegsrecht"* zu drohen.[16]

d) Ablehnung der Zahlung von Steuern und kommunalen Abgaben sowie Widerstandshandlungen gegen hoheitliche Maßnahmen

Das vierte Handlungsfeld der „Reichsbürger" betrifft die generelle Ablehnung der Zahlung von Steuern und kommunalen Abgaben. Im Falle der Vollstreckung kann dies auch zu Widerstandshandlungen gegen hoheitliche Maßnahmen und die Staatsgewalt ausufern. In Einzelfällen ist es dabei auch schon zu Nötigungen, Bedrohungen und Körperverletzungen gekommen. Die wenigen zu beobachtenden schweren gewalttätigen Übergriffe mit Schusswaffengebrauch traten zumeist im Zusammenhang mit Vollstreckungsmaßnahmen auf, bei denen die Schuldner am Ende ihrer Schuldenkette bedroht waren, Haus und Hof zu verlieren.[17]

---

[14] Vgl. Landgericht Halle (Saale), Urteil vom 15.3.2017 – 13 KLs 20/16, nicht veröffentlicht.

[15] Vgl. unter http://www.spiegel.de/panorama/justiz/peter-fitzek-koenig-von-deutschland-zu-haftstrafe-verurteilt-a-1138903.html, Stand der Abfrage: 23.12.2017.

[16] Vgl. Caspar/Neubauer (Fn. 3), S. 142 ff., in diesem Band.

[17] Siehe dazu unter III. 3. b).

2. Prototypische Interaktionen der „Reichsbürger" mit der Polizei oder einer staatlichen Behörde

Obgleich es, wie im zweiten und vierten Handlungsfeld beschrieben, im Einzelfall sogar zu Gewalthandlungen kommen kann, ist die Mehrzahl der „Reichsbürger" bisher jedoch nicht gewalttätig aufgetreten und beschränkt sich auf den passiven Widerstand und das Briefeschreiben.[18]

Ohne repräsentative statistische Belege für die gesamte Bundesrepublik zu haben,[19] kann man nach Durchsicht von 224 in Brandenburg polizeilich bekannten Fällen zum Stichtag 31.12.2016[20] bestimmte Tendenzen erkennen, wonach die „Reichsbürger"-Population sich – wie in der *Abbildung 1* zu sehen ist – in einem Bereich einer Normalverteilung zwischen 17 und 81 Jahren bewegt, deren Altersdurchschnitt bei 50,0 Jahren mit einer Standardabweichung von plus/minus 12,8 Jahren liegt, sodass sich ungefähr zwei Drittel aller „Reichsbürger" im Altersbereich von 37,2 und 62,8 Jahren befinden. Die Hälfte aller „Reichsbürger" ist über 51 Jahre alt (Medianwert). Damit unterscheidet sich das Alter der „Reichsbürger" deutlich vom Gros der Durchschnittskriminellen, das sich zwischen 20 und 30 Jahren bewegt. Auffällig (dies gilt insbesondere im Bereich der Vielschreiberei) ist auch ein relativ hoher Frauenanteil von knapp 21 Prozent, wenngleich die Szene insgesamt – wie in fast allen Kriminalitätsfeldern – mehrheitlich männlich dominiert ist (siehe *Abbildung 2*). Es gibt keinen signifikanten Altersunterschied zwischen Männern und Frauen in der Population.[21]

---

[18] Vgl. Befort, Seraphine/Keil, Jan-Gerrit (2015): Statistische Untersuchung zu 121 in Brandenburg polizeibekannt gewordenen „Reichsbürgern", Eberswalde (Landeskriminalamt Brandenburg), nicht veröffentlicht.

[19] Erste bundesweite Absprachen mit anderen Länderpolizeien stützen allerdings die hier berichteten Zahlen.

[20] Zum Stichtag 25.12.2017 konnten bereits 440 polizeilich bekannte „Reichsbürger" und „Selbstverwalter" im Land Brandenburg gezählt werden, vgl. Hüllen/Homburg (Fn. 1), S. 31, in diesem Band.

[21] Die Befunde decken sich bezüglich der Alters- und Geschlechterverteilung mit den Zahlen, die wir in den Vorauflagen dieses Werkes für die Jahre 2012-2014 angeben konnten, vgl. Keil, Jan-Gerrit (2015): Zwischen Wahn und Rollenspiel – das Phänomen der „Reichsbürger" aus psychologischer Sicht, in: Wilking, Dirk (Hg.): „Reichsbürger". Ein Handbuch, Potsdam, S. 39 (44). Damals haben wir für 121 Personen ein Durchschnittsalter von 49,6 Jahren und einen Frauenanteil von knapp 20 Prozent vorgefunden. Bedingt durch die mittlerweile bundesweit erhöhte Sensibilität im Umgang mit „Reichsbürgern" und „Selbstverwaltern" hatten sich die Gesamtzahlen von 121 auf 224 zum Stichtag 31.12.2016 deutlich erhöht. Es ist davon auszugehen, dass sich hierdurch vor allem das Hellfeld erweitert hat und somit auch zukünftig noch weitere bisher unbekannte Fälle aus der Latenz gehoben werden. Der Personenkreis mit Problempotenzial ist für die

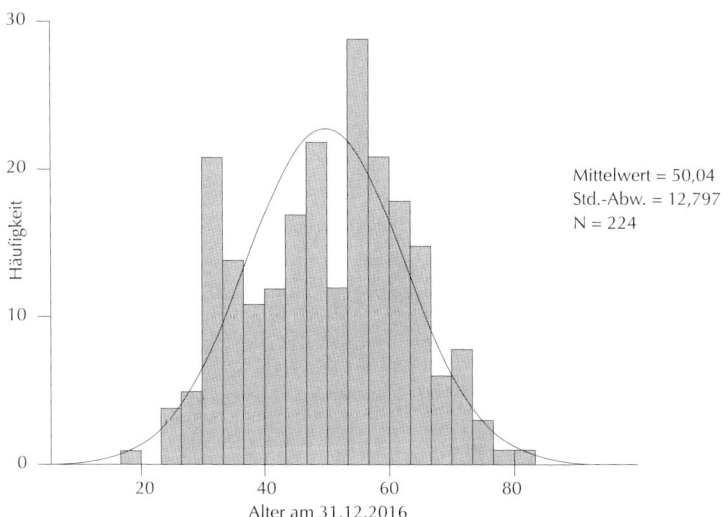

Abbildung 1: Altersverteilung polizeilich bekannter „Reichsbürger" und „Selbstverwalter" im Land Brandenburg im Jahr 2016[22]

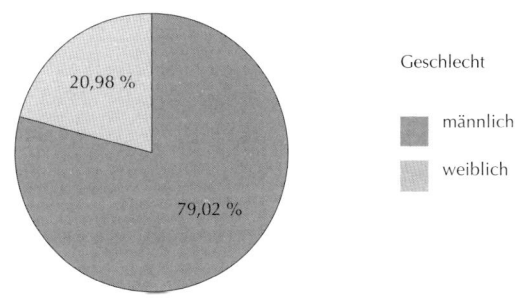

Abbildung 2: Geschlechterverteilung polizeilich bekannter „Reichsbürger" und „Selbstverwalter" im Land Brandenburg im Jahr 2016[23]

Die meisten Delikte werden als Einzeldelikte jeweils nur von einer Person begangen.[24] Der Anteil alleinstehender, sozial isolierter Personen ohne Arbeit bzw. im Ruhestand oder Vorruhestand scheint deutlich erhöht, es finden sich aber auch immer wieder Ehepaare oder familiäre Dyaden (z.B. Vater und Sohn oder Brüder), die gemeinsam eine Mission verfolgen.[25] Bezüglich kri-

---

Finanzverwaltungen und Gerichtsvollzieher zudem weit umfangreicher anzusetzen als die Anzahl relevanter Polizeikontakte.

22 Eigene Darstellung.
23 Eigene Darstellung.
24 Vgl. Befort/Keil (Fn. 18).
25 Vgl. Befort/Keil (Fn. 18).

mineller Vorerkenntnisse zeigte sich gemäß der beschriebenen untypischen Klientel auch, dass 70 Prozent der auffällig gewordenen „Reichsbürger" bis dato überhaupt nicht strafrechtlich relevant in Erscheinung getreten waren.[26]

Auf der Ebene der Interaktion des „Reichsbürgers" mit der Polizei oder einer staatlichen Behörde lassen sich proaktive und reaktive Anlässe unterscheiden:[27]

– Als proaktiv sind „Reichsbürger" zu bezeichnen, die von sich aus die Behörden aufsuchen oder durch Vielschreiberei mit Nachdruck und Penetranz auf ihre Mission aufmerksam machen wollen. Als Beispiele proaktiver Maßnahmen, die unmittelbar die Aufmerksamkeit der Behörden auf sich ziehen, sind in Brandenburg in den vergangenen Jahren u.a. folgende aufgetreten: die Abgabe oder Einsendung der Ausweis- oder Führerscheindokumente mit dem Verweis darauf, nun eigene Dokumente zu benutzen; das Durchführen eigener Geschwindigkeitskontrollen unter Legitimation mit eigenem Fantasieausweis; Briefe an Landräte, die unverhohlen eine volksverhetzende und rechtsextremistische Gesinnung kundtun; das Zeigen des Hitlergrußes in der Öffentlichkeit. Der Vorteil solcher proaktiven Anlässe liegt darin, dass dem mit dem Vorgang befassten Sachbearbeiter unmittelbar klar wird, dass er hierbei ein „Reichsbürger"-Anliegen auf dem Tisch hat. Er kann sich dementsprechend auch besser vorbereitet verhalten.

– Zu unterscheiden wären die reaktiven Anlässe, bei denen der „Reichsbürger" seiner Vision zunächst im Stillen und ohne weitere Konfrontation mit den Behörden nachgeht, bis sich zwangsläufig ein Behördenkontakt ergibt. Auffällig werden diese Personen zunächst dadurch, dass sie Steuern und Abgaben verweigern. Es kann auch der Fall sein, dass sich bei zufällig durchgeführten routinemäßigen Verkehrskontrollen angehaltene Fahrer plötzlich mit eigenem Fantasieführerschein zu legitimieren versuchen. Bei unauffälligem Fahrverhalten können solche Fahrer bis zu diesem Ereignis schon mehrere Jahre unbehelligt mit ihren Dokumenten unterwegs gewesen sein. Wird jedoch eine Steuerschuld oder eine Abgabe über Monate und Jahre nicht beglichen, ist es auf Dauer unvermeidlich, dass es zu einer Konfrontation mit dem Gerichtsvollzieher[28] bzw. der Polizei kommt. Bei solchen Anlässen kann es dann geschehen, dass der „Reichsbürger" in Erwartung des Gerichtsvollziehers – argumentativ gut präpariert – diesen verbal zu

---

[26] Vgl. Befort/Keil (Fn. 18).

[27] Rund ein Drittel aller Anlässe aus der für Brandenburg von Befort/Keil (Fn. 18) untersuchten Stichprobe waren proaktiver Natur, während zwei Drittel aller Anlässe als reaktiv eingestuft werden konnten. In der Mehrzahl der Fälle gibt es demnach einen Vorlauf in der „Reichsbürger"-Biografie, der den Behördenvertretern zunächst nicht bekannt wird.

[28] Gilt in gleicher Weise für die Vollstreckungsdienstkräfte der Verwaltung.

übertölpeln und mit seinen Verschwörungsfantasien zu verwirren versucht. Hauptziel der „Reichsbürger" ist es dann zumeist, dem Gerichtsvollzieher zu vermitteln, er ginge seiner Arbeit ohne legitime Rechtsgrundlage nach. In diesen Fällen ist eine Vorbereitung durch den betroffenen Gerichtsvollzieher weitaus schwieriger, da er zum Teil unverhofft und unvorbereitet in diese Situation gerät. Das gilt insbesondere auch für spontan zur Amtsbeihilfe hinzugezogene Polizeistreifen. Zieht der Gerichtsvollzieher nach einem derartigen Erlebnis zunächst einmal unverrichteter Dinge und leicht verwirrt von dannen, wird dieser Zeitaufschub seitens der „Reichsbürger" schon als Sieg gefeiert. Audiomitschnitte und Amateurvideoaufnahmen solcher Pyrrhussiege werden dann im Internet und auf sozialen Netzwerken der Szene als Motivation und Argumentationshilfe für andere „Reichsbürger" verbreitet. Vor allem das Nichtzahlen von Steuern und Abgaben kann, wenn es sich in der Dorfgemeinschaft herumspricht, durch Nachahmung anderer, die diesen Trick auch einmal benutzen wollen, zu einer lokal begrenzten, punktuellen Verbreitung der „Reichsbürger"-Ideologie in bestimmten ländlichen Milieus beitragen. Dass die „Reichsbürger" ihre Lage dadurch langfristig eher verschlechtern und die Abgabenlast in Wirklichkeit durch zusätzliche Versäumnis- und Strafgebühren weiter ansteigt, wird dabei in Anbetracht des akut erwirkten Aufschubs leicht übersehen.

III. Psychogenese und Psychopathologie der Akteure

Das erste Gefühl, dass sich im Umgang mit „Reichsbürgern" einstellt, ist eines der Skurrilität und Absurdität. Das Auftreten ist oft verschroben, zwanghaft, bemüht und von großem missionarischen Eifer geprägt. Schnell beschleicht einen der Verdacht, dass diese umgangssprachlich gesprochen doch wohl „nicht ganz richtig ticken würden", und oftmals entwickeln sich zu Beginn einer solchen Konversation recht humoristische Dialoge. Mit anhaltender Dauer kippt die Stimmung dann schnell ins Negative aufgrund der anhaltenden Penetranz und vollkommenen Ignoranz, mit der die „Reichsbürger" ihre Ideen vertreten. Beiderseitige Gereiztheit und Aggressivität werden zum vorherrschenden Affekt, bevor es zum unvermeidlichen Abbruch der Kommunikation kommt, da dem Gegenüber von Beginn an nicht an einer konsensuellen Lösung gelegen war bzw. sich die komplett unterschiedlichen vorherrschenden Wahrnehmungen der gesellschaftlichen Realität nicht auf einen gemeinsamen Nenner bringen lassen. Spätestens ab diesem Moment fragt sich der involvierte Behördenmitarbeiter, wie es um die Realitätseinsicht des Gegenübers steht: Ist sich der „Reichsbürger" seiner Provokation bewusst und genießt diese oder lebt er bereits in einem krankhaften Wahn, den er nur noch mit Gleichgesinnten teilen kann und aus dem er allein den Rückweg in die Realität nicht finden wird? Wie soll man sich gegenüber dem „Reichsbürger" verhalten, als handelte es sich hierbei um einen normalen politisch motivierten Propagandastraftäter oder um einen hilfsbedürftigen Patienten ohne Krankheitseinsicht?

1. Kasuistik der „Reichsbürger"-Rhetorik anhand eines tragischen „Reichsbürger"-Falls in Brandenburg

Zur Illustration der angerissenen Problematik wird hier – auf das Wesentliche gekürzt – ein Originalanschreiben eines „Reichsbürgers" – im Folgenden „Reichsbürger" X[29] – aus dem Jahr 2012 an das Justizministerium des Landes Brandenburg im Wortlaut wiedergegeben:[30]

> *„Sehr geehrter Herr MR Küper,*
> *wie Sie ja sicherlich schon bemerkt haben dürften, habe ich als leitender Ermittler im Sektor 13 im Auftrage der Militärstaatsanwaltschaft der SS, sowie für das ‚Reichsamt zur Aufarbeitung von BRD-Staatsterrorismus' eine unangemeldete, externe Betriebsprüfung der BRD-Justiz im Land Brandenburg durchgeführt. Im Ergebnis konnte ich erhebliche Mängel feststellen und habe dem zuständigen Justizminister, Herrn Dr. Volkmar Schöneburg, am 19. März 2012 eine Frist bis zum 31. März 2012 gegeben, hierzu in irgend einer Art und Weise Stellung zu beziehen. Leider waren bis heute weder Herr Schöneburg, noch irgendwelche Richter oder Staatsanwälte bereit, im Gütlichem eine Einigung zu erzielen oder ein Gespräch zur Rechtsbereinigung mit der ‚Reichsbürgerbewegung' zu suchen, sondern man will ein ‚Problem' aussitzen […] Wir sind nun an einem Punkt angekommen, wo ein Widerstand mit friedlichen Mitteln keinen strategischen oder taktischen Sinn mehr macht. Hiermit gebe ich Ihnen als Referatsleiter für Sicherheitsangelegenheiten des MdJ bekannt, dass der ‚Reichsdeutsche Widerstand' über Massenvernichtungswaffen verfügt und diese seit Sommer 2011 auch an reichstreue Gerillaeinheiten im durch die BRD-Verwaltungsorganisation zwangsverwaltetem Reichsgebiet ausgegeben werden. Die hierfür zuständige ‚Schwarmorganisation' ist mit geheimdienstlichen*

---

[29] „Reichsbürger" streben vom Grundsatz her danach, Personen des öffentlichen Lebens zu sein. Um ihnen keine Plattform für ihre Selbstaufwertung zu geben und aus Rücksicht auf Familie und Umfeld der entsprechenden Person wurde der Fall hier anonymisiert.

[30] Fehler in Rechtschreibung und Grammatik wurden aus dem Original übernommen. Die Namen der angesprochenen Amtspersonen und Politiker wurden nicht geändert, da sie Personen des öffentlichen Lebens sind bzw. waren.

Mitteln nicht zu bekämpfen. Aus Referenz 1) erfahren Sie etwas über das Nervengas 'Soman' aus UdSSR Produktion, welches uns Dank unfähiger Politiker in die Hände gefallen ist. Auch die Kampfstoffe 'Sarin', 'Tabun' und 'VX' aus Beständen der IG-Farben sind uns zugänglich und werden an geheimen Orten gehortet [...] Aus Referenz 3) erfahren Sie etwas über taktische, thermonukleare Binärwaffen, welche uns zugänglich sind. Eine Baugruppe dieser binären Fusionswaffe ist bereits seit 2008 in Potsdam als 'Selbstzerstörungsmechanismus' in einer Sendeanlage verbaut worden, siehe AG-Potsdam AZ: 37 C 352/11. Vier weitere Baugruppen stehen uns im Sektor 13 frei zur Verfügung. Weitere Baueinheiten dieser Binär-Waffe können bei Bedarf kurzfristig angefordert werden. Hausdurchsuchungen nach diesen Dingen bei Reichsbürgern werden keine Erfolge erbringen, da dieses 'Teufelszeug' aus Sicherheitsgründen nur in auswärtigen Depots mindestens 2 km vom Wohnort des jeweiligen Verfügungs- und Umgangs-berechtigten mit Sachkundenachweis deponiert werden dürfen. Die Kom-munikation in dieser Angelegenheit erfolgt über einen Passwortschlüssel, welcher weder digital noch in Schriftform hinterlegt worden ist [...] Wie Sie sehen, haben Sie nun als 'Sicherheitsbeauftragter' des MdJ ein paar neue Probleme mehr am Hals.

Viel Spa-SS im 'Spiel mit dem Untergang' wünscht Ihnen der unter Selbst-verwaltung stehende Reichsbürger [...][31] aus Z.!

im 'Spiel mit dem Untergang' per Eid dienstverpflichtet als

1.) Obergruppenführer der SS-Zeitreisedivision 'Hans Kammler',

2.) Deportationsbeauftragter der SS im Sektor 13 (Land Brandenburg) und

3.) 'Gelegenheitsvollstrecker' des SS-Sonderkommandos 'Horst Wessel'"

Der Brief ist recht typisch für ein „Reichsbürger"-Anschreiben und enthält die immer wiederkehrenden Versatzstücke der „Reichsbürger"-Rhetorik, weshalb im Folgenden eine kasuistische Betrachtung vorgenommen werden soll:

An erster Stelle ist die narzisstische Selbstaufwertung zu nennen. Das Schreiben richtet sich als Adressat an die Leitungsebene des Ministeriums und erwähnt den Minister persönlich. Hierdurch wird zum einen die Wichtigkeit des Anliegens für die gesamte Bevölkerung in seiner Bedeutung untermau-ert und gleichzeitig betont, dass man sich mit der subalternen Sachbearbei-terebene nicht begnügen möchte. Zum anderen kommt es zur genannten Selbstaufwertung der eigenen Person, denn wer mit so wichtigen Personen des öffentlichen Lebens verkehrt, der muss selbst ebenfalls eine bedeutsame Persönlichkeit sein.

---

[31] Im Original wurde der Brief hier persönlich unterschrieben.

Zweitens enthält der Brief eine unerfüllbare Forderung, die sich nur aus der „Reichsbürger"-Ideologie heraus verstehen lässt. Im vorliegenden Fall forderte der „Reichsbürger" X, was in dem hier abgedruckten Textauszug nicht enthalten ist, u.a. vom Ministerpräsidenten, Finanzminister und weiteren Amtspersonen aus Brandenburg die Auszahlung eines *„Besatzungssoldes"*, weil er als *„Friedenssoldat"* der *„Neuschwabenland-Union (NSU)"*[32] das Land Brandenburg besetzt halte.

Um derartigen Forderungen Nachdruck zu verleihen, wird drittens mit drastischen Maßnahmen gedroht. In diesem Fall mit dem Einsatz von Massenvernichtungswaffen. Über die Verwendung der Drohmittel kommt es zu einer weiteren narzisstischen Aufblähung des eigenen Größenselbst. Denn wer hat schon Verfügungsgewalt über Massenvernichtungswaffen mit Nervengiften wie *„Sarin"* und *„Tabun"* außer Staatschefs und Diktatoren? Dass damit gleichzeitig das tatsächliche Drohpotenzial maximal geschmälert wird, weil bereits die Wahl der Drohmittel die Realitätsferne deutlich hervortreten lässt, wird billigend in Kauf genommen.

Typisch ist auch der Versuch, dieser Realitätsferne entgegenzutreten, indem der Text mit möglichst vielen solcher echten Begriffe und Floskeln bekannter und aktueller Phänomene aus den Nachrichten und dem öffentlichen Leben angereichert wird. Diese Versatzstücke aus dem Alltag des realen Lebens sollen den Texten Autorität und vor allem Authentizität verschaffen. Beim Leser lässt sich zumindest ein Wiedererkennungseffekt bezüglich einzelner Reizworthülsen dahingehend annehmen, dass er von diesen Dingen in den Nachrichten zumindest schon einmal gehört hat. Zu nennen wären hier z.B. die Erwähnung der Begriffe *„Schwarmorganisation"* und *„Binär-Waffe"*, die als lose Realitätsinseln in den Text eingestreut werden. In anderen Schreiben des „Reichsbürgers" X tauchen z.B. auch die Begrifflichkeiten *„Ego-Shooter"*, *„Zombies"* und *„Breivik"*[33] auf.

---

[32] Neuschwabenland bezeichnet ein Gebiet in der Ostantarktis, dass während Antarktisexpeditionen zurzeit des Dritten Reiches erschlossen wurde. In „Reichsbürger"-Kreisen existieren Verschwörungsfantasien, wonach sich im Zweiten Weltkrieg Nationalsozialisten in Neuschwabenland versteckt hätten und seitdem dort im Untergrund weiterkämpfen würden. Die Wortschöpfung *„Neuschwabenland-Union"* ermöglicht dem „Reichsbürger" die Benutzung der Abkürzung „NSU", welche offensichtlich einen ideologischen Bezug zu der rechtsextremistischen terroristischen Vereinigung „Nationalsozialistischer Untergrund" (NSU) herstellen soll. Dem NSU werden mindestens zehn politisch motivierte Morde in den Jahren 2000 bis 2007 und weitere Sprengstoffanschläge zur Last gelegt.

[33] Gemeint ist hier der norwegische Rechtsextremist und Terrorist Anders Behring Breivik, der als 32-jähriger am 22.7.2011 in Oslo und Utøya bei einem Bombenanschlag und anschließendem Amoklauf 77 Menschen umbrachte. Er wurde am 24.8.2012 wegen mehrfachen Mordes zu 21 Jahren Haft und anschließender Sicherungsverwahrung verurteilt.

Seriosität sollen solche Texte zudem durch die pseudowissenschaftliche und zum Teil pedantische, weitschweifige Art der Schreibweise suggerieren, indem mit möglichst vielen Referenzen, Verweisen, Zitaten und Anhängen gearbeitet wird. Mit Vorliebe werden mehr oder weniger willkürlich Aktenzeichen, Gesetzestexte und Paragrafen eingestreut. Es wird hierbei oftmals versucht, ein sehr distanziertes Amtsdeutsch bzw. die Behördensprache zu imitieren. Der gesamte Stil bleibt aber fragmentarisch aneinandergereiht und wirkt wenig stringent, vor allem weil solche Passagen eines möglichst neutral gehaltenen Amtsdeutschs immer wieder von sehr persönlich involvierten und affektgeladenen Textstellen unterbrochen werden, die den Anschein der Sachlichkeit schnell wieder zunichtemachen. Was für den Vielschreiber zählt, ist insgesamt die Masse der Beispiele und Referenzen und nicht ihr inhaltlich widerspruchsfreier logischer Aufbau zu einer schlüssigen Gesamtargumentation.

Getragen ist das Ganze in der Regel auch von einem belehrenden Impetus und missionarischen Eifer. Dies zeigt sich im vorliegenden Beispiel in der wiederkehrenden Floskel, dort *„erfahren Sie etwas"* über die verschiedenen Kampfstoffe und Waffen, bzw. dem vorauseilenden Hinweis, dass Hausdurchsuchungen keinen Sinn ergeben würden.

Ziel der meisten „Reichsbürger"-Anschreiben ist neben dem Hauptanliegen, keine Steuern zahlen zu wollen bzw. vorgeblich rechtmäßige Leistungen zu bekommen, immer auch die eigene „Reichsbürger"-Ideologie zu verbreiten. Dies umfasst auch mehr oder weniger offenkundige Bezüge zum Nationalsozialismus oder zu ähnlich gelagerten völkischen Ideen. Im vorliegenden Fall wird aus der eigenen rechtsextremistischen Gesinnung kein Hehl gemacht. Durch die wiederholte Erwähnung der Abkürzung *„SS"* und die Erwähnung anderer Schriftmarken aus dem Dritten Reich wird ein unmittelbarer Bezug zum Nationalsozialismus hergestellt. Dass die Glaubwürdigkeit der ideologischen Botschaft durch den penetranten missionarischen Eifer in Wirklichkeit überdeckt und tatsächlich eher verhindert wird, ist den Autoren entweder nicht bewusst oder spielt keine große Rolle. Im Vordergrund steht nie die wirkliche Lust am Überzeugen für die eigenen Positionen, sondern das starke Bedürfnis nach Selbstdarstellung und Selbstidentifikation. Das Gefühl, alle seine Argumente abgeladen zu haben, trägt bedeutend mehr zur Psychohygiene des Vielschreibers bei, als sich zu vergewissern, ob diese überhaupt konsensfähig und widerspruchsfrei zum Dialog bereit vorgetragen wurden. Der „Reichsbürger" benötigt keinen Dialog, da er über Gewissheit verfügt.

Durch die dreifache Signatur erfolgt dann abschließend eine erneute narzisstische Selbstaufwertung, die latent vorhandenen Größenfantasien werden hierbei durch die zwanghafte Häufung von Titeln und Ämtern offenkundig.

Zusammenfassend lassen sich die folgenden Strukturelemente einer prototypischen „Reichsbürger"-Rhetorik bezüglich der Dimensionen Ich-Perspektive, Inhaltsperspektive und formaler Perspektive extrahieren (siehe *Abbildung 3*). Diese induktiv abgeleitete Aufzählung hat nicht den Anspruch, erschöpfend zu sein, kann aber als Anhaltspunkt für die Analyse anderer „Reichsbürger"-Schreiben dienen.

Kasuistik der „Reichsbürger"-Rhetorik

Ich-Perspektive des Autors:
– narzisstische Selbstaufwertung
– latenter Größenwahn
– inflationäre Verwendung von Fantasietiteln und Ämtern
Inhaltliche Perspektive auf den Text:
– Aufstellen unerfüllbarer Forderungen
– Androhung drastischer Konsequenzen
– Einbindung aktueller gesellschaftlicher Debatten
– Verwendung von Reizwörtern mit Wiedererkennungswert
– Verweis auf bekannte Verschwörungsfantasien
– Paragrafenverliebtheit und Argumentation mit Gesetzestexten
– im Stil belehrender Versuch einer ideologischen Überzeugung von oben herab
– Verwendung rechtsextremer und nationalistischer Rhetorik
Formale Perspektive auf den Text:
– ausladende Textlänge mit Anhängen, Referenzen und Verweisen
– Imitation von Behördensprache gemischt mit Ich-Botschaften
– pseudowissenschaftlicher Schreibstil
– missionarischer Stil
– Hang zur Weitschweifigkeit
– Hang zur Pedanterie
– fragmentarische Gesamtgestalt und mangelnde Stringenz der Argumentation

---

Abbildung 3: Prototypische Strukturelemente von „Reichsbürger"-Schreiben[34]

---

[34] Eigene Darstellung.

Wie bereits erwähnt, erzeugt das erste Lesen solcher Texte meist eine stark humoreske Note im Erleben des aufgeklärten Betrachters. Die tragische Komponente und die mitunter große innere Not der Akteure zeigen sich jedoch im weiteren Verlauf des Fallbeispiels des „Reichsbürgers" X:

Der „Reichsbürger" und Vielschreiber X hat sich ein Jahr nach dem hier vorgestellten Brief im April 2013 auf dem Dachboden im Haus seiner Mutter erhängt. Hinterlassen hat er *„nur für den Dienstgebrauch"* einen *„Frachtbrief zur Restkörperbeseitigung"*, in dem er als Todesursache *„profelaktischer Suizid (Freitod)"* angibt.[35] In einem zusätzlichen Abschiedsbrief an seine Familie begründete er sein Vorgehen damit, dass er nun seinen *„bioelektrischen Roboter"* verlasse und mittels eines *„Raumzeittor[s]"* in eine *„Ersatzhülle"* in das Jahr 1940 bis 1945 gereist sei, um dort *„konstruktiv erschaffend tätig zu sein"*. Da ihm dies hier auf Erden in der Jetztzeit nicht möglich sei, habe er *„in Wartung und Reparatur der Hardware nichts mehr investiert"*, er plane aber im Jahr 2018 *„hier auf der Matrix"* wieder zu erscheinen.

Man muss kein ausgebildeter klinischer Psychologe oder Psychiater sein, um zu erkennen, dass sich im vorliegenden Fall politische Ideologie mit krankhaftem Wahn überschneidet und die Grenze zum pathologischen Verhalten überschritten ist. Ohne nachträglich eine ausführliche Anamnese betreiben zu wollen und zu können, seien noch kurz die Hintergründe und sozialen Konfliktlagen des „Reichsbürgers" X in seinem Umfeld etwas näher beleuchtet:

Zum Zeitpunkt des Suizids waren gegen ihn aufgrund seiner Umtriebe als „Reichsbürger" bei der Brandenburger Polizei im Laufe der Jahre bereits 44 Ermittlungsverfahren anhängig. Zweimal wurde seitens der Polizei über den Sozialpsychiatrischen Dienst eine Einweisung nach dem Brandenburgischen Psychisch-Kranken-Gesetz (BbgPsychKG)[36] versucht, weil im Falle der Bedrohung des Ministerpräsidenten wegen der Nichtauszahlung des geforderten Soldes wahnhafte Gedanken und Ideen bei ihm ausgemacht wurden. Aus polizeilicher Sicht lag beim „Reichsbürger" X zu diesem Zeitpunkt eine eingeschränkte Schuldfähigkeit vor. Es wurde eingeschätzt, dass er sich aufgrund seines Wahns nicht der Konsequenzen seines Handelns und seiner Taten bewusst sei. Da er im Besitz von Luftdruckgewehren war, wurde Gefahr im Verzug gesehen. Man sah sich polizeilich nicht in der Lage, die weiteren

---

[35] Alles zitiert aus dem Abschiedsbrief und im Original so falsch geschrieben.
[36] Gesetz über Hilfen und Schutzmaßnahmen sowie über den Vollzug gerichtlich angeordneter Unterbringung für psychisch kranke und seelisch behinderte Menschen im Land Brandenburg vom 5.5.2009, Gesetz- und Verordnungsblatt Teil I, S. 134, zuletzt geändert durch Gesetz vom 25.1.2016, Gesetz- und Verordnungsblatt Teil I, Nr. 5.

Handlungen des „Reichsbürgers" X vorauszusehen. Die aufnehmende Ärztin diagnostizierte in diesem Fall auch eine wahnhafte Störung.[37] Sie konstatierte, dass der „Reichsbürger" X aufgrund dieser Störung keine Einsichtsfähigkeit in seine Erkrankung habe und er deswegen einer freiwilligen Medikation sowie einem weiteren therapeutischen Aufenthalt in der Klinik ablehnend gegenüberstehe. Innerhalb der Anhörung zu einer möglichen Zwangseinweisung durch das Amtsgericht leugnete der „Reichsbürger" X zwar die Existenz und Rechtmäßigkeit der Bundesrepublik, gab aber gleichzeitig auch an, er habe mit seinen E-Mails nur provozieren wollen. Er gab eine schriftliche Erklärung dazu ab, solche E-Mails und Provokationen in Zukunft zu unterlassen. Auf dieser Grundlage kam das Amtsgericht Brandenburg an der Havel[38] nach Anhörung des „Reichsbürgers" X zu der Einschätzung, dass eine ernsthafte, unmittelbare Gefahr als Folge der Krankheitseinwirkung für *Personen oder öffentliche Sicherheit derzeit noch nicht [zu] erkennen"* sei. Eine medikamentöse Zwangsbehandlung und vorläufige Unterbringung nach dem Brandenburgischen Psychisch-Kranken-Gesetz erschien dem Gericht zum damaligen Zeitpunkt, ein Jahr vor dem Suizid, als *„unverhältnismäßig und nicht geboten"*.

Hierin wird bereits die Schwierigkeit und Tragik dieser Extremfälle deutlich sichtbar. Grundsätzlich sollte neben der Beurteilung der Fremdgefährdung immer auch die Eigengefährdung der Person bedacht werden. Offenbar ist im vorliegenden Fall verbale Fremdaggression im Laufe der Zeit in destruktive Autoaggression umgeschlagen. Fairerweise lässt sich die damalige Entscheidung jedoch nicht post hoc auf der heutigen Wissensgrundlage beurteilen. Einer Zwangseinweisung stehen immer wichtige Grundrechte bezüglich der Freiheit und der individuellen Ausgestaltung der Persönlichkeit aus dem Grundgesetz gegenüber, welche mit der Gefahr der Eigen- und/oder Fremdgefährdung sorgsam abgewogen werden müssen.[39] Zusätzlich wäre auch bei einer erkannten Eigengefährdung die Frage nach der akuten Unmittelbarkeit der Gefahr schwer zu beantworten gewesen. Eine allgemeine unspezifizierte Suizidneigung reicht hierbei in der Regel nicht aus.[40] Psychische Störungen sind

---

[37] Im international gültigen statistischen Klassifikationssystem der Krankheiten und verwandten Gesundheitsprobleme ICD 10 (englisch: international statistical classification of diseases and related health problems) wurde dafür im vorliegenden Fall die Diagnoseziffer F 22.0 vergeben.

[38] Amtsgericht Brandenburg an der Havel, Beschluss vom 16.3.2012 – 56 XIV 16/12 L, nicht veröffentlicht.

[39] Vgl. zum Problem der psychiatrischen Diagnostik versus den Grundrechten Fiedler, Peter (2007): Persönlichkeitsstörungen, Weinheim, S. 34 f.

[40] Vgl. Caspar/Neubauer (Fn. 3), S. 189 ff., in diesem Band.

im Gegensatz zu organischen Erkrankungen von außen betrachtet nur schwer in ihrer Gefährlichkeit zu erkennen. [41] Dies gilt insbesondere für wahnhafte Störungen, bei denen der Betroffene keine Krankheitseinsicht zeigt. Als problematisch zu werten sind in diesem Fall auch die im Wahn selbst getätigten Aussagen und Versprechen des „Reichsbürgers" X für die Zukunft, mit solchen Provokationen aufzuhören. Im vorliegenden Fall hat er seine „Reichsbürger"-Aktivitäten entgegen seiner schriftlichen Versicherung, diese einzustellen, schon nach kurzer Zeit fortgeführt.

Die soziale Situation des „Reichsbürgers" X hat sich dahingehend zugespitzt, dass er vermutlich bedingt durch sein politisches Wirken seine Familie zerstört hat. Das Sorgerecht für die beiden Kinder hatte er bereits verloren und die Scheidung lief. Er hatte neben seinen politischen Aktivitäten keine Zeit mehr für eine geregelte Arbeit in seinem Betrieb. Aufgrund seiner wirtschaftlich schlechten Lage musste er trotz seiner 39 Jahre im Haus seiner vom Vater getrennt lebenden Mutter wohnen. Diese versuchte, ihn dahingehend unter Druck zu setzen, dass er doch endlich zu „spinnen" aufhören solle, um sein Leben wieder in den Griff zu bekommen. Im Ergebnis hatte sich der „Reichsbürger" X offenbar in einer für ihn aussichtslosen, sozial isolierten Situation verfangen, aus der ihm in seiner inneren Not offenbar nur der Suizid als Ausweg erschien.

2. Psychopathologie: Gestört, aber wie?

Abseits dieses drastischen und sehr tragischen Einzelfalls wird das offenkundig gestörte Verhältnis mancher „Reichsbürger" zur Lebensrealität im Allgemeinen kenntlich. Eine vertiefte Auseinandersetzung mit der psychopathologischen Seite des Phänomens der „Reichsbürger" erscheint dementsprechend gewinnbringend. Grundsätzlich ist natürlich davon auszugehen, dass es mehrere qualitative Abstufungen in der Ausprägung der Psychopathologie der Betroffenen gibt. Nicht jedem „Reichsbürger" muss man auch wirklich unterstellen, dass er den – umgangssprachlich ausgedrückten – „Quatsch", den er erzählt, tatsächlich selbst glaubt. Vielen kann sicherlich wohldurchdachte politische Provokation unterstellt werden. Da der Grat zwischen gesund und krank aber schmal ist und die Übergänge vor allem im Verlauf einer Biografie teilweise fließend sein können (siehe *Abbildung 12*), sollen die in Betracht kommenden Krankheitsbilder an dieser Stelle ausführlicher erläutert werden.

---

[41] Bei einzelnen psychischen Erkrankungen (z.B. Suchterkrankungen, Essstörungen) kann auch anhand körperlicher Merkmale die Gefährlichkeit erkannt werden, für die Suizidalität gilt das leider nicht.

Hierfür müssen zunächst die verschiedenen Möglichkeiten der Realitätsverkennung dargestellt werden, um eine differenzialdiagnostische Einschätzung in Abgrenzung von ähnlichen Phänomenen vornehmen zu können.[42] Im Anschluss werden ausgehend vom krankhaften Wahn psychotische und neurotische Aspekte der „Reichsbürger"-Problematik erörtert. Ergänzt wird dieser tiefenpsychologisch geprägte Fokus durch einen identitätstheoretischen Exkurs, der sich der gleichen Problematik aus einer sozial- und entwicklungspsychologischen Sichtweise annähert.

a) Mechanismen der Realitätsverkennung
Unterschieden werden sollen drei wichtige Mechanismen der Realitätsverkennung – die illusionäre Wahrnehmung, die Halluzinationen sowie der Wahn – und im Folgenden ausführlicher dargestellt werden.

aa) Illusionäre Wahrnehmung
Illusionäre Wahrnehmung bezeichnet die Verkennung eines an sich vorhandenen Gegenstandes. Dieser wird aber falsch interpretiert. Häufig kommt dies bei kleinen Kindern vor, wenn sie z.B. die im Dunkeln vor dem Fenster ihres Kinderzimmers durch den Wind wiegenden Zweige eines Baumes als Hand eines Monsters interpretieren. Oder es wird beim Laufen durch den Park ein verdächtiges Geräusch oder die Silhouette eines Gebüschs am Wegrand als Verbrecher fehlinterpretiert. Illusionäre Wahrnehmungen sind nur von kurzer Dauer, meist von bestimmten Erwartungshaltungen oder diffuser Angst motiviert. Sie lösen sich bei Aufklärung oder näherem Hinsehen (z.B. durch Betätigung des Lichtschalters) sofort als Täuschung auf. Diese Art von Realitätsverkennung kommt für „Reichsbürger"-Phänomene nicht in Betracht, da „Reichsbürger"-Konstrukte zu komplex für einfache Sinnesfehlwahrnehmungen sind. Sie zeigen sich bezüglich ihrer Weltsicht weder einsichtig noch aufklärungsbereit.

bb) Halluzinationen
Halluzinationen bezeichnen Sinnestäuschungen ohne tatsächliche Existenz des Wahrgenommen. Es gibt optische, akustische, aber auch taktile, gusta-

---

[42] Allgemeine Grundlage des Abschnitts zur Psychopathologie sind die folgenden Quellen: Fiedler (Fn. 39); Hoffmann, Sven Olaf/Hochapfel, Gerd (1995): Neurosenlehre, Psychotherapeutische und Psychosomatische Medizin, 5. Auflage, Stuttgart; Wenniger, Gerd (Hg.) (2002): Lexikon der Psychologie, Heidelberg; Tölle, Rainer (1996): Psychiatrie, 11. Auflage, Berlin, sowie die Vorlesungen an der TU Berlin von Prof. Dr. Eva Jaeggi zur „Neurosenlehre" und Prof. Dr. Ernst Renfordt zur „Psychopathologie" von 1996 bis 1998.

torische oder olfaktorische Halluzinationen. Diese sind in der Regel substanzinduziert (z.B. Pharmaka, Drogen), können aber auch aufgrund von hirnorganischen Störungen (z.B. durch Tumore) oder im Zusammenhang mit psychotischen Störungen innerhalb eines Wahns auftreten. In der Regel sind Halluzinationen zeitlich begrenzt und ebben mit dem Substanzabbau auch wieder ab. Wer schon einmal einen Vollrausch hatte, dürfte zumindest kurzzeitig derartige Grenzerfahrungen gemacht haben. Da die meisten „Reichsbürger" in ihrer Realitätsverkennung sehr komplexe und zeitlich stabile Muster produzieren, kommen Halluzinationen als Störungsquelle normalerweise nicht in Betracht. Es sind aber Grenzfälle denkbar, bei denen Halluzinationen in einen psychotischen Wahn integriert werden.[43]

cc) Wahn

Wahn bezeichnet eine inhaltliche Denkstörung.[44] Der Wahn baut sich auf einem unkorrigierbaren Fehlurteil mit Eigenbezug auf. Er ist eine häufige psychotische Begleitsymptomatik der Schizophrenie, insbesondere der paranoid-halluzinatorischen Schizophrenie, bei der die Betroffenen unter starkem Verfolgungswahn leiden. Aber auch durch Substanzmittelmissbrauch, hirnorganische Psychosyndrome oder bei depressiven Erkrankungen kann es zu wahnhaften Störungen kommen (bei Depression sind dies z.B. häufig Kleinheitswahn, Verarmungswahn oder Schuldwahn). Der Inhalt des Wahns beschreibt dabei eine lebensbestimmende falsche Überzeugung des Betreffenden, die nicht mit der sozialen und kulturellen Realität seiner Umwelt in Einklang zu bringen ist. Die drei definierenden Merkmale des Wahns sind subjektive Gewissheit, Unkorrigierbarkeit und Unmöglichkeit. Im Einzelnen: *Subjektive Gewissheit:* Der Wahn wird als ich-synton[45] erlebt. Er bedarf keiner weiteren Überprüfung, da er als selbstevident und stimmig erlebt

---

[43] So wird z.B. bezüglich der Essensaufnahme häufig von gustatorischen Halluzinationen im Zusammenhang mit einem Vergiftungswahn bei Patienten mit paranoid-halluzinatorischen Störungen aus dem schizophrenen Formenkreis berichtet.

[44] Die inhaltlichen Denkstörungen sind abzugrenzen von den formalen Denkstörungen. Bei den formalen Denkstörungen ist der Denkablauf gestört. Die Geschwindigkeit, Stringenz und Kohärenz des Denkens selbst ist dabei stark verändert. Typische Beispiele formaler Denkstörungen sind Denkverlangsamung, zirkuläres Denken und Grübeln (z.B. bei Depressionen) oder aber Gedankenflucht, zerfahrenes Denken und Wortneubildungen (z.B. bei manischen Erkrankungen oder Schizophrenie). Die formalen Denkstörungen lassen sich von den inhaltlichen Denkstörungen nicht immer trennscharf unterscheiden.

[45] Ich-Syntonie beschreibt ein zur Person dazugehöriges Erleben, das vom Subjekt als unmittelbar evident wahrgenommen wird. Das Gegenteil wären Zwangsgedanken (z.B. Waschzwang). Diese gehören auch zu den inhaltlichen Denkstörungen, werden jedoch als äußerst ich-dyston erlebt. Die Person möchte sich eigentlich nicht permanent die

wird. Obwohl die Wahngedanken auch als von außen kommend erlebt werden können, werden sie als Teil des Ichs erlebt. Eine gute verbale Umschreibung wäre hier gegeben mit der Formel: *„Es denkt sich mir."*

– *Unkorrigierbarkeit:* Der Wahninhalt ist immun gegen jede Art der Falsifikation. Die Überzeugung ist auch durch wissenschaftliche Argumente oder erkennbare Lücken zwischen der Wahnwahrnehmung und der geteilten Lebensrealität der umstehenden Personen nicht zu erschüttern.[46]

– *Unmöglichkeit:* Die Inhalte des Wahns sind nicht mit der Lebensrealität in Einklang zu bringen. Es handelt sich um offensichtliche Fehlurteile. Hierbei ist jedoch durchaus Vorsicht geboten. Nicht immer liegt die Mehrheitsgesellschaft in ihren Überzeugungen richtig, wenn man bedenkt, wie lange von der Welt als eine Scheibe ausgegangen wurde oder wie lange es dauerte, bis das ptolemäische Weltbild mit der Erde als Mittelpunkt vom heliozentrischen Weltbild abgelöst wurde.[47] Wer außer Steve Jobs und Bill Gates hätte vor 30 Jahren schon gedacht, dass man einmal mit einem Smartphone per Bluetooth oder WiFi Nachrichten mit Bildern in Sekundenschnelle durch die Luft schicken kann? So fern sind diese technischen Errungenschaften dem telepathischen Gedankenübertragen nicht, als dass man sie damals nicht schnell auch für verrückt erklärt hätte.

Hände waschen, kann aber den Gedanken daran nicht unterdrücken und muss es dennoch immer wieder tun. Es kommt zu einer aus dem Zwangsgedanken resultierenden Zwangshandlung.

[46] Ein plastisches Beispiel wäre hier das einer Frau, die in ihrem Haus permanent das Wasser aus dem Hahn laufen ließ, weil sie der unumstößlichen Überzeugung war, alle Geheim- und Nachrichtendienste der Welt würden über ihre Wasserleitung miteinander kommunizieren und die Welt gerate aus den Fugen, sobald sie das Wasser abstellen würde.

[47] Es geht bei der Wendung vom Ptolemäischen Weltbild (Erde im Mittelpunkt), benannt nach Claudius Ptolemäus, der um 100 nach Christus lebte, hin zum heliozentrischen Weltbild (Sonne im Mittelpunkt) vor allem um einen bekannten Streit zwischen Galileo Galilei (1564-1642) und der katholischen Kirche. Galileis Theorie einer Erde, die sich um die Sonne dreht, schien sicherlich auch vielen Zeitgenossen wahnhaft. Zuvor hatte diese Idee bereits Niklaus Kopernikus im 14. Jahrhundert gehabt, dann Galilei, der sie wegen der katholischen Kirche revidieren musste. Danach hat Johannes Kepler sie weiterverfolgt, und beweisen konnte sie schließlich Isaac Newton um 1700. Im Jahr 1992 hat dann die katholische Kirche auch Galilei rehabilitiert. Dass die Erde keine Scheibe ist, hat dagegen schon Aristoteles 300 vor Christus vermutet, dieses Wissen war im Mittelalter somit eigentlich schon überwunden. Wegen der Anschaulichkeit dieser Beispiele wird in Schulungsveranstaltungen von „Reichsbürgern" auch gerne in den eigenen Vorträgen und Folien mit diesen historischen Paradigmenwechseln für die eigene neue Weltsicht geworben. Interessant ist in diesem Zusammenhang auch, dass es mittlerweile Verschwörungsfantasien gibt, die von der Erde als Scheibe ausgehen, so wirbt die „flat earth society" sogar auf einer eigenen Homepage für neue Anhänger ihres alten Weltbildes, vgl. unter https://theflatearthsociety.org, Stand der Abfrage: 23.12.2017.

Wenn man die drei gängigen Möglichkeiten der Realitätsverkennung zusammenfasst, ist der Wahn von der Form her eindeutig am besten mit den besonders obskuren Ausformungen der Gedankenwelt von „Reichsbürgern" in Einklang zu bringen.

Der Wahn als inhaltliche Denkstörung kann sich – wie beschrieben – auf viele mögliche Denkinhalte beziehen (z.B. auch auf außerirdische kleine grüne Männchen oder religiöse Inhalte wie den Teufel). Zudem ist der Wahn kein spezifisches psychotisches Phänomen, das nur einem einzigen klinischen Störungsbild zuzurechnen wäre. Es gibt viele mögliche Erkrankungen und Ursachen für die Ausbildung eines Wahns und nicht immer ist eindeutig klärbar, was im Einzelfall Ursache und Folge von was ist: der Wahn, die Erkrankung, das traumatische Erlebnis. Am häufigsten ist der paranoid-halluzinatorische Wahn bei Erkrankungen aus dem schizophrenen Formenkreis, bei denen die Patienten unter massivem Verfolgungswahn und Angstvorstellungen leiden. Sie erleben den Wahn als starke, meist bildhaft reale Bedrohung für ihre Person. Andere Wahnvorstellungen (z.B. der bei depressiven Erkrankungen häufiger genannte Schuld- oder Verarmungswahn) stellen eine weniger bildlich greifbare, abstrakte Gefahr dar. Entscheidend sind dabei keine Halluzinationen, sondern der Wahngedanke an sich, dass der betroffene Patient die innerliche Gewissheit hat, schuld an etwas zu sein oder ganz sicher verarmen zu werden.

Psychotische Begleiterscheinungen (z.B. optische Halluzinationen oder deutlich häufiger das Stimmenhören) sind somit trotz ihrer großen Auffälligkeit keine definierenden Merkmale des Wahns. Sie müssen nicht vorliegen, um unter einer wahnhaften Störung zu leiden. Auch nehmen Menschen trotz der Wahngedanken meist noch eine äußere Realität wahr. Sie können bildhaft gesprochen ohne Weiteres in der Lage sein, sich wie jeder gesunde Mensch auch eine Tasse Tee zu kochen. Aus Unwissenheit und Berührungsängsten gegenüber solchen psychotischen Zuständen geht die Allgemeinheit schnell davon aus, dass mit einer psychischen Erkrankung immer ein vollkommenes „Verrückt"-Sein einhergeht.

Die Auseinandersetzung des Wahnkranken mit der Realität kann in drei Bereiche gegliedert werden (siehe *Abbildung 4*):

– Der erste Mechanismus ist die normale Wahrnehmung der Welt, die nicht mit dem Wahn in Konflikt steht, wie das Beispiel des Teekochens zeigt (anders wäre dies natürlich, wenn ein Vergiftungswahn angenommen werden würde). Auch beim Wahnkranken können also gesunde und krankhafte Anteile nebeneinanderher bestehen.

– Der zweite Mechanismus beschreibt die Wahnwahrnehmung. Hierbei existiert noch ein richtiges Wahrnehmungserlebnis als Grundlage, dieses wird aber durch den Wahn fehlgedeutet und uminterpretiert. Der Gesunde hört z.B. einen Pfiff auf der Straße, dreht sich zur Geräuschquelle um und bemerkt, dass der Pfiff nicht ihm gegolten hat.[48] Der wahnhaft Kranke bezieht den Pfiff unmittelbar auf sich und kann in der Folge nicht mehr von dieser Vorstellung ablassen. Er baut die Wahrnehmung in seinen Wahn ein. Die Wahnwahrnehmung kann also als ein zweigliedriger Prozess angesehen werden.

– Der dritte Mechanismus betrifft die Wahnvorstellung, die sich einzig und allein aus dem Wahngedanken speist. Sie ist ein eingliedriger Prozess und bedarf keines echten Wahrnehmungserlebnisses mehr. Wahnvorstellungen sind gravierender zu werten als Wahnwahrnehmungen und deuten auf eine schwerere psychische Störung hin.

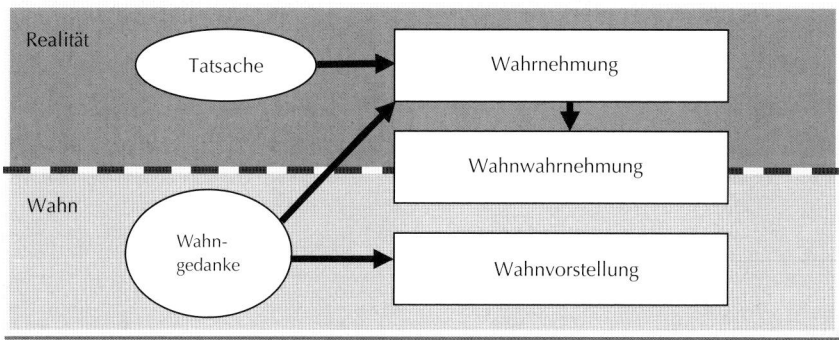

Abbildung 4: Wahnwahrnehmung und Wahnvorstellung[49]

Außer der Unterscheidung zwischen Wahnwahrnehmung und Wahnvorstellung lässt sich die Schwere eines Wahns auch mit dem subjektiven Grad der Wahngewissheit quantitativ beschreiben. Je stärker die Wahngewissheit ausgeprägt ist, desto schwerwiegender ist die anzunehmende Störung. Der Gesunde kann sein Bezugssystem jederzeit wechseln. So können auch Gesunde mit ihren Gedanken durch Tagträumereien für kurze Zeit der Realität entfliehen, finden aber mühelos den Weg zurück in den normalen Tagesablauf. Je größer die Wahngewissheit ist, desto schwerer fallen dem Wahnkranken der Wechsel des Bezugssystems und die Realitätseinsicht.

---

[48] Ähnlich der illusionären Verkennung, die meist durch in dem Moment vorherrschende starke Affekte oder Kognitionen und Erwartungen getrieben ist. Jedoch lässt sich die Wahnwahrnehmung durch Aufklärung nicht so einfach auflösen wie die illusionäre Verkennung.

[49] Eigene Darstellung.

Fügen sich mehrere Wahngedanken zu einem großen, in sich stimmigen Gefüge zusammen, spricht man von einem geschlossenen Wahnsystem (siehe *Abbildung 5*). Geschlossene Wahnsysteme sind vollkommen immun gegen jede Form der Realitätseinsicht. Ohne Therapie und in der Regel auch ohne notwendige Medikamentengabe sind sie nicht aufzubrechen.

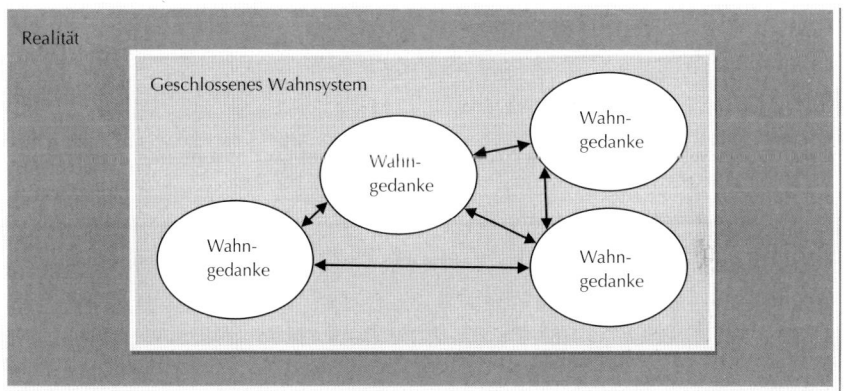

Abbildung 5: Geschlossenes Wahnsystem[50]

b) Neurotische Besonderheiten der „Reichsbürger"

Ohne Zweifel steht eine wie in dem Fallbeispiel des „Reichsbürgers" X[51] schillernd ausgeprägte wahnhafte Störung erst ganz am Ende des Kontinuums der gesamten „Reichsbürger"-Problematik (siehe *Abbildung 12*). Die Mehrzahl der Akteure ist sich ihrer politischen Provokation bewusst und agitiert ganz gezielt aus einer selbst gewählten Protest- und Widerstandshaltung heraus. Gleichwohl ist natürlich auch bei diesen – als im klinischen Sinne noch gesund – geltenden Überzeugungstätern die Frage erlaubt, welche Ursachen und psychischen Prozesse der Ausbildung einer „Reichsbürger"-Identität zugrunde liegen mögen. Die Übergänge vom politischen Mitläufer zum Radikalen, vom Radikalen hinüber zum fanatischen Extremisten und schlussendlich zum wahnhaft Kranken müssen als fließend betrachtet werden.[52] Neben der

---

[50] Eigene Darstellung.
[51] Siehe dazu unter III. 1.
[52] Der Radikalismus kann als die abgemilderte Form und Vorstufe des Extremismus angesehen werden. Ein Radikaler möchte die Gesellschaft zwar radikal – dem Wortsinn nach von der Wurzel her – ändern und reformieren, er hat aber nicht die komplette Abschaffung des Gesellschaftssystems im Sinn. Demgegenüber steht der Extremist nicht mehr auf dem Boden der freiheitlich-demokratischen Grundordnung und möchte das bestehende System und die geltende Verfassung komplett ersetzen. Dies wird oft fehlgedeutet, da die

Betrachtung aus der Querschnittsperspektive heraus sollten vor allem längs-schnittliche Verläufe einzelner Individuen in Erwägung gezogen werden, bei denen sich im Laufe ihrer Biografie eine Zuspitzung ereignet, die aus an-fänglichem politischen Eifer am Ende krankhaften Fanatismus werden lässt. Aus diesem Grund darf im Sinne der Ätiologie[53] auch über die subklinischen Ausprägungen diverser neurotischer Phänomene im Sinne von Vorstufen und Begleiterscheinungen einer späteren möglichen Wahnerkrankung spekuliert werden. Es folgen darum einige Überlegungen zu möglichen neurotischen Besonderheiten der „Reichsbürger".

Differenzialdiagnostisch lassen sich die Neurosen von den Psychosen eini-germaßen gut abgrenzen. Im Gegensatz zur bereits beschriebenen Psychose, die als tiefgreifende Bewusstseinsstörung mit zumindest zeitweiligem Kom-plettverlust des Realitätsbezugs definiert wird, werden Neurosen als psychi-sche Störungen angesehen,

- die überwiegend psychogen und nur zu geringerem Anteil somatogen ver-ursacht sind,
- die sich in Bezug auf ihre pathologische Ausprägung vor allem quantitativ und weniger qualitativ von der Norm unterscheiden,
- die in der Regel in Bezug auf das soziale Leben deutlich weniger zerstö-rend wirken als Psychosen und
- bei denen der Klient eine zumindest latent vorhandene Einsichtsfähigkeit in sein Leiden und sein psychisches Problem hat.

Alltagskonnotationen zur Wortmarke des Radikalismus oft weitreichender und aggressi-ver ausfallen als die Zuschreibungen zur wesentlich neutraler und sachlicher anmuten-den Wortmarke des Extremismus. Im Amtsdeutsch der Sicherheitsbehörden hat sich aber seit Ende der 1970er-Jahre der Begriff des politischen Extremismus für den politisch moti-vierten Straftäter durchgesetzt. Es wird jedoch insbesondere in den Medien und bei sozi-alwissenschaftlichen Diskursen nach wie vor auch der Begriff des Radikalismus verwen-det und die inhaltliche Abstufung dabei oft nicht richtig dargestellt. Die grundsätzliche Problematik der Begrifflichkeit des Extremismus liegt darin, dass er wenig qualitative Defi-nitionsmerkmale enthält, sondern in der Regel durch eine Zuschreibung der Mehrheitsge-sellschaft über Abweichungen von der Norm rein quantitativ legitimiert wird. Diktatoren wie Hitler, Mussolini, Stalin oder Khomeini selbst würden sich wohl kaum als Extremisten bezeichnen, umgekehrt galten die Vertreter der Weißen Rose im System des Nationalso-zialismus natürlich als extremistische Terroristen und nicht als überzeugte Pazifisten und Widerstandskämpfer. Extremismus liegt also immer auch im Sinne des Betrachters, was die Kommunikation mit „Reichsbürgern" verständlicherweise nicht einfacher macht. Vgl. zur Begrifflichkeit von Radikalismus und Extremismus u.a. Jaschke, Hans-Gerd (2006): Politischer Extremismus, Wiesbaden.

[53] Ätiologie bezeichnet die ursächliche Entstehungsgeschichte einer psychischen Krankheit.

Nachdem die Wahnproblematik im vorstehenden Abschnitt ausführlich erörtert wurde, werden sich die folgenden Ausführungen mit möglichen neurotischen Charakterdeformationen der „Reichsbürger"-Persönlichkeit befassen. Hierbei werden vier Charakterstrukturen hervorgehoben, die sich für die Analyse anbieten. Dies sind der zwanghafte, der paranoide und der narzisstische Charakter sowie die Borderline-Persönlichkeit als Grenzfall zwischen Neurose und Psychose.

aa) Zwanghafte Charakterstruktur

Als typisches Beispiel einer neurotischen Störung seien hier die Zwangsstörungen mit Zwangsgedanken und Zwangsverhalten genannt. Beim Waschzwang hat der Klient z.B. das permanente Bedürfnis, sich zu reinigen, weil er sich möglicherweise vor Mikroben fürchtet. Die Handlung des Händewaschens an sich ist vollkommen normal und gesund, sie unterscheidet sich qualitativ nicht vom menschlichen Normverhalten. Die Häufigkeit und Gründlichkeit des Händewaschens, bis die Haut sich aufweicht und ablöst, ist dagegen quantitativ stark übersteigert. Der Klient weiß zudem, dass er niemals alle Mikroben wird abwaschen können. Er ist sich bewusst, dass er an den verbleibenden Bakterien keinesfalls sterben wird. Obwohl die betroffene Person sehr unter ihrer Zwangsvorstellung leidet, die den Alltag behindert, und sie diese auch selbst als fehlerhaft erkennt, gelingt es ihr aber nicht, den Impuls zum Händewaschen zu unterdrücken, und erst die Handlung des Waschens erschafft ihr seelische Erleichterung. Die Lebensqualität des Klienten wird zwar zum Teil drastisch eingeschränkt (er kann das Haus nicht ohne Handschuhe verlassen oder nichts anfassen), aber eine Teilhabe am normalen Leben ist immer noch möglich.

Für die „Reichsbürger", die bereits in einem geschlossenen Wahnsystem leben, gilt dagegen, dass diese weder Einsicht in ihre Wahnvorstellungen haben, noch spüren sie einen besonderen Leidensdruck aufgrund ihrer Symptomatik. Auch für diejenigen „Reichsbürger", die nicht in einem Wahn, sondern in einer Ideologie leben, lässt sich auf den ersten Blick kein neurotischer Leidensdruck bezüglich ihrer Vorstellungen erkennen. Für sie ist ihre Welt, so wie sie ist, ja in Ordnung. Trotzdem kann davon ausgegangen werden, dass im Laufe der Persönlichkeitsentwicklung einzelner „Reichsbürger" bestimmte infantile Konflikte im Sinne einer neurotischen Konfliktverarbeitung nur unzureichend gelöst wurden und diese später dann mit zur Genese der sich ausbildenden „Reichsbürger"-Persönlichkeit bis hin zu einem manifesten Wahn beigetragen haben. Solche neurotischen Vorgeschichten sind zwar ausgesprochen wahrscheinlich, lassen sich jedoch immer nur im Einzelfall konkret nachvollziehen.

In der Regel fehlt dem Beamten beim Erstkontakt aber das nötige Hintergrundwissen für solche Einschätzungen, ihm offenbart sich auf der Phänomenoberfläche nur der unumstößliche, fanatische Eifer, mit der der „Reichsbürger" seiner Ideologie anhängt. Bei aller Unterschiedlichkeit der Entstehungsgeschichte der Wahngewissheit einzelner „Reichsbürger", dass die Bundesrepublik Deutschland nicht bestehe, lassen sich auf der Ebene der Psychodynamik, also der innerpsychischen Prozesse, aber dennoch bestimmte wiederkehrende Mechanismen und Muster erkennen, die typisch für die Mehrzahl der „Reichsbürger" zu sein scheinen. Einige dieser Mechanismen lassen sich später im direkten Kontakt mit „Reichsbürgern" leichter identifizieren, wenn man sie bereits kennt und bei der Einzelfallbetrachtung mit in den Fokus nimmt. Die folgenden Überlegungen sollen Einblick in diese tiefenpsychologisch geprägte Sichtweise gewähren:

Grundsätzlich verfügt im Sinne der Psychoanalyse jeder gesunde Mensch über eine ganze Reihe von Abwehrmechanismen, um seinen Ich-Kern zu stabilisieren und seinen Selbstwert zu erhalten. Der Mensch bedient sich dabei verschiedener Strategien, mittels derer er die durch die Bedrohung des Ichs und der Herabsetzung des Selbstwertes erzeugte neurotische Angst bekämpfen kann. Abhängig von der Art der neurotischen Angst und vom Charakter des Menschen kommen dabei bestimmte bevorzugte Mechanismen der Abwehr häufiger zur Anwendung als andere. Erst dann, wenn die Wahl dieser einzelnen Abwehrmechanismen massiert und in übersteigerter Form auftritt und es zu einer Einengung der Persönlichkeit kommt, würde man von einer neurotischen Konfliktverarbeitung sprechen.

Als typische Abwehrmechanismen für Zwangsneurosen werden u.a. zwei höher entwickelte Formen der Abwehr, die Intellektualisierung und Rationalisierung, aber auch der primitive Mechanismus der Affektisolierung genannt.[54] Bei vielen „Reichsbürgern" lassen sich ein übersteigerter Hang zu Verschwörungsfantasien und eine Vorliebe für umständliche Erklärungsgebäude erkennen. Ebenso sind sie um einen pseudowissenschaftlichen Schreib- und Argumentationsstil bemüht und zeigen Anzeichen einer streng-pedantischen, rigiden, teilweise aggressiven, sehr sachorientierten und weniger gefühlsbetonten Charakterstruktur. Diese Vorliebe zum Theoretisieren kann als Form der Intellektualisierung und Rationalisierung verstanden werden. Dagegen ist eine spontane, expressive, motorisch lebhafte, beziehungsorientierte Art dem Zwangsneurotiker und ähnlich gelagert auch vielen „Reichsbürgern" eher fremd. Beobachtbar ist die Tendenz zur Versachlichung auch am Bei-

---

[54] Vgl. Hoffmann/Hochapfel (Fn. 42).

spiel des „Reichsbürgers" X[55] in dem sehr penibel, technokratisch verfassten *„Frachtbrief zur Restkörperbeseitigung"*, der weitgehend frei von jeglicher Gefühlsäußerung ist. Das verwundert, wenn man bedenkt, dass er sich hier mit seinem bevorstehenden eigenen Tod auseinandersetzt und sich damit der existenzialistischen Urangst schlechthin stellt.

Ein weiterer typischer Abwehrmechanismus des zwangsneurotischen Charakters wäre die Reaktionsbildung, bei der ein Impuls in sein komplettes Gegenteil umgekehrt wird.[56] Hier lassen sich diejenigen „Reichsbürger" und staatenlosen „Selbstverwalter" verorten, die eine Vorliebe für esoterische, sektiererische und fantastische Ideen entwickelt haben, die sich der streng logischen Struktur einer politischen oder juristischen Argumentation, die sonst so gerne benutzt wird, verschließen. Der dahinterliegende Reaktionsmechanismus wäre die Umwandlung des übersteigerten Hangs zur Rationalität in eine naive Irrationalität, die sich intellektueller Durchdringung vollkommen entzieht und nur noch geglaubt werden kann. Hierzu zählen vor allem die bekannten Ideen der Bevölkerungsmanipulation durch als Chemtrails bezeichnete Kondensstreifen am Himmel der „Aluhut"-Fraktion[57], bei denen sich paranoide und esoterische Inhalte miteinander vermischen.

Die beschriebene zwanghafte Charakterstruktur, die sich bei „Reichsbürgern" oft finden lässt, hat bezüglich der Prognose keine besonders guten Aussichten, was zumeist auch zusätzlich mit dem fortgeschrittenen Alter der Akteure zusammenhängt, da sich Zwangsstörungen mit zunehmendem Lebensalter unbehandelt eher verschlimmern als verbessern.[58]

---

[55] Siehe dazu unter III. 1.

[56] So kann der zwanghafte Sauberkeitsfanatiker entgegen der Alltagsvermutung gerade besondere Lust an der Auseinandersetzung mit Schmutz und Dreck empfinden. In den pedantisch aufgeräumten Wohnungen vieler Zwangskranker finden sich sog. Chaosecken, welche die ansonsten strenge Ordnungsstruktur durchbrechen. Auch der Sammel- und Besitzzwang der Messies endet bekanntlich in zugemüllten Wohnungen, in denen aber immer noch ein System der Ordnung besteht. Chaos und Ordnung bedingen einander in der Psyche der zwangsgestörten Persönlichkeit. Das Umschlagen ins Gegenteil wird dann als Reaktionsbildung beschrieben. Der Mechanismus kann sich aber auch auf andere Bereiche beziehen. So kann z.B. aus Geiz übersteigerte Güte oder Verschwendertum werden und Narzissmus kann in krampfhaften Altruismus umschlagen.

[57] Satirisch-sachlich aufbereitete Informationen zu dieser speziellen Klientel finden sich im Aufklärungs-Blog „Der goldene Aluhut", vgl. unter http://blog.dergoldenealuhut.de, Stand der Abfrage: 23.12.2017.

[58] Demgegenüber können sich depressive Neurosen im Alter mitunter auch unbehandelt verbessern, und für narzisstische Störungen steigt im Alter gelegentlich die Therapiebereitschaft an, weil sich die Lücke zwischen grandiosem Idealselbst und realer Kränkung des Ichs mit zunehmendem körperlichen Verfall auch für den Narzissten immer schwieriger leugnen lässt.

Ein dem zwanghaften Charakter zuordenbarer typischer Wahninhalt wäre der Querulantenwahn (paranoia querulans). Er beschreibt eine expansive Wahnentwicklung, bei der sich eine anfängliche Kränkung oder ein verletztes Rechtsempfinden peu à peu vom ursprünglichen Konfliktpartner auf mehrere Personen, Institutionen, den Staat und schließlich die ganze Welt ausweitet. Historisches Literaturbeispiel wäre Michael Kohlhaas in der gleichnamigen Novelle von Heinrich von Kleist, der nach einem kleinen Unrecht, das ihm angetan wurde, zur Selbstjustiz greift und nach dem Prinzip handelt: „fiat iustitia, et pereat mundus", d.h., es soll Gerechtigkeit geschehen, und ginge auch die Welt daran zugrunde. Je größer der Widerstand wird, desto mehr steigt der fanatische Eifer an und fühlt sich der Rebell in seinem Kampf mit dem System bestätigt. Es gilt hier das Motto: „viel Feind viel Ehr"[59], nach dem besonders die Vielschreiber mit ihrem Anliegen an mehrere Behörden gleichzeitig herantreten und sich dabei durch die Adressaten selbst aufwerten.[60] Psychodynamisch dürfte dem Querulantenwahn eine nicht eingestandene und somit unbewusst tief verwurzelte Selbstverurteilung zugrunde liegen, die aus der für Zwangscharaktäre symptomatischen sehr starken Gewissensausprägung durch ein rigides Über-Ich resultiert.[61] Das, was sich die Betroffenen selbst vorwerfen (z.B. mangelnder Perfektionismus), wird nach außen projiziert. Sie, die sich selbst für unperfekt, schlecht und fehlbar halten, möchten für gut oder gar grandios und unfehlbar gehalten werden und kämpfen mit krampfhaftem Pedantismus, der sie keinesfalls beliebt macht und für wenig Empathie sorgt, nun verzweifelt darum, einen Weg zu finden, den anderen zu zwingen, sie in ihrem Anliegen anzuerkennen und als Person zu bewundern. Die Selbstachtung, die ich mir nicht zugestehen kann, soll kompensiert werden durch erzwungene Anerkennung vom Gegenüber. Ein ausgeprägter Querulantenwahn

---

[59] Das Sprichwort wird dem Landsknechtführer in kaiserlich-habsburgischen Diensten Georg von Frundsberg (1473-1528) zugeschrieben, vgl. unter https://de.wikipedia.org/wiki/Georg_von_Frundsberg, Stand der Abfrage: 23.12.2017.

[60] Insbesondere wird auch gerne an den Papst oder den Vatikan geschrieben, meist werden Einschreiben mit Rückschein verwendet, die Rückscheine werden fein säuberlich archiviert und haben dann den Stellenwert eines Statussymbols oder einer Trophäe für den Schreiber, an dem er sich voller Stolz selbst vergewissern kann, mit was für wichtigen Leuten er in Kontakt ist.

[61] Über-Ich im Sinne des Freud'schen Instanzenmodells der Psychoanalyse bestehend aus den drei Instanzen Über-Ich, Ich und Es. Das Über-Ich bezeichnet die Struktur zur Gewissensbildung und Normverinnerlichung, die zunächst auf Recht und Gehorsam des Kleinkindes gegenüber der erziehenden Primärperson und in Auseinandersetzung mit dieser gebildet und später internalisiert und auf die gesamte Gesellschaft erweitert wird, vgl. Freud, Sigmund (1990): Abriß der Psychoanalyse. Das Unbehagen in der Kultur, Frankfurt am Main, S. 9 f.

kann dazu führen, dass sich die betroffenen Individuen so in ihren Kämpfen verzetteln, dass am Ende bei Vorliegen der Voraussetzungen des § 1896 des Bürgerlichen Gesetzbuchs (BGB) die Betreuerbestellung und ggf. sogar die Anordnung eines Einwilligungsvorbehalts[62] gemäß § 1903 BGB und im Zweifel auch die Geschäftsunfähigkeit wegen psychischer Beeinträchtigung gemäß § 104 Nr. 2 BGB drohen. Dies ist für die Betreffenden doppelt bitter, als sie sich darin in ihren Verschwörungsszenarien, dass sich die ganze Welt gegen sie verbunden habe, nun tatsächlich bestätigt sehen können. Im Sinne einer selbsterfüllenden Prophezeiung hat dann die Prophezeiung des Ereignisses tragischerweise zum Ereignis der Prophezeiung geführt.[63]

bb) Paranoide Charakterstruktur
Neben dem Hang zur Intellektualisierung, Rationalisierung, Affektisolierung und der Reaktionsbildung, die allesamt mit dem zwangsneurotischen Charakter in Verbindung gebracht werden, existieren mit der Projektion und Externalisierung zwei weitere, bei „Reichsbürgern" sehr häufig anzutreffende zentrale Abwehrmechanismen. Die Projektion als Abwehrmechanismus beschreibt die unbewusste Übertragung eigener Gefühle und Wünsche auf ein Gegenüber; unter Externalisierung wird verstanden, wenn man jemanden Externen vorübergehend für seine eigene Lage verantwortlich macht, um sich selbst zu entschulden.[64] Auch Projektion und Externalisierung dienen der Abwehr von Angst und dem Erhalt des Selbstbildes. Die Projektion ist der zentrale Abwehrmechanismus der paranoiden Charakterstruktur und dient zusammen mit der Externalisierung fast allen Sündenbock-Theorien und Vorurteilen als unbewusstes Gerüst. Projektion und Externalisierung tauchen aber auch im Zusammenhang mit bestimmten Wahninhalten auf.

Als typische Wahnthemen der „Reichsbürger" sind der (paranoide) Verfolgungswahn und der (megalomane) Größenwahn zu nennen. Der dahinterstehende Mechanismus kann psychodynamisch als zusammenhängende Kette gesehen werden, die kurz beschrieben werden soll: Aus diffusen frei flottierenden Ängsten heraus werden z.B. Ausländer oder Juden und in letzter Zeit vermehrt auch der Islam als existenzielle Bedrohung der Gesellschaft angesehen. Die diffuse Angst wird unbewusst greifbar, indem sie zu einer

---

[62] Der Einwilligungsvorbehalt bewirkt, dass der Betreute weitgehend einem beschränkt geschäftsfähigen Minderjährigen gleichgestellt wird und zur Wirksamkeit seiner rechtlichen Willenserklärungen der Genehmigung seines Betreuers in dem Aufgabenkreis bedarf, für den der Betreuer bestellt ist (§ 1903 Abs. 1 Satz 2 i.V.m. § 108 Abs. 1 BGB).

[63] Vgl. Watzlawick, Paul (1988): Anleitung zum Unglücklichsein, München, S. 61.

[64] Vgl. Mentzos, Stavros (1998): Neurotische Konfliktverarbeitung, Frankfurt am Main, S. 60 f.

gerichteten Furcht wird (siehe *Abbildung 6*). Die Angst bekommt ein Gesicht. Es kann davon ausgegangen werden, dass die zugrunde liegenden Urängste in dem schwachen Ich-Kern und der misslungenen Identitätsbildung der Akteure liegen und die Ausbildung der Angst in der Mehrzahl der Fälle nicht mit tatsächlichen persönlichen negativen Erlebnissen korrespondiert. Es gilt hier der Teufelskreis aller Phobien, man muss keinen weißen Mäusen oder Ratten begegnen, um die Angst vor ihnen aufrechtzuerhalten.[65] Regelmäßig wird dies belegt, wenn in den neuen Bundesländern mit dem signifikant geringeren Ausländeranteil, der zwischen zwei und drei Prozent der Bevölkerung liegt, die ausländerfeindliche Attitüde besonders stark ausgeprägt ist.[66] Es werden aber auch eigene enttäuschte und unerfüllte Wünsche in die als fremd und feindlich wahrgenommene Außengruppe projiziert, was sich sehr schön an dem Beispiel *„Die Ausländer kommen hierher und nehmen uns unsere Frauen weg!"* illustrieren lässt, wenn individuelle Misserfolge bei der Partnerwahl der fantasierten Omnipotenz der Ausländer zugeschrieben werden. Steigert sich diese Angst ins Paranoide, kann sich ein Verfolgungswahn ausbilden (siehe *Abbildung 6*), der mit einer realen Bedrohung nicht mehr gekoppelt sein muss, sondern sich nur noch auf eine fiktive Bedrohung beziehen kann. Diese Konstruktion zeigt sich z.B. auch innerhalb mancher „Reichsbürger"-Ideologie immer wieder sehr deutlich in Form der vielen antisemitischen Verschwörungstheorien bezüglich einer vermeintlichen heimlichen Weltherrschaft der Juden. Um dem nun aufgebauten und konkret gewordenen Angstgebäude zu begegnen, bildet sich im nächsten Schritt ein Größenwahn in Bezug auf das eigene Idealselbst heraus. Man gehört zur vermeintlich auserwählten Rasse, sieht sich als Übermensch, Kanzler, Führer,

---

[65] Eine Phobie ist eine Neurose, bei der sich die Angst im Sinne einer gerichteten Furcht auf ein spezifisches Objekt (z.B. Mäuse, Schlangen) oder eine spezifische Auslösesituation (z.B. Platzangst, Höhenangst) bezieht.

[66] Vgl. Buchstein, Hubertus/Heinrich, Gudrun (2010): Rechtsextremismus in Ostdeutschland, Schwalbach, S. 15 f.; Decker, Oliver/Brähler, Elmar (2006): Vom Rand zur Mitte. Rechtsextreme Einstellungen und ihre Einflussfaktoren in Deutschland, Berlin (Friedrich-Ebert-Stiftung), S. 35 f.; Stöss, Richard (2000): Rechtsextremismus im vereinten Deutschland, 3. Auflage, Berlin (Friedrich-Ebert-Stiftung), S. 65 f. Dies gilt anscheinend nicht nur für den Rechtsextremismus, sondern viel grundlegender für eine allgemeine Xenophobie (Fremdenangst) und in letzter Zeit auch für eine spezifische Islamophobie, wenn man bedenkt, dass das Mobilisierungspotenzial für Pegida-Demonstrationen in Dresden das ähnlich gelagerter Demonstrationen in westdeutschen Großstädten um ein Vielfaches überstieg. Pegida (Patriotische Europäer gegen die Islamisierung des Abendlandes) ist ein eingetragener Verein, der ab 20.10.2014 in Dresden Montagsdemonstrationen mit bis zu 18.000 Teilnehmern organisierte, bei der die Demonstranten die aus ihrer Sicht vom Islam ausgehende drohende Überfremdung der Bundesrepublik Deutschland anprangerten.

König oder Kaiser an und fantasiert sich ein ideales Größenselbst zurecht. Die eigene Erhöhung bedarf somit einer zuvor imaginierten Bedrohung, aus der heraus sie ihre Rechtfertigung bezieht. Die beiden häufigsten Wahnthemen der „Reichsbürger", der Verfolgungswahn und der Größenwahn, bilden somit in der unbewussten „Reichsbürger"-Logik zwei Seiten der gleichen Medaille und bedingen einander oft (siehe *Abbildung 6*). In dem krampfhaften und zwanghaften Bestreben nach Titeln, Ansehen, Status und Aufmerksamkeit vieler „Reichsbürger" offenbaren sich dem sensiblen Beobachter somit die innere Not, Getriebenheit und Verletzlichkeit eines in Wirklichkeit eher schwach ausgebildeten Ichs. Die herrschsüchtige, grandiose und arrogante Attitüde mancher selbst ernannter Führungspersönlichkeiten innerhalb der Szene kann somit als Abwehr paranoider Tendenzen interpretiert werden.[67]

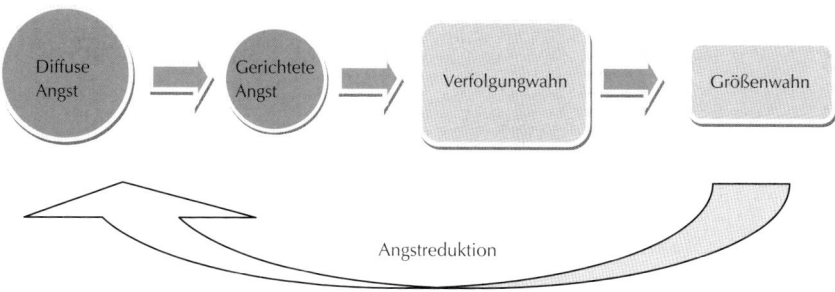

Abbildung 6: Verfolgungswahn und Größenwahn[68]

cc) Narzisstische Charakterstruktur
Damit wäre neben der schon genannten zwanghaften und paranoiden Charakterstruktur der Übergang zur narzisstischen Neurose geschaffen, ohne die man bei der Beschreibung insbesondere der „Amtsträger" und Anführer im Milieu nicht auskommt. Der narzisstische Charakter weist vor allem auf der Beziehungsebene zu anderen Menschen deutlich weniger Stabilität und Tiefe auf als der zwanghafte Charakter.[69] Der Narzisst benutzt den anderen überwiegend zum Spiegeln seines Selbst, misstraut ihm aber genauso, wie er sich

---

[67] Vgl. Kernberg, Otto Friedmann (1983): Borderline-Störungen und pathologischer Narzißmus, Frankfurt am Main, S. 261 f.

[68] Eigene Darstellung.

[69] In Bezug auf die Schwächung des Ichs sind sich der paranoide und der narzisstische Charakter ähnlich, im Gegensatz zum paranoiden Charakter ist aber beim Narzissten vor allem die Beziehung zum Du grundsätzlich gestört, während der Paranoide zwar generell ängstlich im Sinne seiner Paranoia ist, jedoch kein grundlegendes Problem damit hat, ein anderes Subjekt neben sich zu akzeptieren.

selbst nicht trauen kann, weshalb er auf die Bewunderung von außen wiederum so dringend angewiesen ist.[70] Diese Konstellation spiegelt sich in den diversen „Ersatzregierungen" wider, bei denen die einzelnen „Reichskanzler" zum Erhalt der eigenen Identität jeweils eine Schar von Jüngern und Bewunderern an sich binden müssen. Meist erschöpft sich diese Anhängerschaft jedoch schon auf die weiteren Kabinettsmitglieder. Mittlerweile besteht durch das Internet allerdings auch die Möglichkeit, sich sein Publikum in den sozialen Netzwerken zu suchen, was die Wahrscheinlichkeit, auf Gleichgesinnte zu treffen, deutlich erhöht, da geografische Entfernungen dann keine Rolle mehr spielen.

Der psychodynamische Prozess kann folgendermaßen dargestellt werden: Die grundlegende mangelnde Integration von Ideal- und Realselbst der narzisstischen Neurose wird mit einem aufgeblähten Größenselbst, in dem Ideal- und Realselbst miteinander verschmolzen sind, beantwortet. Der Narzisst fürchtet sich davor, sich in Abhängigkeit zum anderen zu begeben, weil er Angst haben muss, dass sein grandioses Idealbild durch den anderen angekratzt werden könnte. Auf diesen Konflikt ist er nicht vorbereitet, er muss den anderen deshalb abwerten. Damit fehlt ihm jedoch die Möglichkeit der Spiegelung, und es kann zu depressiven Abstürzen kommen, die erst recht nicht mit seinem grandiosen und unfehlbaren Selbst zu vereinen sind.

Zur Abwehr der Depression muss er sich in Abhängigkeit begeben und Bewunderer suchen, gleichzeitig riskiert er dadurch jedoch, sein grandioses Selbst zu verletzen. Er befreit sich aus dieser Lage, indem es zu einer narzisstischen Kollusion kommt. Der Narzisst sucht sich deshalb deutlich schwächere Jünger und Bewunderer, die ihren eigenen nicht gelebten Narzissmus auf den Narzissten delegieren, indem sie diesen anhimmeln. Mittels der Kollusion stabilisiert sich der Narzisst, das Gebäude bleibt aber fragil. Da er seine Jünger abwerten muss, um ihre Bewunderung anzunehmen, die Bewunderung selbst dadurch aber gleichzeitig auch wieder entwertet, bleibt immer eine Restunzufriedenheit zurück. Der Narzisst ist somit nicht zu einer gleichberechtigten, stabilen und erfüllenden Beziehung fähig. Dass viele „Reichsbürger" trotz ihrer vorhandenen oberflächlichen Sozialbeziehungen zu Gesinnungsgenos-

---

[70] Vgl. zur Entstehung des überhöhten Selbstbildes des Narzissten Kernberg (Fn. 67), S. 266: *„Die normalerweise bestehende Spannung zwischen Real-Selbst einerseits, Ideal-Selbst und Ideal-Objekt andererseits wird aufgehoben, indem ein aufgeblähtes Selbstkonzept durch Verschmelzung von Realselbst-, Idealselbst- und Idealobjektrepräsentanzen errichtet wird, innerhalb dessen diese einzelnen Anteile nicht mehr voneinander zu unterscheiden sind. Inakzeptable Selbstanteile, die sich in dieses grandiose Selbstkonzept nicht einschmelzen lassen, werden verdrängt und zum Teil auf äußere Objekte projiziert, die dafür entwertet werden."*

sen im Geiste in der Mehrzahl alleinstehende ältere Männer ohne engere Familie sind, die sozial und beruflich als gescheitert angesehen werden können, passt diesbezüglich gut in das Bild einer narzisstischen Störung. Insbesondere die Anführer und Milieumanager und eher weniger die Schar der Mitläufer und Anhänger kämen für eine derartige narzisstische Charakterstruktur, die sich möglicherweise zu einer manifesten narzisstischen Persönlichkeitsstörung entwickeln kann, infrage.[71] Aber auch der Wunsch der „Selbstverwalter", ihre Existenz ganz aus sich allein heraus bestreiten zu wollen, weist auf eine narzisstische Problematik hin, nur das hier anstatt des Eingehens einer Kollusion mit Jüngern und Bewunderern die Methode des inneren Rückzugs und der Isolation gewählt wurde.

dd) Borderline-Persönlichkeitsstruktur

Als eng verwandt mit dem narzisstischen Charakter wäre an dieser Stelle noch die Borderline-Persönlichkeitsstruktur hervorzuheben, bei der sich der Klient im Grenzbereich zwischen Neurose und Psychose bewegt.[72] Die Borderline-Persönlichkeitsstruktur zählt zu den sog. frühen[73] und damit bezüglich der Therapierbarkeit schwereren Entwicklungsstörungen. Es wird davon ausgegangen, dass der Klient trotz vorübergehender psychotischer Episoden seine allgemeine Fähigkeit zur Realitätsprüfung behält. In Bezug auf die „Reichsbürger"-Problematik ist anzunehmen, dass sich unter dieser Klientel auch ein Anteil an Borderline-Persönlichkeiten finden lässt.

Der typische Abwehrmechanismus der Borderline-Symptomatik ist – im Gegensatz zum Narzissten, bei dem die Idealisierung im Mittelpunkt steht – die Spaltung der Umwelt in Gut und Böse, in schwarz und weiß sowie in Freund und Feind. Die Integration eigener und fremder ambivalenter sich widersprechender Gefühle innerhalb der eigenen oder anderen Personen fällt dem Borderliner schwer. Tendenzen der Spaltung lassen sich bei „Reichsbürgern" insbesondere in Bezug auf ihr Weltbild finden, wenn sie die Ge-

---

[71] Die Diagnose einer Persönlichkeitsstörung sollte immer mit sehr viel Bedacht gewählt werden, zum einen weil die Therapierbarkeit der mit diesem Label versehenen Erkrankungen als ausgesprochen schwierig gilt, zum anderen weil entweder eine Krankheitseinsicht bezüglich des eigenen Leids oder aber eine erhebliche Einschränkung des psychosozialen Funktionsniveaus vorliegen sollte, die eine Integration in die Gesellschaft nicht mehr ermöglicht und/oder auch zur Gefährdung der Person beitragen kann. Andernfalls ist die Diagnose nicht statthaft, da sie im Widerspruch zum Grundrecht der freien Persönlichkeitsentfaltung gemäß Art. 2 Abs. 1 des Grundgesetzes (GG) steht, vgl. Fiedler (Fn. 39), S. 34 f.

[72] Vgl. Kernberg (Fn. 67), S. 19 f.

[73] „Frühe Störung" meint früh im Leben erworben, meist schon in den ersten Lebensmonaten des Säuglings.

sellschaft in Erleuchtete und Wissende auf der einen Seite und Verblendete und Unwissende auf der anderen Seite einteilen, um ihre eigene Position als „Reichsbürger" zu bestimmen. Auch das kategoriale und schematische Denken des Rassismus, Nationalismus und Sozialdarwinismus in Bezug auf Deutschland gegenüber anderen Ländern, Religionen und Ethnien beruht psychodynamisch auf der entlastenden Funktion der Abwehr durch Spaltung, sodass hier die Kompensation persönlicher Defizite bei der Identitätsbildung im Sinne einer Borderline-Störung naheliegt.

c) Mögliche Psychodynamik der „Reichsbürger"

Zusammenfassend können bei Menschen, die sich von der „Reichsbürger"-Idee angezogen fühlen, anhand der häufig anzutreffenden Abwehrmechanismen oftmals Tendenzen in Richtung einer zwanghaften, narzisstischen und paranoiden Charakterstruktur ausgemacht werden. Inwieweit sich diese drei Ausprägungen einer prämorbiden Persönlichkeitsstruktur im Laufe einer Biografie zu einer latenten neurotischen oder möglicherweise auch manifesten Persönlichkeitsstörung ausweiten, muss im Einzelfall betrachtet werden. Dass gerade diese drei neurotischen Persönlichkeitsstrukturen nicht selten im Zusammenhang mit bestimmten Wahnthemen bei psychotischen Störungen genannt werden, vervollständigt das Bild im Hinblick auf die klinisch relevanten, d.h. härter betroffenen Fälle.

Dieser Zusammenhang darf aber nicht im Sinne eines Diagnoseschemas überbewertet werden. Die Wahnentstehung selbst lässt zwar auf eine innere Notwendigkeit und gestörte psychodynamische Beziehung des Betroffenen schließen, es lassen sich aber kaum spezifische Faktoren im Sinne einer festen Kausalbeziehung zu den neurotischen Störungen festmachen. Eine manifeste wahnhafte Störung kann z.B. auch durch Substanzmissbrauch, paranoid-halluzinatorische Schizophrenie, endogene Depressionen, Kopfverletzungen, Erbkrankheiten und andere hirnorganische oder degenerative Erkrankungen des zentralen Nervensystems bedingt sein, sodass es im Einzelfall der Anamnese vorbehalten bleibt, einen bekennenden „Reichsbürger" bezüglich des Grades einer möglicherweise vorliegenden psychischen Erkrankung einzuschätzen.

Für ein vertiefendes Problemverständnis auch der prämorbiden und somit noch „gesunden" Persönlichkeitsstruktur, die ja der Mehrzahl aller „Reichsbürger" zugrunde liegen sollte, mag die Abbildung 7 zu den psychodynamischen Zusammenhängen dennoch sehr hilfreich sein. Sie hilft, die vorgefundenen Argumentationsmuster nicht nur politisch aus einer „Reichsbürger"-Logik heraus, sondern auch psychisch im Sinne der Bedürfnisstruktur der Persönlichkeit der Betroffenen zu verstehen, und macht diese damit zumindest ein kleines Stück vorhersagbar. Die Abbildung 7 verdeutlicht zum einen den Übergang von der neurotischen zur psychotischen Konfliktverarbeitung und kann in Bezug auf die drei zentralen Blöcke – Persönlichkeitsstruktur, Abwehrmechanismen und Wahnthemen – auch horizontal gelesen werden. Aufgezeigt werden die für das Erscheinungsbild des „Reichsbürgers" häufigsten drei und vorstehend beschriebenen Charakterstrukturen der zwanghaften, paranoiden und narzisstischen Persönlichkeit mit den jeweils für sie typischen Abwehrmechanismen und den sich daraus ergebenden spezifischen Wahnthemen. Der zwanghafte Charakter zeigt als Abwehrmechanismus bevorzugt Intellektualisierung (z.B. Verschwörungsfantasien) und entwickelt am ehesten einen Querulantenwahn. Der paranoide Charakter reagiert regelmäßig mit Projektion und Schuldexternalisierung und entwickelt daraus oftmals einen Verfolgungswahn. Der narzisstische Charakter neigt eher zu Idealisierung und Größenwahn. Natürlich kann in einer Person sowohl das eine als auch das andere oder sogar noch darüber Hinausgehendes zusammenkommen, aber die meisten „Reichsbürger" bewegen sich mit ihrem Auftreten und ihrer Argumentationslogik zu großen Teilen innerhalb dieses Feldes, das bei der Phänomenbeschreibung deswegen hilfreich sein kann.

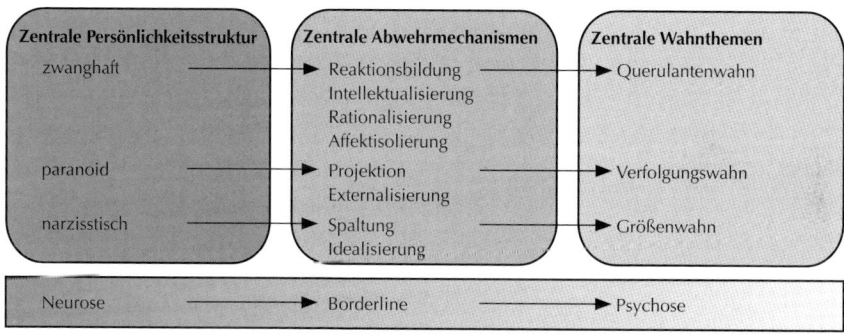

Abbildung 7: Mögliche Psychodynamik der „Reichsbürger"[74]

d) Identitätsbildung
Die bisher vorgestellten Ansätze fußten im Wesentlichen auf Grundüberlegungen der klinischen Psychologie und bezogen sich hier insbesondere auf die Richtung der Psychoanalyse und Tiefenpsychologie. Im Mittelpunkt der Betrachtung standen die Abwehrmechanismen zum Schutze eines stabilen Ich-Kerns. Ein weiteres bedeutsames hypothetisches Konstrukt, das mehr aus dem Gebiet der Entwicklungs- und Sozialpsychologie stammt, ist das der Identität.

---

[74] Eigene Darstellung.

Im Folgenden soll zunächst eine normale Identitätsbildung dargestellt werden, bevor die Identitätsbildung bei „Reichsbürgern" betrachtet wird, um die bisherigen Annahmen über die „Reichsbürger" mithilfe dieser identitätstheoretischen Sichtweise sinnvoll zu ergänzen. Anschließend wird auf die Ängste der „Reichsbürger" eingegangen.

aa) Normale Identitätsbildung mit vielen Identitätsressourcen

Ausgangspunkt vieler Überlegungen zum Thema der Identitätsbildung ist die Frage, was eine gelungene Identität darstellt. Von Sigmund Freud ist das geflügelte Wort übertragen, dass der Mensch zwei Dinge: *„Lieben und Arbeiten"*[75] gut können muss, womit schon zwei wesentliche Quellen der Identitätsentwicklung genannt wären, die Beziehung und der Beruf. Marie Jahoda betonte zwei weitere Aspekte des Konzepts der Identität, indem sie auf die Kontinuität der Person und ihre Fähigkeit zur Realitätseinsicht abstellte. Danach gelingt Identität, wenn *„die gesunde Persönlichkeit ihre Umwelt aktiv meistert, eine gewisse Einheitlichkeit zeigt und imstande ist, die Welt und sich selbst richtig zu erkennen."*[76] Der Ich-Psychologe und Entwicklungspsychologe Erik Homburger Erikson gilt als Klassiker im Bereich der Identitätstheorie. Er fasste das Wesen der Identität in seiner bekannten Definition als die Aufgabe einer Herstellung von Gleichheit und Kontinuität im Wandel für sich selbst und gegenüber seiner Umwelt auf: *„Das bewußte Gefühl, eine persönliche Identität zu besitzen, beruht auf zwei gleichzeitigen Beobachtungen: der unmittelbaren Wahrnehmung der eigenen Gleichheit und Kontinuität in der Zeit, [sic] und der damit verbundenen Wahrnehmung, daß auch andere diese Gleichheit und Kontinuität erkennen."*[77]

Erikson ist es auch zu verdanken, dass Identitätsbildung als ein lebenslanger Prozess betrachtet werden kann, der beim Säugling im zentralen Konflikt zwischen Ur-Vertrauen und Ur-Misstrauen beginnt und sich über alle Entwicklungsstufen bis hin ins hohe Alter fortsetzt.[78] Die zentrale Hauptphase der Identitätsfindung liegt gegenüber einer als pathologisch angenommenen Identitätsdiffusion auch bei Erikson in der Phase der Adoleszenz. Hier kulminieren mehrere Aufgaben der Identitätsbildung wie die Annahme des sich in der Pubertät stark verändernden Körpers, die Loslösung vom Elternhaus, die

---

[75] Freud, Sigmund, zitiert nach Erikson, Erik Homburger (1973): Identität und Lebenszyklus, Frankfurt am Main, S. 116.

[76] Jahoda, Marie (1950): Toward a Social Psycholgy of Mental Health, in: Symposium on the Healthy Personality, Suppl. II: Problems of Infancy and Childhood, Transactions of Fourth Conferance, New York/USA, zitiert nach Erikson (Fn. 75), S. 57.

[77] Erikson (Fn. 75), S. 18.

[78] Vgl. Erikson (Fn. 75), S. 63 ff.

Einlassung auf eine intime Beziehung und die Findung eines eigenen Berufs und Lebensstils gleichzeitig in kurzer Zeit. Wegen dieser Aufgabenfülle wird diese Phase der Adoleszenz oftmals als krisenbehaftet und voller möglicher Selbstzweifel beschrieben.[79] Es ist der Verdienst Eriksons, darauf hingewiesen zu haben, dass diese Entwicklung nicht nach der Pubertät endet. Identitätsarbeit ist ein lebenslanger Prozess, bei dem im Erwachsenenalter und hohen Erwachsenenalter im positiven Falle zunächst ein Stadium der Generativität und zum Schluss ein Stadium der Integration des eigenen Lebens in einen gesamtgesellschaftlichen Zusammenhang erreicht werden sollte. Gelingt dies nicht, drohen nach Erikson Selbstabsorption und Lebens-Ekel.[80] Das Modell von Erikson ist zweifelsohne ein normatives und muss vor dem Hintergrund der heutigen Postmoderne neu bewertet werden. Ein Zustand der Identitätsdiffusion und Zersplitterung des Selbst in ein fraktales Ich wurde von Erikson ganz klar pathologisch gedeutet.

Diese Sichtweise hat sich zum Teil gewandelt. Der Soziologe Ulrich Beck hatte darauf hingewiesen, dass sich der Einzelne in unserer Gesellschaft in einem permanenten Individualisierungszwang befindet und sich die Identität laufend neu der sich wandelnden Gesellschaft anpassen muss.[81] Die Mobilisierungsmöglichkeiten des Einzelnen auf der einen Seite und die Mobilitätserfordernisse des Arbeitsmarktes auf der anderen Seite sind rasant gestiegen. Richard Sennett konstatiert gleichermaßen eine Flexibilisierung der Arbeitswelt, die moderne Jobnomaden hervorbringt und in der die traditionelle Erwerbsarbeit immer weniger zur Identitätsstiftung taugt.[82] Mehrere Berufe, Arbeitsfelder und Arbeitgeber innerhalb eines Erwerbslebens sind heutzutage mehr die Norm als die Ausnahme. Während früher der Sohn des Königs König und der Sohn des Bäckers Bäcker wurde, steht das Individuum heute vor dem Zwang zur Wahl einer Berufsidentität. Hinzu kommt die Aufweichung traditioneller Geschlechterrollen und Lebensformen. Zusammengenommen führen diese gesellschaftlichen Veränderungen der Postmoderne nach Beck

---

[79] So bezeichnet Kurt Lewin den Jugendlichen z.B. als eine Marginalperson, die der Welt des Kindes entwachsen ist, aber in der Welt der Erwachsenen noch nicht angekommen ist. Der Jugendliche steckt sozusagen zwischen den Welten. Neuere Untersuchungen weisen jedoch darauf hin, dass die Phase der Jugend in der Selbstsicht der Jugendlichen nicht zwingend immer nur als Sturm und Drang, sondern auch als kontinuierliches Wachstum empfunden werden kann, vgl. Oerter, Rolf/Montada, Leo (2002): Entwicklungspsychologie, Berlin, S. 258 ff.

[80] Vgl. Erikson (Fn. 75), S. 151.

[81] Vgl. Beck, Ulrich (1986): Risikogesellschaft. Auf dem Weg in eine andere Moderne, Frankfurt am Main.

[82] Vgl. Sennett, Richard (1998): Der flexible Mensch. Die Kultur des neuen Kapitalismus, Berlin.

dazu, dass heute jeder zum *„Planungsbüro in Bezug auf seinen eigenen Lebenslauf"*[83] wird. Man ist gleichermaßen Hauptdarsteller und Regisseur im Film des eigenen Lebens, aus der übernommenen Normalbiografie von früher ist die gestaltete Wahlbiografie von heute geworden.

Als Reaktion auf die Pluralisierung der Lebenswelten, die durch die digitale Revolution noch einmal vorangetrieben wird, ist das normative Konsistenzmodell der Identität von Erikson aus dem Mittelstandsmilieu der USA in den 1960er- und 1970er-Jahren durchaus auf seine Gültigkeit zu hinterfragen. Der vermeintliche krankhafte Identitätsstil einer diffusen, nicht festgelegten, offenen Identität muss möglicherweise inzwischen als nichtpathologische Antwort auf die Herausforderungen der Postmoderne gesehen werden.[84] Die *„Bastelexistenz"*[85] oder *„Patchwork-Identität"*[86] werden von einigen Autoren stattdessen als kreative Lösungen im Bereich der Identitätsbildung diskutiert. Inwiefern sie das Gefühl des Einzelnen nach einem inneren Besitzstand und einem kohärenten Wesenskern gänzlich ersetzen können, bleibt dennoch fraglich. Der bunte Strauß an zusammengestückelten Wahlidentitäten enthebt das Subjekt nicht von der Aufgabe, im Sinne eines narrativen Selbst eine stimmige Geschichte über sich erzählen zu können bzw. sogar zu müssen. Beck sprach in diesem Zusammenhang von *„riskanten Freiheiten"*[87], denen nicht jeder gewachsen ist, vor allem weil die materiellen Voraussetzungen zur Bewältigung der Individualisierungsaufgabe nicht gleichmäßig verteilt sind.

In jedem Falle muss man die Konstruktion von Identität heute aber als einen aktiven Prozess begreifen. Identität muss immer mehr erarbeitet und kann immer weniger übernommen werden. Die Aufgabe der Identitätsarbeit beginnt stets dort, wo die Möglichkeiten der einfachen Identifikation mit einer bestimmten Rolle als Mitglied einer Familie und Zugehörigkeit zu einer Gruppe

---

[83] Beck (Fn. 81), S. 217.

[84] Gleichwohl ist Mey, Günter (1999): Adoleszenz, Identität, Erzählung, Berlin, S. 75, zuzustimmen, wenn er feststellt, dass mit der Entpathologisierung der Identitätsdiffusion nach Erikson nicht die Pathologisierung einer konsistenten, klassischen Identität als veraltet, ängstlich und autoritär einhergehen sollte. Man sollte die Überlegungen von Erikson (Fn. 75) und Keupp (Fn. 86) weniger als sich widersprechende konträre Positionen, sondern vielmehr als sich ergänzende sensibilisierende Konzepte begreifen.

[85] Hitzler, Ronald/Honer, Anne (1994): Bastelexistenz. Über subjektive Konsequenzen der Individualisierung, in: Beck, Ulrich/Beck-Gernsheim, Elisabeth (Hg.): Riskante Freiheiten. Individualisierung in modernen Gesellschaften, Frankfurt am Main, S. 307 ff.

[86] Keupp, Heiner/Ahbe, Thomas/Gmür, Wolfgang/Höfer, Renate/Mitzscherlich, Beate/Kraus, Wolfgang/Straus, Florian (1999): Identitätskonstruktionen. Das Patchwork der Identität in der Spätmoderne, Reinbek.

[87] Beck, Ulrich (1994): Jenseits von Stand und Klasse, in: Beck/Beck-Gernsheim (Fn. 85), S. 43 ff.

in Bezug auf Arbeit, Religion, Herkunft oder Nationalität enden. Aus Sicht der Entwicklungspsychologie sind zwei Prozesse zu nennen, welche die Identitätsentwicklung vorantreiben: die Selbsterkenntnis, die ohne den anderen und die soziale Gruppe nicht möglich ist, und die Selbstgestaltung, also das Bemühen sich in einer bestimmten Weise zu formen und zu präsentieren.[88] Die Aufgabe der Identitätsbildung changiert damit zwischen einem personalen Fokus auf der einen Seite und sozialer Konstruktion auf der anderen Seite:[89]

– Auf personaler Ebene stehen die Voraussetzungen, die weitestgehend gesetzt sind. Diese Kategorien sind gewissermaßen determiniert und beschreiben das Vorsoziale bzw. das Gegebene. So kommt jeder Mensch mit einem Körper, einem Geschlecht, einer Hautfarbe, einer Familie und einer Nationalität auf die Welt. Zwar sind auch diese Singularitätsmerkmale der Persönlichkeit bis zu einem gewissen Grade manipulierbar, dazu bedarf es jedoch größeren Aufwands. Man kann sein Geschlecht operativ umwandeln, seinen Körper durch Tätowierungen, Schmuck, Kleidung oder auch sportliches Training verändern. Wer möchte kann seinen Wohnort und sogar die Nationalität wechseln. Je größer der Aufwand, desto stärker sind die anzunehmenden Auswirkungen auf das Identitätsgefüge einer Person.

– Auf der Ebene der sozialen Konstruktion stehen die Dinge, die wesentlich stärker über Zugehörigkeit zu einer Gruppe bzw. auch Abgrenzung von einer Gruppe definiert werden. Hierzu können u.a. der Beruf, die Religion, die politische Einstellung, der Freundeskreis und die Freizeitaktivitäten gezählt werden. In all diesen Bereichen kann sich der Einzelne mehr oder weniger selbstbestimmt durch freie Wahl verorten, indem er z.B. einen bestimmten Beruf erlernt, einer Partei beitritt, ein Hobby wählt und sich damit ein soziales Umfeld erschafft.

Aus der Ergänzung von personaler Identität und sozialer Gruppenzugehörigkeit entsteht im Sinne von Erikson dann so etwas wie eine Gesamtidentität: *„Die Ich-Identität entwickelt sich also aus einer gestuften Integration aller Identifikationen; aber auch hier hat das Ganze eine andere Qualität als die Summe seiner Teile."*[90] Befindet sich eine Person mit sich im Reinen, so wird sie kaum über ihre Identität nachdenken. Zum Problem wird Identität immer erst in der Krise, dann wenn man keine stimmige Geschichte mehr darüber erzählen kann, wer man ist.[91]

---

[88] Vgl. Oerter/Montada (Fn. 79), S. 258 ff.
[89] Vgl. Keupp/Ahbe/Gmür/Höfer/Mitzscherlich/Kraus/Straus (Fn. 86), S. 69.
[90] Erikson (Fn. 75), S. 108.
[91] Vgl. Eickelpasch, Rolf/Rademacher, Claudia (2004): Identität, Bielefeld, S. 5 f.

Ausgehend von diesen grundlegenden Überlegungen lässt sich die Identität als ein Netzwerk von Identitätsressourcen darstellen, aus denen der Einzelne seine Identität speisen kann. In der *Abbildung 8* sind diese Zusammenhänge für eine beliebige, gelungene Normalbiografie bildlich aufgezeigt. Die personalen Ressourcen sind dabei als dem Ich-Kern näher dargestellt, sie stehen dem Individuum quasi als gegeben zur Verfügung und sind schnell greifbar. Die weiter außen dargestellten Identitätsquellen müssen im Laufe des Lebens bzw. über den Faktor Zeit peu à peu erschlossen werden[92]. Das Gemisch der Anzahl von Mitgliedschaften und Zugehörigkeiten bzw. Nicht-Mitgliedschaften bildet dann die soziale Identität eines Menschen aus, wobei man hier nach Erikson von einem ganzheitlichen Ansatz ausgehen sollte, bei dem sich soziale und personale Identität gegenseitig ergänzen, und kein additives Modell vor Augen haben darf.[93] Einzelne Quellen sind als Substitute für andere Identitätsbereiche denkbar, mangelnder beruflicher Erfolg könnte z.B. über spannende Hobbys und ein erfülltes Familienleben kompensiert werden. Als humoristisches Stichwort mag hier das Jodeldiplom nach Loriot gelten, wenn Frau Hoppenstett feststellt: *„Da hab ich was Eigenes"*[94].

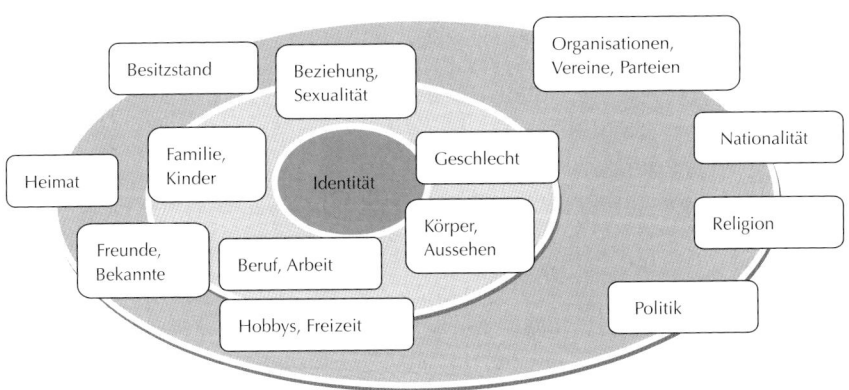

Abbildung 8: Normale Identitätsbildung mit vielen Identitätsressourcen[95]

---

[92] So kann sich z.B. ein lokales Heimatgefühl erst dadurch entwickeln, dass man einerseits tatsächlich eine Weile an einem Ort gelebt hat und dort heimisch geworden ist und andererseits auch schon einmal in der Ferne war, um überhaupt den Unterschied erspüren zu können.

[93] Vgl. Erikson (Fn. 75).

[94] Loriot (2014): Loriot's Dramatische Werke. Texte und Bilder aus sämtlichen Fernsehsendungen, Zürich, S. 167.

[95] Eigene Darstellung.

bb) Mögliche Identitätsbildung bei „Reichsbürgern" als Einsparten-Identität
Konstruiert man nun ein ähnliches Netzwerk von Identitätsquellen für die
Identität als „Reichsbürger", so ist feststellbar, dass die nach außen getragene
Identität sehr stark über die Identifikation mit dem einen Gedanken läuft,
kein Bürger der Bundesrepublik Deutschland und stattdessen ein sozusagen
vergessener „Reichsbürger" zu sein. Diese Idee hat sich im Laufe der Zeit
zu einer überwertigen Idee ausgebreitet und lagert sich bildlich gesprochen
immer näher an den fiktiv und nicht substanziell zu denkenden Ich-Kern an.
Eine überwertige Idee beschreibt einen dauerhaft lebensbestimmenden Gedanken, der so starken Einfluss auf das Handeln und Erleben einer Person
hat, dass alle anderen Gedanken und Lebensbereiche peu à peu verdrängt
werden. Die normale Lebensbewältigung leidet, weil nur noch der zentralen
Idee gehuldigt wird. Diesen Eindruck kann man bei einigen „Reichsbürgern"
durchaus bekommen. Diese stehen nach normalen Gesellschaftsmaßstäben
als sozial gescheitert da und stecken alle ihnen noch zur Verfügung stehenden
Energien weiter in ihren ideologischen Kampf, anstatt sich zu bemühen, ihre
reale Lage zu bessern. Im Endstadium erreicht eine überwertige Idee fast die
Stufe des Wahns, meist sind aber nicht alle drei Wahnkriterien – subjektive
Gewissheit, Unkorrigierbarkeit und Unmöglichkeit – erfüllt.[96] Eine verwirrte
oder diffuse Identität gilt als anfälliger für totalitäre Ideen, sie wird in der
psychoanalytischen Identitätstheorie als Vorstufe zum politischen Fanatismus gesehen. *„Überall, wo Menschen zutiefst von Angst, Scham oder Wut
überflutet werden, der Zusammenhang und Zusammenhalt von Selbst und
Welt sich aufzulösen droht, neigen sie zu totalistischen Neuordnungen des
Realitätsprinzips. Das zutiefst irritierte Ich baut die Wirklichkeit in einfache-
ren Kategorien wieder auf, spaltet die Welt, mitunter ganz zufällig, willkürlich
in gute und böse Kategorien."*[97] Demnach wird mangelndes Ur-Vertrauen in
die Welt beim Fanatiker durch ein external abgespaltenes rigides Über-Ich
ersetzt. Der Kampf um die Überzeugung wird zum Dreh- und Angelpunkt
des eigenen Selbstwertes. Hieraus erklärt sich dann auch die Verbissenheit,
mit der manche „Reichsbürger" ihre Position einer inneren Not gehorchend
verteidigen müssen.

Der Hauptbestandteil der „Reichsbürger"-Identität ist mit der Gegeniden-
tität zur Bundesrepublik Deutschland benannt. Es findet aber nebenbei auch
eine ausdrückliche Identifikation mit der Nationalität des Deutschseins statt.
Diese gehört jedoch zu den als personell gegebenen vorsozial determinier-

---

[96] Siehe dazu unter III. 2. a) cc).
[97] Conzen, Peter (2005): Fanatismus. Psychoanalyse eines unheimlichen Phänomens, Stuttgart, S. 27.

ten und nicht zu den erarbeiteten Quellen der Identität, weshalb der Stolz auf die eigene Nationalität oft so plakativ ausgedrückt und extra betont werden muss, da er sich gerade nicht innerlich als synthetische Leistung des Ichs in produktiver Auseinandersetzung mit der Welt herleiten lässt.[98] Aus Sicht des fanatischen „Reichsbürgers" rücken die ich-nahen Identitätsquellen (z.B. Körper, Beziehung, Familie) mit der Zeit ebenso in den Hintergrund wie die umfeldorientierten erarbeiteten Quellen (z.B. Beruf, Freunde). Die Identität verkommt zur Einsparten-Identität. Diese speist sich aber nur aus der Ideologieübernahme heraus und ist durch keinerlei eigenes, erarbeitetes Kompetenzerleben gestützt. Der missionarische Eifer, mit dem „Reichsbürger" für ihre Überzeugung eintreten, ist vermutlich dem menschlichen Grundbedürfnis nach eigenem Kompetenzerleben geschuldet, für das sich ansonsten durch die thematische Lebenseinengung keine weiteren Betätigungsfelder mehr auftun. Viele Diskussionen mit „Reichsbürgern" zeichnen sich deshalb durch ein stark theatralisches Element aus. Der „Reichsbürger" hat seine Rolle gewissenhaft gelernt, er hat möglicherweise sein letztes Geld dafür ausgegeben, Argumentationsschulungen für „Reichsbürger" zu besuchen, und erprobt sein neu gelerntes Wissen nun auf öffentlicher Bühne. Im Idealfall überrumpelt er den unvorbereiteten Sachbearbeiter mit seinen Phrasen und darf sich für einen kurzen Moment allmächtig und dem Staatsapparat überlegen fühlen.

Im Sinne Kernbergs verschmelzen zum Schluss die übernommene soziale Rolle und die Identität komplett, ähnlich wie es bei der narzisstischen Persönlichkeitsstörung zu beobachten ist.[99] Die „Reichsbürger"-Rolle und Identität sind nun eins. Die Rolle des Berufs-„Reichsbürgers" wird zum Gefängnis der Identität, aus dem der Betroffene nicht mehr ausbrechen kann. Die Einsparten-Identität ist nicht mehr ausbalanciert, weil sie den Erwartungen der Gesellschaft an eine gelingende Identität wegen ihrer Eindimensionalität und thematischen Verarmung nicht gerecht wird, was anhand der *Abbildung 9* für eine hypothetische „Reichsbürger"-Identität dargestellt ist.[100] Besonders plastisch zeigt sich diese Verengung auf eine substanzlose Scheinkonstruktion und die Verschmelzung der ideologischen Rolle mit dem Ich bei den geäußerten Größenfantasien in den Fällen behaupteter Adelsabstammung in der

---

[98] Nach Erikson (Fn. 75) bildet sich der Stolz insbesondere im Schulalter des Kindes in der Phase Werksinn versus Minderwertigkeitsgefühl aus, wenn das Kind durch positive Beachtung seines Umfeldes lernt, auf eigene Leistungen stolz zu sein. Die Nationalität als determinierte vorsoziale Kategorie bildet keine Grundlage für einen natürlichen Stolz in diesem Sinne.

[99] Vgl. Kernberg (Fn. 67), S. 266.

[100] Vgl. zur balancierenden Identität Krappmann, Lothar (2000): Soziologische Dimensionen der Identität, Stuttgart, S. 70 f.

Rolle eines Monarchen oder der Beanspruchung von Regierungsämtern. Es ist offenkundig, dass diese Ansprüche einer kritischen Überprüfung in Bezug auf Abstammungslinien oder legitimierte Wahlen nicht standhalten. Was als Rollenspiel beginnen mag, endet in einer Abhängigkeit von der Rolle, weil diese zum Substitut des Ichs geworden ist, und verliert damit seine spielerische Komponente. So gesehen kann man die „Reichsbürger"-Identität auch als gescheiterten Versuch einer Identitätsbildung ansehen, an dessen Ende eine Plastikidentität steht, die das Individuum in seinen Handlungsmöglichkeiten zunehmend einschränkt. Wie sehr sich die Versteifung auf eine überwertige Idee auch im Hinblick auf die Abwertung anderer Identitätsressourcen auswirken kann, wurde durch das Beispiel des Abschiedsbriefes des „Reichsbürgers" X[101] bereits illustriert. Man erinnere sich nur an seine Aussage, dass er in den letzten Jahren *„in Wartung und Reparatur der Hardware nichts mehr investiert"* habe. Gemeint war hier mit Hardware der eigene Körper, der durch diese Begriffsmetapher aus der Computersprache weit vom Ich entrückt erscheint.

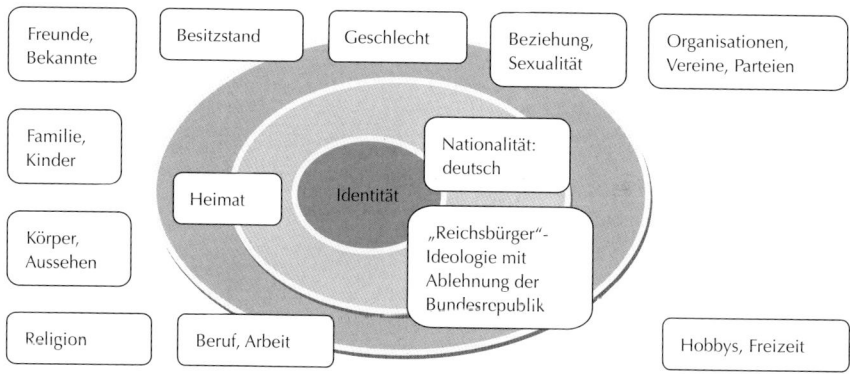

Abbildung 9: Mögliche Identitätsbildung bei „Reichsbürgern" als Einsparten-Identität[102]

cc) Ängste der „Reichsbürger"
Versteht man die Aufgabe der Identitätsbildung nach Fritz Riemann als einen Prozess, der mittels zweier Achsen in seinen Hauptdimensionen Individuationsaufgabe und Kontinuitätsaufgabe beschreibbar ist, dann ist noch eine weitere grafische Darstellung möglich (siehe *Abbildung 10*):[103]

[101] Siehe dazu unter III. 1.
[102] Eigene Darstellung.
[103] In Anlehnung an das Grundmodell der vier Formen menschlicher Angst nach Riemann, Fritz (2000): Grundformen der Angst, 33. Auflage, München.

– Die erste Achse betrifft die Ausprägung zwischen Individuation auf der einen Seite und Sozialisation auf der anderen Seite. Je stärker der Grad der Individuation ist, desto eher nimmt ein Mensch für sich in Anspruch, ein einzigartiges Wesen zu sein, desto größer wird aber am Ende auch sein Egozentrismus. Eine übersteigerte Betonung der Individuation mündet in eine schizoide Persönlichkeitsstruktur, die in ihren Gedanken nur noch um sich selbst kreist. Der schizoide Mensch erträgt echte Nähe zu anderen Menschen nicht mehr, da er sich dadurch in seiner Individualität gefährdet sieht. Demgegenüber steht die Sozialisation mit dem Pol der Nähe. Je stärker der Grad der Sozialisation ausgebildet ist, desto mehr strebt ein Mensch danach, in der Gruppe aufzugehen und sich zu vergesellschaften. Eine übersteigerte Form der Sozialisation führt zu einer vollkommenen Aufgabe des Ichs und mündet in eine depressive Charakterstruktur. Die Achse zwischen Individuations- und Sozialisationsaufgabe kann als Nähe-Distanz-Achse beschrieben werden.

– Die zweite Achse in dem Modell ist durch die Pole „Wandel" und „Beständigkeit" gekennzeichnet. Wie bei Erikson beschrieben, besteht die Aufgabe der Identitätsbildung neben der gerade erörterten Ausbildung einer eigenen Individualität und der Zugehörigkeit zu Gruppen auch darin, eine persönliche Konstanz im Wandel der Zeit aufzubauen.[104] Wir Menschen sind gefangen im Bewusstseinsstrom, wir schöpfen aus einer Vergangenheit und planen für eine Zukunft, ohne die unser Selbstidentitätsempfinden in der Gegenwart nicht denkbar ist. Jeden Morgen, wenn wir in den Spiegel schauen, sind wir zwar derselbe, aber nicht der gleiche Mensch, der am Abend vorher zu Bett gegangen ist. Menschen, denen die Beständigkeit besonders wichtig ist, neigen dazu, zwanghaft alles festhalten zu wollen und vom Zeitfokus her vor allem in der Vergangenheit zu leben. Veränderung wird für sie als bedrohlich erlebt und steht für Vergänglichkeit. Die zugehörige pathologische Persönlichkeitsstruktur wäre der für die „Reichsbürger" schon beschriebene Zwangscharakter. Menschen, die am anderen Ende der Kontinuitätsachse besonders nach Wandel und Veränderung streben, empfinden genau entgegengesetzt. Nur Wandel bedeutet für sie Lebendigkeit, sie leben vor allem im Fokus der Gegenwart. Stillstand bedeutet für sie der Tod. Die übersteigerte Form dieser Persönlichkeitsausprägung endet in der hysterischen Charakterstruktur.

Entspannt man an anhand der Distanz-Nähe-Achse und der Kontinuitätsachse einen zweidimensionalen Raum, dann wäre ein Großteil der „Reichsbürger"

---

[104] Vgl. Erikson (Fn. 75).

ihrer Persönlichkeitsstruktur nach am wahrscheinlichsten im Mischfeld der zwanghaft-schizoiden Persönlichkeitsstruktur zu verorten. Dem Zwang zur Selbstgestaltung gehorchend hat die komplette Übernahme der „Reichsbürger"-Rolle dazu geführt, dass eine Selbsterkenntnis im Austausch mit anderen gar nicht mehr möglich und der Betreffende gegenüber Aufklärung und Hilfe von außen immun ist, vielmehr wird er diese als Angriff auf seine Persönlichkeit interpretieren und sich umso sicherer in seiner Mission sein, je mehr Gegenwehr er erfährt.[105] Diese Rückzugsposition ist in jedem Fall auch im Sinne einer antimodernistischen Verweigerungshaltung gegenüber den steigenden Anforderungen an Rollendistanz und Ambiguitätstoleranz in der heutigen Gesellschaft interpretierbar. *„Prekär ist eine soziale Existenz, bei der standardisierte Erwartungen auf nichtstandardisierte Wirklichkeiten treten"*[106]. Der vollkommen überzeugte „Reichsbürger" verfügt nicht mehr über die Ressourcen, auf diesen Widerspruch mit einer Korrektur seiner Erwartungen zu reagieren, er interpretiert sich stattdessen die Wirklichkeit gemäß seinen Erwartungen neu und findet so seinen Ausweg aus dem Dilemma der Postmoderne.

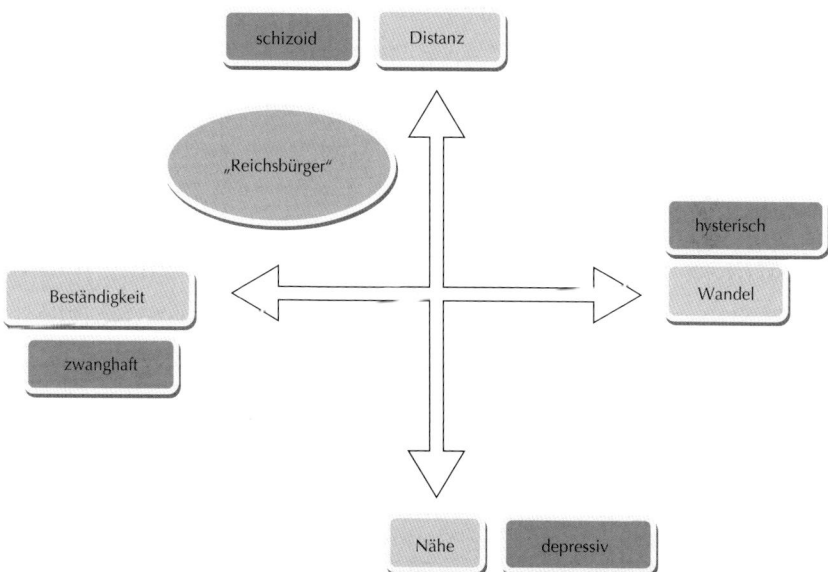

Abbildung 10: Zwanghaft-schizoide Persönlichkeitsstruktur der „Reichsbürger"[107]

---

[105] Im Vergleich zur schon genannten Unterteilung von Oerter/Montada (Fn. 79), S. 291 ff., kann bei Riemann die Aufgabe der Individuation als Prozess der Selbstgestaltung und die Aufgabe des Erzeugens von Kontinuität als Prozess der Selbsterkenntnis gesehen werden.
[106] Bude, Heinz (2014): Gesellschaft der Angst, Hamburg, S. 22.
[107] Eigene Darstellung in Anlehnung an Riemann (Fn. 103).

e) Prototypische Psychopathologie der „Reichsbürger"

Aus den bisherigen Erörterungen ergibt sich zusammenfassend für die Psychopathologie ein Bild des prototypischen „Reichsbürgers" (siehe *Abbildung 11*).

Prototyp eines „Reichsbürgers"

– männlich, lebensälter
– alleinstehend, sozial distanziert bzw. isoliert
– auf Beständigkeit bedacht
– narzisstische Persönlichkeit, Egozentrismus, vordergründig übersteigertes Selbstbewusstsein bis hin zu Größenwahn
– zwanghaft-schizoide Persönlichkeit, rechthaberisch, pedantisch, rigide, weitschweifig
– paranoide Persönlichkeit, Verfolgungswahn, Verschwörungsfantasien
– fanatische Einsparten-Identität in Bezug auf eine überwertige Idee bis hin zum Wahn
– neurotisch gestört bis wahnhaft krank
– mangelndes Ur-Vertrauen (Anfälligkeit für Esoterik), Angst vor Kontrollverlust
– schwaches Ich, abgespaltenes starkes Über-Ich, unterentwickeltes Es
– Selbstgestaltung wird mit viel Aufwand betrieben, Selbsterkenntnis ist kaum mehr möglich
– Zeitfokus eher auf die Vergangenheit ausgerichtet mit einer traditionell-antimodernistischen Werthaltung
– in der Regel verbal aggressiv, aber körperlich keine Fremdaggressionen
– Gefahren: depressiver Zusammenbruch, Autoaggression (Suizid, erweiterter Suizid)

Abbildung 11: Prototypische Psychopathologie der „Reichsbürger"[108]

Diese Liste ist nicht als exklusiv anzusehen und natürlich ist im Einzelfall immer eine individuelle Betrachtungsweise nötig. Abschließend sei auch ausdrücklich davor gewarnt, dass die Befassung mit der psychopathologischen Seite des Phänomens nicht dazu benutzt werden darf, der politischen Problemanalyse auszuweichen, indem man die „Reichsbürger" einfach als verrückt abstempelt. Im Freud'schen Sinne haben wir schließlich alle unsere Neurosen

---

[108] Eigene Darstellung.

und Triebkonflikte.[109] Zielstellung der vorgestellten Theorien sollte sein, diese als sensibilisierende Konzepte im Hinterkopf zu behalten, um das eine oder andere auf den ersten Blick sehr merkwürdige, teilweise sogar widersprüchliche Verhalten besser verstehen und einordnen zu können. Vieles lässt sich nur aus der inneren Logik der „Reichsbürger" heraus begreifen, weshalb es sich lohnt, diese ergänzende Sichtweise in Bezug auf eine möglicherweise vorliegende Charakterstruktur einzunehmen. So haben z.B. „Reichsbürger" im Sinne ihrer Binnenrationalität gar kein logisches Problem damit, von der Bundesrepublik als in ihrem Sinne illegitimem Staatsgebilde dennoch Sozialleistungen zu beziehen, weil sie diese als Reparationszahlungen umdeuten, die ihnen zustehen würden.[110] Ein besseres Verstehen auf individueller Ebene entbindet jedoch nicht davon, auf gesellschaftlicher Ebene trotzdem nach Erklärungen für das Phänomen an sich zu suchen.

Auf den Punkt gebracht hat dieses Ambivalenzverhältnis zwischen individuell krankhaftem Fanatismus auf der einen und gesellschaftlichem Extremismus auf der anderen Seite, der norwegische Friedensforscher Johan Galtung in seiner Beurteilung des militanten Rechtsextremisten und Attentäters Anders Behring Breivik, wenn er schreibt: *„Der Fall weist viele Facetten auf: Zum einen ist offenkundig, dass der Attentäter eine starke Politisierung durch islamophobe Kreise erfahren und verinnerlicht hat. Offenkundig sind auch Bestrebungen, ihn für verrückt zu erklären. Aber das hätte zur Folge, dass die politische Dimension und Brisanz, und damit die Verantwortung, den Vorfall angemessen kritisch-konstruktiv zu bearbeiten, verschwinden würde. Breivik zu einem Psychiatriefall mit schwieriger Kindheit zu verklären, würde bedeuten, ihn zu einer causa sui zu erklären, als hätte er gänzlich aus sich selbst heraus in einer autistischen Gesinnungsblase seinen Hass und dessen Philosophie generiert. Dass er in einer solchen Blase gelebt hat, ist klar. Aber er hat diese Blase nicht alleine bewohnt."*[111]

Dem ist auch in Bezug auf die Szene der „Reichsbürger" nichts hinzuzufügen. Es sind die Milieumanager der Szene und die latenten Vorurteile in der Mehrheitsgesellschaft sowie das Gefühl des Individuums von mangelnder Beachtung und Anerkennung durch die Gesellschaft, was zur Ausgestaltung dieser Gesinnungsblase im Falle der „Reichsbürger"-Ideologie beiträgt.[112]

---

[109] Vgl. Freud (Fn. 61).

[110] Vgl. zu den Anträgen auf Sozialleistungen Caspar/Neubauer (Fn. 3), S. 198 ff., in diesem Band.

[111] Galtung, Johan (2011): Der Feind im Innern, in: Berliner Zeitung vom 2.8.2011.

[112] Bezüglich des Gefühls der Nichtbeachtung des Individuums durch die Gesellschaft spricht Bude (Fn. 106), S. 58, von einer *„postkompetitiven Verbitterungsstörung"*.

3. Gefährdungsbewertung und Verlaufsprognose

a) Gefährdungsbewertung

Wie bereits festgestellt, handelt es sich bei der Problematik der „Reichsbürger" statistisch mehrheitlich um ein Phänomen des mittleren Lebensalters und der zweiten Lebenshälfte.[113] Somit besteht entwicklungspsychologisch ein großer Unterschied zum jugendlichen politischen Fanatismus, der auch als ein Aufbegehren gegen die Werte und Normvorstellungen der Elterngeneration gedeutet werden kann.[114] Jugendlicher Fanatismus hat wie Jugenddelinquenz im Allgemeinen auch die Tendenz, sich mit dem fortschreitenden Lebensalter zu relativieren. Zwar verbleiben einige Individuen bei ihrer fanatischen Haltung und drohen sich zu radikalisieren, ein Großteil steigt aber aus der Bewegung aus und mäßigt oder revidiert seine Ansichten. Dies geschieht insbesondere oft dann, wenn die betreffende Person eine längerfristige verbindliche Intimbeziehung eingeht, Verantwortung für eigene Kinder zu übernehmen hat sowie beruflich und sozial eingebettet ist. Diese Entwicklungsetappen des mittleren Lebensalters stehen einem radikalisierten Lebensstil per se eher entgegen. So gesehen ist die Problematik der „Reichsbürger" als Sonderfall im Bereich des politischen Fanatismus zu sehen. Unter ihnen finden sich häufig Personen, die mit einem gesellschaftlichen Bedeutungs- und Anerkennungsverlust (z.B. durch Vorruhestand) zu kämpfen haben, die möglicherweise die Rente in keinem Verhältnis zu dem sehen, was sie in die Gesellschaft investiert haben, und die nun auf der Suche nach einem neuen Sinn und Gerechtigkeit im Leben anfällig für die „Reichsbürger"-Ideologie geworden sind. Das gilt ganz besonders, wenn eine finanzielle Notlage dazukommt und durch das „Reichsbürger"-Versprechen hierfür Zahlungsaufschub in Aussicht gestellt wird.

Führt man sich diese biografische Ausgangssituation vor Augen und nimmt das Wissen über die oftmals zwanghaft-narzisstische Charakterstruktur hinzu, dann wird schnell klar, dass die prognostischen Aussichten in Bezug auf die Verlaufssymptomatik weit pessimistischer eingeschätzt werden müssen als beim jugendlichen Fanatiker. Dies gilt umso mehr, je größer die soziale Isolation ist und je weniger ein gesellschaftliches Korrektiv durch soziale Eingebundenheit seine Wirkung entfalten kann. Es finden sich keine konkreten Hinweise darauf, dass Intelligenz gegenüber der „Reichsbürger"-Symptomatik als Präventivfaktor wirken könnte. Denn unter den bekannten „Reichsbürgern"

---

[113] Siehe dazu unter II. 2.
[114] Vgl. Lorenz, Konrad (1973). Die acht Todsünden der zivilisierten Menschheit, München, S. 68 ff.

sind auch Akademiker, ehemalige Führungspersönlichkeiten und zumindest in ihrer Selbstsicht verkannte Genies vertreten. Wohl aber hat man unter Bezug auf den oben genannten Ansatz der multiplen Identitätsressourcen den Eindruck, dass soziale Eingebundenheit und gesellschaftliche Anerkennung sowohl im Berufsumfeld als auch im Bereich von Hobbys und Freizeit einen sehr guten Schutz darstellen.

Zusammenfassend kann festgehalten werden, dass der Verlauf eher als chronisch fortschreitend dargestellt werden kann. Über Aussteiger aus der Szene ist wenig bis gar nichts bekannt, gleichwohl kann es sie wie auch im Sektenmilieu natürlich geben. Die Mehrzahl der Fälle verstrickt sich jedoch immer tiefer im Milieu und baut dabei die Brücken ab, die einen Weg zurück in ein bürgerliches Leben weisen könnten. Im allerschlimmsten Fall droht dann – wie im Fall des „Reichsbürgers" X[115] beschrieben – der tragische Tod durch Suizid.

b) Die Fälle „Reuden" und „Georgensgmünd" im Jahr 2016
Die Fälle „Reuden" und „Georgensgmünd" haben deutlich gemacht,[116] dass nicht nur Autoaggression, sondern auch fremdaggressive Akte am Ende eines solchen „Reichsbürger"-Weges stehen können. Sicherlich kann man darüber spekulieren, ob es sich beim Schusswaffengebrauch seitens der „Reichsbürger" in diesen beiden Fällen nicht um fehlgeschlagene Suicide-by-cop-Versuche[117] gehandelt hat. So oder so lohnt es sich, die Randbedingungen zu analysieren, die zu dieser Eskalation geführt haben, um daraus im Sinne eines Gefahrenmanagements für die Zukunft zu lernen.

Beim Fall „Reuden" in Sachsen-Anhalt (25.8.2016) drohte dem 41-jährigen Adrian U., der sich als Begründer des Ministaates „Ur" in „Selbstverwaltung" sah, die Umsetzung einer Zwangsräumung. Er versuchte, sich dieser zu widersetzen, indem er an die 100 Sympathisanten auf seinem Grundstück versammeln konnte. Das SEK wurde mit Steinwürfen der Sympathisanten bedroht, und es kam zu einem Schusswechsel mit Adrian U., in dessen Folge er eine schwere Schussverletzung am Oberkörper erlitt und zwei SEK-Beamte leicht verletzt wurden. Adrian U. werden versuchter Mord in Tateinheit mit

---

[115] Siehe dazu unter III. 1.

[116] Vgl. zu den Fällen „Reuden" und „Georgensgmünd" auch Hüllen/Homburg (Fn. 1), S. 15 f., in diesem Band.

[117] Als Suicide by cop werden erweiterte Suizidhandlungen bezeichnet, bei denen der Täter so lange andere Menschen bedroht oder umbringt, was in der Regel durch Stich- oder Schusswaffen geschieht, bis er während des laufenden Tatgeschehens von den eintreffenden Polizeikräften erschossen wird. Es wird davon ausgegangen, dass der Täter diese Konsequenz durch sein aggressives Verhalten provoziert und seinen Tod dabei bewusst in Kauf nimmt bzw. sogar anstrebt.

gefährlicher Körperverletzung, Widerstand gegen Vollstreckungsbeamte sowie Verstöße gegen das Waffengesetz (WaffG) zur Last gelegt; das Verfahren vor dem Landgericht Halle (Saale) soll am 9.10.2017 beginnen.[118] Adrian U. war „Mister Germany 1998" und als Unternehmer in der Mobilfunk- und Solarbranche unterwegs. Nach anfänglichen unternehmerischen Erfolgen war er am Ende zunehmend verschuldet und sah sich als Opfer der Banken, was ihn in Berührung mit der „Reichsbürger"-Szene brachte. Im Nachgang zu dem Fall „Reuden" tauchten Schreiben mit rechtextremistischer Symbolik auf, die das Verhalten von Adrian U. unter der Überschrift *Die Freude am Töten – Die Jagd ist eröffnet* in verbal aggressiver Art und Weise zu verharmlosen und zu rechtfertigen versuchten.

Beim Fall „Georgensgmünd" in Bayern (19.10.2016) sollten beim 49-jährigen Wolfgang P. wegen Unzuverlässigkeit gemäß § 5 WaffG 31 Waffen sichergestellt und eingezogen werden. Wolfgang P. ist Anhänger der „Verfassungsgebenden Versammlung" vom „Bundesstaat Deutschland", sah sich aber außerdem wie Adrian U. auch als „Selbstverwalter" in seinem eigenen Mikrostaat „P.". Wolfgang P., der ein geübter Sportschütze und Betreiber einer verschuldeten Kampfschule ist, eröffnete das Feuer auf das SEK durch die geschlossene Wohnungstür. Vier Polizeibeamte des SEK wurden durch die Kugeln verletzt, wovon einer später seinen schweren Verletzungen erlag. Wolfgang P. konnte leicht verletzt überwältigt werden. Die Staatsanwaltschaft wirft Wolfgang P. Mord und versuchten Mord sowie gefährliche Körperverletzung vor; das Verfahren vor dem Landgericht Nürnberg-Fürth soll am 29.8.2017 beginnen.[119]

Vergleicht man die beiden Fälle, die in zeitlicher Nähe aufeinanderfolgten, so erkennt man, dass die Tat von Reuden für die Tat von Georgensgmünd möglicherweise Vorbildcharakter hatte, da sich Wolfgang P. vor der Eskalation von Reuden auch auf dem Grundstück des Adrian U. aufgehalten hat.[120] Es fallen mehrere Gemeinsamkeiten auf, die es zu betrachten lohnt:

---

[118] Vgl. Pressemitteilung des Landgerichts Halle (Saale) Nr. 018/2017 vom 19.4.2017, unter http://www.presse.sachsen-anhalt.de/index.php?cmd=get&id=883776&identifier=00774b4cd91df0bda87c666d685095cf, Stand der Abfrage: 23.12.2017; Pressemitteilung des Landgerichts Halle (Saale) Nr. 029/2017 vom 10.8.2017, unter http://www.presse.sachsen-anhalt.de/index.php?cmd=get&id=886031&identifier=56df9321d407ca728411d37e7ee8f1d7, Stand der Abfrage: 23.12.2017.

[119] Vgl. unter http://www.augsburger-allgemeine.de/bayern/Reichsbuerger-muss-wegen-Mordes-an-Polizisten-vor-Gericht-id41849996.html, Stand der Abfrage: 23.12.2017.

[120] Vgl. Bildmaterial der ARD-Dokumentation „Reichsbürger gegen den Staat", ausgestrahlt am 30.11.2016 um 23.15 Uhr.

In beiden Fällen war das SEK vor Ort, und es wurde mit einer möglichen Eskalation bzw. Gegenwehr gerechnet. Beide Täter hatten sowohl Verbindungen zum „Reichsbürger"-Milieu einerseits und verfolgten andererseits darüber hinaus parallel die Idee der „Selbstverwaltung" von Mikrostaaten auf ihren eigenen Grundstücken. Dies zeigt, wie schwierig die Phänomene Angehöriger einer „Reichsbürger"-Regierung und „Selbstverwaltung" eines eigenen Staates im konkreten Fall trennscharf voneinander zu trennen sind. Beide Täter waren in eine finanzielle und existenzielle Notlage geraten. In beiden Fällen erfolgte der Zugriff auf den Grundstücken der „Reichsbürger", und sie liefen aus ihrer Sicht Gefahr, das zu verlieren, was ihnen lieb und teuer ist (eigenes Haus und eigene Waffen). In beiden Fällen kam es durch die Widerstandshandlungen der „Reichsbürger" zu einem proaktiven Schusswechsel gegen das SEK, der unter logischen Gesichtspunkten nicht zu einem Erfolg mit militärischen Mitteln seitens der „Reichsbürger" führen konnte. In beiden Fällen führten diese Schusswechsel zu lebensgefährlichen Verletzungen, in deren Folge ein Polizeibeamter sterben musste. Über die genannten objektiven Gemeinsamkeiten hinaus sind an dieser Stelle keine individuellen psychologischen Ableitungen vorzunehmen.

In den vorangegangenen Überlegungen zur Phänomenologie wurde herausgearbeitet, dass „Reichsbürger" in der Regel nicht körperlich aggressiv sind (siehe *Abbildung 11*). Diese Feststellung hat für die Mehrzahl der Fälle auch in Kenntnis der Fälle „Reuden" und „Georgensgmünd" weiterhin Bestand. Gängiges und bevorzugtes Aktionsmuster der „Reichsbürger" und „Selbstverwalter" ist primär verbale und schriftlich dokumentierte Aggression. Dies erfolgt insbesondere in Form von im Internet veröffentlichten Homepages und Kommentaren in sozialen Netzwerken, u.a. auch mit Gewaltfantasien, Massen-E-Mails, Faxen und Briefen. Im Einzelfall sind jedoch auch in Zukunft im Zusammenhang mit der Durchsetzung staatlicher Maßnahmen gewalttätige Eskalationen zu befürchten.

Diese sind in der Regel an zwei Voraussetzungen geknüpft: Erstens muss die Person über einen legalen oder illegalen Zugang zu Waffen, anderen Tatmitteln bzw. Logistik besitzen und zweitens muss eine existenziell bedrohende krisenhafte Zuspitzung in der Lebenssituation des Betroffenen vorliegen. Dabei ist zu beachten, dass dem „Reichsbürger"-Dasein an sich durch seine Weigerung, Steuern, Abgaben bzw. Schulden zu zahlen, diesbezüglich ein finalisierendes Element innewohnt. Vielfach sind die Weigerungen, staatliche und private Geldforderungen zu bedienen, nur ein letzter verzweifelter Ausweg, den persönlichen Bankrott hinauszuschieben. Am Ende eines solchen Weges kann dann bei der Vollzugshandlung wie in den Fällen „Reuden" und „Georgensgmünd" eine für den Schuldner existenzielle Krise vorliegen, die der „Reichsbürger" vermeintlich durch seine Ideologie legitimiert in einer gewalttätigen Eskalation zu lösen versucht. Es sind dann auch Suizidhandlungen oder erweiterte Suizidhandlungen möglich (siehe *Abbildung 11*). Voraussetzung scheint zu sein, dass der Zugriff auf dem Gelände des „Reichsbürgers" geschieht und dieser sich in der Selbstverteidigung seines letzten Habes und Gutes wähnt. Vor diesem Hintergrund muss das Bekenntnis zur „Selbstverwaltung" als problemverschärfender Risikofaktor gewertet werden, da dem Status der „Selbstverwaltung" meistens ideologieimmanent Überlegungen zur Selbstverteidigung[121] innewohnen, die zu einer Beschaffung von Waffen und Sprengstoff, aber auch Konserven und anderem Survival-Equipment führen können. Die Anwesenheit von Sympathisanten kann ebenfalls als problemeskalierend betrachtet werden, da diese beim „Reichsbürger" im Selbstverteidigungsmodus eine gewisse Erwartungshaltung schüren und gruppendynamische Prozesse in Gang setzen können, welche die Hemmschwelle zur Gewaltanwendung senken können.

c) Verlaufsprognose
Im Folgenden wird ein heuristisches Verlaufsmodell vorgestellt, welches die möglichen Etappen einer „Reichsbürger"-Sozialisation nachzeichnet und die vorstehenden Befunde so zusammenfasst, dass eine grobe Orientierungshilfe für den Einzelfall gegeben ist. Inwiefern es nach einer Phase des Zusammenbruchs auch zu einem Ausstiegsszenario oder einer Neuorientierung weg von der „Reichsbürger"-Ideologie kommen kann, muss an dieser Stelle unbeantwortet bleiben.

---

[121] Vgl. das Risikomodell von de Becker, Gavin (1997): The Gift of Fear. Survival Signals That Protect Us From Violence, New York/USA. Nach de Beckers heuristischem Modell liegt eine Hochrisikokonstellation vor, wenn vier Kriterien erfüllt sind. Erstens beginnen die Personen ihr Verhalten verbal im Vorhinein zu rechtfertigen, was bei „Selbstverwaltern" unter Berufung auf das Recht zur Selbstverteidigung regelmäßig der Fall ist. Zweitens muss die Situation aus Sicht des Täters alternativlos sein, was bei einer Totalinsolvenz ebenfalls der Fall sein kann. Drittens muss die Person bereits einen Handlungsplan haben, der die Konsequenzen der Gewaltanwendung bis hin zum eigenen Tod oder Gefängnisaufenthalt in Kauf nimmt. Dies lässt sich im Einzelfall schwer abschätzen, spiegelt sich mitunter aber auch bereits in den Verbalaussagen der Täter vor der Eskalation wider. So hat sich z.B. Adrian U. schon in den Tagen vor der Schießerei zu diesen Konsequenzen auf seinem YouTube-Kanal explizit geäußert. Die Vorstellungen von den Konsequenzen können dabei auch irreal oder unwahrscheinlich sein, z.B. dass man sich bei einer Schießerei mit dem SEK erfolgreich durchsetzen werde, wie es Adrian U. fantasierte. Viertens sind der Zugang zu Tatmitteln und die Befähigung zur Tat zu überprüfen. Dies wurde bereits erwähnt und es kann darauf verwiesen werden, dass „Reichsbürger" nicht selten eine Vorliebe für vor allem auch historische Waffen haben.

Phase	Personenebene	Umfeld
Auslösendes Ereignis	Die Person erleidet einen biografischen Bruch, einen beruflichen Bedeutungsverlust, eine andere narzisstische Kränkung, eine reale Ungleichbehandlung und/oder eine selbst- bzw. fremdverschuldete finanzielle Krise.	Das soziale Umfeld ist weitgehend intakt.
Orientierungsphase	Die Person macht durch Freunde, im Internet oder auf Schulungsveranstaltungen Bekanntschaft mit der „Reichsbürger"-Ideologie. Die Ausgangsmotivation liegt in der Hoffnung auf eine Verminderung der Schuldenlast und die Aufwertung der eigenen Person durch die Übernahme eines ideologischen Deutungsrahmens, der der Welt einen neuen übergeordneten Sinn verleiht.	Es werden vor allem über das Internet Kontakte zu anderen „Reichsbürgern" geknüpft, das private Umfeld wird möglicherweise auf die „Reichsbürger"-Aktivitäten aufmerksam. Darüber hinaus bleibt die Person unauffällig.
Bekenntnisphase	Die Person identifiziert sich zunehmend mit der „Reichsbürger"-Ideologie und betreibt eigenständige Informationssuche im Internet. Es kommt zur konkreten Annäherung an mindestens eine bestimmte Gruppe innerhalb der „Reichsbürger"-Szene. Die Person besorgt sich möglicherweise Fantasieausweise und andere Dokumente aus dem „Reichsbürger"-Portfolio und belegt eventuell weitere Schulungen, was die finanzielle Situation zusätzlich zuspitzen kann.	Die Person fühlt sich einer bestimmten Personengruppe innerhalb der „Reichsbürger"-Szene zugehörig und übernimmt deren Argumentationsmuster. Entweder wendet sich das private Umfeld voller Unverständnis ab oder wird mit einbezogen. Auch das weitere private Umfeld erfährt z.B. durch Aufkleber oder manipulierte Kfz-Kennzeichen von der neuen „Ideologie", mit der die Person sichtbar nach außen tritt.
Umsetzungsphase	Die Person wendet die gelernte „Reichsbürger"-Rhetorik nun auch öffentlich gegenüber Behördenmitarbeitern an. Es kommt zur demonstrativen Abgabe von offiziellen Ausweisdokumenten wie Personalausweis oder Führerschein unter dem Hinweis, dass man jetzt „Reichsbürger" sei. Steuern und Abgaben werden verweigert und dies mit „Reichsbürger"-Schreiben begründet.	Auch die Öffentlichkeit erfährt vom „Reichsbürger"-Dasein, in erster Linie sind die Kommunalverwaltungen und Finanzbehörden sowie Gerichtsvollzieher betroffen. Der Freundeskreis verengt sich auf das „Reichsbürger"-Milieu. Teile der Familie und des alten Bekanntenkreises gehen zunehmend auf Distanz.

Widerstands-phase	Die Person häuft weiter aktiv Schulden an und entzieht sich mehrfach geplanten Vollzugshandlungen. Mittels Massen-E-Mails und „Fax-Bomben" wird der Behörde der „Krieg" erklärt. Zunehmend werden auch bisher unbeteiligte Behörden und Mitarbeiter in den Papierkrieg einbezogen. Es kommt zu einer Art Vorwärtsverteidigung in Form von Drohschreiben mit imaginären Forderungen an die Politik/Verwaltung. Es kommt auch zu persönlichen Konfrontationen in Bürgersprechstunden oder per Telefonanruf. Die „Reichsbürger"-Rolle wird zur vollumfänglichen Lebensaufgabe. Möglicherweise kommt es zu einem Abdriften in eine psychische Erkrankung mit wahnhafter Symptomatik. Der Widerstand wird in dieser Phase aber nach wie vor passiv und verbal geleistet.	Der „Reichsbürger" verkehrt fast ausschließlich mit Gleichgesinnten. Die Ausweitung des Papierkriegs auf mehrere Behörden führt dazu, dass die Person kaum mehr Zeit für andere wichtige Dinge und Themen im Leben findet. Zur Unterstützung bei Widerstandshandlungen werden Gesinnungsgenossen in Anspruch genommen, die beim Argumentieren helfen sollen.
Eskalationsphase und Zusammenbruch	Die finanzielle Zuspitzung ist unumkehrbar, es droht die Insolvenz, Haus und Hof sind durch Zwangsvollstreckung in Gefahr. Die Situation erscheint ausweglos. Auto- und fremdaggressive Akte sind bei möglichen Vollzugshandlungen nun nicht mehr ausgeschlossen. Dies gilt insbesondere, wenn sich die Person teilweise von der „Reichsbürger"-Ideologie abwendet und immer mehr in den Modus der „Selbstverwaltung" und damit auch territorialen Selbstverteidigung wechselt und dementsprechend auch über Zugang zu Waffen bzw. Tatmitteln verfügt. Eine realistische Gefahreneinschätzung durch die Person selbst ist nicht mehr möglich, sie hat nichts mehr zu verlieren und nimmt eine Eigengefährdung in Kauf. Erfolgt keine aggressive Eskalation, ist dennoch mit einem depressiven Zusammenbruch zu rechnen.	Milieumanager und Führungspersönlichkeiten aus der „Reichsbürger"-Szene lassen von der Person ab, weil dort auch für sie nichts mehr zu holen ist. Die Person ist zunehmend sozial isoliert. Kontakte bestehen mehr oder weniger ausschließlich zu Gleichgesinnten in ähnlich prekären Lagen.

IV. Handlungsempfehlungen im Umgang mit „Reichsbürgern" aus psychologischer Sicht

Die Kommunikation des „Reichsbürgers" ist von vornherein nicht auf eine Konfliktlösung angelegt. Der „Reichsbürger" will (politischer Provokateur) oder kann (wahnhaft gestörter Fanatiker) nichts zu einer konsensuellen Lösung beitragen. Hieraus ergeben sich mehrere Verhaltensempfehlungen im Umgang und die Kommunikation mit „Reichsbürgern".[122]

1. Eine inhaltliche Diskussion ist in jedem Falle zu vermeiden!

Dem „Reichsbürger" ist es wichtig, dass er seine Gedankenwelt entfalten kann und dabei Redezeit für sich gewinnt. Sachliche Argumente des Gegenübers will oder kann er nicht verstehen. Seinem missionarischen Eifer würde durch eine inhaltliche Debatte unnötig Feuer gegeben. Befriedigung zieht er vor allen Dingen aus der Länge des Kommunikationsaktes und weniger aus dessen Gelingen. Der „Reichsbürger" wird das Gespräch deshalb immer auf die Felder lenken, in denen er sich vermeintlich gut auskennt, und dadurch versuchen, sein Gegenüber zu verunsichern. Je überraschender ein Beamter in die „Reichsbürger"-Situation geschliddert ist, desto eher verfängt er sich dann in der „Reichsbürger"-Rhetorik. Auf gar keinen Fall sollte man Widersprüche in der „Reichsbürger"-Logik zum Schein bestätigen (*„Ja, da haben Sie schon Recht, das kommt mir selbst auch komisch vor … "*), in der fälschlichen Hoffnung, dass man dadurch ein besseres Gesprächsklima im Sinne eines Entgegenkommens schaffen würde. Wie bereits erwähnt, ist die Grundsituation der Kommunikation nicht auf Konsens und beiderseitiges Verständnis angelegt. Man verbessert seine Lage so keineswegs und gibt dem „Reichsbürger" stattdessen das Gefühl, nun Oberwasser zu gewinnen. Aber auch Behördenmitarbeiter, die sehr firm in rechtlichen Dingen und historisch-politisch bewandert sind, sollten tunlichst der narzisstischen Versuchung widerstehen, dem „Reichsbürger" die Stirn bieten zu wollen. Provokationen dahingehend, dass man ja eigentlich ohne Rechtsgrundlage arbeite und sich gar nicht legitimieren könne, muss man ganz bewusst übergehen, auch wenn es einem unter den Nägeln brennt, dem „Reichsbürger" einmal die eigene – wirkliche – Sicht der Dinge beizubringen. Man würde damit wiederum nur in die Falle des Ziels einer Endlosdebatte tappen. Stattdessen gilt es, monoton den eigenen Handlungsauftrag immer wieder in den Vordergrund zu rücken,

---

[122] Vgl. zu Handlungsempfehlungen aus juristischer Sicht Caspar/Neubauer (Fn. 3), S. 164 ff., in diesem Band.

um hierbei schnell zum Vollzug zu kommen. Dabei sollte man die zu erwartenden Konsequenzen für den „Reichsbürger" schnell, kurz und prägnant darstellen, bevor sich überhaupt eine inhaltliche Diskussion entwickeln kann.

2. In der Gegenwart der aktuellen Situation bleiben!

Aus den vorgenannten Gründen der Gefahr einer Endlosdebatte ist es trotz aller Unhöflichkeit durchaus legitim, dem „Reichsbürger" ins Wort zu fallen, um allgemeine Diskussionen zu unterbrechen, und stattdessen immer wieder die unmittelbar bevorstehende Handlung im Hier und Jetzt zum Mittelpunkt des Geschehens zu machen. „Reichsbürger" neigen dazu, die ganze Geschichte eines möglicherweise jahrelangen Vorgangs in epischer Breite auszuwalzen und dabei den bisherigen aus ihrer Sicht fehlerhaften Verfahrensweg haarklein zu analysieren. Dass sie bei ihrem aktuellen Gesprächspartner dabei meist dem vollkommen falschen Adressaten gegenüberstehen, kümmert sie in ihrer egozentrischen Sichtweise wenig. Eine klare Abgrenzung (*„Das interessiert mich nicht, das sagten Sie bereits, wir beide haben jetzt hier aber Folgendes zu regeln …"*) und Rückführung zum aktuellen Geschehen sind deshalb oftmals unvermeidlich.

3. Keine Vermeidungsstrategien anwenden, dem Konflikt nicht ausweichen!

Egal um welchen Vorgang es sich handelt, man sollte die Dinge auf keinen Fall ignorieren oder auf sich beruhen lassen in der vagen Hoffnung, es würde sich mit der Zeit oder an anderer Stelle schon alles von allein regeln bzw. der „Reichsbürger" werde bei Gewährung von Bedenkzeit noch zur Vernunft kommen. Derartiges Rückzugsverhalten wird vom „Reichsbürger" als Teilsieg gefeiert und führt dazu, dass er sich in seinem Verhalten bestätigt fühlt. Er wird das Rückzugsverhalten der Schlüssigkeit seiner Argumentation zuschreiben, und man trägt so durch Konfliktvermeidung ungewollt zum Verhaltensaufbau der „Reichsbürger"-Attitüde bei. Wenn derartige Vorkommnisse gefilmt werden, dienen sie im Internet als Schulungsmaterial zur Nachahmung für andere „Reichsbürger".

4. Keine Vorzugsbehandlung geben und streng nach dem Dienstweg handeln!

Es entspricht dem Wunsch des „Reichsbürger"-Egos nach Größe und Beachtung, dass sie für sich und ihren Vorgang eine bevorzugte Sonderbehandlung erwarten. Schon aus dem Anschreiben geht oft hervor, dass sich der „Reichsbürger" einen Austausch auf Behördenleiterebene mit handschriftlicher Unterschrift wünscht und danach strebt, immer mehr Personen in seinen Vorgang zu involvieren. Je mehr Leute sich mit seinem Problem befassen, desto staatstragender kommt es ihm vor. Diesem Ansinnen ist mit einer nüchternen, anonymen Bearbeitung auf der zuständigen Sachbearbeiterebene zu begegnen. Widersprüche von „Reichsbürgern" werden bearbeitet wie ganz normale Widersprüche sonst auch. Am besten ist es, mit einem kurzen Schreiben auf der Meta-Ebene zu antworten.[123] Der Dienstweg sollte formal exakt eingehalten werden, ohne dass der inhaltlichen Debatte eine besondere Beachtung geschenkt wird. Auch am Telefon sind eine Durchstellung zum Vorgesetzten und alles Verhalten, das der Aufwertung des Vorgangs dienen könnte, zu vermeiden. In keinem Fall darf dem Wahngebilde durch besondere Aufmerksamkeit in der Art der Bearbeitung zusätzlich Nahrung gegeben werden.

5. „Konsens im Dissens" erzeugen als Dialogangebot!

Das einzige Dialogangebot, das man dem „Reichsbürger" machen kann und aus Gründen der Klarheit und Aufrichtigkeit auch unbedingt machen sollte, ist die Feststellung, dass man Konsens über den gegenseitigen Dissens erzeugen kann. Gerade gegenüber wahnhaft Kranken ist es wichtig, dass man sie über die eigene Erlebniswelt nicht im Unklaren lässt und möglichst klar und transparent kommuniziert, dass man ihren Ausführungen nicht zu folgen vermag. Abgrenzung schafft hier Klarheit und sorgt für Echtheit gegenüber dem Klienten. Aber auch in der Auseinandersetzung mit dem politischen Provokateur hilft die auf der kommunikatorischen Meta-Ebene gemeinsam zu treffende Feststellung, dass man unüberbrückbar unterschiedliche Grundpositionen vertritt. Dem „Reichsbürger" soll so die Unsinnigkeit einer weiteren Debatte klar vor Augen geführt werden, um seinen missionarischen Eifer zu bremsen (*„Ja, ich habe deutlich verstanden, dass Sie das vollkommen anders sehen, bitte nehmen Sie aber auch zur Kenntnis, dass meine Position, wie bereits erwähnt, eine grundlegend andere ist und sich eine weitere Diskussion deshalb erübrigt!"* oder *„Ich habe Sie verstanden, aber wie bereits festgestellt, werden wir an dem Punkt nicht übereinkommen, weshalb ich darüber nicht mehr mit Ihnen reden möchte!"*). Wichtig ist dabei, dass man dem Gegenüber einerseits das Gefühl gibt, ihn als Menschen ernst zu nehmen und keine unsach-

---

[123] Vgl. im Einzelnen zu juristischen Handlungsempfehlungen bei Bescheidung Caspar/Neubauer (Fn. 3), S. 166 ff., in diesem Band.

liche pauschale Personenkritik zu üben („*Sie haben doch eine Vollmeise!*"), andererseits aber gleichzeitig konsequent die Haltung und Argumentation der „Reichsbürger"-Attitüde sanktioniert („*Was Sie da sagen, kann ich so nicht akzeptieren.*"). Konkrete Verhaltenskritik ist somit erlaubt, ja sogar erforderlich, um den Dissens in der Sache zu verdeutlichen („*Nein, wie ich schon erwähnte, bin ich nicht mehr bereit, mich auf Ihre Diskussion einzulassen!*"). Dabei sollte auf abschätzige Wertungen verzichtet werden, wichtig ist lediglich, dass die Unvereinbarkeit der Standpunkte auf der Einstellungsebene klar und deutlich zum Ausdruck kommt.[124]

6. Nutzung natürlicher und rollenlegitimierter Autorität zum Abbruch der Diskussion!

Die Grundstruktur der „Reichsbürger" mit ihrem Hang zu Größenfantasien lässt auf ein im Grunde schwach ausgebildetes Ich schließen, dem es an natürlicher Autorität mangelt. Daher ist es bei entsprechend selbstsicherem eigenen autoritären Auftreten in Ausnahmefällen möglich, die Fassade des Größenwahns zu durchbrechen und der Diskussion ein schnelles Ende zu setzen. Der oftmals zwanghafte Charakter der „Reichsbürger" mit dem Wunsch nach Regeln und Normen sowie die resultierende Paragrafengläubigkeit stehen einem nonkonformistischen Verhalten von der Grundstruktur eher entgegen. Entsprechend ist eine minimale Chance gegeben, ein unterordnend kooperatives Verhalten zu erzwingen. Hierzu bedarf es allerdings einer starken natürlichen Ausstrahlung von Macht und Dominanz. Auch wenn diese Art von natürlicher Autorität nicht jedem gegeben ist, sollte man sich immer eine Position der Stärke bewahren, um nicht unnötig zur weiteren narzisstischen Selbstaufwertung des „Reichsbürgers" beizutragen. Hierzu genügt es, sich auf die der Rolle des eigenen Amtes innewohnende Autorität zu berufen. Auch und gerade weil dieses Amt vom Gegenüber vermutlich abgelehnt wird, sollte man sich aus Gründen der eigenen Psychohygiene ganz bewusst und explizit darauf berufen, um sein eigenes Handeln jederzeit transparent und fernab jeder Willkür zu halten. Wenn das Ende der Diskussion erreicht ist, hilft nur die konsequente Handlungsumsetzung des vorher angekündigten Vollzugs.

---

[124] Verwiesen sei hier auf die drei Therapeutenvariablen – Wertschätzung, Empathie und Kongruenz im Sinne von Echtheit – einer gelungenen Therapeuten-Klienten-Kommunikation nach Rogers, Carl (1994): Therapeut und Klient. Grundlagen der Gesprächspsychotherapie, Frankfurt am Main. Zur Echtheit und Aufrichtigkeit in der Kommunikation gehört auch die Feststellung, dass man dem Standpunkt des Gegenübers nicht folgen kann und will.

7. Keine Therapie versuchen!

Das therapeutische Ziel läge darin, dem Klienten den Unterschied zwischen innerer und äußerer Welt wiedererkennen zu lassen. Über die Krankheitseinsicht und die Wiederherstellung der Fähigkeit zur Realitätseinsicht sind eine möglichst störungsfreie soziale Reintegration und Teilhabe an der Gesellschaft anzustreben. Dieser langfristige und komplexe Prozess kann nur von ausgebildeten Therapeuten geleistet werden. Er kann unmöglich in einem Erstkontakt auf behördlicher Ebene oder mittels eines Telefon- oder Türschwellengesprächs erfolgen. Jeder missionarische Eifer im Sinne einer Gegenreformation hat zu unterbleiben, er würde nur der Beruhigung des eigenen Gewissens dienen und die Problematik unnötig zuspitzen.

8. Gefahr abschätzen und Hilfe holen!

Wenn Vollzugshandlungen anstehen, die den Schuldner existenziell bedrohen, wenn zudem zusätzliche krisenhafte Zuspitzungen aus seinem Leben (z.B. Trennungs- oder Verlusterfahrungen) bekannt sind und überdies auch die Wahrscheinlichkeit besteht, dass der „Reichsbürger" Zugang zu Waffen hat, sollte man sich beim Vollzug an die Polizei wenden. Dies gilt insbesondere, wenn sich der Reichsbürger zur „Selbstverwaltung" bekennt und öffentlich androht, von seinem Recht auf Selbstverteidigung Gebrauch machen zu wollen. Für die weniger dramatischen Fälle empfiehlt es sich, Kollegen zu informieren, wenn sich ein „Reichsbürger" für eine Bürgersprechstunde angemeldet hat. Die Bürotür sollte offen bleiben und Kollegen als mögliche Zeugen sollten in der Nähe greifbar sein. Es sollte darauf geachtet werden, dass sich der Klient hinsetzt und während seines Redeschwalls nicht stehen bleibt, um den Aktionsradius einzuschränken und Augenhöhe herzustellen. Überzahlsituationen seitens der „Reichsbürger" sollten – wenn möglich – unter Verweis auf das Hausrecht vermieden werden. Zeigt sich der „Reichsbürger" nicht einsichtig diesbezüglich, empfiehlt sich der Kommunikationsabbruch. Dies gilt auch, wenn der Verdacht besteht, dass die „Reichsbürger" illegale Filmaufnahmen mit versteckten Kameras vornehmen.

V. Fazit

Die „Reichsbürger"-Problematik wurde in ihrer Phänomenologie als eine heterogen zusammengesetzte Bewegung beschrieben. Das gemeinsame Bestimmungsstück der verschiedenen Formen ist die Ablehnung der Bundesrepublik

Deutschland als rechtmäßiger Staat. Die Übergänge zwischen den einzelnen Gruppen innerhalb der Bewegung sind fließend. Das Phänomen muss als Kontinuum begriffen werden, bei dem sich ein zunehmender Grad der Ideologisierung über politischen Fanatismus bis hin zum krankhaften Wahn steigern kann. Über die gemeinsame Ideologie gelingt es diesen unterschiedlichen Gruppen, sich miteinander zu vernetzen. Individuelle Entwicklungsverläufe innerhalb der Szene und ein sich mit dem Lebensalter ausweitender Grad an Pathologisierung sind denkbar. Die bewusste Abgrenzung gegenüber der Mehrheitsgesellschaft ist vor allem im mittleren Segment der politischen Überzeugungstäter besonders stark ausgeprägt (siehe *Abbildung 12*).

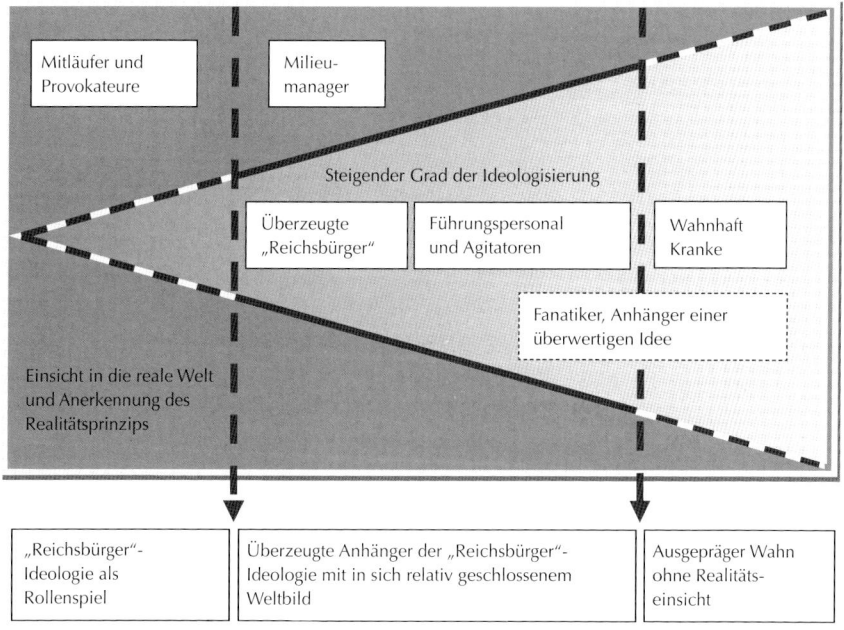

Abbildung 12: Zusammenfassende Grafik zur „Reichsbürger"-Phänomenologie[125]

Während die Mitläufer im Anfangsstadium noch über eine relativ große Teilhabe an der realen Welt verfügen, leben die wahnhaft Kranken zum Ende zunehmend in einer geschlossenen Gesinnungsblase, die sie nur noch mit Gleichgesinnten teilen können. Sie bemühen sich im Gegensatz zu den politischen Überzeugungstätern jedoch kaum, diese eigene Welt von der Alltags-

[125] Eigene Darstellung.

realität abzugrenzen oder getrennt zu halten. Das Phänomen entpolitisiert sich somit mit zunehmender Pathologisierung und dem einhergehenden Realitätsverlust. Der Fokus verschiebt sich von der gesellschaftlichen Perspektive zum Ende hin nur noch auf die abgekapselte Eigenweltperspektive.

Teil 2

Der Umgang mit „Reichsbürgern" in der Verwaltungspraxis aus juristischer Sicht

Christa Caspar, Reinhard Neubauer

Durchs wilde Absurdistan: Was zu tun ist, wenn „Reichsbürger" und öffentliche Verwaltung aufeinandertreffen

I. Einleitung

Der Beitrag gibt die Erfahrungen und Auswertungen von Fällen mit „Reichsbürgern"[1] im Landkreis Potsdam-Mittelmark aus den Jahren 2004 bis 2017 wieder und erhebt keinen Anspruch auf Vollständigkeit.[2] Zunächst werden die Strategien der „Reichsbürger" beschrieben, sodann ihre „Argumentation" dargestellt und praktische Hinweise zum Umgang mit den „Reichsbürgern" aus juristischer Sicht gegeben.[3] Am Ende wird auf eine mögliche Strafbarkeit – unter Berücksichtigung einer eventuellen Schuldunfähigkeit – eingegangen.

---

[1] Der Begriff „Reichsbürger" umfasst hier auch die „Selbstverwalter" und wird allen Personen zugeordnet, die sich als *„Bürger des Deutschen Reiches"* definieren. Zum Teil bezeichnen sich „Reichsbürger" selbst mit diesem Terminus. Vgl. zur Definition der „Reichsbürger" und „Selbstverwalter" Hüllen, Michael/Homburg, Heiko (2017): „Reichsbürger" zwischen zielgerichtetem Rechtsextremismus, Gewalt und Staatsverdrossenheit, S. 15 (20 ff.), in diesem Band. Vgl. zur Einteilung der „Reichsbürger" in vier Gruppen Keil, Jan-Gerrit (2017): Zwischen Wahn und Rollenspiel – das Phänomen der „Reichsbürger" aus psychologischer Sicht, S. 54 (54 f.), in diesem Band.

[2] Vgl. bereits Caspar, Christa/Neubauer, Reinhard (2012): Durchs wilde Absurdistan – oder: Wie „Reichsbürger" den Fortbestand des Deutschen Reiches beweisen wollen, in: Landes- und Kommunalverwaltung (LKV), Heft 12/2012, S. 529 ff.; Caspar, Christa/Neubauer, Reinhard (2017): „Ich mach' mir die Welt, wie sie mir gefällt" – „Reichsbürger" in der real existierenden Bundesrepublik Deutschland, in: LKV, Heft 1/2017, S. 1 ff. Vgl. zu weiteren Informationen über „Reichsbürger" und der Frage, was man gegen sie tun kann, unter www.krr-faq.net, www.psiram.com und www.sonnenstaatland.com, jeweils Stand der Abfrage: 23.12.2017. Die meisten anderen Internetseiten zum Thema sind solche der „Reichsbürger" oder (wie die „Steuerboykott-Seiten") zumindest unterschwellig von „Reichsbürger"-Ideologie durchsetzt.

[3] Vgl. zu Handlungsempfehlungen aus psychologischer Sicht Keil (Fn. 1), S. 109 ff., in diesem Band.

II. Vorgehensweise und Strategien der „Reichsbürger"

1. Wenn's ums Geld geht …

„Reichsbürger" treten normalerweise nur dann auf, wenn sie durch Behörden zu Leistungen verpflichtet werden,[4] d.h. insbesondere in folgenden Fällen:
– Zahlung von Gebühren und Beiträgen;
– Bezahlung von Bußgeldern und Unterhaltsleistungen;
– Anordnungen (z.B. Rückbauverfügungen, Nutzungsuntersagungen);
– Duldung von Handlungen der Vollstreckungsbehörden (hier häufig: Stilllegung des Kraftfahrzeugs).

In den Gemeinden kommen folgende Fälle hinzu:
– Durchsetzung des Anschluss- und Benutzungszwangs;
– Aufforderung, sich beim Einwohnermeldeamt oder Gewerbeamt an- oder abzumelden;
– Reklamation der Richtigkeit des Personalausweises, der kein Deutsches Reich ausweist.

Sehr massiv treten „Reichsbürger" in der Finanzverwaltung auf, wenn sie Steuern bezahlen sollen. Mit der Begründung, die Bundesrepublik würde nicht existieren, wurde auch die Einschulung der Kinder verweigert. Die Entziehung der Fahrerlaubnis versuchten „Reichsbürger" durch „Reichsführerscheine" zu umgehen, die sie selbst anfertigten oder bei selbst ernannten „Reichskanzlern" käuflich erwarben.[5] Einige „Reichsbürger" beziehen Leistungen nach dem Sozialgesetzbuch Zweites Buch (SGB II). Das Jobcenter halten sie erst dann für illegal und nicht existierend, sobald dieses Unterhaltsforderungen geltend macht oder zur Mitwirkung auffordert.[6] Das Auftreten als „Reichsbürger" ist folglich interessengeleitet und dient zumeist dazu, sich einer Verpflichtung zu entziehen.

---

[4] Ausnahmen bestätigen die Regel: Wolfgang Ebel, von *„den Amerikanern"* eingesetzter *„amtierender deutscher Reichskanzler"*, verschickte nicht nur farbiges Propagandamaterial über das fortbestehende Zweite Deutsche Reich, sondern auch Briefe an Schulleiter: In Deutschland würden Veränderungen anstehen, sie möchten Decken bereithalten. Siehe dazu unter II. 9. a) und IV. 8. e).

[5] Über entsprechende Aktivitäten berichtete Wolfgang Ebel stolz dem Frankfurter Satire-Magazin „Titanic – Das endgültige Satiremagazin", Heft 1/2001, S. 60 ff. Das hätte er mal besser nicht getan. Ebenso agiert der Kollege „Reichskanzler" Schittke, vgl. Berliner Zeitung vom 12.12.2012: Ein Volk, ein Reich, ein Häuflein Spinner.

[6] Siehe dazu ausführlich unter IV. 13.

Von den normalen schwierigen Bürgern unterscheiden sich die „Reichsbürger" in einem wesentlichen Aspekt: Sie haben dem eigenen Verständnis nach eine Legitimation, nicht bezahlen zu müssen, indem sie die Bundesrepublik Deutschland und ihre Behörden nicht anerkennen. Der gewöhnliche schwierige Bürger hingegen ist „nur" unzufrieden bzw. unter Umständen psychisch krank. Die Beschäftigten der Verwaltung werden sich mit den normalen „Querulanten" wie auch den „Reichsbürgern" regelmäßig nicht rational auseinandersetzen können.[7] Die politische Ideologie, so wirr, verworren und unlogisch sie auch sein mag, kann verbreitet und weiter gesponnen werden. Demgegenüber ist die subjektive Unzufriedenheit eine individuelle Eigenschaft, die nicht ansteckend ist und auf ihren meist einzigen Vertreter beschränkt bleibt.

2. „Reichsbürger"-Rhetorik

In erster Linie wird mit dem Vorbringen, das Deutsche Reich existiere fort und die heutigen Behörden seien nicht legitimiert, versucht, die Behördenmitarbeiter zu verwirren und zu irritieren. Durch wilde Drohungen wie einer persönlichen Haftung der Mitarbeiter sollen diese eingeschüchtert werden, um sie von einem rechtlich gebotenen Handeln abzuhalten.[8] Ziel ist es, einen unverhältnismäßigen Arbeitsaufwand für die Verwaltung herbeizuführen, in der Hoffnung, dass eine Bescheidung deshalb unterbleiben wird. Häufig bedienen sich „Reichsbürger" eines Fragenkatalogs, z.B.: *„Ist Ihnen die Haager Landkriegsordnung bekannt? Kennen Sie diese Gesetze? Können Sie die Existenz der Gemeinde nachweisen? Legen Sie eine Gründungsurkunde vor!"* Dieser in einem belehrenden Tonfall gehaltene Text ist im Internet zugänglich oder wird im Rahmen von „Reichsbürger"-Schulungen zur Verfügung gestellt.

Die gleiche auf Verwirrung abzielende Intention verfolgen jene „Reichsbürger", die unter Vorspiegelung internationalen Rechts wichtig und seriös erscheinen wollen. Häufig hantieren sie mit rechtlichen Ausdrücken und erfinden solche Begriffe, u.a.: *„Dies ist ein offizielles und öffentliches Schreiben"*, *„legislative Rechtsprechung"*, *„administrative Regierung"*[9], *„gewillkürt Bevollmächtigter in Geschäftsführung ohne Auftrag"*, *„unwiderrufliche und absolute Zustimmung zu einem privaten, kommerziellen Pfandrecht"*, *„in Ge-*

---

[7] Vgl. Keil (Fn. 1), S. 109 ff., in diesem Band.

[8] In einem Schreiben an den Landkreis Potsdam-Mittelmark erklärte ein „Reichsbürger", dass es Ziel seiner Ausführungen sei, *„die Verwaltung verrückt zu machen"*. Der Satz darf wörtlich genommen werden.

[9] Gemeint ist hier wohl eine Art schwarzer Schimmel …

brauch der latenten Rechtsfähigkeit", „Handlungen wider die völkerreichs-staatsrechtlichen und reichsgesetzlichen Bestimmungen"[10], „wissentlich, willentlich und beabsichtigt erstellte Urkunde", „die Verbindlichkeitserklärung kollateralisiert in Höhe von 100 Milliarden Sonderziehungsrechten", „ich bin eine natürliche Person"[11] oder in der gesteigerten Form: „ich bin alleiniger Repräsentant und Hauptgläubiger meiner Person", „Dies ist meine natürliche Föderation als globale Körperschaft, die hier treuhänderisch ansprechbar ist", „freier Wille und freier Weg", „mit absoluter Verantwortung und Haftung, geschworen unter Strafe des Meineides im Einklang mit geltendem Recht, bewahrt und geschützt auf Ewigkeit". Abgerundet wird das Ganze durch die Berufung auf UN-Resolutionen, Menschenrechte, die Genfer Konvention oder die Haager Landkriegsordnung.

Mit diesem Wortklamauk, der bei genauerer Recherche[12] ohne jeglichen Sinn ist, sollen die Beschäftigten in den Verwaltungen mit einer Materie konfrontiert werden, die sie nicht kennen – und im Regelfall mangels praktischer Relevanz nicht kennen müssen. Ziel ist es, aus einer Position der Überlegenheit zu argumentieren und die Behördenmitarbeiter in die Defensive zu treiben.

3. Gezielt falsche Schlussfolgerungen

Ein weiterer Trick besteht darin, aus den vermeintlichen Rechtsgrundlagen gezielt falsche Schlussfolgerungen zu ziehen. Die Zitierung erfolgt sinnentstellend oder schlicht unwahr. Häufig wird ein einzelner Satz aus einem komplexen Text verwendet, mit welchem sich angeblich die eigene Weltanschauung belegen lässt. Beispiele sind:
– die nur auszugsweise zitierte Entscheidung des Bundesverfassungsgerichts[13] zum Grundlagenvertrag unter gezieltem Verschweigen der Passagen, die der „Reichsbürger"-Auffassung widersprechen;

---

[10] Eine gewagte Wortkonstruktion von Wolfgang Ebel, vgl. Titanic – Das endgültige Satiremagazin, Heft 1/2001, S. 61.

[11] Siehe dazu unter III. 10. c).

[12] Warnung! Um diesen ganzen Quatsch als Quatsch zu identifizieren, wurden Stunden benötigt. Vgl. Amtsgericht Reutlingen, Beschluss vom 3.5.2012 – 10 Cs 26 Js 23507/11, nicht veröffentlicht, über einen „Schriftsatz" von „Germaniten": Die „Schreiben zeichnen sich in erster Linie durch eine chaotische handschriftliche Gestaltung, Unübersichtlichkeit sowie durch die fehlende Beherrschung der deutschen Grammatik und Sprache aus". Rechtliche Begriffe werden in einer „pseudorechtlichen Fantasiesprache" wahllos aneinandergereiht. Vgl. zur Kasuistik der „Reichsbürger"-Rhetorik Keil (Fn. 1), S. 64 ff., in diesem Band.

[13] Bundesverfassungsgericht, Urteil vom 31.7.1973 – 2 BvF 1/73, BVerfGE 36, S. 1 ff. = Neue Juristische Wochenschrift (NJW) 1973, S. 1539 ff.; siehe dazu unter III. 1. b).

- die Berufung darauf, Bundesrecht und insbesondere Einführungsgesetze (z.B. Einführungsgesetz zum Gesetz über Ordnungswidrigkeiten [EGOWiG][14]) seien aufgehoben worden (was stimmt), womit suggeriert werden soll, dass auch das namensgebende Gesetz zum Einführungsgesetz (z.B. Gesetz über Ordnungswidrigkeiten [OWiG]) aufgehoben wurde (was nicht stimmt);[15]
- das Grundgesetz (GG) sei keine Verfassung;[16]
- das Grundgesetz sei mit dem Beitritt der Deutschen Demokratischen Republik (DDR) außer Kraft getreten, weil eine gesamtdeutsche Verfassung erforderlich sei;[17]
- im Einigungsvertrag[18] sei geregelt, dass das OWiG nicht mehr gilt (was nicht stimmt);
- das Bundesverfassungsgericht[19] habe das Bundeswahlgesetz (BWahlG) für verfassungswidrig erklärt, damit seien sämtliche Bundestagswahlen und die seit 1956 erlassenen Gesetze ungültig.[20]

Fazit: Um die Beschäftigten der Verwaltung aufs Glatteis zu führen, werden eine möglicherweise geläufige Rechtsmaterie (z.B. OWiG, Einigungsvertrag) oder aus den Medien bekannte Gerichtsurteile benannt. Diesen wird dann ein zusätzlicher, frei erfundener Inhalt beigefügt, um daraus rechtliche Schlussfolgerungen zu ziehen, die man wohlwollend als abseitig bezeichnen muss. Damit soll der Adressat der „Reichsbürger"-Thesen dazu bewegt werden, auch den unbekannten Inhalt als richtig zu akzeptieren.

Vor allem in jenen Fällen, in denen sich der Streit um zwei- oder dreistellige Euro-Beträge drehte, erwiesen sich einige Behörden und Gerichte als nachgiebig und stellten das Verfahren ein, ohne rechtmäßig zustehende Gebühren oder Bußgelder einzutreiben. Wie im Folgenden erörtert wird, ist das keine gute Idee.[21]

---

[14] Vom 24.5.1968, Bundesgesetzblatt Teil I, S. 503.
[15] Siehe dazu unter III. 12.
[16] Siehe dazu unter III. 14.
[17] Siehe dazu unter III. 14.
[18] Vom 31.8.1990, Bundesgesetzblatt Teil II, S. 889 = Gesetzblatt der DDR Teil I, S. 1627.
[19] Bundesverfassungsgericht, Urteil vom 25.7.2012 – 2 BvE 9/11, 2 BvF 3/11 und 2 BvR 2670/11, BVerfGE 131, S. 316 ff.
[20] Der Anfang des Satzes ist teilweise richtig, der Schluss kompletter Nonsens; siehe dazu unter III. 15.
[21] Siehe zum Nachahmungsanreiz unter II. 6.

4. Drohungen: „Hochverrat", „Plünderung" und „Todesstrafe"

Weiterhin werden abwegige Drohungen ausgesprochen, um Druck auszu-üben. Es wird versucht, diese Drohungen rechtlich zu legitimieren, um noch mehr zu beeindrucken. Häufig argumentieren „Reichsbürger", ein behördlicher Bescheid stelle *„Hochverrat"* dar, eine Vollstreckung sei eine *„Plünderung"* und auf beides stehe die *„Todesstrafe"*.[22]

Ferner gibt es „Rechtskonsulenten", die vorgaben, zur rechtlichen Vertretung berechtigt zu sein, um dann mit persönlicher Haftung oder Todesstrafe zu drohen und die Behördenmitarbeiter zu belehren.[23]

5. Gewalttätigkeiten

Mitarbeiter von brandenburgischen Finanzämtern sahen sich bereits Gewalt-tätigkeiten ausgesetzt, die bis hin zu Beschädigung bzw. Manipulation ihrer Kraftfahrzeuge gingen. Ferner wurden Vollstreckungsbeamte mit Gewalt an der Vollstreckung gehindert. Am 23.11.2012 ließen in Bärwalde, einem Ortsteil von Radeburg (Sachsen), „Reichsbürger" gar einen Gerichtsvollzieher durch ihre eigene „Polizei", das „Deutsche Polizei Hilfswerk" (DPHW), fest-nehmen.[24] In Berlin ist ein Mann verhaltensauffällig geworden, der gegenüber der Polizei behauptete, *„auch ein Bulle"* zu sein – vom DPHW.[25] Während den „Reichsbürgern" bisher in der Regel nur eine verbale Aggressivität attestiert werden konnte (z.B. *„Hochverrat"*, *„Landesverrat"*, *„Todesstrafe"*), gab

---

[22] Vgl. taz – Die Tageszeitung vom 15.8.2000: Die Reichsminister drohen mit dem Tod; Tagesspiegel vom 16.8.2012: „Reichsbürger" drohen Innenminister. Über die zahlreichen von „Reichskanzler" Ebel als *„oberster Gerichtsherr"* ausgesprochenen *„Todesurteile"* berichtete süffisant Titanic – Das endgültige Satiremagazin, Heft 1/2001, S. 60 ff.

[23] Siehe dazu unter IV. 12.

[24] Vgl. LVZ-online vom 27.2.2013: Hausdurchsuchung beim Deutsche Polizei Hilfswerk – Verbindung zu den „Reichsbürgern"; Meiborg, Mounia (2013): Eins, zwei, falsche Polizei. Wie eine krude „Bürgerwehr" in Sachsen und Brandenburg Staatsmacht spielt, in: Die Zeit vom 5.9.2013, Ausgabe 37/2013, unter http://www.zeit.de/2013/37/polizei-hilfswerk-sachsen-brandenburg, Stand der Abfrage: 23.12.2017. Gegen die Beteiligten ermittelte die Staatsanwaltschaft zunächst sogar wegen Bildung einer kriminellen Vereinigung gemäß § 129 StGB. Der Tatvorwurf wurde dann fallen gelassen. Am Ende standen Verurteilungen zu Freiheitsstrafen auf Bewährung wegen Freiheitsberaubung und Körperverletzung. Gegen den Anführer der Gruppe war die Revision der Staatsanwaltschaft erfolgreich, soweit die Haftstrafe auf Bewährung ausgesprochen worden war. Vgl. zur Aktivität des DPHW in Brandenburg sowie zu Uniform und Dienstausweis des DPHW die Abbildungen 7 und 8 bei Wilking, Dirk (2017): Die Anschlussfähigkeit der „Reichsbürger" im ländlichen Raum aus der Sicht des Mobilen Beratungsteams im Brandenburgischen Institut für Gemeinwesenberatung, S. 221 (237 f.), in diesem Band.

[25] Vgl. Berliner Zeitung vom 26.7.2013: Wieder Ärger mit einem „Reichsbürger".

es bei Vollstreckungsversuchen vereinzelte körperliche Gewalttätigkeiten. So kam es im August 2016 in Reuden (Sachsen-Anhalt)[26] sowie im Oktober 2016 in Georgensgmünd (Bayern)[27] zu Schusswechseln mit „Reichsbürgern". Dabei wurde ein Polizeibeamter getötet. Bei beiden Vollstreckungsversuchen war die Gefahrenlage aber zuvor schon erkannt worden: Die Polizei war jeweils mit einem SEK vor Ort, in Reuden anlässlich einer Grundstücksräumung sogar mit 200 Beamten. Aus kommunaler Sicht scheint die Gewalt gegen Beschäftigte der öffentlichen Verwaltung generell zugenommen zu haben.[28] Gewaltanwendung ist kein „Reichsbürger"-Spezifikum, nach derzeitigem Stand sind sie nicht signifikant gewalttätiger als andere Personen in ähnlich problematischen Situationen. Bei Grundstücksräumungen, bei Tierfortnahmen und bei der Einziehung von Waffen sollte die Verwaltung regelmäßig auf Polizeischutz zurückgreifen. Derartiges Verwaltungshandeln ist immer konfliktanfällig und damit potenziell gefährlich, auch wenn kein „Reichsbürger" anwesend ist.

6. Achtung: Schulung!

Es muss damit gerechnet werden, dass „Reichsbürger" auftreten, die in ihrer „Argumentation" und in ihrer Rhetorik geschult worden sind. „Reichsregierungen" bieten Kurse an, in denen Menschen lernen, mit welcher Argumentation sie auftreten und wie sie gegenüber der Verwaltung vorgehen sollen – indem sie nämlich die Behördenmitarbeiter hinhalten und mit „Informationen" und „Drohungen" zuschütten.

Zum Teil ist es ein Ziel, über die Verweigerungshaltung Sympathisanten zu gewinnen, die nicht unbedingt die „Reichsbürger"-Idee unterstützen, aber den Erfolg sehen, der von dieser Ideologie ausgeht. Wenn sich erweist, dass die öffentliche Verwaltung entnervt ein Verfahren nicht mehr weiterbetreibt, weil sie nicht eine Unmenge Zeit in „Reichsbürger"-Aktivitäten investieren will, droht ein Nachahmungseffekt!

[26] Vgl. Frankfurter Allgemeine Sonntagszeitung vom 11.9.2016: Schießerei im Staat Ur; Hüllen/Homburg (Fn. 1), S. 15 f., in diesem Band; Keil (Fn. 1), S. 103 ff., in diesem Band.

[27] Vgl. Märkische Allgemeine Zeitung vom 20.10.2016: Staatsfeind feuert auf Polizisten; Tagesspiegel vom 20.10.2016: Querulanten, Geschäftemacher, Rechtsextreme; Die Welt vom 20.10.2016: Pleite, bewaffnet und gewaltbereit; Hüllen/Homburg (Fn. 1), S. 15 f., in diesem Band; Keil (Fn. 1), S. 103 ff., in diesem Band.

[28] Am 20.1.2015 erschoss im Landkreis Havelland ein Landwirt einen Veterinär, der erheblich vernachlässigte Rinder fortnehmen wollte, vgl. Berliner Zeitung vom 22.1.2015: Bauer in Haft; Potsdamer Neueste Nachrichten vom 22.1.2015: Haftbefehl gegen Bauern erlassen. Vgl. zu Gewalttaten in Jobcentern Spiegel Online vom 26.9.2012: Tödliche Stiche in der Abteilung „Visionen 50plus", unter http://www.spiegel.de/panorama/justiz/jobcenter-neuss-familienvater-ersticht-seine-sachbearbeiterin-a-858111.html, Stand der Abfrage: 23.12.2017.

7. Aufmerksamkeit erregen, Verwaltung verächtlich machen

Ein weiteres Motiv besteht darin, Aufmerksamkeit zu erlangen. Ein Hauptanliegen der eindeutig rechtsextremistischen, neonationalsozialistischen Strömungen ist es, das demokratische System verächtlich zu machen. Die Repräsentanten des demokratischen Staates (einschließlich der Mitarbeiter der öffentlichen Verwaltung) sollen vorgeführt werden. Dieses Motiv findet sich auch bei den Provokateuren. Die Verwaltung sollte ihnen keine Bühne bieten! Deshalb empfiehlt es sich: Je länger die „Reichsbürger"-Ausführungen werden, desto kürzer ist zu antworten.

8. Auftritte im Internet

Die Möglichkeiten des Internets erweisen sich als tückisch. So können aus dem weltweiten Netz Textpassagen heruntergeladen und den eigenen Schreiben beigefügt werden. Vor allem bei Trittbrettfahrern ist festzustellen, dass sich Stil und Sprachduktus ändern, wenn verschiedene Quellen benutzt oder eigene Gedanken eingefügt werden. Es mangelt dann häufig an einer Stringenz der Gedankenführung.

Mehrfach ist es in der Vergangenheit vorgekommen, dass Videos über die eigenen Aktionen auf YouTube eingestellt wurden. Behördenmitarbeiter sind gefilmt worden, um sie lächerlich zu machen – natürlich ohne deren Einverständnis.[29]

Die Vernetzung durch das Internet ermöglichte es den „Reichsbürgern", ihre „Aktionen" im Netz als Propagandaerfolg zu feiern. All dieser Irrsinn findet seine Anhänger, die sich in ihrem eigenen Wahn bestätigt fühlen und gegenseitig bestärken. Klüger wird man dadurch nicht. Eher ist es so, dass eine verrückte Idee immer mehr Anhänger findet, die glücklich darüber sind, eine „zitierfähige" Quelle gefunden zu haben, die belegt, was sie schon immer an Unsinn gedacht und möglicherweise gesagt haben.[30] Auch kann ein „erfolgreiches" Agieren der „Reichsbürger", das im Internet oder in Flugschriften dargestellt wird, zur Nachahmung motivieren. Die Darstellung im Internet

---

[29] Siehe zum Recht am eigenen Bild unter V. 7.

[30] Beispielhaft kann hier eine ehemalige Polizistin genannt werden, die im Internet-TV von Jo Conrad kundgetan hat, Rechtsgrundlage für polizeiliches Handeln sei das Bürgerliche Gesetzbuch (BGB), die Polizei sei außerdem *„den Alliierten"* unterstellt. Diese Auffassung wurde von zahlreichen Usern in aller Ernsthaftigkeit als völlig richtig bezeichnet. Eine konsequente Steigerung ist jedoch noch möglich, z.B. durch die Behauptung, Vollstreckungsbeamte verhielten sich *„kriminell im Sinne des BGB"*.

fällt durchweg tendenziös aus. Von verlorenen Rechtsstreitigkeiten, Inhaftierungen und erfolgreichen Zwangsvollstreckungen wird man von „Reichsbürgern" aufgrund fehlenden eigenen Erfolgserlebnisses selbstverständlich nichts lesen. Den Anreiz zur Nachahmung gilt es unbedingt zu vermeiden.

9. … aus der Trickkiste

Um die öffentliche Verwaltung auszutricksen oder lahmzulegen, haben sich einige „Reichsbürger" verschiedene Tricks einfallen lassen, die im Folgenden vorgestellt werden:

a) „Zustimmung der Behörde": Das Einschreiben mit Rückschein
Als besonders pfiffig erwies sich „Reichskanzler" Wolfgang Ebel mit einer Idee, gegen die sich die Verwaltung bis heute kaum wehren kann:[31] Er versandte Briefe als Einschreiben mit Rückschein. Die Briefe endeten mit dem Satz, dass der Adressat durch die Übersendung des Rückscheins sein Einverständnis mit dem Inhalt des Ebel'schen Schreibens dokumentiere. Das ist natürlich eine wilde Sache: Der Postbedienstete lässt den Rückschein bei der Aushändigung des Einschreibens vom Empfänger unterzeichnen und schickt ihn zurück. Der Empfänger weiß in diesem Moment noch nichts vom Inhalt des Schreibens. Damit weiß er auch nichts davon, dass mit der von ihm nicht zu beeinflussenden Rücksendung des Rückscheins eine Erklärung verbunden sein soll. Ebels Schlussfolgerung ist natürlich unzulässig. Jeder kann nur dann ein Einverständnis zu irgendeiner Äußerung erteilen, wenn er hiervon Kenntnis genommen hat und gewillt ist zuzustimmen.

b) Rückschein-Revival
Die Idee mit dem Rückschein wurde für derartig gut befunden, dass ein anderer „Reichsbürger in Selbstverwaltung" sie im Jahr 2011 kopiert hat:[32] Seine Deklaration als *„völkerrechtlich relevantes Subjekt"*, bestehend aus dem „Reichsbürger" und sonst niemanden, wurde Staatsoberhäuptern per Rückschein „zugestellt". Besonders schön ist das im Internet veröffentlichte Exemplar des Rückscheins mit dem Stempel des Vatikans. Damit wähnte sich der „Selbstverwalter" vom Vatikan als völkerrechtlich anerkannt. Der Terminus „Wahn" ist an dieser Stelle wohl angebracht …

---

[31] Siehe dazu unter IV. 8. e).
[32] Siehe dazu unter III. 8. und III. 9.

c) Schweigen als Zustimmung

In die gleiche Kerbe schlugen die sich als „Germaniten" bezeichnenden „Reichsbürger", die eine „Gründungsurkunde" an die UNO schickten und so einen Staat „Germanitien" als gegründet betrachteten,[33] weil die UNO nicht umgehend widersprochen hat, sondern sich wenig überraschend um den ganzen Humbug nicht kümmerte.[34]

d) Elektronische Anerkennung der „Reichsregierung"

Auch die moderne Technik spielt den „Vertretern des Deutschen Reiches" in die Hände: Elektronisch gestellte Anträge mit dem sich selbst zugedachten Absender „Reichsregierung" werden durch maschinell erstellte Briefe beantwortet – die als Adressaten natürlich die „Reichsregierung" ausgeben. Merke: Der Computer denkt nicht. Daraus schlussfolgern die „Reichsbürger": Die „Reichsregierung" muss zwingend existieren, wenn sie amtliche Post erhält … Und sie muss anerkannt sein …

e) Faxen mit Fax

Dass ein Fax geeignet ist, die Verwaltung lahmzulegen, wird schnell klar, wenn morgens Papiervorrat und Toner erschöpft sind und ca. 200 Blatt geballten Unfugs in der Ablage liegen. Hierzu fällt leider keine Lösung ein, da das Faxgerät ganztägig in Betrieb sein muss. Eine Verwaltung hat einem „Reichsbürger" aus der Abteilung „Vielschreiber" gedroht, ihm die Kosten des Faxes in Rechnung zu stellen. Eine Rechtsgrundlage dafür ist auf Anhieb nicht erkennbar. Die Drohung hatte aber Erfolg: Derartige Faxe sind danach nicht mehr eingegangen.

III. „Argumente" und Gegenargumente

Nachfolgend werden die geläufigen „Argumente" bzw. Kernbestandteile der Ideologie der „Reichsbürger" vorgestellt.[35] Dies ist nur zur Information gedacht! Keinesfalls sollte irgendjemand auf die „Argumentation" eingehen

---

[33] Vgl. Augsburger Allgemeine vom 19.8.2012: Germaniten bilden Staat im Staat. Vgl. zu „exterritorialen" Gebieten in Potsdam Potsdamer Neueste Nachrichten vom 14.9.2013: Undiplomatische Mission.

[34] Vgl. Finanzgericht Hamburg, Urteil vom 19.4.2011 – 3 K 6/11, juris.

[35] Eine sehr ausführliche Kritik und Auseinandersetzung mit den verschiedenen „Argumenten" der „Reichsbürger" findet sich bei Schumacher, Gerhard (2016): Vorwärts in die Vergangenheit. Durchblicke durch einige „reichsideologische" Nebelwände, Hannover.

und sich in Gespräche über Absurditäten verwickeln lassen. Genau das ist das Ziel der „Reichsbürger". Mit den Hinweisen soll vor allem verdeutlicht werden, wie „Reichsbürger" versuchen, die Darstellung eines realen Geschehens mit irrealen und frei erfundenen Geschichten zu verbinden, in der Hoffnung, dass dann auch ihre eigenen kruden Ideen für real gehalten werden.

1. „Das Deutsche Reich besteht fort"

Der Satz vom fortbestehenden Reich beruht auf dem Staatsrechtsverständnis der (alten) Bundesrepublik Deutschland, das im Hinblick auf eine „Wiedervereinigung" in der Zeit bis zum 2.10.1990 vertreten wurde.[36] Dieses Verständnis war in der Präambel sowie in den Art. 23, 116 und 146 GG in der Fassung bis zum Inkrafttreten des Einigungsvertrages manifestiert.

Viele „Reichsbürger" meinen mit dem Fortbestehen des Deutschen Reiches nicht, dass die Bundesrepublik die Fortsetzung des Deutschen Reiches darstellt, sondern dass das Reich in den Grenzen vom 31.12.1937 oder noch wilder in den Grenzen von 1871 „rechtlich" bestehen soll – mit den sich daraus ergebenden Konsequenzen für die Nachbarn in Polen, Frankreich und Belgien. Dieses fortbestehende Reich sei *„nicht handlungsfähig"*[37] und verfüge nicht über eine legitime Vertretung, was damit Raum bietet für die „Reichsbürger", selbst die Herrschaft an sich zu reißen (jedenfalls verbal).

Den Rechtsextremisten der „Reichsbürger"-Union gelingt es, ihre Ideologie mit der Rechtsprechung des Bundesverfassungsgerichts[38] zu vereinbaren: Das Deutsche Reich bestehe fort, die Bundesrepublik sei als *„Konstrukt der Alliierten"* nur (und nach wie vor) *„teilidentisch"* mit dem Deutschen Reich. Dieses fortbestehende Reich müsse wieder in seinen territorialen Grenzen hergestellt werden, zu denen anscheinend auch Österreich und das Sudetenland gerechnet werden.

Von einigen „Reichsbürgern" wird zum Beleg ihrer These auf ein Gutachten eines *„unabhängigen Völkerrechtlers Prof. Dr. Bracht"*[39] Bezug genommen.

---

[36] Vgl. Bundesverfassungsgericht, Urteil vom 31.7.1973 – 2 BvF 1/73, BVerfGE 36, S. 1 ff. = NJW 1973, S. 1539 ff.; siehe dazu unter III. 1. b).

[37] So auch das Bundesverfassungsgericht, Urteil vom 31.7.1973 – 2 BvF 1/73, BVerfGE 36, S. 1 ff. = NJW 1973, S. 1539 ff., das aber dann weitere Überlegungen anschließt, die die „Reichsbürger" geflissentlich übersehen; siehe dazu unter III. 1. b) und III. 2.

[38] Bundesverfassungsgericht, Urteil vom 31.7.1973 – 2 BvF 1/73, BVerfGE 36, S. 1 ff. = NJW 1973, S. 1539 ff.; siehe dazu unter III. 1. b).

[39] Vgl. unter http://www.krr-faq.net/reg1.php#bracht, Stand der Abfrage: 23.12.2017; siehe dazu unter III. 1. d).

Schlussendlich wird unter Bezug auf § 185 des bis 2009 (!) geltenden Bundesbeamtengesetzes (BBG) argumentiert, dass Deutschland nicht in den in § 185 BBG (alte Fassung) genannten Grenzen bestehen würde.

Zu diesen „Argumenten" ist Folgendes zu bemerken:

a) Die Grenzen vom 31.12.1937

Art. 116 Abs. 1 GG bestimmt noch heute, dass Deutscher eine jede Person ist, die die deutsche Staatsangehörigkeit besitzt oder Aufnahme in dem Gebiet des Deutschen Reiches nach dem Stand vom 31.12.1937 gefunden hat.

Die Grenzen vom 31.12.1937 stammen aus dem Londoner Abkommen des Jahres 1944. In diesem Abkommen vereinbarten die damaligen drei Alliierten (USA, UdSSR, Großbritannien), wer welches deutsche Territorium besetzen soll. Mit der Datierung auf den 31.12.1937 gaben die Alliierten zu erkennen, dass sie sämtliche auf Gebietserweiterung ausgerichteten Akte des Deutschen Reiches nach dem 31.12.1937 für illegal, weil völkerrechtswidrig erachteten. Dies sind der Anschluss Österreichs, die Annektierung des Sudetenlandes und des Memellandes, die Zerschlagung der Tschechoslowakei, Polens, die Annektierung von Elsass und Lothringen. Mit dem Datum wird ferner berücksichtigt, dass das Saarland im Jahr 1935 beschlossen hatte, wieder zum Deutschen Reich zu gehören.

In der Feststellung seitens der Regierungen des Vereinigten Königsreichs, der Vereinigten Staaten von Amerika und der Union der Sozialistischen Sowjet-Republiken sowie der Provisorischen Regierung der Französischen Republik über die Besatzungszonen in Deutschland vom 5.6.1945 werden dann die Besatzungszonen festgelegt unter Hinweis auf die Grenzen Deutschlands, die am 31.12.1937 bestanden haben.[40]

b) Das Urteil des Bundesverfassungsgerichts vom 31.7.1973

Das Bundesverfassungsgericht[41] hatte in seinem Urteil zum Grundlagenvertrag entschieden, dass *„das Deutsche Reich den Zusammenbruch 1945 überdauert hat und weder mit der Kapitulation noch durch die Ausübung fremder Staatsgewalt in Deutschland durch die Alliierten noch später untergegangen ist; es besitzt nach wie vor Rechtsfähigkeit, ist allerdings als Gesamtstaat mangels Organisation nicht handlungsfähig. Die BRD ist nicht ‚Rechtsnachfolger' des Deutschen Reiches, sondern als Staat identisch mit dem Staat ‚Deutsches*

---

40 Vgl. unter http://www.documentarchiv.de/in/1945/besatzungszonen-deutschlands_fst. html, Stand der Abfrage: 23.12.2017.

41 Bundesverfassungsgericht, Urteil vom 31.7.1973 – 2 BvF 1/73, BVerfGE 36, S. 1 ff. = NJW 1973, S. 1539 ff.; vgl. Hüllen/Homburg (Fn. 1), S. 26 f., in diesem Band.

Reich', – in bezug auf seine räumliche Ausdehnung allerdings ‚teilidentisch'"[42], sodass die legitime öffentliche Gewalt auf dem Gebiet der Bundesrepublik (alt) von den Organen der Bundesrepublik (alt) ausgeübt werden kann.

Die „Reichsbürger" stützen sich auf den ersten Satz des Urteilszitats und ignorieren den zweiten Satz von der Teilidentität.

c) Verfassungsänderung durch Einigungsvertrag

Ferner wird „übersehen", dass mit dem Einigungsvertrag mit verfassungsändernder Zweidrittelmehrheit die Präambel sowie die Art. 23 und 146 GG geändert worden sind und die Bundesrepublik (neu) keine weiteren Gebietsansprüche mehr erhebt, sondern mit dem Beitritt der DDR die Einheit Deutschlands als vollendet ansieht.[43] Das beinhaltet insbesondere, dass die Bundesrepublik die Oder-Neiße-Linie als polnische Westgrenze akzeptiert.

Ob die Rechtsprechung des Bundesverfassungsgerichts aus dem Jahre 1973 sehr realitätsbezogen war,[44] soll nicht thematisiert werden. Die DDR hatte entgegen der Staatsrechtsdoktrin der BRD die Oder-Neiße-Linie in einem Vertrag mit der Volksrepublik Polen bereits im Jahr 1950 anerkannt. Sie sah sich nicht als Rechtsnachfolger des Deutschen Reiches oder als teilidentisch mit diesem, sondern ging von einem Untergang des Deutschen Reiches nach dem Zweiten Weltkrieg aus.[45]

Festzuhalten bleibt, dass die These vom Fortbestehen des Deutschen Reiches eine solche der Bundesrepublik (gewesen) ist, die aus dem Grundgesetz

---

[42] So lautet der 1. Orientierungssatz des Bundesverfassungsgerichts, in der ausführlichen Begründung führt das Gericht in seinem Urteil vom 31.7.1973 – 2 BvF 1/73, BVerfGE 36, S. 1 (16) = NJW 1973, S. 1539 (1540) aus: *„Mit der Errichtung der Bundesrepublik Deutschland wurde nicht ein neuer westdeutscher Staat gegründet, sondern ein Teil Deutschlands neu organisiert (vgl. Carlo Schmid in der 6. Sitzung des Parlamentarischen Rates – StenBer. S. 70). Die Bundesrepublik Deutschland ist also nicht ‚Rechtsnachfolger' des Deutschen Reiches, sondern als Staat identisch mit dem Staat ‚Deutsches Reich', – in bezug auf seine räumliche Ausdehnung allerdings ‚teilidentisch', so daß insoweit die Identität keine Ausschließlichkeit beansprucht. Die Bundesrepublik umfaßt also, was ihr Staatsvolk und ihr Staatsgebiet anlangt, nicht das ganze Deutschland, unbeschadet dessen, daß sie ein einheitliches Staatsvolk des Völkerrechtssubjekts ‚Deutschland' (Deutsches Reich), zu dem die eigene Bevölkerung als untrennbarer Teil gehört, und ein einheitliches Staatsgebiet ‚Deutschland' (Deutsches Reich), zu dem ihr eigenes Staatsgebiet als ebenfalls nicht abtrennbarer Teil gehört, anerkennt. Sie beschränkt staatsrechtlich ihre Hoheitsgewalt auf den ‚Geltungsbereich des Grundgesetzes' (vgl. BVerfGE 3, 288 [319 f.]; 6, 309 [338, 363]), fühlt sich aber auch verantwortlich für das ganze Deutschland (vgl. Präambel des Grundgesetzes)."*

[43] Vgl. die seit 1990 geltende Präambel des Grundgesetzes.

[44] Sie scheint eher einer nicht (mehr) realitätsbezogenen Regelung im Grundgesetz geschuldet zu sein.

[45] Vgl. ausführlich Caspar/Neubauer (Fn. 2), LKV 2012, S. 529 (530 f.).

abgeleitet wurde. Es gibt auch heute noch gelegentliche Gerichtsurteile, dass die Bundesrepublik Deutschland mit dem ehemaligen Deutschen Reich identisch sei, mit dem Beitritt der DDR allerdings ihre abschließende räumliche Ausdehnung gefunden habe.[46]

Sehr seltsam mutet es an, das Fortbestehen eines Deutschen Reiches und eines „Freistaates Preußen" zu fantasieren, die Existenz der Bundesrepublik zu leugnen und das Ganze mit Art. 116 GG zu begründen.[47] Das Grundgesetz ist bekanntlich die Verfassung jener „nicht existierenden" Bundesrepublik Deutschland und nicht eines unabhängig davon bestehenden Deutschen Reiches. Preußen taucht im Grundgesetz als Bundesland nicht auf, sondern wurde durch das Kontrollratsgesetz Nr. 46[48] der vier Alliierten am 25.2.1947 aufgelöst. Als „Reichsbürger" sollte man sich schon überlegen, welche historischen Ereignisse man zur Kenntnis nehmen und welche man ausblenden möchte …

d) Das Bracht-Gutachten

Zum oben angesprochenen Gutachten von Prof. Bracht dieser Hinweis: Zunächst ist bereits der Terminus *„unabhängiger Völkerrechtler"* mit Vorsicht zu genießen. Wenn eine Unabhängigkeit betont werden muss, sind Zweifel an ihrer Existenz angebracht. Der Völkerrechtler Prof. Bracht aus Marburg vertrat unter Anknüpfung an die bundesdeutsche Staatsrechtstheorie die Auffassung, das Deutsche Reich bestehe in den Grenzen vom 31.12.1937 fort und müsse in diesen Grenzen eher früher als später wiederhergestellt werden. Diese Theorie wird landläufig als „Revanchismus" bezeichnet.

Mit seinem Gutachten verhält es sich noch wilder – woran den Professor kein Verschulden trifft. Im Internet kursieren Textfassungen, die an entscheidenden Stellen einen unterschiedlichen Wortlaut aufweisen. Die verschiedenen sich gegenseitig bekriegenden „Reichsbürger"-Fraktionen können jeweils auf eigene Stellen in dem Gutachten verweisen, die ihre Position unterstützen. Es steht zu vermuten, dass diese voneinander abweichenden Textpassagen vermutlich nachträglich und unautorisiert in den ursprünglichen Gut-

---

[46] Nach dem Oberlandesgericht Jena, Urteil vom 27.11.2008 – 1 Ss 137/08, juris, ist die heutige Bundesrepublik das Deutsche Reich, welches 1945 nur institutionell untergegangen ist.

[47] Ein ähnliches Verhalten legen jene „Reichsbürger" an den Tag, die die Nichtexistenz der Bundesrepublik behaupten, um sich sodann von den (bundesdeutschen!) Behörden in ihren Grundrechten aus den Art. 1 ff. GG verletzt zu sehen oder sich auf den Rechtsstaat aus Art. 20 GG zu berufen.

[48] Vom 25.2.1947, Amtsblatt des Kontrollrates in Deutschland, S. 262.

achtentext eingefügt wurden.[49] Es ist nicht bekannt, dass Prof. Bracht die „Reichsbürger"-Argumentation unterstützen wollte, z.B. um eine „Kommissarische Reichsregierung" zu legitimieren.

e) Die Grenzen des Bundesbeamtengesetzes
Der Verweis auf das Beamtengesetz – wohlgemerkt Bundesbeamtengesetz, also: der Bundesrepublik Deutschland – hakt gleich an mehreren Stellen: Zum einen ist das Bundesbeamtengesetz geändert worden, der § 185 BBG (alte Fassung) existiert nicht mehr. Zum anderen regelt das Beamtenrecht nicht territoriale Beziehungen der Bundesrepublik Deutschland oder des Deutschen Reiches, sondern – wenig überraschend – das Recht der Beamten. § 185 BBG (alte Fassung) nahm Bezug auf das Deutsche Reich in den Grenzen von 1937. Damit wurde aber allein zum Ausdruck gebracht, dass das geltende Beamtenrecht auch solche Beamte betrifft, die im Territorium des Deutschen Reiches in den Grenzen von 1937 tätig waren – und heute etwa Versorgungsansprüche haben. Das Beamtenrecht regelt keinesfalls die Staatsgrenzen des Deutschen Reiches oder fordert gar noch im Jahre 2008 die Wiederherstellung der Grenzen von 1937.

2. Das fortbestehende Deutsche Reich ist „mangels Organisation nicht handlungsfähig"

Dieser oben zitierte Satz aus dem Urteil des Bundesverfassungsgerichts[50] wird von den „(Kommissarischen) Reichsregierungen" zur eigenen Legitimation aufgegriffen. Sie begründen ihre Berechtigung damit, dass in dem fortbestehenden Deutschen Reich die Handlungsfähigkeit hergestellt werden müsse. Darauf beruht die eigene Proklamation als Reichsregierung, die sich auch nicht die Mühe gibt, eine weitere Legitimation (z.B. durch Wahlen) vorweisen zu müssen. Die Theorie setzt voraus, dass die Bundesrepublik nicht wirksam entstanden oder irgendwann untergegangen ist. Ferner müssen die „Reichsbürger" konsequent den zweiten Satz des oben genannten Urteilszitats aus der Entscheidung des Bundesverfassungsgerichts ignorieren, dass die Bundesrepublik teilweise identisch mit dem Deutschen Reich ist – nämlich bezogen

---

[49] Vgl. Schmidt, Frank (2003): Fälscherbande „KRR"? – Bracht-„Gutachten", unter http://www.krr-faq.net/forum/t388.htm, Stand der Abfrage: 23.12.2017. Eine ausführliche Auseinandersetzung mit Prof. Bracht und seinem Gutachten leistet Schumacher (Fn. 35), S. 371 ff., wobei allerdings unklar bleibt, welche Textfassung er zitiert.
[50] Bundesverfassungsgericht, Urteil vom 31.7.1973 – 2 BvF 1/73, BVerfGE 36, S. 1 ff. = NJW 1973, S. 1539 ff.; siehe dazu unter III. 1. b).

auf das Territorium der Bundesrepublik (alt). Dort bestanden handlungsfähige Organe.[51]

Die Inkonsequenz, dass die Bundesrepublik nicht besteht, um sich dann selektiv auf das oberste Verfassungsgericht der Bundesrepublik zu beziehen, ist – nur am Rande erwähnt – ein weiterer Beleg dafür, dass sich niemand die Mühe macht, stringent zu argumentieren.

3. „Die BRD ist nicht wirksam entstanden"

Eher selten wird vertreten, die Bundesrepublik habe am 23.5.1949 nicht entstehen können, weil niemand dazu legitimiert gewesen sei, die Gründung vorzunehmen. Ein Grund hierfür sei, dass im Jahr 1949 „das deutsche Volk" nicht im Wege einer Volksabstimmung das Grundgesetz beschlossen habe.

Richtig ist, dass das Grundgesetz durch die Ländervertretungen, also in mittelbarer Demokratie, angenommen wurde. Ein Rechtssatz, dass eine derartige Konstituierung unzulässig ist, existiert nicht. Im Übrigen kann diese Argumentation nur „funktionieren", wenn die letzten 65 Jahre komplett ausgeblendet werden. Es gehört ein hohes Maß an Realitätsferne dazu, eine solche These öffentlich zu vertreten.

4. „Die BRD ist am 17./18.7.1990 untergegangen"

a) Ein US-Außenminister redet zu viel …
Die These vom Untergang der Bundesrepublik wird seit mindestens dem Jahr 2002 mit folgender „Argumentation" vertreten: Am 17.7.1990 hätten – was sachlich zutreffend ist – in Paris Verhandlungen zum „Zwei-plus-Vier-Vertrag"[52] stattgefunden. Auf dieser Sitzung habe der US-amerikanische Außenminister James A. Baker sich zu den Art. 23 und 146 GG geäußert,[53] was dazu geführt haben soll, dass durch diese mündliche Erklärung eines „Vertreters einer Besatzungsmacht" Art. 23 GG (alte Fassung) außer Kraft getreten sei.[54] Art. 23 GG (alte Fassung) regele den Geltungsbereich des Grund-

---

[51] Siehe dazu unter III. 1. b). Der Sonderstatus Berlins soll hier nicht weiter thematisiert werden.

[52] Siehe dazu unter III. 4. g).

[53] Manchmal wird zusätzlich der sowjetische Außenminister Eduard Schewardnadse genannt.

[54] Auch der selbst ernannte „Reichskanzler" Ebel wechselte zu den Vertretern dieser „These". Nach seiner Auffassung ist der nach dem 18.7.1990 geschlossene Einigungsvertrag nicht gültig. Alle politischen Parteien in Deutschland seien in Ermangelung von Gesetzen kriminelle Vereinigungen, die das deutsche Volk knechten und ausbeuten. Da die Bundes-

gesetzes. Durch die Aufhebung dieser Vorschrift sei der Geltungsbereich und damit die Geltung des Grundgesetzes entfallen. Gerne wird noch hinzugefügt, dass es sich hierbei – haha – um ein Versehen gehandelt habe, also: Eine mündliche Erklärung eines Vertreters der USA setzt versehentlich einen Artikel des Grundgesetzes und damit das gesamte Grundgesetz der Bundesrepublik Deutschland außer Kraft und besiegelt damit den Untergang der Bundesrepublik. So schnell kann es gehen.

Verschiedentlich wird aus der „These", die Bundesrepublik sei untergegangen oder existiere nicht (mehr), die Schlussfolgerung gezogen, dass damit auch sämtliche bundesdeutschen Gesetze hinfällig geworden seien. Dies gelte – wie praktisch – insbesondere für sämtliche Steuergesetze – und natürlich für das Gesetz über Ordnungswidrigkeiten (OWiG).[55]

b) Der „letzte DDR-Bürger"

Die Theorie von der versehentlich am 18.7.1990 untergegangenen BRD wird auch von Bürgern anderer politischer Couleur vertreten, in derselben Absicht, aber mit anderen Schlussfolgerungen: Durch den Untergang der BRD habe der im August 1990 erklärte Beitritt der DDR nicht vollzogen werden können, sodass – Obacht! – die DDR rechtlich noch fortbestehe.[56] Das Argumentationsmuster entspricht ansonsten dem der „Reichsbürger", die übrigen Folgen im konkreten Fall auch: Die Fahrerlaubnis wurde wegen Zweifeln an der Zurechnungsfähigkeit entzogen.

c) Der „Untergang im Einigungsvertrag"

Eine Gruppe von „Reichsbürgern" geht davon aus, die Bundesrepublik habe vom 21.5.1949 (sic) bis zum 29.9.1990 und die Deutsche Demokratische Republik vom 7.10.1949 bis zum 29.9.1990 bestanden.[57] Am 29.9.1990 ist der Einigungsvertrag in Kraft getreten. Auch diese „Theorie" kann nicht schlüssig erklären, was in der Zeit seit dem 29.9.1990 passiert sein soll: Staaten- und/oder Regierungslosigkeit über mehr als 20 Jahre? Der Rest der Welt scheint das anders zu sehen.

---

republik untergegangen sei und nur das „Deutsche Reich" noch fortbestehe, dürften auch Steuern und Abgaben nur an das „Deutsche Reich" gezahlt werden. Es ist nicht bekannt, ob Herr Ebel an dieser Stelle seine eigene Kontonummer benannt hatte.

[55] Vgl. Finanzgericht Kassel, Urteil vom 22.9.2010 – 6 K 134/08, juris.
[56] Vgl. Verwaltungsgericht Meiningen, Urteil vom 8.11.2011 – 2 K 297/11 Me, juris; siehe dazu unter IV. 4. i).
[57] Vgl. unter http://terragermania.com/der-staat-deutschland-deutsches-reich/, Stand der Abfrage: 23.12.2017.

Statt eines Beitritts der DDR zur Bundesrepublik scheinen diese „Reichsbürger" von einem Untergang beider Staaten auszugehen, wohl unter Zugrundelegung der bekannten „Theorie", dass Art. 23 GG (alte Fassung) vermeintlich den Geltungsbereich des Grundgesetzes regele, der Art. 23 GG (alte Fassung) aber mit Inkrafttreten des Einigungsvertrages am 29.9.1990 außer Kraft getreten sei.

d) Durchs wilde Absurdistan

Es gibt nicht viele Theorien, die absurder sein könnten. Die Theorie vom Untergang der Bundesrepublik wird aber mit Vehemenz von fast allen bekannten „Reichsbürgern" vertreten! Es muss daher noch einmal darauf verwiesen werden, dass „Reichsbürger" nicht mit Stringenz und Logik argumentieren bzw. ihr Vortrag nicht frei von Widersprüchen ist. Vielmehr versteigen sie sich in Konstrukte, die allein dazu dienen, zu irgendwelchen ineffektiven Debatten zu nötigen.

Die „Theorie" erklärt nicht, was eigentlich in der Zeit seit 1990 passiert sein soll. Denn dass irgendeine der zahlreichen konkurrierenden „Reichsregierungen" einen im Promille-Bereich messbaren nennenswerten Einfluss auf die Gesellschaft gehabt hat, kann niemand behaupten. Hingegen ist es offensichtlich, dass die angeblich nicht existierenden oder aber illegitimen Regierungen und Verwaltungen in der Lage sind, Regelungen für das Gemeinwesen zu treffen, die auch von einem beträchtlichen Teil der Bevölkerung anerkannt werden.

e) Die „Besatzungsmacht"

Eine mündliche, nicht veröffentlichte und nicht in einem Gesetzblatt oder sonstigen amtlichen Bekanntmachungsblatt publizierte Erklärung eines US-Außenministers hat auch zu Besatzungszeiten nicht dazu geführt, dass Gesetze oder gar die Verfassung eines anderen Landes teilweise oder ganz außer Kraft traten.[58] Es hilft hier auch nicht, auf den Status eines angeblich besetzten Landes zu beharren, denn die Äußerung eines vermeintlichen Vertreters einer Besatzungsmacht kann nicht die erforderlichen, jedoch fehlenden gleichlautenden Erklärungen der anderen drei Besatzungsmächte ersetzen. Insofern fehlt es dieser „Theorie" bereits an der eigenen inneren Logik.

---

[58] Hierzu ein trockener Kommentar des Finanzgerichts Münster, Urteil vom 14.4.2015 –1 K 3123/14 F, juris: Eine solche Annahme *„geht schon für sich betrachtet an der Realität vorbei"* und ist *„schlichtweg abenteuerlich"*.

Mit Art. 1 Abs. 1 des „Deutschlandvertrages"[59] haben die drei westlichen Alliierten gegenüber der Bundesrepublik erklärt, dass das Besatzungsregime in der Westzone, nämlich der Bundesrepublik, beendet ist. In Art. 1 Abs. 2 des „Deutschlandvertrages" wird der Bundesrepublik die *volle Macht eines souveränen Staates über ihre inneren und äußeren Angelegenheiten* zuerkannt. Seit 1955 gibt es in der Bundesrepublik keine Besatzung und keine Besatzungsmacht mehr. In Bezug auf eine Wiedervereinigung und den Abschluss eines Friedensvertrages behielten sich die alliierten Mächte ihre Rechte und Verantwortlichkeiten vor.

Im Übrigen werden Verfassungen als konstituierende Gesetze eines Staates nicht durch eine Besatzungsmacht in Kraft oder außer Kraft gesetzt. Insbesondere die gerne von „Reichsbürgern" bemühte Haager Landkriegsordnung gesteht einer Besatzungsmacht eine derartige Kompetenz nicht zu. Ein kleiner historischer Exkurs ergibt auch: In den letzten 100 Jahren ist keine Verfassung eines Landes nach einem Krieg unmittelbar durch eine Besatzungsmacht erlassen worden. Die Besatzungsmacht hat vielleicht einen politischen Druck ausgeübt, die Konstituierung erfolgte aber in jedem Falle durch den sich konstituierenden Staat.

f) Kein „Geltungsbereich" des Grundgesetzes

Art. 23 GG (alte Fassung) regelte auch nicht den Geltungsbereich des Grundgesetzes in der Weise, dass mit einem Außerkrafttreten dieser Regelung das gesamte Grundgesetz hinfällig würde. Im Übrigen benannte die alte Präambel und benennt die neue Präambel explizit jene Bundesländer, die für sich die Geltung des Grundgesetzes anerkennen. Der Geltungsbereich ist folglich geregelt.

Tatsächlich wurde mit dem Einigungsvertrag der Art. 23 GG in der Fassung von 1949 aufgehoben – in der Bundesrepublik (alt) durch verfassungsändernde Zweidrittelmehrheit in Bundestag und Bundesrat. Eine dem Art. 23 GG (alte Fassung) ähnelnde Regelung gibt es heute nicht mehr!

Das Grundgesetz, das jedenfalls 1949 als provisorische Verfassung gedacht war, kann nur in der Weise außer Kraft gesetzt werden, dass eine neue Verfassung beschlossen wird.[60] Ein verfassungsloser Zustand eines auf einer Konstituierung beruhenden Staates ist nicht denkbar.

---

[59] Vertrag über die Beziehungen zwischen der Bundesrepublik Deutschland und den Drei Mächten vom 26.5.1952 in der Fassung vom 23.10.1954, vgl. Bekanntmachung vom 30.3.1955, Bundesgesetzblatt Teil II, S. 305. Der „Deutschlandvertrag" wird auch „Generalvertrag" genannt.
[60] Vgl. Art. 146 GG.

g) Die Realität des „Zwei-plus-Vier-Vertrages"

US-Außenminister Baker hat am 12.9.1990 den „Zwei-plus-Vier-Vertrag"[61] für die USA unterzeichnet. Der Art. 1 des „Zwei-plus-Vier-Vertrages" geht explizit auf die von den „Reichsbürgern" problematisierte Frage nach der Präambel sowie den Art. 23 und 146 GG ein. Er regelt dazu, dass die Regierungen der beiden deutschen Staaten dafür verantwortlich sind, dass die Verfassung *„des vereinten Deutschlands keinerlei Bestimmungen enthalten wird, die mit diesen Prinzipien[62] unvereinbar sind. Dies gilt dementsprechend für Bestimmungen, die in der Präambel und in den Artikeln 23 Satz 2 und 146 des Grundgesetzes für die Bundesrepublik Deutschland niedergelegt sind".*

Daraus lässt sich zwanglos ableiten, dass die Vertragspartner einschließlich der unterzeichnenden Außenminister Baker und Schewardnadse entgegen der kruden Theorie der „Reichsbürger" davon ausgingen, dass die Art. 23 und 146 GG am 12.9.1990 noch bestanden, aber änderungsbedürftig sind. Die Kompetenz zur Änderung des bundesdeutschen Grundgesetzes wird von den Vertragspartnern beim deutschen Gesetzgeber gesehen. Bei wem auch sonst?

Die Änderung erfolgte dann durch Art. 4 des Einigungsvertrages (beitrittsbedingte Änderungen des Grundgesetzes), der zwischen der Bundesrepublik Deutschland und der Deutschen Demokratischen Republik abgeschlossen wurde und bereits am 31.8.1990 unterzeichnet worden war.[63]

Ein Motiv dafür, warum „Reichsbürger" den Untergang der BRD auf den 17.7.1990 datieren, dürfte darin zu sehen sein, dass die Volkskammer der DDR am 23.8.1990 beschlossen hatte, auf der Grundlage des besagten Art. 23 GG (alte Fassung) der Bundesrepublik beizutreten.[64] Denn damit wäre laut der Theorie der „Reichsbürger" die Bundesrepublik bereits vor diesem Datum (versehentlich) aufgelöst, sodass es nicht zu einem Beitritt hätte kommen können.

---

[61] Vertrag über die abschließende Regelung in bezug auf Deutschland vom 12.9.1990, veröffentlicht in: Bundesgesetzblatt Teil II 1990, S. 1318; der Bundestag stimmte dem Vertrag zu mit Gesetz vom 11.10.1990, Bundesgesetzblatt Teil II, S. 1317; der Vertrag trat allerdings erst am 15.3.1991 in Kraft, vgl. Bekanntmachung vom 15.3.1991, Bundesgesetzblatt Teil II, S. 587.

[62] Gemeint sind die Prinzipien des „Zwei-plus-Vier-Vertrages", hier insbesondere: keine weiteren deutschen Gebietsansprüche zu erheben.

[63] Der Einigungsvertrag ist in der DDR am 29.9.1990 in Kraft getreten, vgl. Feststellung vom 2.10.1990, Gesetzblatt der DDR Teil I, S. 1988, und in der Bundesrepublik (alt) ebenfalls am 29.9.1990 durch nachträgliche Bekanntmachung vom 16.10.1990, Bundesgesetzblatt Teil II, S. 1360.

[64] Vgl. Beschluss der Volkskammer vom 23.8.1990, Gesetzblatt der DDR Teil I, S. 1324.

Dass dann in der Konsequenz in Ermangelung eines wirksamen Beitritts der DDR zu der vermeintlich nicht mehr existierenden BRD von einem Fortbestand der DDR ausgegangen werden muss, ist bisher noch keinem „Reichsbürger" aufgegangen.[65]

Diese „Logik" der „Reichsbürger" kommentierte das Amtsgericht (AG) Duisburg[66] wie folgt: Der klagende „Reichsbürger" *„nimmt im Übrigen seine Ausführungen offenkundig selbst nicht ernst. Indem er nämlich beim AG Duisburg Anträge stellt, die auf rechtlich verbindliche Entscheidungen abzielen, erkennt er zugleich die auf dem Grundgesetz beruhenden Institutionen in Deutschland an"*.

h) Fauxpas beim Inkrafttreten des Einigungsvertrages

Am Rande sei bemerkt, dass es im Gesetzgebungsverfahren tatsächlich zu einer Fehlleistung gekommen ist: Indem nämlich der Einigungsvertrag (rückwirkend!!) zum 29.9.1990 in Kraft tritt und mit dem Inkrafttreten Art. 23 GG (alte Fassung) außer Kraft gesetzt wird, war im Grundgesetz am 3.10.1990 keine Möglichkeit des Beitritts mehr normiert, von welcher die DDR hätte Gebrauch machen können.[67] Das Finanzgericht Kassel[68] weist jedoch darauf hin, dass auch ohne die Beitrittsregelung in Art. 23 GG (alte Fassung) es der Bundesrepublik Deutschland unbenommen bleibt, ihr Territorium auf friedlichem Wege zu vergrößern.

5. Das „Deutsche Reich" besteht mangels Friedensvertrages fort

Einige „Reichsbürger" argumentieren, dass das Deutsche Reich im Potsdamer Abkommen[69] noch als existent anerkannt wurde. In dem Abkommen werde an verschiedenen Stellen die Regelung territorialer Fragen – polnische Westgrenze, Status Ostpreußens – einem noch abzuschließenden Friedensvertrag zugeschrieben. Da ein Friedensvertrag nicht abgeschlossen worden sei, bestehe das Deutsche Reich zumindest in den Grenzen von 1937 fort – und sei damit auch Vertragspartner eines Friedensvertrages. Der „Zwei-plus-

---

[65] Siehe dazu unter III. 4. b).

[66] Amtsgericht Duisburg, Beschluss vom 26.1.2006 – 46 K 361/04, NJW 2006, S. 3577 f.

[67] Andererseits: Der Beitritt war ja bereits durch Beschluss der Volkskammer vom 23.8.1990, Gesetzblatt der DDR Teil I, S. 1324, erklärt, er sollte nur ab dem 3.10.1990 wirksam werden.

[68] Finanzgericht Kassel, Urteil vom 12.12.2002 – 1 K 2474/02, juris.

[69] Vgl. unter http://www.documentarchiv.de/in/1945/potsdamer-abkommen.html, Stand der Abfrage: 23.12.2017.

Vier-Vertrag" sei kein Friedensvertrag. Die Bundesrepublik sei nicht in der Lage, über Territorium des Deutschen Reiches zu befinden und die polnische Westgrenze anzuerkennen. Maßgeblich für die Frage, in welcher Form das Deutsche Reich bzw. Deutschland fortbestehe, sei die Auffassung der Alliierten dazu.

Die Theorie, die Bundesrepublik würde mangels (expliziten) Friedensvertrages nicht bestehen, führte dazu, dass in Norderstedt im Mai 2012 zwei Personen eine „Partei" konstituierten, die sich – Bürgerrechtler möchten jetzt bitte nicht weiterlesen – „Wir sind das Volk" (WSDV) nennt. Die „Partei" vertritt die Auffassung, dass ein Staat ohne Friedensvertrag nicht existieren könne.[70]

Hierbei ist anzumerken, dass die Argumentation vom nicht untergegangenen Deutschen Reich in den Grenzen von 1937 lange Zeit bundesdeutsche Staatsräson war und die Vertreter einer anderen politischen Auffassung eines „Verzichts" beschuldigt wurden. Der kleine Unterschied zur „Reichsbürger"-These: Die Bundesrepublik sah sich als (territorial) teilidentisch mit dem Deutschen Reich an und hielt sich daher in der Lage, Erklärungen zum Deutschen Reich abzugeben.

Allerdings ist die vorstehend wiedergegebene „Reichsbürger"-Auffassung unhistorisch und ignoriert den politischen Prozess. Das Potsdamer Abkommen war schon kurz nach dem Abschluss in einigen relevanten Punkten durch die politische Entwicklung überholt. Schon vor 1949 konnte von einer in dem Abkommen vorausgesetzten einheitlichen Ausübung der Besatzungsmacht keine Rede sein. Vielmehr gründeten sich mit Billigung der jeweiligen Besatzungsmächte zwei Staaten. Beide deutsche Staaten sind am 18.9.1973 Mitglied der UNO geworden – und von der Staatengemeinschaft als zwei Staaten angesehen und anerkannt worden.[71]

Der „Zwei-plus-Vier-Vertrag" vermeidet in der Tat den Begriff „Friedensvertrag", weil hiermit weitere rechtliche Konsequenzen verbunden gewesen wären. Erst ca. zehn Jahre nach Abschluss des Vertrages kamen deutsche Gerichte auf die Idee, den „Zwei-plus-Vier-Vertrag" als eine *Art Friedens-*

---

[70] Vgl. Potsdamer Neueste Nachrichten vom 7.6.2013: Vervolkt.

[71] Einige „Reichsbürger" monieren, dass 1973 die „Bundesrepublik Deutschland" der UNO beigetreten ist, während heute als UNO-Mitglied allein „Deutschland" geführt wird. Der Grund ist simpel wie einfach: Mit dem Beitritt der DDR wurde das Grundgesetz geändert und in der Präambel formuliert, dass die Einheit Deutschlands mit diesem Beitritt vollendet sei. Damit gab es keine DDR und keinen zweiten deutschen Staat mehr und auch nicht die Notwendigkeit, sich mit dem Begriff „Bundesrepublik" von der DDR abzugrenzen. Die Bundesrepublik Deutschland beantragte daher, ab hinfort bei der UNO als „Deutschland" geführt zu werden. Keineswegs hat die Bundesrepublik damit den eigenen Untergang beantragt, sie ist so real und existent wie ehedem. Und auch das Grundgesetz ist nach wie vor die Verfassung des verbliebenen deutschen Staates.

vertrag" zu bezeichnen mit der Folge, dass Forderungen, die vom Abschluss eines Friedensvertrages abhängig gewesen wären, als verjährt angesehen wurden[72] – ein in der Tat trickreiches, wenn auch zweifelhaftes Vorgehen.

Unabhängig davon trägt der „Zwei-plus-Vier-Vertrag" vom 12.9.1990 den Titel *„Vertrag über die abschließende Regelung in bezug auf Deutschland"*. Die Terminologie greift den Satz des Potsdamer Abkommens von 1945 wieder auf, dass eine abschließende Regelung nach dem vermeintlich kurz bevorstehenden Friedensvertrag getroffen werden kann.

Und mit dieser abschließenden Regelung – Friedensvertrag hin, Friedensvertrag her haben sowohl die Vertreter der vier alliierten Mächte als auch die Vertreter der beiden deutschen Staaten die im Potsdamer Abkommen noch offenen Fragen abschließend beantwortet und das Deutsche Reich in den Grenzen vom 31.12.1937 – sofern von dessen Existenz noch ausgegangen wurde – beerdigt. Die vier Alliierten waren nur bereit, ein vereintes Deutschland in den Grenzen vom 3.10.1990 zuzulassen. Die polnische Westgrenze ist folglich eine solche, die von den vier alliierten Mächten gefordert wurde, von der DDR ohnehin schon seit 1950 anerkannt war und von der Bundesrepublik (alt) jetzt unter Aufgabe der Fiktion eines fortbestehenden Deutschen Reiches in den Grenzen von 1937 anerkannt werden musste – und anerkannt wurde.

Ganz offensichtlich haben die vier Alliierten beim Abschluss des „Zwei-plus-Vier-Vertrages" die Vertreter der Bundesrepublik Deutschland und der Deutschen Demokratischen Republik für legitimiert erachtet. Ein Vertreter irgendeiner „Kommissarischen Reichsregierung" wurde – wenig überraschend – zu den Konferenzen nicht beigezogen.

Die Auffassung, dass ein Staat ohne Friedensvertrag nicht existieren könne, liegt neben der Sache. Ein solcher Vertrag ist nicht Voraussetzung für eine Staatsbildung bzw. Staatsgründung. Völkerrechtlich relevant ist in diesem Falle die Frage nach der gegenseitigen Anerkennung. Während der Rest der Welt von zwei Staaten ausgeht, tun sich von Teilung betroffene Staaten regelmäßig schwer (siehe Deutschland, Korea, China, Jemen, Zypern oder Jugoslawien bzw. Serbien).

Der einzig bemerkenswerte Aspekt ist der, dass der „Zwei-plus-Vier-Vertrag" aufgrund der späten Ratifizierung durch die UdSSR am 4.3.1991 erst deutlich nach dem Einigungsvertrag in Kraft getreten ist – wiewohl das Abkommen eigentlich Voraussetzung für den Einigungsvertrag hätte sein müssen …

---

[72] Vgl. Oberlandesgericht Stuttgart, Urteil vom 20.6.2000 – 12 U 37/00, NJW 2000, S. 2680 ff.; Bundesgerichtshof, Urteil vom 26.8.2003 – III ZR 245/98, NJW 2003, S. 3488 ff.; Caspar/Neubauer (Fn. 2), LKV 2012, S. 529 (531 mit Fn. 21).

6. Geltung der Haager Landkriegsordnung, Rechtsordnung der Supreme Headquarter Allied Expeditionary Forces

Häufig wird von „Reichsbürgern" „argumentiert", Deutschland sei – u.a. auch wegen des fehlenden Friedensvertrages – ein *„besetztes Land"* und es gelte die Haager Landkriegsordnung. Damit verbunden sind dann Drohungen, dass die Haager Landkriegsordnung die Todesstrafe vorsehe, die verhängt werden könne.

Es wird dann behauptet, ein behördlicher Bescheid, mit welchem Geld verlangt wird (z.B. Gebühren, Anschlussbeiträge), stelle eine *„Plünderung"* dar, die mit dem Tode bestraft werde. Mit der Drohung, das Verhalten der Behörde sei einer Todesstrafe würdig,[73] sollen die Beschäftigten beeindruckt werden.

Zum Teil wird aus dem „Argument", die Bundesrepublik sei besetzt, die Schlussfolgerung gezogen, der Rechtsordnung des Deutschen Reiches oder der Supreme Headquarter Allied Expeditionary Forces (SHAEF) zu unterliegen.

Ein weiter gehendes „Argument" mit derselben Voraussetzung (fortwirkende Besetzung durch die Alliierten) ist die Annahme einer Treuhandverwaltung der Alliierten nach Art. 48 der Haager Landkriegsordnung sowie der Hinweis, unter dem Schutz der Genfer Konvention zu stehen.

Es gibt ferner „Reichsbürger", die von der Behörde eine *„Zahlung von Besatzungskosten"* verlangen.

Der Hinweis auf die Haager Landkriegsordnung oder die Genfer Konvention ist völlig absurd. Die Bundesrepublik befindet sich, auch wenn ein explizit als solcher bezeichneter Friedensvertrag nicht abgeschlossen wurde, nicht im Kriegszustand. Die Armeeführung hat am 7. und 8./9.5.1945 bedingungslos kapituliert. Im Übrigen würden sich Ansprüche gegen die Besatzungsmacht richten müssen – was die „Reichsbürger" zu dem Trick veranlasst, die vermeintlich besetzte Bundesrepublik in diesem Moment als *„Handlanger"* der alliierten Besatzungsmächte zu bezeichnen.[74]

Die Bundesrepublik ist auch nicht besetzt, die öffentliche Gewalt wird nicht durch eine oder durch mehrere Besatzungsmächte ausgeübt, wie die Existenz einer Bundes- und vieler Landesregierungen belegt. Sie wurde auch 1990 nicht durch fremde Mächte ausgeübt.

---

[73] Vgl. taz – Die Tageszeitung vom 15.8.2000: Die Reichsminister drohen mit dem Tod. Ein Mitarbeiter der Bauaufsicht wurde mit *„Hochverrat"* und *„Todesstrafe"* konfrontiert, nachdem er den Schwarzbau eines „Reichsbürgers" moniert hatte.

[74] Ein klassisches Beispiel für die „Reichsbürger"-Strategie: Passt die Realität nicht zur Theorie, dann ist eben die Realität falsch und wird passend gemacht.

Aufgrund des Art. 1 Abs. 1 des „Deutschlandvertrages" wurde der Bundesrepublik die volle Souveränität übertragen und das Besatzungsregime beendet. Mithin unterliegen Staatsbürger in der Bundesrepublik nicht dem alliierten Besatzungsrecht.

Auch existiert keine alliierte Treuhandverwaltung – jedenfalls nicht durch die ehemaligen Alliierten, sondern höchstens eine angemaßte durch irgendwelche „Reichsregierungen".

Die SHAEF, das Hauptquartier der alliierten Streitkräfte, wurde im Sommer 1945 aufgelöst, ist also nicht mehr handlungsfähig. Das durch die SHAEF geschaffene Besatzungsrecht ist durch bundesdeutsches Recht überholt – was ein guter „Reichsbürger" natürlich beständig und unter Bezug auf ein angeblich fortbestehendes Besatzungsstatut negieren wird.

Der lustige Trick ist der, sich einem „Recht" zu unterwerfen, von dem klar ist, dass es nicht mehr ausgeübt werden kann. Das bedeutet, sich außerhalb jeglichen Rechts stellen zu wollen.

Nur am Rande sei hinsichtlich der Logik der „Argumentation" angemerkt, dass Deutschland als *besetztes Land* von vier Alliierten besetzt sein müsste. Davon gehen die „Reichsbürger" regelmäßig nicht aus, vielmehr ist eine Fixierung auf die USA zu konstatieren. Soweit dennoch auf *„Besatzungsmächte"* Bezug genommen wird, wird hierbei die vormalige UdSSR mit eingeschlossen und als existent angenommen, was mit der heutigen Realität nicht zu vereinbaren ist.

Der Hinweis auf die angeblich einschlägige Geltung der Haager Landkriegsordnung wird vor allem deshalb vorgebracht, um mit der *„Todesstrafe"* drohen zu können. Man soll sich davon nicht beeindrucken lassen. Die Haager Landkriegsordnung richtet sich an Staaten: Sie untersagt die Plünderung durch einen Krieg führenden Staat oder eine Besatzungsmacht. Der Terminus *„Todesstrafe"* taucht in der Haager Landkriegsordnung nicht auf. Es wäre auch nicht Gegenstand eines internationalen Abkommens wie der Haager Landkriegsordnung zu regeln, wie bestimmte Taten durch einzelne Nationalstaaten bestraft werden. Demnach kann auch kein Staat durch die Haager Landkriegsordnung dazu angehalten werden, im Kriegsfalle eine Todesstrafe auszusprechen, die in der Bundesrepublik gemäß Art. 102 GG verboten ist.

Was die *„Zahlung von Besatzungskosten"* anbetrifft, bleibt völlig schleierhaft, was damit gemeint ist. Es hat noch niemand aus der „Reichsbürger"-Bewegung den Versuch unternommen, erklären zu wollen, warum ein solcher Anspruch bestehen soll.[75] Das Ganze verläuft nach dem Motto: Wenn

---

[75] Einen Erklärungsansatz liefern womöglich jene „Reichsbürger", die sich mit dem Titel *„Administrative Regierung Freistaat Preußen"* schmücken und unter Berufung auf das

ihr Geld von mir haben wollt, will ich Geld von euch haben. Aber mindestens das Hundertfache.

7. „Die neuen Bundesländer sind nicht wirksam entstanden"

Mit dieser These wird die Existenz u.a. des Landes Brandenburg geleugnet und davon abgeleitet auch die Befugnis des Landes Brandenburg zur Gesetzgebung, insbesondere auf dem Gebiet des Kommunalverfassungsrechts. Damit wird – insofern konsequent – behauptet, dass die 14 brandenburgischen Landkreise nicht (wirksam) entstanden sind.

Häufig wird die Vorlage einer *„Gründungsurkunde"* verlangt. Mit dieser These wird ferner geleugnet, dass in Brandenburg eine Gerichtsbarkeit wirksam entstanden ist.

Zu dem nicht wirksamen Entstehen der Länder erklärte ein „Reichsbürger" Folgendes: In § 1 des Ländereinführungsgesetzes der DDR[76] werde ausgeführt, dass *mit Wirkung vom 14. Oktober 1990 […] in der DDR folgende Länder gebildet"* werden. Es folgen dann die Auflistung der fünf neuen Bundesländer und der Hinweis, dass *„Berlin, Hauptstadt der DDR", „Landesbefugnisse"* erhalten soll.[77] Der Einigungsvertrag ändere in Anlage II, Kapitel II, Sachgebiet A, Abschnitt II das Ländereinführungsgesetz nur wie folgt: Anstelle des Datums 14.10.1990 tritt das Datum 3.10.1990. Damit sollten die Länder „in der DDR" am 3.10.1990 eingeführt werden, genau zu jenem Zeitpunkt, als die DDR nicht mehr existierte.

Dass dennoch gegen Entscheidungen eines Landkreises das Verwaltungsgericht oder in zivilrechtlichen Angelegenheiten das Amts- oder Landgericht angerufen wird, ist natürlich inkonsequent. In höchstem Maße inkonsequent, aber nicht abwegig genug, um nicht auf diese Schnapsidee zu kommen, ist es, das Verwaltungsgericht anzurufen, zahlreiche Anträge zu stellen und en passant die grundsätzliche Legitimität des Gerichts zu bestreiten. Derartige Klagen sind rechtsmissbräuchlich. Die Krönung des Ganzen ist es, wenn die Bundesrepublik Deutschland vermeintlich nicht besteht und ihre Gesetze allesamt unwirksam sind und das Bundesverfassungsgericht diesen Zustand

---

Grundgesetz (sic) *„Unterhaltszahlungen"* unter *„Aufrechnung von Sozialleistungen"* laut *„SGB II und Hartz IV"* (sic) begehren. Heißt wohl: Die Leute kommen mit ihrem Arbeitslosengeld II nicht aus.

[76] Vom 22.7.1990, Gesetzblatt der DDR Teil I, S. 955.

[77] Die DDR ging am 22.7.1990 trotz der inzwischen erfolgten Währungsunion offensichtlich noch davon aus, dass sie über den 14.10.1990 hinaus Bestand haben würde.

bitte schön feststellen möge.[78] Bleibt die Frage: Wessen Bundesverfassungsgericht?

Was das novellierte Ländereinführungsgesetz angeht, ist in der Tat eine gewisse Unschärfe im Gesetzgebungsverfahren zu konstatieren. Allerdings bestimmt Art. 1 des Einigungsvertrages, dass diese Länder in der territorialen Gestaltung des Ländereinführungsgesetzes der DDR Länder der Bundesrepublik Deutschland werden. Damit sind wirksam Bundesländer entstanden.

Hinsichtlich der Forderung nach „Gründungsurkunden" ist anzumerken, dass Staaten seit geraumer Zeit durch Verfassungen konstituiert werden. Eine Verfassung wird durch eine verfassungsgebende und hierzu legitimierte Vertretung mit der erforderlichen verfassungsgebenden Mehrheit beschlossen. Landkreise, sofern sie nicht schon vorher bestanden haben, werden ebenfalls durch Gesetz konstituiert. Es ist auch Unfug zu glauben, dass eine „Gründungsurkunde" in jeder Behörde – vermutlich noch im Original – vorliegen könnte. Es ist davon auszugehen, dass der „Reichsbürger" weiß, dass es eine solche „Gründungsurkunde" nicht gibt. Sätze wie „Ich zahle nur, wenn sie eine Gründungsurkunde vorlegen" sind angesichts dieser Kenntnis darauf angelegt, eine Zahlung vermeintlich begründet verweigern zu können. Zum Teil mag die Forderung einer „Gründungsurkunde" darauf beruhen, dass der öffentlichen Verwaltung ihre auf dem öffentlichen Recht beruhende Legitimität abgesprochen wird und sie als Privatrechtssubjekt (z.B. wie eine GmbH[79]) behandelt wird.

8. „Selbstverwalter"

Ein im Jahre 2009 erstmals bekannt gewordener Trend in der „Reichsbürger"-Bewegung ist es, sich als „in Selbstverwaltung" zu bezeichnen, sozusagen als völlig autonomes Wesen, das an keinerlei staatliche oder kommunale Einschränkungen gebunden ist[80] und deshalb im freien Willen darüber entscheiden kann, Bescheide anzuerkennen (wenn z.B. Leistungen bewilligt werden) oder auch nicht (wenn z.B. Geld gefordert wird). Wer sich freiwillig Gesetzen unterwirft, kann dies tun, ist dann aber selbst schuld. Viele Vertreter dieser „Theorie" bezeichneten sich als „natürliche Person im Sinne des § 1

---

[78] So die Zickzackargumentation eines „Reichsbürgers", vgl. Finanzgericht Berlin-Brandenburg, Urteil vom 17.1.2013 – 7 K 7303/11, juris.

[79] Siehe dazu unter III. 10.

[80] Vgl. zu ähnlichen Strukturen in den USA Stahl, Trystan/Homburg, Heiko (2017): „Souveräne Bürger" in den USA und deutsche „Reichsbürger" – ein Vergleich hinsichtlich Ideologie und Gefahrenpotenzial, S. 263 (263 ff.), in diesem Band.

des staatlichen BGB". Insoweit kommt es zu einer Überschneidung mit den „Zivilrechtlern".[81]

Diese Strömung wird als „Selbstverwalter" bezeichnet. Einzelne „Reichsbürger in Selbstverwaltung" nehmen gerne „diplomatische Beziehungen" zu anderen „Selbstverwaltungen" auf – eine Idee, die, wäre sie real, die Zahl diplomatischer Vertretungen von einigen Tausend schlagartig auf mehrere Milliarden erhöhen könnte. In diesem Unsinn konsequent haben einige „Selbstverwaltungen" versucht, als vermeintliche „Völkerrechtssubjekte" diplomatische Beziehungen mit realen Staaten aufzunehmen.[82]

Die Idee ist noch steigerungsfähig: So gibt es „natürliche Selbstverwaltungen", in welcher die „selbstverwaltete" Person sich als Staat mit Gesetzgebungskompetenz ansieht und sich eine Verfassung gibt, die im Umkreis von fünf Metern um die „selbstverwaltete Person" gelten soll. Im Internet tritt eine „Arbeitsgemeinschaft Staatliche Selbstverwaltung" auf, die eine entsprechende „Theorie" propagiert und die entsprechenden Theorieversatzstücke zum Download bereithält.[83]

Zum Teil wird eine „Selbstverwaltung" mit einer verqueren Auslegung der UN-Resolution A/RES/56/83 vom 28.1.2002[84] begründet.[85] Diese Bezugnahme setzt voraus, dass die Bundesrepublik nicht (mehr) existiert bzw. keine legitime Regierung und öffentliche Verwaltung besteht, sodass das vermeintliche Machtvakuum im Wege der „Selbstverwaltung" gefüllt werden kann. Die meisten „Selbstverwalter" sehen sich außerhalb der Bundesrepublik stehend und benötigen nicht zwingend einen Bezug auf ein fortbestehendes Deutsches Reich. Die einzelnen Legitimationsversuche sind aber auch hier – wie gehabt – nicht sonderlich stringent und konsequent.

Die „Selbstverwalter" operieren auch gern mit „Allgemeinen Geschäftsbedingungen" (AGB) und einer „BRD GmbH" als „NGO" (englisch: non-governmental organization = Nichtregierungsorganisation).[86]

Dazu ist anzumerken: Bei dem UN-Dokument handelt es sich um eine Resolution, also eine Willensbekundung, und nicht um bindendes Recht. Gegen-

---

[81] Siehe dazu unter III. 10. a).

[82] Siehe dazu unter II. 9. b).

[83] Vgl. unter http://staseve.eu/, Stand der Abfrage: 23.12.2017, mit Mailadresse, wo die Formulare erhältlich sind.

[84] Vgl. unter http://static.uni-graz.at/fileadmin/rewi-institute/Voelkerrecht/Schulung/Fotos_von_der_Schulung/A_56_83_deutsch_ilc_staaten.pdf, Stand der Abfrage: 23.12.2017.

[85] Vgl. ausführlich zur „Theorie" der „Selbstverwaltung" Schmidt, Frank (2011): Proklamation der Selbstverwaltung, unter http://blog.krr-faq.net/?p=1045, Stand der Abfrage: 23.12.2017.

[86] Sprich: eine Vermischung mit der unter III. 10. dargestellten „Theorie".

stand der Resolution A/RES/56/83 sind völkerrechtswidrige Akte durch Staaten und die Verantwortlichkeit von Staaten für ihr völkerrechtswidriges Handeln. In diesem Zusammenhang problematisiert die Resolution, was passieren soll, wenn staatliche Stellen nicht bestehen. Art. 9 der UN-Resolution lautet:

> *„Verhalten im Falle der Abwesenheit oder des Ausfalls der staatlichen Stellen Das Verhalten einer Person oder Personengruppe ist als Handlung eines Staates im Sinne des Völkerrechts zu werten, wenn die Person oder Personengruppe im Falle der Abwesenheit oder des Ausfalls der staatlichen Stellen faktisch hoheitliche Befugnisse ausübt und die Umstände die Ausübung dieser Befugnisse erfordern."*

Hier wird also ein quasi-staatliches Handeln von machtausübenden zivilen – und regelmäßig: schwer bewaffneten – Personen als hoheitliches Handeln anerkannt. „Anerkannt" bedeutet, dass andere Staaten dieses völkerrechtswidrige Handeln der Privatpersonen dem Staat zurechnen. Und vor allem bedeutet die Vorschrift – Obacht, „Reichsbürger"! –, dass die handelnden Personen verantwortlich sind für ihr völkerrechtswidriges Handeln – und damit auch verantwortlich zu machen sind.

Indem die „Reichsbürger" auf diese Passage über die Abwesenheit staatlicher Stellen Bezug nehmen, liegt ihrer Überlegung unausgesprochen zugrunde, dass es hierzulande staatliche Stellen nicht gibt. Auch damit wird dann die Existenz der Bundesrepublik geleugnet. Daher tragen einige Vertreter dieser „Theorie" die bekannte Geschichte mit US-Außenminister Baker und dem Art. 23 GG (alte Fassung) vor.

Die UN-Resolution gewährt mitnichten das Recht zur Selbstverwaltung, sondern beschreibt die Verantwortlichkeit von Personen, die quasi-staatliche Macht in einem Territorium faktisch ausüben, in dem es eine staatliche Autorität nicht gibt.[87] Hier kommen die „Reichsbürger" dann regelmäßig wieder zurück auf das Theorieversatzstück vom fortbestehenden, aber handlungsunfähigen Deutschen Reich. Nur am Rande sei vermerkt: Den Begriff „Selbstverwaltung" kennt die immer wieder gern zitierte UN-Resolution nicht. Wer diese UN-Resolution zur Grundlage seines Handelns macht, gibt damit folgerichtig zu erkennen, völkerrechtswidrig handeln zu wollen …

Die „Selbstverwalter", die sich als „eigener Staat" mit einer „Verfassung" konstituiert sehen wollen, sind besonders drollig. Denn wenn dieser „Staat"

---

[87] Dass die „Selbstverwalter" damit die Ausübung *„faktisch hoheitlicher Befugnisse"* für sich reklamieren, ist schon ein Lacherfolg eigener Art.

per definitionem aus einer Person besteht, ist nicht so recht nachvollziehbar, wem gegenüber der „Staat" per „Verfassung" „Menschenrechte" garantiert und wem gegenüber die vom „Staat" erlassenen Gesetze gelten sollen. Logisch ließe sich dies nur mit einer großen Portion Schizophrenie erklären, indem der „Reichsbürger" als „Staat" sich selbst gegenüber „Gesetze" erlässt, an die er sich dann hält. Und wenn nicht? Dann bekommt er es mit dem „Staat" zu tun, also mit sich selbst. Ein gewisses autoritäres Verständnis bzw. ein Hang zum Größenwahn wird erkennbar: Denn wozu braucht eine „Selbstverwaltung" eigentlich einen darüber hinausgehenden Staat?

9. Eigenstaatlichkeit

Etwas weiter gehend als die Abkopplung von der Bundesrepublik durch „Selbstverwaltung" ist der Versuch, ein gekauftes Grundstück als eigenen Staat zu deklarieren und Exterritorialität für sich zu reklamieren. Damit sollte die Geltung bundesdeutscher Gesetze auf dem jeweiligen Territorium ausgeschlossen sein. Nicht ausgeschlossen sein soll allerdings die Anwendbarkeit der Haager Landkriegsordnung: So behaupten „Reichsbürger", sie stünden der BRD exterritorial gegenüber und seien daher als *Kriegsgefangene der Regierung der BRD"* anzuerkennen.[88] Es bereitet sehr große Mühe, diese Schlussfolgerung intellektuell nachvollziehen zu können.

Ein Beispiel für eine Eigenstaatlichkeit bieten die „Germaniten", „konstituiert" durch die privaten Grundstücke der Mitglieder, die sich als *indigenes Volk"*[89] bezeichnen und eigene Führerscheine ausgeben. Zur Begründung ihres Status als „indigenes Volk"[90] berufen sich die „Germaniten" auf internationale Übereinkommen sowie § 6 des Völkerstrafgesetzbuches (VStGB) zur Strafbarkeit des Völkermordes. Sie konstatieren zutreffend, die Bundesrepublik Deutschland habe erklärt, dass es in Deutschland keine „indigenen Völker" gibt. Das ist für die „Germaniten" der schlagende Beweis, dass sie als „indigenes Volk" nie zu Deutschland gehört haben und nicht *dem Grundgesetz unterliegen"*.[91]

---

[88] Wer das versteht, muss zum Arzt! Vgl. Sachverhaltsdarstellung des Sozialgerichts Dresden, Gerichtsbescheid vom 15.5.2013 – S 5 SV 31/13, unter www.sozialgerichtsbarkeit. de. Siehe zu „Kriegsgefangenen" und Ansprüchen auf Sozialleistungen unter IV. 13.

[89] Vgl. Potsdamer Neueste Nachrichten vom 14.9.2013: Undiplomatische Mission.

[90] Dass sie im Abschreiben sehr gut ist, bewies im Sommer 2016 nach bereits jahrelanger Existenz die „Administrative Regierung Freistaat Preußen" (sic), deren Vertreterin der „Administrativen Regierung von der Provinz Brandenburg" die Existenz eines *indigenen Volkes der Preußen als eigenständige Ethnie"* behauptete. Der Begriff „Beute-Preuße" hat sich anscheinend noch nicht überall etabliert.

[91] Notifikation, förmliche Note, Communique des „Indigenen Volkes Germaniten" vom 10.3.2016.

Ferner gab es das von den „Germaniten" zu unterscheidende „Fürstentum Germania" jener Menschen, die ein Schloss mit Park im Ortsteil Krampfer der brandenburgischen Gemeinde Plattenburg kauften und als eigenen Staat proklamierten.[92] Auf deutlich kleinerem Niveau operierte ein Berliner „Reichsbürger", der sein Grundstück zu einer staats- wie auch rechtsfreien Zone deklarierte, um dort ungestört Sprengstoff zu horten.[93]

Diese Ideologie setzt nicht zwingend den Untergang der Bundesrepublik oder ihre rechtliche Nichtexistenz voraus, sondern kann sich auch als eine Art „Abschied aus dem vorhandenen System" darstellen. Unter Bezug auf die alte Staatsdefinition von Jellinek[94] aus dem frühen 20. Jahrhundert ist anzumerken: Der Staat definiert sich durch das Staatsgebiet, das Staatsvolk und die Staatsgewalt. Ob sich jemand durch eigene Erklärung zu einem eigenen „Volk" deklarieren kann, soll nicht weiter erörtert werden. Die Bundesrepublik hat es jedenfalls nicht gestattet, dass Teile ihres Hoheitsgebietes sich selbständig machen. Eine „Anerkennung" dieser „Staatsgebilde" erfolgt entgegen der Auffassung ihrer Apologeten auch nicht in der Weise, dass ihnen auf ihre Schreiben hin nicht geantwortet wird.[95] Die „Staatsgewalt" des „Fürstentums Germania" auf Schloss Krampfer war nach wenigen Monaten infolge polizeilicher Räumung perdu. Die „Germaniten" hingegen sind organisiert (nach deren eigenen Zahlen: 7.000 „Indigene" bundesweit)[96] und treten entsprechend auf, sprich: Es findet ein Informationsaustausch statt mit der Folge, dass identische Schreiben an verschiedenen Orten auftauchen können.

10. Die „Zivilrechtler"

Eine seit ca. dem Jahr 2011 vertretene „Idee" geht dahin, das Verhältnis der tatsächlich existierenden[97] Bundesrepublik zu den hier lebenden Menschen als ausschließlich zivilrechtliches zu beschreiben.

---

[92] Vgl. zum „Fürstentum Germania" Wilking (Fn. 24), S. 238 ff., in diesem Band; Rathje, Jan (2014). „Wir sind wieder da". Die „Reichsbürger": Überzeugungen, Gefahren und Handlungsstrategien, Berlin (Amadeu Antonio Stiftung), S. 9. Siehe zu Schloss Krampfer die Abbildung 9 bei Wilking (Fn. 24), S. 239, in diesem Band.

[93] Vgl. Berliner Zeitung vom 9.1.2013: „Reichsbürger" hortete Feuerwerk und Chemikalien; Berliner Zeitung vom 26.7.2013: Wieder Ärger mit einem „Reichsbürger". Der „Reichsbürger" wurde gesucht, nachdem er aus einer Nervenklinik entwichen war, vgl. Rathje (Fn. 92), S. 4.

[94] Jellinek, Georg (1976): Allgemeine Staatslehre, 3. Auflage, Kronberg, S. 394 ff.

[95] Unter Umständen gar unter Benutzung der von den „Reichsbürgern" sich selbst zugesprochenen Bezeichnung; siehe dazu unter II. 9. d).

[96] Vgl. Augsburger Allgemeine vom 19.8.2012: Germaniten bilden Staat im Staat; Potsdamer Neueste Nachrichten vom 14.9.2013: Undiplomatische Mission.

[97] Die Medienpräsenz von Frau Merkel kann nicht mehr geleugnet werden.

a) Nichtregierungsorganisation und „BRD GmbH"

Gerne wird die Bundesrepublik von den „Zivilrechtlern" als Nichtregierungs-organisation bezeichnet,[98] weil der „Staat BRD" untergegangen sei. Diese „NGO" sei „eine Art GmbH", eine „BRD GmbH" bzw. eine „Bundesrepublik Deutschland – Finanzagentur GmbH" mit Sitz in Frankfurt am Main.[99] Das schönste Wortungetüm ist zweifelsohne die *„alliierte BRD-Treuhand-Verwaltungsgesellschaft mbH – vereintes Wirtschaftsgebiet"*[100]. Frau Merkel soll *„eine Art Geschäftsführerin"* dieser „GmbH" sein. Zum Teil wird sie auch als *„Vorstandsvorsitzende der BRD GmbH"* bezeichnet.[101] Andere „Reichs-bürger" halten die „BRD" für eine Firma, deren *„Hauptverantwortlicher"* Herr Gauck sein soll.[102] Diese „GmbH" kann Gesetze erlassen oder, was für „Reichsbürger" natürlich viel interessanter ist, „versehentlich" außer Kraft set-zen. An die Gesetze gebunden fühlt sich der „Reichsbürger" nicht, wenn er meint, aus dieser „BRD GmbH" ausgetreten zu sein. Diese „Theorie" kann als konsequente Fortsetzung der Ideologie vom „fortbestehenden Deutschen Reich" oder der „Selbstverwaltung" angesehen werden und ist problemlos mit diesen Ansätzen kompatibel.

Häufig zitieren „Reichsbürger" Informationen von Gewerbeauskunfteien als Beleg für ihre Abirrungen: Die Auskunfteien kennen in ihren Formularen nur die „Firma" und den „Geschäftsführer" und führen unter diesen Bezeich-nungen – man will schließlich umfassend informieren – auch die öffentliche Verwaltung mit ihren Hauptverwaltungsbeamten auf, die natürlich keine Ge-schäftsführer sind.

Das Motiv der „Reichsbürger" ist es, das Verhältnis zur Bundesrepublik („BRD GmbH") als privatrechtlich darzustellen. Die „BRD GmbH" kann dann nicht hoheitlich gegenüber dem „Reichsbürger" auftreten. Mit dieser „These" würde die Legitimation der Legislative entfallen, Gesetze schaffen zu können,

---

[98] Diese Bezeichnung dürfte alle tatsächlichen Nichtregierungsorganisationen in Angst und Schrecken versetzen. „Legitimiert" wird die Bezeichnung „NGO" für die Bundesrepublik häufig mit einem Zitat von Herrn Gabriel, der auf einer SPD-Veranstaltung die damalige CDU/CSU/FDP-Bundesregierung der Untätigkeit bezichtigte und dann in einem Wort-spiel und unter dem Gelächter der Zuhörer die Bundesregierung als Nichtregierungsorga-nisation bezeichnete. Dass die „Reichsbürger" hier Bundesrepublik und Bundesregierung miteinander verwechseln, gehört zu ihrem üblichen Verdrehungsrepertoire.

[99] Die tatsächlich existierende GmbH hat mit der Theorie, der Staat agiere als Privatrechts-subjekt, absolut nichts zu tun. Vgl. zur „BRD GmbH" Hüllen/Homburg (Fn. 1), S. 29 f., in diesem Band; Stahl/Homburg (Fn. 80), S. 273, in diesem Band.

[100] So in einem Brief an den *„Geschäftsführer"* des Landkreises Potsdam-Mittelmark. Ge-meint ist der Landrat des Landkreises Potsdam-Mittelmark.

[101] Da war wohl der Unterschied zwischen GmbH und Aktiengesellschaft nicht geläufig.

[102] Herr Gauck wird sich vermutlich dafür bedanken, Chef der „Firma" zu sein.

sowie die Legitimation der Verwaltung, diese Gesetze durch Verwaltungsakt oder im Wege des Verwaltungszwangs durchzusetzen. Daher werden die Apologeten dieser Strömung als „Zivilrechtler" bezeichnet.

b) „Allgemeine Geschäftsbedingungen" und „Vertragsstrafen"
Das vermeintlich privatrechtliche Verhältnis wird durch eine dem Zivilrecht entliehene Rhetorik begleitet, etwa dieser Art: *„Ihr Angebot, einen Vertrag über die Zahlung eines sog. Bußgeldes abzuschließen, lehne ich entschieden ab."*[103] Das angebliche Privatrecht zwischen „Reichsbürger" und „NGO" wird dann entweder in „Verträge über Schadensersatz" oder in „Verträge" unbekannter Natur mit angehängten „Allgemeinen Geschäftsbedingungen" gekleidet. Derartige Texte werden vom „Reichsbürger" selbst entworfen bzw. über das Internet oder über Schulungen als allzeit verwendbare Textbausteine bereitgestellt. In ihnen teilt der „Reichsbürger" mit, was er alles nicht zu akzeptieren gedenkt. Wenn die öffentliche Verwaltung dies nicht beachtet, soll sie als „Vertragspartner" eine Haftung in Form von nicht unerheblichen Vertragsstrafen auslösen, im Regelfall ab 25.000 Euro aufwärts. Ferner wird damit gedroht, dass die Behördenmitarbeiter persönlich haften würden.[104]

„Besonders gelungen" sind jene „Allgemeinen Geschäftsbedingungen", in denen am Ende mitgeteilt wird, dass die „NGO" mit den „Allgemeinen Geschäftsbedingungen" einverstanden ist, wenn sie nicht innerhalb einer recht kurzen Frist widerspricht. Ferner soll der „Vertrag" durch „schlüssiges Handeln" der Behörde zustande kommen. Das wird von den „Reichsbürgern" vermutlich als eine so naheliegende Variante eingeschätzt, dass am Ende des „Vertragstextes" neben der Unterschrift des „Reichsbürgers" kein Platz mehr gelassen wird für die Unterschrift des angeblichen „Vertragspartners".

Im Grunde ist das eine klassische Retourkutsche: Du forderst Geld von mir, dann will ich Geld von dir. Diese „Reichsbürger" werden deshalb auch „Retourkutschierer" genannt. Inzwischen gehen die „Retourkutschierer" dazu über, ihre „Forderungen" mithilfe von „Mahnschreiben" einzufordern.[105] Zu erkennen sind diese Schreiben jenseits der obligaten schrillen Rhetorik nebst Drohungen der persönlichen Haftung daran, dass die für nichts und wieder

---

[103] Vgl. §§ 145, 146 BGB.
[104] Wer versucht, dieses Wortgeklingel zivilrechtlich erklären zu wollen, macht einen Fehler. Diese angeblichen „Allgemeinen Geschäftsbestimmungen" als Nebenbestimmungen eines Vertrages sind – leicht erkennbar – das eigentliche Hauptanliegen: Es geht um eine Art Vertragsstrafen-Vertrag.
[105] Vgl. zum Versuch, die „Forderungen" durch Mahnbescheid vollstrecken zu lassen, Neubauer, Reinhard (2017): „Malta Inkasso": „Wer wird Millionär?" in der „Reichsbürger"-Variante, S. 208 (208 ff.), in diesem Band.

nichts geltend gemachten Beträge und „Vertragsstrafen" im Normalfall bei 25.000 Euro[106] beginnen und bei 4.000.000 Euro nicht unbedingt enden. Der aktuell bekannte Rekordhalter forderte gar 500 Billionen[107] – diese aber in US-Dollar. Sicher ist sicher.

c) Natürliche und juristische Personen

Häufig unterzeichnen „Zivilrechtler" ihre Schreiben mit *„natürliche Person im Sinne von § 1 BGB"*.[108] Im Gegensatz dazu werden Personen, die sich als Angehörige eines Staates ansehen, als „juristische Personen" bzw. – wegen des „Personalausweises" – als „Personal der BRD GmbH" bezeichnet. Die Kombination von „natürlicher Person" und der Anwendung von Zivilrecht mündet darin, sich als *„alleiniger, rechtmäßiger und legaler registrierter Eigentümer, Verwalter und Treuhänder meines Seins"* zu bezeichnen. Wo die Registrierung erfolgt, dass jemand Eigentümer seiner selbst ist, ist nicht bekannt. Eigentlich wäre es völlig ausreichend gewesen, Besitzer der eigenen sieben Sinne zu sein. Noch gewagter sind Satzkonstruktionen, dass man sich als *„freier, natürlicher, beseelter, lebendiger und nichtverschollener Mensch"* und als *„alleiniger Namensinhaber, ewig, uneingeschränkt Begünstigter"* bezeichnet.[109] Hier gilt: Ewig währt am längsten.

d) Kündigung der Mitgliedschaft in der „BRD GmbH"

Es gibt Organisationen, die glauben, sich aus dieser „BRD GmbH" durch eigene Kündigung verabschieden zu können. Auch hier gilt das Motto: „Schweigen bedeutet Zustimmung." Wenn Frau Merkel mir nicht persönlich antwortet, hat sie alles akzeptiert, was ich ihr geschrieben habe. Selber schuld. Folge soll natürlich sein, dass der Kündigende nicht mehr dem Recht der Bundesrepublik unterworfen ist, sondern sich seine eigenen Regeln setzen kann. Damit wird allerdings eingestanden, dass eine normsetzende Institution existiert, die aber (erst) aufgrund der „Kündigung" für den „Reichsbürger" nicht verbindlich ist.

---

[106] Auch Platin, Gold oder Silber, aber keinesfalls Reichsmark.

[107] Viele Menschen wissen nicht einmal, wie viele Nullen ein solche Zahl eigentlich hat: 14.

[108] Dies ist auch bei den „Selbstverwaltern" anzutreffen – die Theorien überschneiden sich an dem Punkt, die Bundesrepublik als Staat nicht anzuerkennen.

[109] Den größten Lacherfolg erzielte im Übrigen eine *„lebende, nicht verschollene natürliche Person"*, die *„im Auftrag der toten juristischen Person"* gleichen Namens tätig wurde. Das wirft Fragen auf: Warum beauftragt eine tote Person eine lebende Person? Wie ist die Beauftragung durch den Toten erfolgt? Was möchte die lebende Person für die inzwischen tote Person erreichen? Und: Was möchte die tote *„juristische Person"* mit den Ergebnissen aus der Tätigkeit der lebenden *„natürlichen Person"* anfangen? Wird die tote Person irgendwann wieder lebendig? Die naheliegende Vermutung: Selbst einfache deutschsprachige Begriffe sind für den „Reichsbürger" vermutlich zu kompliziert gewesen.

e) Chaos ohne Methode

Zu den einzelnen Punkten dieses Durcheinanders ist Folgendes anzumerken:

Abgesehen davon, dass es entweder eine GmbH gibt oder nicht gibt, ein Subjekt in „Art einer GmbH" als Zwischenlösung aber nicht vorstellbar ist und die ganze Konstruktion daher denklogisch nicht funktionieren kann, wird hier implizit behauptet, dass einem Privatrechtssubjekt unter Umständen legislative Funktion zukommt – jedenfalls dann, wenn Gesetze (versehentlich) aufgehoben worden sind. Diese Vorstellung ist so absurd und in sich unlogisch, dass sich ein Eingehen darauf verbietet. In der Tat wird hier versucht, mit den vorgetragenen Begründungen und „rechtlichen Hinweisen" die Verwaltung „verrückt zu machen". Die Gefahr besteht sehr real, wenn man über den Sinn dieser Ausführungen nachdenkt und die einzelnen Versatzstücke rechtlich einzuordnen versucht. Der Trick mit dem „Zivilrecht" und den „Allgemeinen Geschäftsbedingungen" wird deshalb verwendet, um damit eine eigene Autonomie zu bewahren und nur bestimmte Handlungen der Behörden auszuschließen, andere hingegen als Handlung der „BRD GmbH" anerkennen zu können.[110]

Allgemeine Geschäftsbedingungen sind nur dann vereinbart, wenn beide Parteien eine vertragliche Vereinbarung getroffen haben. Eine zivilrechtliche Vereinbarung liegt nicht vor, wenn die Behörde hoheitlich tätig geworden ist. Der Verwaltung vorzuschreiben, dass sie die „Allgemeinen Geschäftsbedingungen" anerkannt habe, wenn sie dem Unfug-Schreiben nicht widerspricht, dürfte spätestens bei welchem auch immer anzurufenden Gericht auf wenig Gegenliebe stoßen.

Der Hinweis, eine „natürliche Person" zu sein, ist höchst originell. Dieser Umstand wird eigentlich von niemandem bestritten.[111] In diesem Lande leben ca. 82 Millionen natürliche Personen. Die Begriffsverwirrung wird deutlich, wenn natürliche Personen von den „Reichsbürgern" als „juristische Personen" bezeichnet werden, was mit der Begrifflichkeit des an dieser Stelle regelmäßig als Quelle zitierten Bürgerlichen Gesetzbuchs (BGB) überhaupt nichts zu tun hat. Andere „Experten" definieren als „juristische Person" jede natürliche Person, die rechtsfähig ist – kaum weniger amüsant.[112] Damit soll vermutlich zum Ausdruck gebracht werden, dass der betreffende „Reichsbürger" nicht rechtsfähig ist in dem Sinne, dass er dem geltenden Recht nicht unterworfen ist.

---

[110] Daher auch „Angebot und Annahme" von Regelungen in Bescheiden – oder eben deren Ablehnung.

[111] Andererseits: Einige „Reichsbürger" argumentierten derart konfus und dreist, dass man sie schon als unnatürlich ansehen muss …

[112] Die Rechtsfähigkeit kennzeichnet nämlich gemäß § 1 BGB den *natürlichen Menschen*.

Zur „Firma" und zum „Geschäftsführer" in den Veröffentlichungen der Gewerbeauskunfteien ist anzumerken: Man darf eben nicht alles glauben, was andere von sich geben, speziell wenn sie keine Ahnung haben.

11. OPPT (One People's Public Trust) und UCC (Uniform Commercial Code)

Eine die „Selbstverwaltung" erweiternde und seit dem Jahr 2013 in Deutschland verbreitete „Theorie" ist das OPPT.[113] Je nachdem, wie gut die Englisch-Kenntnisse sind, wird dieses Projekt als *„One People Public Trust"*, *„One Peoples Public Trust"*, *„One People's Public Trust"* oder *„The One People' Public Trust"* (TOPPT) bezeichnet. Bedeuten soll OPPT in etwa: „Treuhandfonds der Menschen, die eins sind". Die vermutlich im Jahr 2012 in den USA entwickelte „Idee" besteht darin, unter Bemühung des US-amerikanischen Handelsrechts (UCC) eine Pfändungsforderung gegen staatliche Stellen im UCC-Schuldnerregister eintragen zu lassen. Dies setzt nicht ein Bestehen der Forderung voraus – die tatsächlich nicht besteht und auch durch die Eintragung nicht entstehen kann.[114] Der reale Grund für die Eintragung im Register ist es, im Falle von Vollstreckungen die Rangfolge der zu vollstreckenden Forderungen bestimmen zu können: die zeitlich früher eingetragenen Forderungen genießen dann Priorität. Insbesondere die *„Bürger Kanzlei Graf von Andechs"* bezieht sich positiv auf OPPT.[115]

Dem eigenen „Selbstverständnis" nach ist mit der Schaffung des OPPT eine Freiheit von allen „Sklavensystemen" eingetreten. Jeder Mensch könne sein Leben nach freiem Willen selbst gestalten. Der Bezug auf den Untergang der Bundesrepublik im Jahre 1990 wäre mit dieser „Theorie" entbehrlich. Diese Überlegung ähnelt damit den Ideen der „Selbstverwalter" und „Zivilrechtler".[116] Das OPPT bestehe aus *„jedem Menschen auf dem Planeten, dem Planeten selbst und dem Schöpfer"*. Wer sich hinter letztgenannter

---

[113] OPPT-Vertreter finden sich darüber hinaus in den USA, Neuseeland und Österreich, vgl. Der Standard vom 28.7.2014, unter http://derstandard.at/2000003639693/Gruppierung-OPPT-sorgte-fuer-Polizeieinsatz-im-Waldviertel, Stand der Abfrage: 23.12.2017.

[114] Ein ziemlich windiger Trick. Die weitere Idee ist, die nicht bestehende, aber eingetragene Forderung abzutreten. Der Abtretungsgläubiger versucht dann, die Forderung zu vollstrecken, vgl. die Anti-„Reichsbürger"-Internetseite unter http://wiki.sonnenstaatland.com/wiki/OPPT, Stand der Abfrage: 23.12.2017. Die reale Umsetzung dieser Idee erfolgt z.B. durch Einschaltung eines maltesischen Inkasso-Unternehmens, vgl. Neubauer (Fn. 105), S. 208 ff., in diesem Band.

[115] Verschiedene OPPT-Vertreter berufen sich jedenfalls als Beleg für ihre Auffassung auf die Internetseiten von *„Graf von Andechs"*; siehe dazu unter V. 9.

[116] Siehe dazu unter III. 10.

Figur verbirgt, ist nicht klar. Dem „Trust" stehen „Treuhänder" vor, die „erkannt" haben, dass sämtliche Regierungen im Grunde Unternehmen sind, die des *Hochverrates gegen die Menschen der Erde"* schuldig seien. All dies will das „alte System" nicht wahrhaben. Mit dem OPPT seien alle Ämter und öffentliche Dienststellen, alle Beamten und öffentlichen Bediensteten, alle Verträge, Verfassungen, Satzungen, Mitgliedschaften und Verordnungen nichtig und wertlos geworden oder anderweitig annulliert. Das Ganze sei „unwiderlegt", weil keine öffentliche Stelle widersprochen habe. Letzteres wird stimmen. Man muss sich nicht auf alle Spinnereien einlassen.

Wer sich mithilfe des UCC registrieren lässt, sei dann „frei" und durch UCC „geschützt". Ob diese Aktion Erfolg haben wird, darf bestritten werden. Im Zweifel wird man einen solchen „Schutz" wohl eher als Betrug bezeichnen dürfen.

UCC wird von OPPT-Vertretern mit *„Universal Commerce Code"* ausgeschrieben. Der im US-amerikanischen Recht existierende UCC heißt hingegen „Uniform Commercial Code": das einheitliche US-amerikanische Handelsrecht, das nicht universell gilt, sondern nur in den USA. Einen *„Universal Commerce Code"* gibt es nicht. Wieso die Regelung des UCC umstandslos auf Europa übertragbar sein soll und auch deutsche „Vertragspartner" binden kann, wird nicht erklärt.[117] Die Bezugnahme auf UCC setzt voraus, dass beide „Geschäftspartner" (einschließlich die öffentliche Verwaltung) Zivilrechtssubjekt sind.[118]

Hier wird die Täuschungsabsicht offenbar, mit der US-amerikanischen Abkürzung und der eigenen Erfindung ähnlichen Wortlautes Eindruck zu schinden. Dazu gehört dann das begleitende Wortgeklingel wie *„handschriftlich und mit nasser Tinte unterschrieben", „wissentlich, willentlich und beabsichtigt erstellt, gegeben und notiert, mit absoluter Verantwortung und Haftung, geschworen unter Strafe des Meineides im Einklang mit geltendem Recht, bewahrt und geschützt auf Ewigkeit, garantiert, geschützt und gesichert durch UCC-Dokument Nr. 0815".*[119] Mit einem Wort: „Alles Lüge". Oder mit eigenen Worten: „Glatter Meineid".

Auch hier wird das Wunschdenken erkennbar, sich durch eine Proklamation aus der real existierenden Welt verabschieden zu können, um sich jeglicher Verantwortung zu entziehen. Der auf Ewigkeit geschworene Eid wird

---

[117] Es sei denn, auch hier kommt es zu einer Begriffsverwirrung zwischen „uniform" und „universal".

[118] Mit der weiteren Schlussfolgerung, dass der Erlass von Verwaltungsakten auf der Grundlage des öffentlichen Rechts nicht möglich ist.

[119] Vgl. zur Argumentation in den USA Stahl/Homburg (Fn. 80), S. 268 ff., in diesem Band.

sich selbst gegenüber abgegeben, ist also in den Wind gesprochen. Wesentlich ist den Erfindern, dass mit der Freiheit der Menschen die Verpflichtung zur Entrichtung von Steuern entfällt. Der OPPT-Anhänger geht davon aus, dass jegliche Beeinträchtigung seines „Seins" zu unterbleiben hat. Wer dennoch Forderungen stelle, mache sich schadensersatzpflichtig nach den „allgemeinen Gesetzen" und sei im Übrigen wegen Hochverrates strafbar. Woher diese „allgemeinen Gesetze", das „allgemeine Recht" und die Strafrechtsvorschrift in einem OPPT kommen und wodurch sie legitimiert sind, wenn alle Staaten untergegangen sind, müsste gelegentlich erklärt werden. Neuer Unfug ist dann zu erwarten.

Dadurch, dass die Mitglieder des OPPT alle „eins" sind, werden abweichende, nicht mit der Einheit in Einklang stehende Meinungen unzulässig. Insofern ist diese „Theorie" undemokratisch und autoritär. Mit dem Bezug auf einen „Schöpfer" werden pseudoreligiöse Bezüge eingebracht. Bei „auf Ewigkeit" abgeschlossenen Vereinbarungen ist immer äußerste Zurückhaltung geboten. Wer soll das nachprüfen? Und wann? Kurz gesagt: Der eigenen Einschätzung nach sind die „Eliten der Welt" ausgeschaltet. Die Welt ist durch OPPT komplett anders geworden, hat es aber leider nicht gemerkt.

12. „Das OWiG und andere Gesetze sind versehentlich außer Kraft gesetzt worden"

Wenn es nach den „Reichsbürgern" geht, wird das Gesetz über Ordnungswidrigkeiten (OWiG) alle paar Jahre mal „versehentlich" aufgehoben – was dann impliziert, dass die vorangegangene „Aufhebung" nicht so richtig funktioniert hat.

a) Aufhebung durch Rechtsbereinigungsgesetz
Eine von „Reichsbürgern" aller Couleur aufgestellte Theorie besagt, dass der Gesetzgeber (hier „BRD GmbH" genannt) mehrere Gesetze außer Kraft gesetzt habe, darunter das Einführungsgesetz zum Gesetz über Ordnungswidrigkeiten (EGOWiG)[120] (was stimmt). Dadurch sei das OWiG selbst außer Kraft getreten (was nicht stimmt). Als Beispiel soll hier ein Schreiben der *„Bürger Kanzlei Graf von Andechs"* dienen (siehe *Abbildung 1*).[121]

---

[120] Vom 24.5.1968, Bundesgesetzblatt Teil I, S. 503.
[121] Die *„Bürger Kanzlei Graf von Andechs"* trug in einem weiteren Schreiben vor, das OWiG sei durch die Aufhebung des *„EG-StPO"* aufgehoben worden. Da hat jemand beim Schnellbesohler-Lehrgang „Rechtskonsulententum für blutige Anfänger" nicht aufgepasst! Richtig falsch muss es nämlich EGOWiG heißen.

Bürger Kanzlei Graf von Andechs

Menschenrechtkonsulenten nach EU Charta
Zugelassen bei allen Internationalen Gerichten

Anwälte der
Internationalen Anwaltskammer Conseil
des Barreaux de l'Union Européenne
(CCBE) und

Internationale Rechtkonsulenten

Friedrichstraße 171 · 10117 Berlin
Firma
Landkreis Potsdam-Mittelmark
Geschäftsführer Wolfgang Blasig

Postfach 1138
14801 Bad Belzig
Deutschland

Tätigkeitsschwerpunkte:
Staatsvollstreckungen
Universal Law, Common Law
UCC (Universal Commerce Code)
UCC Doc No. 2012213593
Menschenrechte
Internationales Recht
Handelsrecht
Rechtmanagement
Steuerangelegenheiten
Ordnungswidrigkeiten u. Fahrverbote

Unsere Büros:
Augsburg
Berlin
Chemnitz
Dresden
Düsseldorf
Frankfurt a.M.
Hamburg
Hannover
München
Nürnberg
Sinzheim
Stuttgart

Ihr Angebot / Zurückweisung
Ihre Geschäftszeichen: 321133/0026295
22/0026295/W-04-13

Postoffice:
Friedrichstrasse 171
10117 Berlin
Deutschland

Sehr geehrte Frau

wir haben Ihre Angebote eines sog. „Ordnungsverfügung vom 09.01.13" sowie „Gebührenbescheid vom 09.01.13" mit Ihren o.a. Geschäftszeichen erhalten und lehnen Ihre Angebot2 entschieden ab.

Kontakt:
Telefon: +49 (0) 30 52004 -4292
Telefax: +49 (0) 30 52004-4293

Hauptverwaltung:
IRIS Int. Genossenschaft i.G.
Bozen / Italien

Datum: 25.04.2013
Unsere Zeichen: H/74/13

> Auf welcher gesetzlichen Grundlage basieren Ihre sog. Ordnungsverfügung und Gebührenbescheid vom 09.01.2013?

> Wie wir Ihnen im Namen unseres Mandanten bereits ausführlich aufklärend dargelegt haben, wurde das Ordnungswidrigkeitengesetz (OWiG) exakt am 11.10.2007 im Bundestag zur rückwirkenden Aufhebung beschlossen, weil an jenem Tag das Einführungsgesetz für das OWiG rückwirkend aufgehoben wurde. Damit existiert seit der Bekanntgabe im Bundesanzeiger am 23.11.2007 (BGBl. I, Seite 2614) für sämtliche Ordnungswidrigkeiten keine rechtliche Grundlage mit Wirkung vom 30.11.2007. Beweis:

http://www.buzer.de/gesetz/7965/a152523.htm.

Email:
info@my-graf-von-andechs.de

Webseite:
www.kanzlei-gva.com

Sprechzeiten:
Mo – Fr.   9:30 – 12:00 Uhr
Di + Do. 14:00 – 16:00 Uhr
Termine nach Vereinbarung

Wir unterstützen die Initiative:
Deutsches Polizei Hilfswerk (DPHW)

Entscheidung des Bundesverfassungsgerichtes:
„Gesetze ohne Geltungsbereich besitzen keine Gültigkeit und Rechtskraft"
(BVerfGE 3, 288 (319f): 6. 309 (338,363)).

Abbildung 1: Schreiben der „Bürger Kanzlei Graf von Andechs" an den Landrat des Landkreises Potsdam-Mittelmark, Herrn Blasig, vom 25.4.2013[122]

---

[122] Bild: Fotokopie des Schreibens. Das *„Angebot"* einer *„Ordnungsverfügung"* wird in dem Schreiben entschieden abgelehnt und damit dem „Mandanten" zum Entzug der Fahrerlaubnis verholfen. Dafür unterstützt die *„Kanzlei"*, zugelassen bei *„allen internationalen Gerichten"*, das DPHW. Ein wertvoller Hinweis. Der zitierte „Bundesanzeiger" meint natürlich das Bundesgesetzblatt Teil I.

Ferner wird behauptet, durch die diversen Gesetze zur Bereinigung des Bundesrechts seien tragende Gesetze der Bundesrepublik außer Kraft gesetzt worden, sodass die BRD nur noch zivilrechtlich agieren könne.[123] Bezug genommen wird hierbei auf das Erste Gesetz über die Bereinigung von Bundesrecht im Zuständigkeitsbereich des Bundesministeriums der Justiz aus dem Jahr 2006[124], auf das Zweite Gesetz über die Bereinigung von Bundesrecht im Zuständigkeitsbereich des Bundesministeriums der Justiz aus dem Jahr 2007[125] und auf das Gesetz über die weitere Bereinigung von Bundesrecht aus dem Jahr 2010[126]. Zum Teil wird behauptet, die Einführungsgesetze würden den Geltungsbereich (gemeint ist wohl: die Geltung) des zitierten Gesetzes regeln. Durch die Aufhebung der Einführungsgesetze sei damit auch das namensgebende Gesetz aufgehoben worden. Diese Theorie ist unhaltbar und ein typisches Beispiel für die Verknüpfung realen Geschehens mit irrealen Wunschvorstellungen:

Mit den Gesetzen zur Bereinigung des Bundesrechts wurden Gesetze aufgehoben, die durch Zeitablauf oder aufgrund ihres nicht mehr existierenden Gegenstandes überflüssig geworden waren. Neben dem EGOWiG waren hiervon auch andere Einführungsgesetze betroffen. Für sie gilt das, was oben ausgeführt wurde: Die Einführungsgesetze normieren nicht die Einführung und die Geltung oder Wirksamkeit eines Gesetzes. Die Einführungsgesetze regeln ausschließlich das Recht im Übergangszeitraum, also die Frage, ob und wie auf alte Fälle neues Recht angewendet werden kann. Beim EGOWiG waren dies die Fälle aus dem Zeitraum um 1968.[127] Die Einführungsgesetze regeln weder den Geltungsbereich noch das Inkrafttreten der namensgebenden Gesetze. Das EGOWiG regelte folglich nicht das Inkrafttreten des OWiG und auch nicht das Außerkrafttreten. Ein Außerkrafttreten würde durch ein Aufhebungsgesetz zum OWiG geregelt werden. Ein Gesetz mit diesem Inhalt existiert nicht.

Die Auffassung zeichnet sich zudem durch ein hohes Maß an Unlogik aus, wenn einerseits die Existenz des Staates Bundesrepublik Deutschland negiert, andererseits aber die Aufhebung eines unerwünschten Bundesgesetzes durch den Bundesgesetzgeber begrüßt wird.

---

[123] Siehe dazu unter III. 10.

[124] Vom 19.4.2006, Bundesgesetzblatt Teil I, S. 866.

[125] Vom 23.11.2007, Bundesgesetzblatt Teil I, S. 2614.

[126] Vom 8.12.2010, Bundesgesetzblatt Teil I, S. 1864.

[127] Dass mit Art. 1 Nr. 6 EGOWiG (Änderung des StGB) auch klammheimlich die Verjährung von NS-Straftaten geregelt werden sollte, kann hier nicht vertieft werden; vgl. ausführlich Greve, Michael (2000): Amnestierung von NS-Gehilfen – eine Panne?, in: Kritische Justiz (KJ), Heft 3/2000, S. 412 ff.

b) OWiG ist kein Recht des Deutschen Reiches

Die Existenz und Anwendbarkeit des OWiG wird ferner mit der Begründung bestritten, das Deutsche Reich mit seiner Verfassung von 1919 bestehe fort und auf dieser Grundlage sei kein OWiG erlassen worden.

Das stimmt insoweit, als das OWiG ein bundesdeutsches Gesetz ist und nicht während der Weimarer Republik erlassen wurde. Allerdings ist bekanntlich die Grundvoraussetzung dieser Überlegung – Fortbestehen des Deutschen Reiches auf Basis der Weimarer Verfassung – nicht gegeben.

c) Aufhebung durch Einigungsvertrag

Schlussendlich behaupteten einige „Reichsbürger", das OWiG sei durch den Einigungsvertrag aufgehoben worden. Wer die 360 Seiten des Einigungsvertrages durchgelesen hat bzw. die Lektüre auf die Anlage I, Kapitel III, Sachgebiet C, Abschnitt III des Einigungsvertrages beschränken würde, würde feststellen: Das stimmt nicht. Das OWiG wird als fortbestehendes Recht aufgeführt.

Fazit: Als Konsens aller „Reichsbürger" lässt sich festhalten: Das OWiG muss weg. Unbedingt. Egal wie.

13. Gesetze ohne expliziten Geltungsbereich sind unwirksam

Einige „Reichsbürger" behaupten, Gesetze seien unwirksam, wenn in ihnen nicht explizit der Geltungsbereich geregelt wird. Darauf fußt auch die These, die Bundesrepublik sei durch die Streichung des Art. 23 GG (alte Fassung) versehentlich untergegangen.[128] Zur Begründung ihrer Auffassung berufen sich „Reichsbürger" auf ein Urteil des Bundesverwaltungsgerichts[129].

Zum Grundgesetz ist ausgeführt worden, dass sich der territoriale Geltungsbereich auch aus anderen Passagen des Grundgesetzes ergibt und die Streichung des Art. 23 GG (alte Fassung) keinen Einfluss auf die Fortgeltung des Grundgesetzes hat.[130]

Was andere Gesetze anbelangt, so ist die These schlicht unrichtig. In Gesetzen muss kein räumlicher Geltungsbereich bestimmt werden. Dieser ist vielmehr von vornherein klar. Bundesgesetze gelten für die Bundesrepublik Deutschland, also für das gesamte Bundesgebiet. Landesgesetze gelten im jeweiligen Bundesland.

Das oben genannte Urteil des Bundesverwaltungsgerichts betraf kein Gesetz, sondern eine Verordnung, und zwar eine Landschaftsschutzverordnung.

---

[128] Siehe dazu unter III. 4.
[129] Bundesverwaltungsgericht, Urteil vom 28.11.1963 – I C 74.61, BVerwGE 17, S. 192 ff.
[130] Siehe dazu unter III. 4 f).

Das Gericht urteilte: Wenn der räumliche Geltungsbereich einer Landschaftsschutzverordnung nicht präzise bestimmt ist, ist die Verordnung unwirksam. Dieser Satz ergibt in diesem Kontext auch einen Sinn. Denn mit der Verordnung werden Teile eines bestimmten Territoriums als geschütztes Gebiet ausgewiesen. Und dieses Gebiet muss flurstückgenau bestimmt sein, damit klar ist, ob ein bestimmtes Flurstück unter den Schutz fällt oder nicht. Nur bei derartigen flächenbezogenen Regelungen sind der räumliche Geltungsbereich und seine präzise Benennung von Relevanz. Gesetze bedürfen keiner flurstückgenauen räumlichen Eingrenzung, denn sie sind allgemein und gelten für das gesamte Territorium des jeweiligen Gesetzgebers und die dort lebenden Menschen.

Zum Teil wird eine Entscheidung des Bundesverfassungsgerichts[131] vom 20.3.1957 zitiert. Aber auch hier findet sich nicht der Satz, dass ein Gesetz ohne expliziten räumlichen Geltungsbereich unwirksam sein soll. Vielmehr wird ausgeführt, dass das mit dem Deutschen Reich abgeschlossene Konkordat in der Bundesrepublik weiterhin gilt, da *„die staatliche Einheit*[132] *durch die Bundesrepublik Deutschland als Bundesstaat verwirklicht"* werde.

14. Grundgesetz ist keine Verfassung

Zum Teil wird die Existenz der Bundesrepublik damit infrage gestellt, dass sie nicht konstituiert sei, weil sie keine Verfassung, sondern „nur" ein Grundgesetz habe. Außerdem könne es mangels Verfassung auch kein Bundesverfassungsgericht geben.

Dazu ist anzumerken, dass das Grundgesetz die Funktion der Verfassung hat und damit die Bundesrepublik konstituiert wurde – ein seit über 60 Jahren weitgehend anerkannter Umstand. Inwieweit nach dem Beitritt der DDR eine Verfassung an die Stelle des Grundgesetzes treten kann oder muss, steht auf einem anderen Blatt. Nur am Rande sei angemerkt, dass die Verfassungen von Dänemark und Ungarn ebenfalls „Grundgesetz" heißen und völlig unbestritten die Verfassung dieser Länder darstellen.

Die Schlussfolgerung, das Grundgesetz gelte nicht oder die Bundesrepublik sei untergegangen, weil nach dem Beitritt der DDR zwingend eine neue Verfassung hätte geschaffen werden müssen, ist nicht richtig. Zunächst bestimmt Art. 3 des Einigungsvertrages: Mit dem Wirksamwerden des Beitritts

---

[131] Bundesverfassungsgericht, Urteil vom 20.3.1957 – 2 BvG 1/55, BVerfGE 6, S. 309 ff.
[132] Die des fortbestehenden Deutschen Reiches.

tritt das Grundgesetz in den fünf neuen Bundesländern sowie in dem Teil Berlins, in dem das Grundgesetz bisher nicht galt, in Kraft. Aus dieser Formulierung wird klar, dass auch nach dem Beitritt das Grundgesetz weiterhin gelten soll. Es gibt keine verfassungslose Zeit.

Art. 5 des Einigungsvertrages bestimmt, dass die Vertragsparteien Bundesrepublik Deutschland und Deutsche Demokratische Republik den gesetzgebenden Körperschaften empfehlen, über eine Änderung oder Ergänzung des Grundgesetzes zu befinden. Auch dieser Satz impliziert den Fortbestand des Grundgesetzes.

In Art. 4 des Einigungsvertrages ist die letzte Vorschrift des Grundgesetzes, Art. 146 GG, wie folgt geändert worden:

„Dieses Grundgesetz, das nach Vollendung der Einheit und Freiheit Deutschlands für das gesamte deutsche Volk gilt, verliert seine Gültigkeit an dem Tage, an dem eine Verfassung in Kraft tritt, die von dem deutschen Volke in freier Entscheidung beschlossen worden ist."

Daraus kann man ableiten, dass mit dem Beitritt der DDR und der postulierten *„Vollendung der Einheit Deutschlands"* eine politische Verpflichtung zur Schaffung einer neuen Verfassung besteht.[133] In jedem Falle aber ergibt sich aus Art. 146 GG in der Fassung des Art. 4 des Einigungsvertrages das, was vorstehend bereits ausgeführt wurde: Das Grundgesetz ist in Kraft und tritt erst dann außer Kraft, wenn eine neue Verfassung in Kraft tritt. Und nicht eine Sekunde früher.

Die Existenz und die Kompetenz des Bundesverfassungsgerichts regelt Art. 93 GG. Diese Vorschrift war schon im Grundgesetz des Jahres 1949 enthalten und bezeichnete das oberste Gericht als *„Verfassungsgericht"*, auch wenn das konstituierende Gesetz nicht als Verfassung, sondern als Grundgesetz bezeichnet wurde.

---

[133] Einigen „Reichsbürgern", die sich hinter der Bezeichnung *„Urkunde 146"* verbergen, geht das nicht schnell genug: Sie wollen bereits jetzt eine *„neue Verfassung"*, reklamieren für sich die Ausübung eines *„Grundrechts"*, verkennen allerdings ein wenig, dass das deutsche Volk des Art. 146 GG nicht identisch ist mit einer Handvoll „Reichsbürgern", die sich als *„deutsches Volk"* gerierend eine *„neue Verfassung"* geben wollen. Noch lustiger ist es, dass diese *„neue Verfassung"* die Weimarer Reichsverfassung sein soll, mit dem Deutschen Reich in den Grenzen vom 31.12.1937 und damit einhergehend: mit der Aufkündigung der real existierenden deutschen Ostgrenze.

15. Gesetze sind wegen Verfassungswidrigkeit des Bundeswahlgesetzes ungültig

Im Jahre 2013 wurde kurz vor der Bundestagswahl verschiedentlich eine „Illegalität" der Bundesrepublik mit der Entscheidung des Bundesverfassungsgerichts[134] vom 25.7.2012 zu den Überhangmandaten im Bundeswahlgesetz (BWahlG) begründet. Damit verbunden war die Forderung, die Bundestagswahl abzusagen. „Argumentiert" wurde, das Bundesverfassungsgericht habe das Bundeswahlgesetz rückwirkend für verfassungswidrig erklärt. Damit sei der Bundesgesetzgeber seit dem Inkrafttreten des Bundeswahlgesetzes vom 7.5.1956 nicht legitimiert und alle seither erfolgten Wahlen und alle verabschiedeten Gesetze seien ungültig. Das betrifft natürlich die Geltung der Abgabenordnung (AO) und die Verpflichtung, Steuern zu zahlen, aber auch die Geltung des Gerichtsverfassungsgesetzes (GVG), sodass keine Gerichtsbarkeit existiert und kein Richter einen „Reichsbürger" zu einem Termin laden kann. Natürlich ist von dieser Idee auch das Gesetz über Ordnungswidrigkeiten von 1968 betroffen.

Auch hier ist der Wunsch Vater des Gedankens. Richtig ist, dass das Bundesverfassungsgericht verschiedene Passagen in § 6 BWahlG zur Regelung von Überhangmandaten für verfassungswidrig erklärt hat. Mitnichten ist damit das gesamte Bundeswahlgesetz verfassungswidrig. Die Entscheidung betrifft nur jene Änderungen, die § 6 durch ein Änderungsgesetz im Jahre 2011[135] erfahren hat – damit berührt das Urteil schon vom Wortlaut her nicht die Regelungen des Bundeswahlgesetzes in der Zeit von 1956 bis 2010. Im Übrigen wird mit der Feststellung der Verfassungswidrigkeit bestimmter Regelungen in § 6 BWahlG nicht die Ungültigkeit der Bundestagswahl festgestellt. Das kann auch schon deshalb nicht sein, weil in dem Zeitraum vom Inkrafttreten der Änderung (2011) bis zur Gerichtsentscheidung (2012) keine Bundestagswahl stattgefunden hat.

Fazit: Kein Parlament ist von der Entscheidung des Bundesverfassungsgerichts in seinem Bestand und in seinen Rechten tangiert. Alle beschlossenen Gesetze konnten beschlossen werden. Der Bundesgesetzgeber war folglich „nur" gehalten, bis zur Bundestagswahl im September 2013 ein verfassungskonformes Wahlrecht zu schaffen.[136]

---

[134] Bundesverfassungsgericht, Urteil vom 25.7.2012 – 2 BvE 9/11, 2 BvF 3/11 und 2 BvR 2670/11, BVerfGE 131, S. 316 ff.

[135] Neunzehntes Gesetz zur Änderung des Bundeswahlgesetzes vom 25.11.2011, Bundesgesetzblatt Teil I, S. 2313, in Kraft getreten am 3.12.2011.

[136] Dies geschah mit dem Zweiundzwanzigsten Gesetz zur Änderung des Bundeswahlgesetzes vom 3.5.2013, Bundesgesetzblatt Teil I, S. 1082, das am 9.5.2013 in Kraft getreten ist.

16. „Geheimer Staatsstreich"

Die Aufhebung überflüssigen Rechts durch das Gesetz über die weitere Bereinigung von Bundesrecht aus dem Jahr 2010[137] hat die verqueren Gedankengänge inzwischen zu neuen Blüten getrieben:[138] Der Erlass des Bereinigungsgesetzes sei ein *„geheimer Staatsstreich"* der Bundesregierung. „Geheim" ist dieser „Staatsstreich" wohl vor allem deshalb, weil über 80 Millionen Menschen in diesem Lande davon – aus guten Gründen – nichts bemerkt haben. Deshalb sei „reichsbürgerliche Aufklärung" nötig: In dem Gesetz wird u.a. in Art. 2 das Gesetz zur Regelung von Fragen der Staatsangehörigkeit aus dem Jahre 1955 aufgehoben.[139] In diesem Gesetz ging es darum, wie bestimmte Personen, die nicht die deutsche Staatsangehörigkeit besaßen, diese erwerben konnten. Gemeint waren Personen, die im früheren Reich für deutsche Stellen tätig waren: Wehrmacht, Deutschen Polizei – aber auch Waffen-SS.[140] Damit können diese Menschen nun nicht mehr Deutsche werden. Schlussfolgerung: Das ist ein „Staatsstreich".

Übersehen wird von den „Reichsbürgern", dass die Staatsangehörigkeit mitnichten beseitigt, sondern allein der Zugang eines kleinen und inzwischen wohl nicht mehr vorhandenen Personenkreises zur Staatsangehörigkeit ausgeschlossen wird – und nicht das gesamte deutsche Volk abgeschafft wird, wie es die „Reichsbürger" suggerieren. Warum die Aufhebung eines Gesetzes über den Zugang zur Staatsangehörigkeit durch das Parlament einen Staatsstreich der Regierung darstellt, ist nur mit der „Reichsbürgern" eigenen Unlogik zu erklären. Wieso die „nicht existierende Bundesregierung" einen „Staatsstreich" ausüben sollte, wen sie damit von der Macht verdrängen wollte und wer dann an die Macht gekommen sein müsste, ist ebenso wirr wie die sich nunmehr aufdrängende Schlussfolgerung: Dass nämlich nach einem „erfolgreichen Staatsstreich" der Bundesregierung im Jahre 2010 ein neuer staatlicher Machthaber entstanden sein müsste – mit Frau Merkel als Kanzlerin …

---

[137] Vom 8.12.2010, Bundesgesetzblatt Teil I, S. 1864.

[138] Diese fixe Idee wird seit ca. 2015 vertreten.

[139] Nicht aufgehoben, sondern in Art. 1 allein geändert, wurde das Staatsangehörigkeitsgesetz (StAG). Die deutsche Staatsangehörigkeit bleibt folglich unberührt. Einige „Reichsbürger" sprechen von einer „Gleichschaltung" des „Reichs- und Staatsangehörigkeitsgesetzes" (RuStAG) mit dem StAG durch das Gesetz vom 8.12.2010, wobei übersehen wird, dass das RuStAG bereits am 1.1.2000 in StAG umbenannt worden ist und folglich zehn Jahre später nicht mehr unter diesem Namen existierte.

[140] Wobei hinzugefügt war, dass die Tätigkeit in Organisationen des Dritten Reiches *„für sich allein den Erwerb der deutschen Staatsangehörigkeit nicht zur Folge"* habe.

17. Konsequenzen aus der Zuschreibung eigener Machtbefugnisse

Aufgrund der Behauptung, die Bundesrepublik existiere nicht, bzw. aufgrund der „Konstituierung" als „Reichsvertretung" leiten die entsprechenden „Reichsbürger" ihnen zustehende Befugnisse ab. Sie drohen damit, zur Festnahme jener Personen berechtigt zu sein, die sich nicht entsprechend ihrer Weltanschauung verhalten. Das zielt dann in der Regel auf Beschäftigte real existierender Behörden ab. Ferner wird ein Notwehrrecht behauptet oder das Recht zur Selbsthilfe gemäß § 229 BGB. Damit stünde das Recht zu, Verhaftungen vorzunehmen (oder diese zumindest anzudrohen).

Die „Selbstverwalter" und Benutzer von „Allgemeinen Geschäftsbedingungen" weisen in ihren Schreiben darauf hin, dass ihre „Allgemeinen Geschäftsbedingungen" Anwendung finden, wenn nicht innerhalb einer bestimmten kurzen Frist die in diesen Schreiben aufgeführten „Fakten" widerlegt worden sind. Ferner würde eine Behörde sich durch „schlüssiges Handeln" auch ohne explizite Zustimmung den Bedingungen der „Allgemeinen Geschäftsbedingungen" unterwerfen.

Die Selbsthilfe setzt voraus, dass „obrigkeitliche Hilfe" nicht zu erlangen ist. Ein Rechtsschutz gegen ein Handeln der öffentlichen Verwaltung ist regelmäßig gegeben, durch Widerspruch, Einspruch, Klage etc. Damit liegt eine Voraussetzung für die Selbsthilfe nicht vor.

Zum Vorgehen: Auf den Unfug der „Reichsbürger" wird nicht inhaltlich reagiert, um nicht den Eindruck zu erwecken, es handele sich um diskutierbare Rechtsausführungen. Die Behörde sollte sich folglich auch nicht von dem Satz schockieren lassen, dass die „Allgemeinen Geschäftsbedingungen" mit der dort verankerten „persönlichen Haftung" der Amtspersonen Geltung finden, wenn ihnen nicht widersprochen wird. Es bleibt beim klassischen Verwaltungshandeln: lesen, lachen, lochen, abheften.

IV. Handlungsempfehlungen im Umgang mit „Reichsbürgern" aus juristischer Sicht

Das Ministerium des Innern des Landes Brandenburg[141] hat im Jahr 2012 eine Pressemitteilung herausgegeben, was aus seiner Sicht von „Reichsbürgern" zu

---

[141] Ministerium des Innern des Landes Brandenburg (2012): Pressemitteilung Nr. 033/2012 vom 13.4.2012: „Krude Theorien: Wie ‚Reichsbürger' versuchen, aus der Erde eine Scheibe zu machen", unter http://www.mik.brandenburg.de/cms/detail.php/bb1.c.286805.de, Stand der Abfrage: 23.12.2017.

halten und wie mit ihnen umzugehen ist. Das Ministerium gibt in der Pressemitteilung am Ende nachfolgende allgemeine Empfehlungen für betroffene Verwaltungen:

„Richtiger Umgang mit ‚Reichsbürgern'
Wer mit ‚Reichsbürger'-Aktivitäten konfrontiert wird, kann sich an folgenden Hinweisen orientieren:
- *Es ist sinnlos, mit ‚Reichsbürgern' zu diskutieren. Denn ‚Reichsbürger' verfolgen damit das Ziel, Verwirrung zu stiften, um staatliche Stellen vom rechtlich gebotenen Handeln abzulenken.*
- *Bei Vergehen von ‚Reichsbürgern' sollten staatliche Stellen schnell und konsequent handeln. Wenn ein ‚Reichsbürger' beispielsweise Manipulationen am Kfz-Kennzeichen vornimmt, sollte unverzüglich der Betrieb des Fahrzeugs auf öffentlichen Straßen untersagt und zusätzlich der Verdacht der Urkundenfälschung geprüft werden.*
- *Beleidigungen, Bedrohungen und weitere strafrechtlich relevante Verhaltensweisen von ‚Reichsbürgern' sollten unverzüglich den Strafverfolgungsbehörden angezeigt werden.*
- *Dienstlicher Schriftwechsel mit ‚Reichsbürgern' sollte auf das absolut notwendige Mindestmaß beschränkt bleiben. Insbesondere Widersprüche oder ähnliche Schriftsätze, in denen die Rechtmäßigkeit der Bundesrepublik Deutschland angezweifelt wird, sind schlicht als unbegründet zurückzuweisen.*
- *Materialien von ‚Reichsbürgern' mit rechtsextremistischen Inhalten sollten dem Verfassungsschutz übermittelt werden."* [142]

Im Folgenden sollen Handlungsempfehlungen aus juristischer Sicht speziell für die im Umgang mit „Reichsbürgern" einschlägigen Tätigkeitsfelder der Verwaltung gegeben werden.[143] Hierzu wird detailliert auf typische Einzelfälle in der kommunalen Verwaltung eingegangen. Die Handlungsempfehlungen beruhen auf einer Auswertung von Vorkommnissen in einer brandenburgischen Kreisverwaltung. Mit eingeflossen sind Hinweise aus kreisangehörigen Städten und Gemeinden.

---

[142] Ministerium des Innern des Landes Brandenburg (2012): Pressemitteilung Nr. 033/2012 vom 13.4.2012: „Krude Theorien: Wie ‚Reichsbürger' versuchen, aus der Erde eine Scheibe zu machen", unter http://www.mik.brandenburg.de/cms/detail.php/bb1.c.286805.de, Stand der Abfrage: 23.12.2017.
[143] Vgl. zu Handlungsempfehlungen aus psychologischer Sicht Keil (Fn. 1), S. 109 ff., in diesem Band.

Zunächst wird beschrieben, wie Bescheide und Widerspruchsbescheide verfasst werden sollen und wie eine Kommunikation mit „Reichsbürgern" erfolgen kann,[144] wobei auch formale Aspekte beachtet werden sollen (z. B. Hausverbot).

In der Kreisverwaltung finden – statistisch betrachtet – die meisten Auseinandersetzungen mit „Reichsbürgern" in der Verkehrsbehörde statt.[145] Daher wird ausführlich eingegangen auf die differenzierte Rechtsprechung zur Entziehung der Fahrerlaubnis bzw. zur Anordnung einer medizinisch-psychologischen Untersuchung (MPU), die dann im Regelfall die Entziehung der Fahrerlaubnis nach sich zieht.

Aus dem gemeindlichen Bereich werden folgende Schwerpunkte angesprochen: Zuverlässigkeitsprüfungen (insbesondere im Gewerberecht), amtliche Beglaubigungen und Probleme im Melderecht.

Inwieweit der Vortrag von „Reichsbürgern" von der Behörde beachtet werden oder ob eine Hilfe durch den sozialpsychiatrischen Dienst, eine Betreuung oder gar eine Einweisung nach dem Brandenburgischen Psychisch-Kranken-Gesetz (BbgPsychKG)[146] erfolgen muss, wird im Anschluss daran erörtert.[147]

Für sämtliche öffentlichen Verwaltungen von Relevanz sind die abschließenden Empfehlungen für die im Außendienst tätigen Kontrolleure oder Vollstreckungsdienstkräfte, für die Zustellung von Bescheiden und last not least: zum Umgang mit „Reichsbürgern", die sich – zum Teil mit dem „Titel" eines „Rechtskonsulenten" schmückend – als Beistände oder Bevollmächtigte aufspielen.

1. Handlungsempfehlungen bei Bescheidung

a) Anhörung, widersprüchliches Vorbringen

Im Verwaltungs- oder im Widerspruchsverfahren wird die Behörde in der Begründung des Bescheides entgegnen, dass im Rahmen einer (schriftlichen oder mündlichen) Anhörung der Bürger nichts vorgebracht hat, was dem Ausgangsbescheid entgegensteht. Dies ist dann möglich, wenn der „Reichsbür-

---

[144] Vgl. ausführlich zur Kommunikation Keil (Fn. 1), S. 109 ff., in diesem Band.

[145] Seit 2004 waren in der Kreisverwaltung des Landkreises Potsdam-Mittelmark zum Stichtag 23.12.2017 über 130 Vorfälle mit über 70 verschiedenen „Reichsbürgern" bekannt. Die meisten Personen wandten sich gegen Bescheide des Verkehrsamtes oder „kritisierten" die Diensthandlungen der Vollstreckungsdienstkräfte der Kämmerei.

[146] Gesetz über Hilfen und Schutzmaßnahmen sowie über den Vollzug gerichtlich angeordneter Unterbringung für psychisch kranke und seelisch behinderte Menschen im Land Brandenburg vom 5.5.2009, Gesetz- und Verordnungsblatt Teil I, S. 134, zuletzt geändert durch Gesetz vom 25.1.2016, Gesetz- und Verordnungsblatt Teil I, Nr. 5.

[147] Vgl. zur fachlichen Auseinandersetzung anhand eines Fallbeispiels Keil (Fn. 1), S. 69 ff., in diesem Band.

ger" von der Behörde einerseits ohne Bestreiten der Legitimität Leistungen empfangen, andererseits aber unter Bestreiten der Legitimität und damit auch der Legalität einen Bescheid derselben Behörde anzweifelt. Angemessen ist dann auch der Satz, dass *„das Vorbringen in sich widersprüchlich ist und daher nicht berücksichtigt werden kann"*. Mehr ist nicht nötig. Der Behördenmitarbeiter sollte sich auf keine Debatten einlassen. Den „Reichsbürgern" geht es nicht um schlüssiges Argumentieren oder Darstellen einer rationalen Position, sondern um Verzögerung des Verwaltungsverfahrens mit dem Ziel, dieses zum Abbruch zu bringen.

Das Vorbringen von „Reichsbürgern" mit dem Begriff „absurd" abzutun, ist in der Sache zwar richtig. Es besteht aber die Gefahr, dass dieser Hinweis längere und ausführlichere Schreiben nach sich ziehen wird. Insbesondere kann in den folgenden Schreiben dann auch der Terminus *„Dienstaufsichtsbeschwerde"* erscheinen, der in jedem Fall zu beachten ist und weitere Arbeit mit sich bringt. Es gibt Querulanten, die versuchen, die Verwaltung mit Dienstaufsichtsbeschwerden lahmzulegen! Die Methode ist, nach der Dienstaufsichtsbeschwerde gegen den Sachbearbeiter eine solche gegen den Vorgesetzten, dann gegen den Leiter einer Abteilung und schlussendlich gegen den Hauptverwaltungsbeamten zu erheben. Irgendwann ist dann auch Frau Merkel im Rennen. Es ist zu beachten, dass eine Beschwerde gegen den Hauptverwaltungsbeamten von der kommunalen Vertretung entschieden werden muss. Das wird dann sehr aufwendig.[148]

b) Unterschrift unter dem Bescheid
In Fällen, in denen wider Erwarten die Existenz der Bundesrepublik vorübergehend anerkannt wurde, bemängelten „Reichsbürger" die konkrete Bescheidung durch die Behörde: Der Name der „Reichsbürger" sei in Großbuchstaben geschrieben, die Unterschrift des Behördenmitarbeiters enthalte nur den Nachnamen. Diese Nörgeleien, die den Autor als Querulanten ausweisen, sollten nicht beachtet werden. Großbuchstaben werden in einem Bescheid häufig deshalb verwendet, um den Namen hervorzuheben.[149] Die Großschreibung ist zum Teil deshalb angebracht, um den Nachnamen vom Vornamen zu unterscheiden.

---

[148] Vgl. Verwaltungsgericht Gießen, Urteil vom 19.6.2006 – 10 E 720/06, juris, das in einem Tierschutzfall sehr umfassend auf die „Reichsbürger"-Argumentation eingegangen ist und dargestellt hat, wie das Deutsche Reich entstanden ist und dass es nicht mehr fortbesteht. Jenseits davon, ob die staatsrechtliche Argumentation zutrifft, ist dies ein sehr zeitaufwendiges Unterfangen gewesen. Niemand wird in der Lage sein, einen verbohrten „Reichsbürger" zu überzeugen. Vielmehr wird jener allein versuchen, die Verwaltung oder das Gericht lahmzulegen und dazu zu bringen, eine gebotene Entscheidung nicht zu treffen.
[149] Vgl. Stahl/Homburg (Fn. 80), S. 275, in diesem Band.

Zur Unterschrift: Es gibt keine Regelung, die vorschreibt, dass eine handschriftliche Unterzeichnung eines Bescheides oder Behördenschreibens Vor- und Nachname erfordert.[150] Die Unterzeichnung mit dem Nachnamen reicht. Er muss auch nicht leserlich sein, wohl aber individualisierbar.

c) Sorgfältiges Arbeiten, Vermeiden von Formfehlern

Dringend geboten ist ein sehr sorgfältiges Arbeiten! Frist- und Formvorschriften sind genau zu beachten! Nichts ist unangenehmer, als in einem gerichtlichen Verfahren wegen formaler Fehler zu scheitern. Das würde dazu führen, dass dieses Ereignis durch die „Reichsbürger" propagandistisch ausgeschlachtet wird, vermutlich nicht unter Benennung der tatsächlichen formalen Fehler, sondern in der Meinung, dass hier der „Reichsbürger"-Theorie Recht gegeben worden sei.

2. Telefonate, persönliche Vorsprache

a) Zur Kommunikation in Telefonaten

Sehr unangenehm wird es, völlig unvorbereitet mit einem „Reichsbürger" am anderen Ende der Telefonleitung konfrontiert zu werden. Er wird dann vermutlich mit den oben aufgezeigten „Argumenten" den Behördenmitarbeiter „an die Wand" reden wollen. Die „Reichsbürger" versuchen, mit ihrer absurden „Argumentation" die Behördenmitarbeiter in eine Stresssituation zu versetzen, um so Druck auszuüben. Es tritt eine Denk- und Logikblockade ein, der Verwaltungsmitarbeiter wird Probleme haben, adäquat zu antworten. Ziel der „Reichsbürger" ist es, dass sich die Beschäftigten der Verwaltung mit den von den „Reichsbürgern" angesprochenen Thesen auseinandersetzen, um sie so zu irritieren und in dieser Stresssituation handlungsunfähig zu machen.

Der Angerufene wird höchstwahrscheinlich Probleme haben, einen „Reichsbürger" in seinem Redeschwall stoppen zu können. Hier empfiehlt sich gegen die Etikette des Hauses, dem „Reichsbürger" bei einem längeren Wortbeitrag ins Wort zu fallen und zu versuchen, die Sache auf das Wesentliche zu konzentrieren (Anliegen: Bescheid, Widerspruchsbescheid, Bußgeld). Eine Diskussion über den Unfug zum Fortbestehen des Deutschen Reiches und zur Nichtexistenz der Verwaltung muss unterbunden werden. Der „Reichsbürger" wird ggf. darauf hingewiesen, dass er mit einer seinem Selbstverständnis nach nicht existierenden Stelle spricht und man sich solch einen Unsinn verbietet.

Mit „Reichsbürgern" kann nicht sachlich argumentiert werden. Das Vorbringen der „Reichsbürger" ist nicht logisch, es ist in sich widersprüchlich und

---

[150] Vgl. Bundesgerichtshof, Urteil vom 25.10.2002 – V ZR 279/01, NJW 2003, S. 1120 f.

rechtlich unhaltbar. Die „Zutexterei" dient nicht dazu, eine Debatte mit dem Ziel der Einigung oder Auseinandersetzung zu führen. Es geht allein darum, den Behördenmitarbeiter in die Defensive zu drängen und von einem rechtlich gebotenen Handeln abzuhalten.

Häufig ist die Absurdität und fehlende Logik der Ausführungen der „Reichsbürger" bereits daran zu erkennen, dass deren Abhandlungen nicht darauf angelegt sind, widerlegt zu werden. Das wäre ein Einfaches – wenn man sich zuvor eingehend mit der Materie beschäftigt.

Selbst wenn es gelingen sollte, intellektuell die Oberhand zu gewinnen, muss mit dem Totschlagargument gerechnet werden, dass die Vertreter einer nicht existierenden Behörde als „Vertreter des Systems" nicht in der Lage sind, die nach „Reichsbürger"-Auffassung bestehende Realität zu erkennen, zu durchschauen, zu verstehen und zu widerlegen. Das wird sogar dann geschehen, wenn die von den „Reichsbürgern" benannten Quellen widerlegt und die ganze Argumentation als Unfug entlarvt worden ist. Dann hat die Verwaltung halt den falschen Gesetzestext zitiert und falsche Quellen benutzt. Die Methode der „Reichsbürger" ist es, Reales mit Irrealem zu verbinden. Daher ist eine Entgegnung auf der Sachebene nicht möglich, vor allem wenn man nicht weiß, worum es geht, und der „Reichsbürger" einen vermeintlichen Informationsvorsprung vorspiegelt.

Die Empfehlung lautet, der Erwartungshaltung des „Reichsbürgers" nicht zu entsprechen. Das ist natürlich einfach gesagt. Wenn der „Reichsbürger" seinen Text vorgetragen hat,[151] wird auf den Unsinn nicht eingegangen, sondern das Sachproblem wiederholt (z.B. dass eine Ordnungswidrigkeit vorliegt und ein Bußgeld bezahlt werden soll oder dass eine Stilllegungsverfügung oder ein Gebührenbescheid ergangen ist). Der Beschäftigte muss das Gespräch auf diese sachliche Ebene ziehen. Auch bei weiterem Abweichen des „Reichsbürgers" gilt es, auf dieser Sachebene zu bleiben, den „Untergang der BRD" zu ignorieren und darauf mit keinem Wort einzugehen. Der „Reichsbürger" soll merken, dass die Verwaltung seiner Erwartungshaltung nicht entspricht.

Der Beschäftigte muss daher selbst die Initiative ergreifen, um auf der Sachebene zu argumentieren. Das sähe dann so aus, dass er seinen Gesprächspartner unterbricht, auf das Thema zurückkommt, erklärt, dass der Gesprächspartner sich äußern konnte, dass er zum Thema nichts vorgetragen hat und dass beschieden wird. Diese Kurzzusammenfassung wird vermutlich nicht die ungeteilte Zustimmung finden. Dann sollte an dieser Stelle das Gespräch beendet werden, ggf. mit der Feststellung, dass ein Konsens über

---

[151] Unterstellt, er beendet seinen Redeschwall ... Daher gilt es, recht- und frühzeitig zu unterbrechen!

den Dissens besteht.[152] Der Gesprächspartner darf auf keinen Fall in seinen Wahnvorstellungen oder sonstigem absurden Denken bestätigt werden. Denn wenn ein solches Gespräch heimlich aufgezeichnet wurde, wird es dann im Internet mit großem Getöse veröffentlicht!

b) Der „Reichsbürger" steht im Büro

Gleiches wie beim Telefonat gilt bei einer persönlichen Vorsprache des „Reichsbürgers". Das Problem wird häufig sein, den Gesprächspartner einordnen zu können: Ist es ein verbohrter Aktivist, ist er psychisch gestört, ist es sein einziges Anliegen, die Behörde vorzuführen, oder handelt es sich um eine Person, die einer Zahlungsaufforderung nicht Folge leisten kann oder leisten will?

Die in der Verwaltungspraxis ausgewerteten Gespräche verliefen zum Teil ruhig ab, zum Teil aber wurde in Anbetracht unspezifischer Drohungen die Erörterung als aggressiv empfunden. Empfehlung: Ruhig bleiben und beruhigend einwirken, aber das Gespräch zügig abbrechen, wenn es zu aberwitzig wird! In einigen Verwaltungen wurde darüber nachgedacht, einen Notfallknopf am Computer zu installieren für den Fall, dass der Behördenmitarbeiter allein mit einem „Reichsbürger" (und ggf. dessen „Hilfspersonal") konfrontiert wird. Dies ist in jedem Fall sinnvoll, auch weil andere Personen aggressiv auftreten können.

c) Umgang mit Drohungen

Soweit Drohungen ausgestoßen werden, die sich gegen die körperliche Unversehrtheit richten, sollte der Dienstherr eine Strafanzeige in Erwägung ziehen. Drohungen mit einer Dienstaufsichtsbeschwerde oder mit rechtlichen Schritten werden mit der gebotenen Gelassenheit zur Kenntnis genommen, ohne von einer gesetzeskonformen Entscheidung Abstand zu nehmen. Bei den „rechtlichen Schritten" wird es für „Reichsbürger" ohnehin etwas komisch werden. Vermutlich wird er mit dem „Reichsgericht" und den bekannten Hochstaplern drohen, die sich als „Reichsrichter" aufspielen.

Häufig wird (z.B. unter Bezug auf die Haager Landkriegsordnung) mit der Todesstrafe gedroht. Auch hier empfiehlt sich Gelassenheit: Die Haager Landkriegsordnung gilt nicht und regelt auch keine Todesstrafe.[153] Die Drohung ist reiner Humbug. Die subjektive Wirkung ist jedoch die, dass viele Beschäftigte sich real bedroht fühlen. Sie begründen dies damit, dass hier ein vermutlich psychisch kranker Mensch Drohungen ausspricht und man nie weiß, wie eine

---

[152] Vgl. Keil (Fn. 1), S. 111 f., in diesem Band.
[153] Siehe dazu unter III. 6.

solche Person in einer bestimmten Lage tatsächlich reagiert – nämlich womöglich nicht von rationalen Überlegungen gesteuert.

d) Hausverbote

Soweit ein „Reichsbürger" im Verwaltungsgebäude sich bedrohlich zeigt oder gewalttätig wird, wird ein Hausverbot ausgesprochen. Gleiches gilt, wenn er Schreiben in einem aggressiven Ton verfasst, der befürchten lässt, dass der „Reichsbürger" bei einer Vorsprache gewalttätig wird. Allerdings hatte in der Vergangenheit ein „Reichsbürger" bedrohende Schreiben mit antisemitischem und rassistischem Inhalt versandt, verhielt sich bei einer persönlichen Vorsprache aber ruhig. Indes wurde die persönliche Vorsprache im Hause in Anbetracht der bekannten Schreiben bereits als bedrohend empfunden.

Wenn ein Hausverbot ausgesprochen werden muss, sollte das hausinterne Regelwerk (z.B. Dienstanweisung zum Hausverbot) beachtet werden. Das dürfte häufig so aussehen:

- Das Hausrecht wird vom Behördenleiter oder denjenigen Personen ausgeübt, auf die die Kompetenz delegiert worden ist.
- Der „Reichsbürger" erhält einen Bescheid mit Rechtsbehelfsbelehrung.
- Der Bescheid wird förmlich zugestellt.
- Im Bescheid wird die sofortige Vollziehung des Hausverbotes angeordnet.
- Diese Anordnung der sofortigen Vollziehung gemäß § 80 Abs. 2 Satz 1 Nr. 4 der Verwaltungsgerichtsordnung (VwGO) muss (!) schriftlich begründet werden (§ 80 Abs. 3 VwGO). Das überwiegende öffentliche Interesse wird damit begründet, dass ein ordnungsgemäßer Dienstbetrieb nicht möglich ist, wenn der „Reichsbürger" Beschäftigte bedroht, und ggf. weitere Beschäftigte oder Sicherheitspersonal hinzugezogen werden müssen, um eine Eskalation zu vermeiden.

Bei den Dienstgebäuden handelt es sich um einen öffentlichen Raum, von dem der „Reichsbürger" nicht ohne Weiteres ausgeschlossen werden kann.[154] Aus diesem Grunde ist das Hausverbot auch als öffentlich-rechtlich und nicht als privatrechtlich anzusehen, weil es den „Reichsbürger" von der Benutzung der öffentlichen Einrichtung ausschließt. Ihm soll aufgegeben werden, dass er bei einer notwendigen Vorsprache in der Behörde sich vorher telefonisch anmelden muss, sofern ein persönliches Erscheinen erforderlich und eine Vertretung durch eine andere Person unmöglich ist.

---

[154] Das gilt insbesondere dann, wenn er zur Geltendmachung von Rechten oder zur Begründung eines Antrags vorsprechen muss.

e) Der „Reichsbürger" und sein bester Freund …

„Reichsbürger", die zur eigenen Sicherheit oder zur Bedrohung einen Hund ins Büro mitbringen, werden freundlich, aber bestimmt darauf hingewiesen, dass der Hund draußen bleiben muss. Es existiert kein generelles Verbot, dass Hunde nicht in ein Verwaltungsgebäude mitgenommen werden dürfen – dies müsste vielmehr individuell untersagt sein (z.B. durch ein Schild am Eingang, dass Hunde nicht erwünscht sind).

Es gilt aber gemäß § 3 Abs. 1 Satz 1 Nr. 4 der Brandenburgischen Hundehalterverordnung (HundehV)[155] das Gebot, Hunde in Verwaltungsgebäuden an der Leine zu führen. § 3 Abs. 3 HundehV bestimmt darüber hinaus, dass Hunde im Verwaltungsgebäude einen Maulkorb tragen müssen – nur die Hunde, nicht die Halter. Gegen diese beiden Regelungen wird wohl nicht nur durch „Reichsbürger" verstoßen.

3. Rechtsbehelfe

a) Widerspruchsverfahren

Wenn erkennbar wird, dass sich der „Reichsbürger" gegen eine Entscheidung wendet, dann ist hierüber zu befinden. Wenn die Behörde Gebühren verlangt und der „Reichsbürger" vorträgt, er denke mangels Existenz der Bundesrepublik gar nicht daran zu zahlen, muss diese Ablehnung als Widerspruch angesehen werden.

Knifflig wird es, wenn ein „Reichsbürger" nicht bezahlen will und in seinem Schreiben ausdrücklich mitteilt, dies sei kein Widerspruch – weil er sich ja ansonsten auf die Grundlage des bundesdeutschen Rechts stellen müsste. Der entsprechende Text lautet häufig: *„Dies ist kein Einspruch oder Widerspruch, sondern eine grundsätzliche Zurückweisung".* Zum Teil wird gar die Belehrung gegeben, dass auf einen (rechtlich) nicht existierenden Bescheid nicht mit Einspruch oder Widerspruch reagiert werden kann – was rechtlich betrachtet richtig wäre, wenn ein Verwaltungsakt als von Anfang an nichtig anzusehen wäre.[156]

Wenn ausdrückliche rechtliche Ausführungen getroffen werden, das Schreiben sei kein Widerspruch, dann wird der „Reichsbürger" beim Wort genommen und sein Schreiben auch nicht als Widerspruch behandelt. Vielmehr muss es so verstanden werden, dass der „Reichsbürger" von einer Nichtigkeit des Ausgangsbescheides ausgeht, weil z.B. seiner Meinung (bzw. Wahn-

---

[155] Ordnungsbehördliche Verordnung über das Halten und Führen von Hunden vom 16.6.2004, Gesetz- und Verordnungsblatt Teil II, S. 458.
[156] Vgl. § 44 VwVfG.

vorstellung) nach die ausstellende Behörde nicht existiert. Er wird sich nicht explizit auf § 44 des Verwaltungsverfahrensgesetzes (VwVfG) berufen. Sein Vortrag ist aber so zu verstehen, dass er eine Nichtigkeit behauptet.

Die Behörde wartet sodann die Monatsfrist für die Einlegung des Widerspruchs ab. Der Ausgangsbescheid wird dann bestandskräftig. Dem „Reichsbürger" wird in einem formlosen Schreiben Folgendes mitgeteilt: Es wurde zur Kenntnis genommen wurde, dass kein Widerspruch eingelegt werden sollte, sondern der „Reichsbürger" von einer Nichtigkeit des Verwaltungsaktes ausgeht. Dann hält die Behörde kurz fest, dass eine Nichtigkeit nicht vorliegt und jetzt die Bestandskraft eingetreten ist, weshalb vollstreckt wird. Begründung: Der Vortrag des „Reichsbürgers" ist in sich widersprüchlich und gibt keine Argumente für die Annahme einer Nichtigkeit her. Die „Reichsbürger"-Rhetorik wird ignoriert.[157] Die sachbearbeitende Stelle informiert dann die Vollstreckungsbehörde darüber, dass bei einem „Reichsbürger" vollstreckt werden soll, damit diese sich auf Unannehmlichkeiten bei der Vollstreckung vorbereiten kann!

b) Einspruchsverfahren

Im Bußgeldverfahren gilt nur der erste Teil der vorstehenden Ausführungen. Wenn der „Reichsbürger" aus irgendwelchen Gründen nicht bezahlen will, ist der übliche Verfahrensweg einzuhalten: Die Akte geht an das Amtsgericht. Die Behörde kann einen nichtigen Bußgeldbescheid zurücknehmen. In „Reichsbürger"-Fällen wird allerdings höchst selten eine Nichtigkeit des Bescheides gegeben sein. Wenn der „Reichsbürger" mit seiner *grundsätzlichen Zurückweisung* faktisch eine Nichtigkeit behauptet, dann soll das Amtsgericht darüber befinden. Zwar wäre dann für die Behörde das Bußgeld verloren, der „Reichsbürger" erhielte aber eine verbindliche, mit Gerichtskosten versehene Entscheidung des Gerichts.

4. Fahrerlaubnisrecht

a) Einzelne Abgrenzungspunkte

Bei der Überprüfung der Fahreignung gemäß Fahrerlaubnis-Verordnung (FeV) ist durch Entscheidungen der Gerichte in der jüngeren Vergangenheit einiges in Bewegung geraten.

---

[157] Ein Feststellungsbescheid, dass keine Nichtigkeit vorliegt, wird nur erstellt, wenn er explizit gefordert wird. Diese Feststellung wäre nicht gebührenpflichtig. Zu beachten ist, dass hier dann erneut der Rechtsweg eröffnet wird, allerdings nur, was das Nichtvorhandensein der Nichtigkeit betrifft.

Wenn mehrere Ordnungswidrigkeiten begangen wurden, ist zu überlegen, ob die Fahrerlaubnisbehörde die Eignung des Inhabers der Fahrerlaubnis prüfen muss, wenn er die Zahlung eines Bußgeldes verweigert, weil das Gesetz über Ordnungswidrigkeiten (OWiG), die Straßenverkehrs-Ordnung (StVO) oder sonstiges bundesdeutsches Recht nicht mehr gelten soll. Für die Anordnung einer medizinisch-psychologischen Untersuchung (MPU) gelten die §§ 11 ff. FeV. Hierzu urteilte das Bundesverwaltungsgericht[158]: Die Anordnung einer MPU muss *anlassbezogen und verhältnismäßig* sein.

Der Ansatzpunkt wäre der, dass der „Reichsbürger" zu erkennen gibt, nicht den geltenden Rechtsnormen zu unterliegen. Damit setzt er sich über das Recht und behält sich insbesondere vor, gegen das geltende Recht sanktionslos verstoßen zu können. Dies wird durch die Ordnungswidrigkeit und das nicht bezahlte Bußgeld belegt. Die charakterliche Geeignetheit wäre zu prüfen. Abzuwägen ist hier allerdings zwischen der charakterlichen Eignung bzw. einem fehlenden Realitätssinn einerseits und dem Recht auf freie Meinungsäußerung andererseits, also dem Recht, jeglichen Unfug zum Besten geben zu dürfen, um sich in einem Ordnungswidrigkeitenverfahren zu verteidigen. Wie nachfolgend dargestellt wird, kann eine MPU nur dann angeordnet werden, wenn die Ordnungswidrigkeiten von besonderer Schwere sind (Punkte-Delikt!) oder gehäuft in einem Jahr auftreten und eine Bezahlung der Bußgelder mit der Begründung abgelehnt wird, das Recht würde nicht gelten.

In jedem Fall gilt: Das Ordnungswidrigkeitenverfahren wird konsequent durchgezogen und das Bußgeld vollstreckt. Wenn das Ordnungswidrigkeitenverfahren nicht bestandskräftig durchgeführt wurde, hat die Behörde keinen Vorwurf an der Hand, der dem „Reichsbürger" entgegengehalten werden kann.

Wichtig ist: Die Anordnung der MPU muss hinreichend bestimmt sein! Wenn eine fachärztliche Untersuchung (im Regelfall: Facharzt für Neurologie/Psychiatrie) für erforderlich erachtet wird, darf nicht in der Anordnung alternativ ein anderer Arzt angegeben werden (z.B. Facharzt mit verkehrsmedizinischer Qualifikation).[159]

---

[158] Bundesverwaltungsgericht, Urteil vom 9.6.2005 – 3 C 25.04, NJW 2005, S. 3081 f.; Urteil vom 5.7.2001 – 3 C 13.01, NJW 2002, S. 78 ff.
[159] Vgl. Verwaltungsgericht Saarlouis, Beschluss vom 1.3.2013 – 10 L 360/13, juris: In dem Fall durfte ein erkennbar unter Wahnvorstellungen leidender „Reichsbürger" seine Fahrerlaubnis behalten, obwohl er sich nicht einer angeordneten MPU unterzogen hatte.

b) Verwaltungsgericht Braunschweig

Eine Anordnung der MPU gegenüber einem „Reichsbürger" wurde erstmals vom Verwaltungsgericht Braunschweig[160] in dem sehr umfangreichen Beschluss vom 23.2.2007 für rechtens erklärt. Die Entscheidung wurde vom Oberverwaltungsgericht Lüneburg[161] bestätigt.

Der Leitsatz der Braunschweiger Entscheidung lautet verkürzt gesagt: Es darf die Beibringung eines ärztlichen Gutachtens angeordnet werden, wenn hinreichender Anlass zu Zweifeln am Realitätssinn besteht. Wenn Zweifel am Realitätssinn bestehen, wird das Grundrecht auf freie Meinungsäußerung durch Anordnung der MPU nicht verletzt.

Im Falle des Verwaltungsgerichts Braunschweig war nicht nur die Legitimität der deutschen Parlamente, Gerichte und Behörden infrage gestellt worden. Vielmehr wurden mehrfach konkrete Behördenmaßnahmen als ungültig angesehen. Dieser vom Gericht benannte „hinreichende Anlass" zu Zweifeln am Realitätssinn muss von der Behörde präzise festgestellt werden. Darauf fußen die nachfolgenden, im Ergebnis unterschiedlichen Entscheidungen von diversen Verwaltungsgerichten.

c) Verwaltungsgericht Berlin

Das Berliner Landesamt für Bürger- und Ordnungsangelegenheiten teilte in einem Verfahren einem prominenten „Reichsbürger" mit, aufgrund der Absurdität seiner umfangreichen schriftlichen Einlassungen und seiner Schlussfolgerung, ein Bußgeld nicht bezahlen zu müssen, bestünden Zweifel an seinem Realitätssinn. Insbesondere würde er die Rechtsordnung der Bundesrepublik nicht anerkennen. Weil er konkrete Maßnahmen der Behörde als ungültig ansehe, sei keine ausreichende Sicherheit gegeben, dass der „Reichsbürger" den verkehrsrechtlichen Regeln Folge leiste. Aufgrund dieser Zweifel an seiner Eignung sollte der „Reichsbürger" ein MPU-Gutachten vorlegen. Nachdem der „Reichsbürger" erklärte, er stünde unter „völkerrechtlicher Selbstverwaltung", womit er vermutlich die Notwendigkeit der Vorlage eines Gutachtens meinte umgehen zu können, wurde ihm die Fahrerlaubnis entzogen. Diese Entscheidung wurde durch das Verwaltungsgericht Berlin[162] mit Beschluss vom 7.10.2011 bestätigt.

---

[160] Verwaltungsgericht Braunschweig, Beschluss vom 23.2.2007 – 6 B 413/06, juris.

[161] Oberverwaltungsgericht Lüneburg, Beschluss vom 16.4.2007 – 12 ME 154/07, nicht veröffentlicht.

[162] Verwaltungsgericht Berlin, Beschluss vom 7.10.2011 – 20 L 108.11, juris, eine sehr lesenswerte Entscheidung.

d) Verwaltungsgericht Frankfurt (Oder)

Es muss jedoch genau dieser Zusammenhang – Zweifel an der Fahreignung wegen Leugnung der Rechtslage – präzise darstellbar sein. In zwei Entscheidungen gab das Verwaltungsgericht Frankfurt (Oder)[163] den Eilanträgen der „Reichsbürger" statt! Begründung: Realitätsferne oder provokative Anschauungen alleine reichen für die Anordnung der Beibringung eines ärztlichen Gutachtens nicht aus. Die realitätsfernen politischen Auffassungen müssen dazu führen, dass eine die anderen Verkehrsteilnehmer gefährdende Missachtung gerade der straßenverkehrsrechtlichen Vorschriften als möglich erscheint. Damit würden die tatbestandlichen Voraussetzungen für die Anordnung des MPU-Gutachtens (§ 46 in Verbindung mit den §§ 11 ff. FeV) nicht vorliegen, wenn das Gutachten aufgrund einer einzigen Ordnungswidrigkeit angefordert wird. Die provokative Ablehnung der Rechtsordnung in allgemeiner Weise kann nicht zu der Schlussfolgerung verleiten, dass damit konkret ebenfalls straßenverkehrsrechtliche Vorschriften missachtet werden: *„Den straßenverkehrsrechtlichen Vorschriften ist ein gesinnungsrechtlicher Ansatz fremd"*[164].

In seiner zweiten Entscheidung[165] merkte das Gericht an, dass die Anordnung eines MPU-Gutachtens wegen Zweifeln an der charakterlichen oder geistigen Eignung nur dann infrage kommt, wenn ein grober Verstoß oder mehrere kleine Ordnungswidrigkeiten vorliegen und die Geltung der Rechtsordnung bestritten wird.

e) Verwaltungsgericht Potsdam

Ein derartiger Sachverhalt lag dem Beschluss des Verwaltungsgerichts Potsdam[166] vom 14.1.2013 zugrunde. Aus der Verwaltungsakte ging ein umfangreicher Schriftwechsel mit dem Polizeipräsidenten in Berlin hervor, der mehrere Ordnungswidrigkeiten betraf. Der „Reichsbürger" erkannte die Polizei nicht an. So fühlte er sich u.a. legitimiert, als Führer eines Kraftfahrzeugs das Haltegebot eines bundesdeutschen Polizisten zu ignorieren. Das Verwaltungsgericht Potsdam führte aus: Bei den Äußerungen des (ehemaligen) Fahrerlaubnisinhabers handele es sich nicht um rechtliche oder politische Meinungsäußerungen, sondern es bestünden deutliche Hinweise auf

---

[163] Verwaltungsgericht Frankfurt (Oder), Beschluss vom 19.5.2011 – 2 L 58/11, juris; Beschluss vom 16.1.2013 – 2 L 292/12, nicht veröffentlicht.

[164] Verwaltungsgericht Frankfurt (Oder), Beschluss vom 19.5.2011 – 2 L 58/11, juris.

[165] Verwaltungsgericht Frankfurt (Oder), Beschluss vom 16.1.2013 – 2 L 292/12, nicht veröffentlicht.

[166] Verwaltungsgericht Potsdam, Beschluss vom 14.1.2013 – 10 L 844/12, nicht veröffentlicht.

Wahnvorstellungen über tatsächliche Geschehensabläufe. Die Entscheidung des Verwaltungsgerichts Potsdam wurde durch das Oberverwaltungsgericht Berlin-Brandenburg[167] bestätigt. In ihrer Argumentation ging die Fahrerlaubnisbehörde mehr auf die Wahnvorstellungen als auf die „Reichsbürger"-Argumentation ein. Diese Differenzierung zwischen abwegiger oder spaßiger Meinungsäußerung einerseits und Wahnvorstellung andererseits dürfte der Verwaltung im Vergleich zum Gericht deutlich mehr Probleme bereiten.

f) Oberverwaltungsgericht Berlin-Brandenburg
Eine solche Differenzierung lässt sich auch der Entscheidung des Oberverwaltungsgerichts Berlin-Brandenburg[168] vom 15.6.2012 entnehmen, mit der die erstinstanzliche Entscheidung[169] aufgehoben wurde. Der „Reichsbürger" hatte in mehreren Ordnungswidrigkeitenverfahren die Existenz der Bundesrepublik und die Geltung des OWiG bestritten und folglich auch kein Bußgeld bezahlt. Die Bußgelder aus der Zeit ab den Jahren 2007 wurden anscheinend nicht vollstreckt. Das Berliner Landesamt für Bürger- und Ordnungsangelegenheiten entzog die Fahrerlaubnis, weil der „Reichsbürger" kein MPU-Gutachten beibrachte. Es existierte allerdings eine ärztliche Stellungnahme, die keine Krankheit attestierte, sondern eine *„akzentuierte Persönlichkeit"*, die keinen Widerspruch zu eigenen (politischen) Positionen zuließe. Der „Reichsbürger" trug im Widerspruchsverfahren vor, den straßenverkehrsrechtlichen Vorschriften sei ein *„gesinnungsrechtlicher Ansatz"* fremd. Die Entziehung verletze ihn in seinem Recht auf freie Meinungsäußerung. Ein weiteres Problem dürfte darin gelegen haben, dass die Behörde bei der Anordnung der MPU keine hinreichenden Tatsachen benannte, die Bedenken begründeten, dass der „Reichsbürger" zum Führen eines Kraftfahrzeugs ungeeignet oder bedingt geeignet sei. Fazit des Oberverwaltungsgerichts: Es müssen ausreichende konkrete Tatsachen vorliegen, die einen hinreichenden Verdacht fehlender Fahreignung begründen. Das Vertreten bestimmter politischer oder rechtlicher Auffassungen biete keinen Grund für Zweifel an der Fahreignung. Die Annahme, der „Reichsbürger" würde auch künftig die Regelungen des Straßenverkehrsrechts negieren, sei nicht haltbar. Die geringe Zahl und die Art der Verkehrsverstöße (Parkverstoß, Überschreiten der zulässigen Ge-

---

[167] Oberverwaltungsgericht Berlin-Brandenburg, Beschluss vom 31.1.2015 – 1 S 10.13, LKV 2015, S. 178 f. (bearbeitet von Neubauer/Caspar); siehe dazu die Anmerkung von Neubauer/Caspar, LKV 2015, S. 179 f.

[168] Oberverwaltungsgericht Berlin-Brandenburg, Beschluss vom 15.6.2012 – 1 S 71.12, LKV 2015, S. 177 f. (bearbeitet von Neubauer/Caspar); siehe dazu die Anmerkung von Neubauer/Caspar, LKV 2015, S. 179 f.

[169] Verwaltungsgericht Berlin, Beschluss vom 18.4.2012 – 20 L 69.12, nicht veröffentlicht.

schwindigkeit um 7 bzw. 8 km/h) sowie vor allem die Tatsache, dass keine Ordnungswidrigkeit abschließend geahndet wurde, liefere keine ausreichenden Erkenntnisse für die behauptete *„rechtsfeindliche Einstellung"*. Diese können nur bei Verstößen anzunehmen sein, die Punkte nach sich ziehen, und bei einer *„erhebliche(n) Häufung geringfügiger Verkehrsverstöße"*, die auf eine *„unbelehrbare Haltung"* schließen lasse. Abwegige und querulatorisch anmutende Einwände rechtfertigen keine MPU. Man kann also nicht argumentieren, dass bereits das Vorbringen von „Reichsbürger"-Argumentation als Krankheit anzusehen ist. Das Oberverwaltungsgericht weist darauf hin, dass die Anordnungen der MPU vom Gericht als Einzelfallentscheidungen angesehen werden und deshalb eine standardisierte Vorgehensweise schwierig erscheint.

Wichtig ist daher: Aus dem Vorbringen des „Reichsbürgers" muss deutlich werden, dass sein Verhalten eine Gefährdung des Straßenverkehrs bedeutet.

g) Verwaltungsgericht Sigmaringen

Ähnlich argumentierte das Verwaltungsgericht Sigmaringen[170] im Beschluss vom 27.11.2012: Das Vorbringen der Behörde muss schlüssig sein. Der dem „Reichsbürger" mitgeteilte Sachverhalt muss behördliche Zweifel an der Fahreignung begründen:

> *„In materieller Hinsicht ist eine Gutachtensaufforderung nur rechtmäßig, wenn – erstens – aufgrund konkreter tatsächlicher Anhaltspunkte berechtigte Zweifel an der Kraftfahreignung des betroffenen Kraftfahrers bestehen und – zweitens – die angeordnete Überprüfung ein geeignetes und verhältnismäßiges Mittel ist, um gerade die konkret entstandenen Eignungszweifel aufzuklären. Hiernach muss sich die Anforderung eines Gutachtens auf solche Män#gel beziehen, die bei vernünftiger, lebensnaher Einschätzung die ernsthafte Besorgnis begründen, dass der Betroffene sich als Führer eines Kraftfahrzeugs nicht verkehrsgerecht und umsichtig verhalten werde, was es auf der anderen Seite ausschließt, jeden Umstand, der auf die entfernt liegende Möglichkeit eines Eignungsmangels hindeutet, als hinreichenden Grund für die Anforderung eines Gutachtens anzusehen."*[171]

Da im konkreten Fall eher unbedeutende und nicht mit Punkten geahndete Ordnungswidrigkeiten im Raume standen, könne die „Reichsbürger"-Rheto-

---

[170] Verwaltungsgericht Sigmaringen, Beschluss vom 27.11.2012 – 4 K 3172/12, juris.
[171] Verwaltungsgericht Sigmaringen, Beschluss vom 27.11.2012 – 4 K 3172/12, juris.

rik nicht herangezogen werden, um damit Zweifel an der gesundheitlichen Fahreignung zu begründen. Dass bundesdeutsche Gesetze nicht gelten würden, sei als politische Meinungsäußerung zu bewerten. Diese Äußerungen könnten nicht als Beleg dafür herangezogen werden, dass der „Reichsbürger" an einer *„seine Fahreignung ausschließenden Geisteskrankheit"* leide. Damit war die Anordnung der MPU nicht zulässig und die Weigerung des „Reichsbürgers", sich dieser Untersuchung zu entziehen, durfte nicht unter Bezug auf § 11 Abs. 8 FeV für die Entziehung der Fahrerlaubnis herangezogen werden.

h) Verwaltungsgericht Saarlouis

Das Verwaltungsgericht Saarlouis[172] ging in seiner Entscheidung vom 1.3.2013 der Frage nach, ab wann die bloße Meinungsäußerung in ein manifestes rechtsfeindliches Verhalten überwechselt. Es kommt zu dem Ergebnis, dass ein Kraftfahrer, der sich als *„in Selbstverwaltung stehend"* bezeichnet, die Bundesrepublik nicht anerkennt und in der Konsequenz Bußgelder nicht bezahlt, die Schwelle der *„bloßen staatsnegierenden Meinungsäußerung"* überschreitet, wenn er sich darüber hinaus auch noch an den Zentralen Strafgerichtshof in Den Haag wendet und *„völlig unrealistisch"* Drohungen gegenüber der Verwaltung ausstößt wegen *„Kriegsverbrechen"*, die ihm gegenüber begangen worden sein sollen. Daraus wird ersichtlich, dass sich der „Reichsbürger" völlig realitätsfern in einer Wahnwelt befindet und diese als existent voraussetzt.

Hier wäre allerdings auch zu überlegen, ob eine MPU wegen des Verdachts einer psychischen Erkrankung angeordnet werden soll.

i) Verwaltungsgericht Meiningen

Oben wurde bereits der Fall des „letzten DDR-Bürgers" in dem Beschluss des Verwaltungsgerichts Meiningen[173] vom 8.11.2011 angesprochen, der sich einer abgewandelten „Reichsbürger"-Theorie bediente.[174] Der Bürger hatte im Ordnungswidrigkeitenverfahren erklärt, dass seine realitätsfernen Ausführungen ernst gemeint seien. Daraufhin entschied das Amtsgericht, dass Zweifel an der Zurechnungsfähigkeit bestünden.[175] Mit dieser bindenden Feststellung des Strafgerichts hatte die Behörde eine Handhabe, die MPU anzuordnen. Da das Gutachten nicht vorgelegt wurde, wurde konsequenterweise die Fahrerlaubnis entzogen.[176]

---

[172] Verwaltungsgericht Saarlouis, Beschluss vom 1.3.2013 – 10 L 360/13, juris.
[173] Verwaltungsgericht Meiningen, Urteil vom 8.11.2011 – 2 K 297/11 Me, juris.
[174] Siehe zum vermeintlichen Fortbestand der DDR unter III. 4. b).
[175] Vgl. Verwaltungsgericht Meiningen, Urteil vom 8.11.2011 – 2 K 297/11 Me, juris.
[176] Vgl. Verwaltungsgericht Meiningen, Urteil vom 8.11.2011 – 2 K 297/11 Me, juris.

j) MPU wegen psychischer Erkrankung

Wie nachfolgend ausgeführt wird,[177] gibt es Fälle, in denen eine psychische Erkrankung des „Reichsbürgers" naheliegt oder gar durch ein ärztliches Gutachten festgestellt wurde. Die Schizophrenie, die organischen Psychosen, Demenz und Depressionen (einschließlich manisch-depressiver Erkrankung) werden unter Nr. 7 der Anlage 4 zur FeV explizit erwähnt. Dort wird näher ausgeführt, ob in diesen Fällen noch von einer Fahreignung auszugehen ist. Die Anlage 4 zur FeV ist aber nicht erschöpfend! Aus dem Vorwort ergibt sich, dass nur die häufigsten und gravierenden Erkrankungen aufgeführt wurden. Wenn sich Wahnvorstellungen dahingehend ausdrücken, dass der „Reichsbürger" aggressiv oder mit völligem Realitätsverlust gegenüber der Verwaltung auftritt, stellt sich die Frage, ob er sich im Straßenverkehr ähnlich verhält. In diesem Moment hat die Behörde begründete Zweifel, sodass die Anordnung einer MPU wegen psychischer Erkrankung angebracht ist, ohne tiefer auf die auch geäußerte „Reichsbürger"-Argumentation einsteigen zu müssen. Wenn der „Reichsbürger" aufgrund seines Realitätsverlustes sich dazu berufen fühlt, Beamten, die eine Geschwindigkeitskontrolle vornehmen, die Kontrolle zu untersagen und mit Verhaftung oder Einschreiten der *„Militärpolizei"* einer *„Besatzungsmacht"* zu drohen, weil die Anwendung bundesdeutschen Rechts illegal sei,[178] sind ebenfalls Zweifel am Realitätssinn angebracht. Die Frage ist, ob eine solche Handlung eine Gefährdung des Straßenverkehrs darstellt.

k) Selbst gefertigte Kfz-Kennzeichen

Bei „Reichsbürgern", die mit einem Kraftfahrzeug mit selbst gefertigtem Kfz-Kennzeichen durch die Lande fahren, ist zu prüfen, ob
– eine Fahrerlaubnis vorliegt,
– das Fahrzeug angemeldet und
– das Fahrzeug versichert ist.

Vermutlich wird auch der TÜV abgelaufen sein. Die Anordnung einer MPU wird hier nicht in Betracht kommen.

l) Rückgabe des Führerscheins

Für einen Bürger, der die Bundesrepublik Deutschland nicht anerkennen möchte, ist ein von einer bundesdeutschen Behörde ausgestellter Führerschein natürlich ein Ärgernis. Bereits mehrere „Reichsbürger" haben daher ihren Führerschein zurückgegeben. Besonders „pfiffige" Zeitgenossen gaben

---

[177] Siehe dazu unter IV. 8.
[178] So geschehen im Landkreis Potsdam-Mittelmark im August 2014.

hierzu die Erklärung ab, auf den bundesdeutschen Führerschein verzichten zu wollen, nicht aber auf die hiermit dokumentierte bundesdeutsche Fahrerlaubnis.

Im Falle von Herrn Fitzek[179] musste sich das Oberverwaltungsgericht Magdeburg[180] mit dieser Frage befassen. Das Gericht entschied, dass mit der freiwilligen Rückgabe des Führerscheins grundsätzlich auch auf die Fahrerlaubnis verzichtet wird – soweit nicht aufgrund der Gesamtumstände ausnahmsweise etwas anderes zu gelten hat. Dazu stellt das Gericht klar: Es ist rechtlich zulässig, freiwillig auf eine Fahrerlaubnis zu verzichten. Mit der Rückgabe des Führerscheins *„geht zwangsläufig der Verzicht auf die Fahrerlaubnis einher"*[181]. Denn der Führerschein dokumentiert, dass der Inhaber im Besitz der Fahrerlaubnis ist. Die Rückgabe des Führerscheins zieht daher den Verzicht auf die Fahrerlaubnis nach sich. Ein angeblich entgegenstehender Wille des „Reichsbürgers" sei unerheblich, es komme auf den objektiven Erklärungsinhalt seines Verhaltens an.

Schlussfolgerung: Der „Reichsbürger", der einen Führerschein zurückgibt, weil er kein bundesdeutsches Dokument besitzen möchte, verzichtet damit auf die Fahrerlaubnis. Die Behörde sollte ihn darauf hinweisen, dass mit der Rückgabe der Verzicht auf die Fahrerlaubnis einhergeht und eine vermeintlich entgegenstehende Willensbeurkundung in sich widersprüchlich ist. Beharrt der „Reichsbürger" auf der Rückgabe des Dokuments, ist nach einem solchen Hinweis der Behörde auch die Fahrerlaubnis erloschen.[182]

5. Zuverlässigkeitsprüfungen

Soweit der Verwaltungsakt (z.B. Erlaubnis) eine Zuverlässigkeit des Bürgers erfordert, wäre zu überlegen, ob eine Zuverlässigkeit noch gegeben ist, wenn die Geltung bundesdeutschen Rechts bestritten wird. Das Bestreiten alleine ist aber nicht ausreichend! Vielmehr muss durch konkrete Handlungen dieses Bestreiten manifestiert werden (z.B. durch Nichtbezahlen von Bußgeldern mit der Begründung, das geltende Recht finde keine Anwendung).

Im Gewerberecht z.B. wäre die Zuverlässigkeit zu verneinen, wenn der „Reichsbürger" sich weigert, Steuern zu zahlen oder Sozialabgaben zu leis-

---

[179] Vgl. zu Peter Fitzek Hüllen/Homburg (Fn. 1), S. 42 f., in diesem Band.

[180] Oberverwaltungsgericht Magdeburg, Beschluss vom 20.11.2015 – 3 L 102/15, juris.

[181] Oberverwaltungsgericht Magdeburg, Beschluss vom 20.11.2015 – 3 L 102/15, juris, Rn. 8.

[182] Vgl. zu dem Problem, dass der „Reichsbürger" vermutlich eine Erklärung nicht unterschreiben wird, in welcher er über die Rechtsfolgen belehrt wird, Oberverwaltungsgericht Magdeburg, Beschluss vom 20.11.2015 – 3 L 102/15, juris.

ten. Das dürfte dann eine Gewerbeuntersagung gemäß § 35 der Gewerbeordnung (GewO) nach sich ziehen. Zu beachten ist: Das bloße Leugnen der Existenz der Bundesrepublik reicht nicht aus! Die fehlende Zuverlässigkeit muss sich durch konkrete Handlungen manifestieren, nämlich dadurch, dass keine Steuern bezahlt werden. Das Gewerbe wird dann untersagt[183] mit jener Begründung, die auch in allen anderen Fällen herangezogen wird, in denen Steuern nicht gezahlt oder Sozialversicherungsbeiträge nicht geleistet werden. Es ist allerdings damit zu rechnen, dass ein ordentlicher „Reichsbürger" die erforderlichen Erlaubnisse oder Genehmigungen gar nicht erst besitzt, weil er sie nicht beantragt hat. Gleiches gilt für die Anzeige des Gewerbes, denn die ist gebührenpflichtig.

Auch im Waffenrecht gilt: Die Behauptung, sich *„in Selbstverwaltung"* zu befinden, reicht für sich alleine genommen nicht aus, um eine Prognose aufzustellen, dass künftig vom Fehlen einer waffenrechtlichen Zuverlässigkeit auszugehen ist. Das Bekunden abstruser Auffassungen stellt ohne das Hinzutreten weiterer Umstände keinen Grund dar, ein amts- oder fachärztliches Gutachten vorlegen zu lassen.[184] Damit schließt die Rechtsprechung zum Waffenrecht an die Erwägungen aus dem Fahrerlaubnisrecht an.

Weitere Umstände treten allerdings dann hinzu, wenn der Antragsteller Todesdrohungen gegenüber dem Finanzamt ausstößt[185] und sich – insofern nicht ganz konsequent – auf ein Widerstandsrecht aus Art. 20 Abs. 4 GG beruft. Derartige Äußerungen lassen die Gefahrenprognose zu, dass der Waffenbesitzer leichtfertig oder sogar missbräuchlich mit seinen Schusswaffen umgeht.[186] Strenger als im Fahrerlaubnisrecht wird allerdings verfahren, wenn nach außen gerichtet die Existenz der Bundesrepublik oder die Geltung der deutschen Gesetze geleugnet werden: Ein solches Verhalten schließt eine waffenrechtliche Zuverlässigkeit aus und legitimiert den Widerruf der Erlaubnis, Waffen führen zu dürfen.[187]

---

[183] Im Falle eines erlaubnispflichtigen Gewerbes wäre die Erlaubnis zu widerrufen.

[184] Vgl. Verwaltungsgericht Gera, Urteil vom 16.9.2015 – 2 K 525/14 Ge, juris.

[185] Der Waffenbesitzer – als *„natürlicher Mensch"* in *„Selbstverwaltung"* stehend – äußerte sich über einen Gerichtsvollzieher, dass dessen Maßnahme *„Plünderung"* im Sinne der Haager Landkriegsordnung sei, worauf die Todesstrafe stehe, und er sich wehren müsse; siehe zu „Plünderung" und „Todesstrafe" unter II. 4. und III. 6.

[186] Vgl. Verwaltungsgericht Ansbach, Urteil vom 17.1.2013 – AN 5 K 12.01332, juris.

[187] Vgl. Verwaltungsgerichtshof München, Beschluss vom 12.12.2017 – 21 CS 17.1332, juris; Beschluss vom 5.10.2017 – 21 CS 17.1300, juris; Verwaltungsgerichtshof Mannheim, Beschluss 10.10.2017 – 1 S 17.408, juris; Oberverwaltungsgericht Lüneburg, Beschluss vom 18.7.2017 – 11 ME 181/17, NJW 2017, S. 3256 ff.; Verwaltungsgericht Augsburg, Beschluss vom 7.9.2017 – Au 4 S 17.1196, juris; Verwaltungsgericht München, Beschluss vom 25.7.2017 – M 7 S 17.1813, juris; Beschluss vom 23.5.2017 – M 7 S 17.408, juris.

6. Beglaubigungen

a) Ausgangslage

In der Praxis sind Fälle aufgetreten, in denen „Reichsbürger" Fantasiedokumente von „Reichsregierungen" oder selbst entworfene Schreiben, mit welchen die Existenz der Bundesrepublik oder die Geltung des Grundgesetzes geleugnet wurden, amtlich beglaubigen lassen wollten. Damit sollte die öffentliche Verwaltung vorgeführt und lächerlich gemacht werden, indem sie ihre eigene „Nichtexistenz" amtlich beglaubigt. Die Antwort auf die Frage, ob derartige Beglaubigungen vorgenommen werden müssen, lautet schlicht und einfach: Nein. Sie sind vielmehr unzulässig.

b) Rechtsgrundlagen

Beglaubigungen sind geregelt in den §§ 33, 34 des Verwaltungsverfahrensgesetzes (VwVfG) bzw. §§ 29, 30 des Sozialgesetzbuches Zehntes Buch (SGB X).[188]

In der Abgabenordnung (AO) findet sich keine Vorschrift zur Beglaubigung. Da gemäß § 2 Abs. 2 Nr. 1 des Verwaltungsverfahrensgesetzes für das Land Brandenburg (VwVfGBbg)[189] die Anwendung des Verwaltungsverfahrensgesetzes zwingend ausgeschlossen ist, wenn in einem Verwaltungsverfahren Vorschriften der Abgabenordnung zur Anwendung gelangen,[190] können im Kommunalabgabenrecht die §§ 33, 34 VwVfG nicht entsprechend angewendet und daher keine Beglaubigungen vorgenommen werden.

§ 1 der Brandenburgischen Beglaubigungsbestimmungsverordnung[191] bestimmt, dass u.a. die amtsfreien Gemeinden, Ämter und Landkreise *„befugt"* sind, Beglaubigungen vorzunehmen. Befugt heißt: Sie sind berechtigt, aber nicht verpflichtet. Die Behörden haben ein pflichtgemäßes Ermessen, ob sie eine Beglaubigung vornehmen. Dieses Ermessen ist regelmäßig auf Null reduziert, wenn die Voraussetzungen vorliegen, eine Beglaubigung vorzunehmen. Dazu finden sich Regelungen in den §§ 33 und 34 VwVfG, die gemäß § 1 VwVfGBbg in Brandenburg als Landesrecht anzuwenden sind.

---

[188] Die Regelungen im SGB X sind annähernd wortgleich. Auf die folgenden Ausführungen zum VwVfG kann daher in entsprechender Anwendung zurückgegriffen werden.

[189] Vom 7.9.2009, Gesetz- und Verordnungsblatt Teil I, S. 262, 264, zuletzt geändert durch Gesetz vom 10.7.2014, Gesetz- und Verordnungsblatt Teil I, Nr. 32.

[190] Gleichartige Regelungen enthalten die Landesverwaltungsverfahrensgesetze in Thüringen, Sachsen-Anhalt und Mecklenburg-Vorpommern, nicht aber in Sachsen.

[191] Verordnung zur Bestimmung der zur amtlichen Beglaubigung befugten Behörden im Land Brandenburg vom 30.8.2011, Gesetz- und Verordnungsblatt Teil II, Nr. 50.

c) Beglaubigung von Dokumenten

§ 33 Abs. 1 VwVfG sieht folgende Fälle vor, in denen eine Kommune Beglaubigungen von Dokumenten vornehmen darf:

- die Beglaubigung einer Abschrift eines eigenen Dokuments (§ 33 Abs. 1 Satz 1 VwVfG) – die von „Reichsbürgern" vorgelegten Jux-Urkunden sind aber keine eigenen Dokumente der Kommune;
- die Beglaubigung der Abschrift einer Urkunde, die von einer anderen Behörde ausgestellt worden ist (§ 33 Abs. 1 Satz 2, 1. Alt. VwVfG) – die von „Reichsbürgern" vorgelegten „Urkunden" stammen nicht von einer anderen Behörde, da Einrichtungen des Deutschen Reiches nicht mehr existieren; die selbst gefertigte Jux-Urkunde, die als Aussteller keine Behörde erkennen lässt, fällt ohnehin nicht unter diese Regelung;
- die Beglaubigung einer Abschrift, wenn diese Abschrift zur Vorlage bei einer anderen Behörde benötigt wird (§ 33 Abs. 1 Satz 2, 2. Alt. VwVfG) – es gibt keine Behörde, die „Reichsbürger"-Urkunden benötigt, höchstens die Staatsanwaltschaft, aber die legt Wert auf das Original …

§ 33 Abs. 2 VwVfG regelt, wann eine Abschrift nicht beglaubigt wird – nämlich dann, wenn das vorgelegte „Dokument" geändert worden ist oder Lücken aufweist. Das wird bei „Reichsbürgern" vermutlich nicht der Fall sein. Die Regelung würde aber auch nur dann einschlägig sein, wenn eine Beglaubigung nach § 33 Abs. 1 VwVfG zu bejahen ist. Das ist bei „Reichsbürger"-Dokumenten nicht der Fall.

d) Beglaubigung von Unterschriften

Gemäß § 34 Abs. 1 VwVfG soll eine Unterschrift beglaubigt werden, wenn das unterzeichnete Schriftstück zur Vorlage bei einer Behörde oder einer sonstigen Stelle, bei der das Dokument vorzulegen ist, benötigt wird. Solche Stellen gibt es nicht. Keine Behörde benötigt ein Schreiben, das von einer tatsächlich nicht existierenden Behörde herzurühren scheint.

e) Sonstige Bescheinigungen

Im Gewerberecht ist in § 15 Abs. 1 GewO vorgesehen, dass das Gewerbeamt über die erfolgte Anmeldung eines Gewerbes eine Bescheinigung ausstellt. Wenn hier der „Reichsbürger" surreale Erklärungen abgegeben hat (z.B. Sitz im „Freistaat Preußen", Provinz Brandenburg, oder als Gewerbetreibender „Karl aus der Familie Meyer"), dann sind diese Erklärungen zu schwärzen. Sofern der bestätigende Inhalt des Dokuments dann nicht mehr erkennbar wird, wäre anstelle des Formulars ein gesondertes manuell gefertigtes Bestätigungsschreiben geboten, das sich auf die realen Lebensverhältnisse bezieht und die „Reichsbürger"-Anschauungen weglässt.

Wenn der „Reichsbürger" eine Gewerbeummeldung vornehmen möchte, weil er sich nunmehr im Lande Preußen wähnt und nicht mehr in der realen Bundesrepublik Deutschland, so wird keine Gewerbeummeldung vorgenommen: Die Anschrift der Hauptniederlassung oder des Wohnsitzes hat sich nicht geändert.

Merke: Aus den von der Behörde ausgestellten Bescheinigungen muss sich die Realität ergeben und nicht die Fantasiekonstrukte des „Reichsbürgers".

7. Melderecht und Staatsangehörigkeitsrecht

a) Melderecht

Eine typische „Reichsbürger"-Aktion ist der Verstoß gegen das Melderecht. Wer an den Untergang der Bundesrepublik glaubt, möchte schließlich nicht gerne dort gemeldet sein und damit dann doch die Existenz des vermeintlich nichtexistierenden Staates anerkennen. Zwei Konstellationen sind denkbar:
– keine Anmeldung nach Zuzug;
– Abmeldung, ohne tatsächlich auszuziehen.

In beiden Fällen wähnt sich der „Reichsbürger" dann in einer „Exterritorialität". Beides wäre gemäß § 54 Abs. 2 Nr. 1 und 2 des Bundesmeldegesetzes (BMG) eine Ordnungswidrigkeit und sollte entsprechend geahndet werden, um Nachahmungen zu vermeiden.

Ansonsten findet § 6 BMG Anwendung: Wenn die Meldebehörde davon Kenntnis erhält, dass das Melderegister unrichtig oder unvollständig ist, hat sie von Amts wegen zu ermitteln und das Melderegister zu berichtigen oder zu ergänzen. Vor einer Berichtigung „soll" der Betroffene angehört werden, d.h., dass ein Schreiben an die bekannt gewordene Adresse des „Reichsbürgers" geschickt wird mit einem Hinweis auf die beabsichtigte Änderung. Einem potenziellen Widerspruch wird mit Gelassenheit entgegengesehen.

b) Staatsangehörigkeitsrecht

In „Reichsbürger"-Kreisen werden vermehrt Anträge auf Feststellung des Bestehens der deutschen Staatsangehörigkeit und auf Erteilung eines Staatsangehörigkeitsausweises gemäß § 30 des Staatsangehörigkeitsgesetzes (StAG) gestellt. Damit wäre ferner verbunden, dass die betreffende Person gemäß § 33 Abs. 1 StAG im Register der Entscheidungen in Staatsangehörigkeitsangelegenheiten (EStA) eingetragen wird. Ein solcher Fall lag inzwischen dem

Verwaltungsgericht Potsdam[192] vor, nachdem die angerufene Behörde einen Antrag auf Erteilung eines Staatsangehörigkeitsausweises abgelehnt hatte. Das Gericht kam zu dem Ergebnis, dass für die Antragstellung nicht die Darlegung eines besonderen Feststellungsinteresses erforderlich sei. Allerdings müsse der Antragsteller ein Sachbescheidungsinteresse darlegen können. Er muss also belegen, dass er die Behörde nicht mutwillig und rechtsmissbräuchlich in Anspruch nimmt, sondern dass ein sachlicher Grund vorliegt, um einen derartigen Antrag nach § 30 StAG zu stellen. Ein solcher Grund liegt nur vor, wenn die deutsche Staatsangehörigkeit zweifelhaft oder klärungsbedürftig ist oder von anderen Behörden infrage gestellt wird. Im Falle von „Reichsbürgern" ist einiges infrage zu stellen, regelmäßig aber nicht das Vorhandensein der deutschen Staatsangehörigkeit der Bundesrepublik Deutschland. Wenn kein Sachbescheidungsinteresse dargelegt wird, ist die Behörde berechtigt, allein aus diesem Grund den Antrag abzulehnen.

Folgendes Vorgehen wird empfohlen: Rein vorsorglich sollte zunächst die Gebühr als Vorschuss verlangt werden. Nach erfolgter Zahlung wird der Antrag abgelehnt. Die Ablehnung wird nur auf diesen einen Aspekt des fehlenden Sachbescheidungsinteresses gestützt mit der weiteren Begründung: Dass der Antragsteller deutscher Staatsangehöriger der Bundesrepublik Deutschland ist, ist weder zweifelhaft noch klärungsbedürftig und wird auch von keiner anderen Behörde infrage gestellt.[193] Auf weitere „reichsbürgerliche" „Argumente" wird nicht eingegangen – da lässt sich nichts kurieren.

8. Geschäftsfähigkeit, Handlungsfähigkeit

Sind „Reichsbürger" verrückt oder nicht verrückt?[194] Diese Frage lässt sich vermutlich nicht beantworten, jedenfalls nicht durch die kommunale Verwaltung. Soweit in Gerichtsentscheidungen von Wahnvorstellungen gesprochen wird, mag dies in der Sache zutreffend sein. Die Verwaltung sollte sich mit einer eigenen Bewertung zurückhalten.

a) Rechtlicher Betreuer?
Allerdings hängen von der Beantwortung das weitere Vorgehen und vor allem die Rechtmäßigkeit dieses Vorgehens ab. Damit einhergeht, ob ein „Reichs-

---

[192] Verwaltungsgericht Potsdam, Urteil vom 14.3.2016 – VG 8 K 4832/15, LKV 2016, S. 287 f. (bearbeitet von Neubauer); siehe dazu die Anmerkung von Neubauer, LKV 2016, S. 288.

[193] Das ist zum einen sachlich richtig und zum anderen genau das, was ein „Reichsbürger" nicht glauben und nicht lesen möchte, aber an dieser Stelle dann eben zur Kenntnis nehmen muss.

[194] Vgl. Keil (Fn. 1), S. 54 ff. in diesem Band.

bürger" als geschäftsunfähig angesehen werden und unter Umständen gar ein rechtlicher Betreuer gemäß §§ 1896 ff. BGB bestellt werden muss. Der allerdings wird auch kein leichtes Leben haben.

Es müsste ggf. bei nachhaltigem und verbohrtem Vortragen darüber nachgedacht werden, inwieweit eine Person postulationsfähig, d.h. in der Lage ist, sachgerechte Anträge zu stellen. Das dürfte in erster Linie das Gerichtsverfahren betreffen.

Im Verwaltungsverfahren wäre zu problematisieren, ob eine geschäftsfähige Person unter Umständen (partiell) handlungsunfähig ist. Dies wird bei krankhaften Wahnvorstellungen angenommen. In der Behörde dürfte allerdings vom Fachverstand her kaum jemand in der Lage sein, eine solche Krankheit festzustellen.[195] Nicht jeder „Reichsbürger" ist verrückt, aber es gibt genügend psychisch kranke Personen, die sich der „Reichsbürger"-Argumentation bedienen.

Einen an Wahn leidenden Menschen wird man nicht von der Unmöglichkeit seiner Auffassung überzeugen können.[196] Bei psychisch erkrankten Personen muss der Behördenmitarbeiter registrieren, dass Argumentieren nicht möglich ist, wenn die Person in ihrem Wahn gefangen und einer rationalen Argumentation nicht zugänglich ist. In jedem Fall ist es falsch, diese Person durch zustimmende oder abwiegelnde Worte in ihrem Wahn zu bestärken. Es muss klar eine realitätsbezogene Position vertreten, aber auch erkannt werden, dass Argumentieren verlorene Liebesmüh ist. Wenn der Eindruck entsteht, dass der „Reichsbürger" völlig verwirrt und desorientiert ist, sollte der sozialpsychiatrische Dienst informiert werden, der dann seine Hilfe anbieten kann.

Die öffentliche Verwaltung wird trotz hanebüchener, unlogischer, widersprüchlicher, ahistorischer und realitätsferner „Argumente" unterstellen müssen, dass die Person, mit der sie konfrontiert wird, handlungsfähig im Sinne von § 12 VwVfG ist, also eigenverantwortlich agieren und gegenüber der Behörde auftreten kann. Erst wenn ein Dokument vorliegt, das schwarz auf weiß das Gegenteil bestätigt, kann eine Handlungsunfähigkeit unterstellt werden.

b) Taktik der Trittbrettfahrer

Im Falle der „Trittbrettfahrer" muss man damit rechnen, dass diese allein aus taktischen Erwägungen die „Reichsbürger"-Ideologien vorbringen. Sie versprechen sich hiervon Vorteile, indem die Behörde entnervt eine ansonsten gebotene Bescheidung unterlässt. Hier ist zu berücksichtigen, dass für gutes

---

[195] Allenfalls der sozialpsychiatrische Dienst.
[196] Vgl. zum Wahn Keil (Fn. 1), S. 73 ff., in diesem Band.

Geld „Reichsregierungen" Schulungen anbieten, um Argumentationshilfen zu vermitteln.

c) Verwaltungsgericht Frankfurt (Oder) und das Rechtsschutzbedürfnis

Das Verwaltungsgericht Frankfurt (Oder)[197] entschied in seinem Urteil vom 12.7.2011, dass der Ehemann und Prozessbevollmächtigte der Klägerin an Wahnvorstellungen leide. Dies fand darin seinen Ausdruck, dass er in der Klage 40 verschiedene Anträge stellte, die mit der Sache durchweg nichts zu tun hatten. Die Klage wurde für unzulässig erachtet, wobei das Gericht die mangelnde Prozessfähigkeit offenließ und ein Rechtsschutzbedürfnis für die 40 Anträge verneinte. In Widerspruchsverfahren muss daher das Vorliegen eines Rechtsschutzinteresses geprüft werden.

Es ist dennoch anzuraten, in der Sache zu entscheiden unter Berücksichtigung des hierfür entscheidungserheblichen Vortrags. Wenn kein Vortrag vorgebracht wurde, der entscheidungserheblich ist, kann knapp formuliert werden: Es wurde Gelegenheit gegeben, sich zum Sachverhalt zu äußern; Sie haben sich nicht zur Sache eingelassen. Auf die Prozessfähigkeit bzw. Handlungsfähigkeit wird nicht eingegangen, das wird dann im Prozess vorgetragen. Dort kann dann nötigenfalls das Gericht einen sachverständigen Gutachter anfordern oder aufgrund eigener Sachkompetenz entscheiden.

d) Psychische Erkrankung bei Kraftfahrern

Sollte es sich bei dem „Reichsbürger" um einen Kraftfahrer handeln, der vermutlich an einer psychischen Erkrankung leidet (z.B. Schizophrenie, Wahnvorstellungen), dürfte bereits aus diesem Grunde die Anordnung einer MPU gerechtfertigt sein. Damit muss dann nicht auf seine „Reichsbürger"-Argumentation abgestellt werden, sondern darauf, dass aufgrund der psychischen Erkrankung Zweifel bei der Behörde bestehen, ob eine Kraftfahreignung gegeben ist.[198]

e) Schuldunfähigkeit und Strafrecht

Schuldunfähige Personen werden strafrechtlich nicht belangt.[199] So lagen z.B. gegen „Reichskanzler" Ebel einige Dutzend Anzeigen vor, es kam aber nicht

---

[197] Verwaltungsgericht Frankfurt (Oder), Urteil vom 12.7.2011 – 7 K 626/10, Kommunal-Kassen-Zeitschrift (KKZ) 2015, S. 46 ff., siehe dazu die Anmerkung von Hagemann, KKZ 2015, S. 48.

[198] Siehe dazu unter IV. 4. e).

[199] Schuldunfähigkeit bedeutet, dass die betreffende Person nicht in der Lage ist, das Unrecht des eigenen Tuns zu erkennen. Eine psychische Erkrankung schließt keineswegs zwingend eine Schuldfähigkeit aus, wenn nämlich die psychisch erkrankte Person trotz der Erkrankung in der Lage ist, das Verbotene des eigenen Handelns zu erkennen, vgl. § 20 StGB.

zu einer rechtskräftigen Verurteilung. Der Mann galt als psychisch krank. Da von ihm aber weder eine Eigen- noch eine Fremdgefährdung ausging, kam eine Unterbringung in einem psychiatrischen Krankenhaus nicht in Betracht.[200] Die Kehrseite der Medaille ist, dass Herr Ebel mit diesem Umstand hausieren ging: Es gäbe viele Anzeigen gegen ihn, die BRD habe ihn aber nicht einmal verurteilen können. Daran sei erkennbar, dass er Recht habe. So kann man es auch sehen. Und so kann man es auch nach außen kommunizieren. Dass die Verfahren alle eingestellt wurden, weil der Beschuldigte als schuldunfähig erachtet wurde, verschwieg der „Reichskanzler" wohlweislich. Fazit: Sätze wie *„Ich bin noch nie strafrechtlich belangt worden"* sind nur bedingt aussagekräftig.

9. Unterbringung in einem psychiatrischen Krankenhaus?

Die Frage „verrückt oder nicht verrückt"[201] mag Anlass für die Überlegung geben, ob eine Unterbringung in einem psychiatrischen Krankenhaus auf der Grundlage des Brandenburgischen Psychisch-Kranken-Gesetzes (Bbg-PsychKG) erforderlich ist. Dieses Vorgehen ist sehr grenzwertig und wird im „Normalfall" keinen Erfolg haben. Beratende oder vermittelnde Hilfe wäre hingegen möglich.

Eine Einweisung in ein Krankenhaus ist nur dann unproblematisch, wenn die betreffende Person einwilligt. Man muss aber damit rechnen, dass eine Einwilligung später bestritten oder dass das Verhalten der Behörde als nötigend empfunden wird. Dann muss womöglich die Entscheidung rückgängig gemacht werden, unter der propagandistischen Begleitmusik, dass sich hier ein „Reichsbürger" gegen eine unrechtmäßige Behandlung habe durchsetzen können …

Bei einer zwangsweisen Unterbringung[202] ist Voraussetzung eine ernsthafte Eigengefährdung oder eine unmittelbare erhebliche Gefahr für die öffentliche Sicherheit. Diese Gefahren werden in § 8 Abs. 2 BbgPsychKG näher definiert.

---

[200] Vgl. zur Unterbringung Keil (Fn. 1), S. 69 ff., in diesem Band; siehe dazu unter IV. 9.

[201] Vgl. Keil (Fn. 1), S. 54 ff., in diesem Band.

[202] Folgende Feinheit muss beachtet werden: Die Kosten des Krankentransport- oder Rettungsdienstfahrzeuges einschließlich des eventuell herbeigerufenen Notarztes sind (zunächst) vom Träger des Rettungsdienstes (Landkreis oder kreisfreie Stadt) zu tragen. Sie können gemäß § 35 BbgPsychKG als Kosten der Unterbringung geltend gemacht werden, und zwar im Wege eines öffentlich-rechtlichen Kostenerstattungsanspruchs durch den Aufgabenträger. Dieser muss die Kosten ggf. einklagen, vgl. Verwaltungsgericht Düsseldorf, Urteil vom 8.7.2008 – 5 K 3805/08, juris.

Im Falle von Personen mit Wahnvorstellungen muss durchaus mit einer Suizidgefahr gerechnet werden.[203] Die Frage ist dann, ob eine Ernsthaftigkeit der Eigengefährdung zu ermitteln ist. Darüber hinaus ist der Begriff der Eigengefährdung weiter gehend als eine Suizidgefahr. Das Oberlandesgericht Hamm[204] führte in seinem Beschluss vom 16.7.2001 aus, dass eine Eigengefährdung auch dann vorliegt, wenn sich die betreffende Person aufgrund ihres krankheitsbedingten fremdaggressiven Verhaltens erheblich selbst gefährdet, weil sie Angriffe Dritter provoziert.

Dass ein „Reichsbürger" eine krude und realitätsferne Theorie vertritt, dass er einem auf die Nerven fällt und „lästig" ist, dass er ausfallend und beleidigend wird oder gar nazistische Parolen äußert oder unkonkrete Drohungen ausstößt, erfüllt das Merkmal „unmittelbare erhebliche Gefahr für die öffentliche Sicherheit" regelmäßig nicht. Mangels Konkretheit ist weder eine unmittelbare noch eine erhebliche Gefahr zu sehen. Die Drohung muss auch für so realistisch gehalten werden, dass ihre Ausführung unmittelbar bevorzustehen scheint. Wenn z.B. ein „Reichsbürger" Todesdrohungen an die Behörde richtet mit dem Hinweis, dass verschiedene bekannte, inzwischen verstorbene Personen des öffentlichen Lebens durch ihn oder durch seine Freunde mithilfe einer geheimen Strahlenwaffe oder durch Gedankenübertragung umgebracht wurden, dann ist diese Äußerung als eine Wahnvorstellung und nicht als eine reale Gefahr zu sehen. Es reicht nicht aus, dass eine Person als bedrohlich empfunden und der Wunsch geäußert wird, dass so jemand „weggesperrt" wird, um sich von einer lästigen Person zu befreien. Hierzu führt die Gesetzesbegründung zu § 8 Abs. 2 BbgPsychKG Folgendes aus:

„Die Formulierung in § 8 Absatz 2 Nr. 2 des bisherigen Gesetzes ist in sich nicht stimmig: Eine Gefahr für Leib oder Leben anderer Personen ist zugleich eine Gefahr für die öffentliche Sicherheit. Mit dem Begriff der öffentlichen Sicherheit ist die Unversehrtheit der Rechtsordnung gemeint, zu der auch (und primär) Vorschriften gehören, die dem Schutz des Lebens und der Gesundheit dienen. Deshalb ist die Alternative, von der die Vorschrift ausgeht (Gefahr für Leib oder Leben oder für die öffentliche Sicherheit), begrifflich nicht in Ordnung. Der Entwurf stellt mit der Voraussetzung einer ,erheblichen' Gefahr für die öffentliche Sicherheit klar, dass neben Leib oder Leben auch andere bedeutende Rechtgüter geschützt werden, nicht aber die Unversehrtheit der Rechtsordnung insgesamt, als ,andere bedeutende

[203] Vgl. Keil (Fn. 1), S. 64 ff., in diesem Band.
[204] Oberlandesgericht Hamm, Beschluss vom 16.7.2001 – 15 W 226/01, juris.

Rechtsgüter' kommen beispielsweise gemeingefährliche Straftaten wie Brandstiftung oder gefährliche Eingriffe in den Bahn-, Schiffs- und Luftverkehr, Straftaten gegen die sexuelle Selbstbestimmung, schwere Straftaten gegen die Umwelt wie Gewässerverunreinigung mit erheblichem Schaden in Betracht, Eigentumsdelikte und Sachbeschädigung nur ausnahmsweise z.B. bei wertvollen Kunstgegenständen, nicht aber Beleidigungsstraftaten und dergleichen. Letztlich geht es um die Abwägung der Rechtsgüter und die Wahrung des Verhältnismäßigkeitsgrundsatzes." [205]

Kurz: Verrücktsein und Unfug reden legitimieren nicht eine zwangsweise Unterbringung.

10. Handlungsempfehlungen für den Außendienst und die Vollstreckung

In Anbetracht des geschilderten Falles auf den Gerichtsvollzieher[206] ist es angebracht, wenn Beschäftigte, die Vor-Ort-Kontrollen oder Vollstreckungen vornehmen sollen, vorher durch die sachbearbeitende Stelle darüber informiert werden, mit wem sie es zu tun haben werden. Insbesondere sollte die Kämmerei informiert werden, wenn sie Geldforderungen beitreiben will. Es sollte ggf. dann nämlich – wie eigentlich in allen Fällen, in denen Schwierigkeiten mit den Betroffenen zu befürchten sind – mindestens eine zweite Person als Begleitung den Termin wahrnehmen. Notfalls wird die Polizei um Amtshilfe gebeten.

In all jenen Vollstreckungsfällen, die hier als problematisch bekannt geworden sind, sind die Vollstreckungsdienstkräfte von einer gewissen Hinterhältigkeit der „Reichsbürger" überrascht worden: Sie wurden freundlich ins Haus gebeten. Nachdem sie die Wohnung betreten hatten, eskalierte die Situation, indem die Wohnungsinhaber die Türe verriegelten. Dass das Ganze als Freiheitsberaubung strafbar ist, dürfte in dem Moment egal gewesen sein. Fazit: Nicht durch freundliches Verhalten irritieren lassen, sondern auf unangenehme Überraschungen gefasst sein! Das Mitführen eines Mobiltelefons ist sehr empfehlenswert.

Ein im Außendienst Beschäftigter muss, wenn er in die Nähe des Hauses des „Reichsbürgers" gelangt, damit rechnen, gefilmt zu werden. Es kann passieren, dass entsprechende Filmdokumente ins Internet eingestellt werden (was natürlich verboten ist). Zu empfehlen ist, sich das Filmen zu verbieten.

---

[205] Gesetzentwurf der Landesregierung, Landtag Brandenburg, Drucksache 4/6975, S. 39.
[206] Siehe dazu unter II. 5.

Auf keinen Fall sollte aber aus diesem Grunde die Vollstreckung abgebrochen werden. Denn dann hätte der „Reichsbürger" sein Ziel erreicht – und wird vom Filmen nie wieder Abstand nehmen wollen.

Selbstredend sollte die Vollstreckungsdienstkraft ihren Dienstausweis mit sich führen, der sie zu Vollstreckungshandlungen legitimiert.[207] Hier muss mit verschiedenen Querelen gerechnet werden. Beliebt sind u.a.: Das Wappen sei nicht richtig, die Dienstbezeichnung stimme nicht, die Unterschrift sei nicht leserlich, der Beamte sei nicht als solcher erkennbar. Darauf wird nicht eingegangen: Der Dienstausweis wird vorgezeigt und wieder eingesteckt, das Herummäkeln wird ignoriert und schnellstmöglich wird zur eigentlichen Vollstreckungshandlung übergegangen und die Liste abgearbeitet. Die Vollstreckungsdienstkraft muss hier das Tempo und den Inhalt des Gesprächs bestimmen, sie stellt die Fragen, nicht der „Reichsbürger". Dessen Antworten sind dann entsprechend auszuwerten. Das Dilemma in der Vollstreckung besteht darin, dass die auf „Reichsbürger" anzuwendende allgemeine Handlungsempfehlung, die Kommunikation arg zu begrenzen, nicht eingehalten werden kann.[208] Der Vollstrecker steht dem „Reichsbürger" gegenüber und muss sein Anliegen erklären – und dieses durchsetzen. Eine Win-win-Situation wird sich nicht ergeben: Der Vollstrecker will das Geld, der „Reichsbürger" will nicht bezahlen.

Sofern der „Reichsbürger" Widerspruch gegen eine Mahnung erhebt, ist hierauf in der gebotenen Kürze zu reagieren: Der Widerspruch ist unzulässig, da die Mahnung keinen Verwaltungsakt darstellt: Sie enthält keine Regelung.[209] Allerdings ist zu beachten: Wenn mit der Mahnung eine Mahngebühr fällig wird, enthält zwar die Mahnung keine Regelung; die Erhebung einer Gebühr ist aber ein Verwaltungsakt …

Wenn Geldforderungen vollstreckt werden sollen, greifen zum Teil auch ALG-II-Bezieher auf die „Reichsbürger"-Rhetorik zurück, um die Vollstreckung abzuwehren. Hier besteht die „Gefahr", dass die Behörde von ihrer Forderung Abstand nehmen muss – aber nicht deshalb, weil die Bundesrepublik Deutschland nicht existiert, sondern deshalb, weil pfändbares Einkom-

---

[207] Vgl. § 9 des Verwaltungsvollstreckungsgesetzes für das Land Brandenburg (VwVGBbg) vom 16.5.2013, Gesetz- und Verordnungsblatt Teil I, Nr. 18, geändert durch Gesetz vom 10.7.2014, Gesetz- und Verordnungsblatt Teil I, Nr. 32.

[208] Musterschreiben für die Vollstreckungsbehörde an Zahlungsverweigerer am Beispiel der Gebührenvollstreckung für den ARD ZDF Deutschlandradio Beitragsservice finden sich bei Zimmermann, Günter (2015): Zum Antwortschreiben an die „Reichsbürger" und Co. auf deren Schreiben als Reaktion auf Mahnung und Vollstreckungsankündigung, in: KKZ, Heft 12/2015, S. 277 ff.

[209] Vgl. Zimmermann (Fn. 208), S. 280.

men nicht vorhanden ist. Die Empfehlung lautet: Der „Reichsbürger" wird wie jeder andere Bürger behandelt, der nicht leistungsfähig ist. Der Fall muss so abgeschlossen werden wie jeder andere gleich gelagerte Fall. Der Eindruck, dass die „Reichsbürger"-Theorie ausschlaggebend war, dass nicht gezahlt werden muss, muss tunlichst vermieden werden.

11. Bekanntgabe und Zustellung von Bescheiden

a) Zustellung mit Zustellungsurkunde

In der Vergangenheit wurden Bescheide zurückgeschickt, weil die behördliche Zustellung nicht anerkannt wurde. Hier gilt: Wenn eine Zustellung mit Zustellungsurkunde (ZU) erfolgt, füllt der Postbeamte die ZU aus und sendet sie der Behörde zurück. Wenn die Behörde diese ZU ausgefüllt erhalten hat und aus der ZU die Zustellung hervorgeht – durch persönliche Aushändigung, durch Aushändigung an einen Angehörigen, durch Einwurf in den zur Wohnung gehörenden Briefkasten –, dann ist die Zustellung erfolgt.[210] Gleiches gilt, wenn ein Bescheid per Einschreiben mit Rückschein[211] zugestellt wurde und durch den Rückschein der Zugang belegt ist. Dass der Bescheid zurückgeschickt wird, hat keine Bedeutung: Er ist zugestellt worden, der „Reichsbürger" hätte ihn zur Kenntnis nehmen können. Das Verfahren nimmt dann den gewohnten Lauf, wie er im Falle eines zugestellten Bescheides auszusehen hat.

b) Der „Reichsbürger" ist nicht angemeldet

Was ist zu tun, wenn ein „Reichsbürger" unter seiner Wohnanschrift nicht gemeldet ist, weil er die Meldebehörde nicht anerkennt? Mit dem Verstoß gegen das Melderecht muss sich die zuständige Amtsverwaltung bzw. amtsfreie Stadt oder Gemeinde befassen.[212]

Für die Übersendung von Bescheiden ist es ausreichend, dass die angeschriebene Person dort tatsächlich wohnt und erreicht werden kann. Wenn auf dem Klingelschild kein Name steht, wird es schwierig. Hier muss mit der trickreichen Begründung gerechnet werden, dass der „Reichsbürger" unter der Adresse gar nicht wohnt, sondern nur zu Besuch anwesend ist. Damit kann der „Reichsbürger" dann zwar unter der Anschrift faktisch erreicht wer-

---

[210] Sehr originell sind jene „Reichsbürger", die zurückschreiben, das Behördenschreiben sei angekommen, werde nicht anerkannt, sei vorsorglich zu den eigenen Unterlagen genommen worden, die Zustellung werde aber bestritten. Heißt: Der Brief, dessen Empfang bestätigt wird, soll nicht angekommen sein. Ja …

[211] Da die Zustellung mit ZU sicherer und zudem preiswerter ist, stellen viele Kommunen nicht mehr mit Einschreiben und Rückschein zu.

[212] Siehe dazu unter IV. 7.

den. Im Falle eines Falles fehlt es aber an der ladungsfähigen Anschrift – es sei denn, eine c/o-Adresse wird anerkannt, weil sich der „Reichsbürger" hier längerfristig „zu Besuch" aufhält.

Wenn der „Reichsbürger" nicht gemeldet ist, wohl aber auf dem Klingelschild der Wohnung namhaft ist, wird die Zustellung eines Schreibens kein Problem sein – jedenfalls die Zustellung mit ZU. Dann wird der Brief in den Briefkasten eingeworfen, wenn niemand zu Hause ist oder die Entgegennahme verweigert wird. Im Falle eines Einschreibens mit Rückschein erfolgt keine Zustellung, wenn der Brief nicht übergeben werden kann.[213]

Wenn der „Reichsbürger" in seiner Wohnung weder gemeldet ist, noch sein Name auf dem Klingelschild steht, empfiehlt sich eine Zustellung per Boten durch persönliche Übergabe. Wenn der Empfang des Schreibens nicht quittiert wird, hat der Bote einen Vermerk zu fertigen und den Brief beim Adressaten abzulegen.

c) Problem: Umzug des „Reichsbürgers" in einen Nachbarkreis

Richtig schlecht läuft es, wenn die Behörde es mit einem „Reichsbürger" in einem Nachbarkreis oder Nachbarland zu tun hat, der Wohnsitz bekannt ist, die Person dort aber nicht gemeldet ist und sich die andere Behörde mangels Anmeldung zu keinerlei Handlungen veranlasst sieht. Das ist Pech, denn die (örtliche) Zuständigkeit eines Landkreises endet jenseits der Kreisgrenze.

d) Öffentliche Zustellung

Die öffentliche Zustellung ist nur unter den Voraussetzungen des § 10 des Verwaltungszustellungsgesetzes (VwZG) zulässig, der in Brandenburg gemäß § 1 des Verwaltungszustellungsgesetzes für das Land Brandenburg (BbgVwZG)[214] als Landesrecht anzuwenden ist. Sie ist das letzte Mittel der Bekanntgabe und setzt voraus, dass der „Aufenthaltsort" des Empfängers nicht bekannt ist. Aufenthaltsort bedeutet nicht, dass der Betreffende dort gemeldet sein muss (z.B. Krankenhaus oder Haftanstalt). Alle Möglichkeiten, den Bescheid zu übermitteln, müssen ausgeschöpft sein. Die Behörde muss daher ermitteln, ob der Wohnsitz nicht nur ihr, sondern auch allgemein unbekannt ist. Bei „Reichsbürgern", die unter einer Adressbezeichnung auftreten, dort aber nicht gemeldet sind, muss ermittelt werden, dass die angegebene Adresse tatsächlich falsch ist. Allerdings lässt die Rechtsprechung eine Zustellung durch öffentli-

---

[213] Vgl. z.B. bei Verweigerung der Annahme oder bei Abwesenheit.
[214] Vom 18.10.1991, Gesetz- und Verordnungsblatt Teil I, S. 457, zuletzt geändert durch Gesetz vom 28.6.2006, Gesetz- und Verordnungsblatt Teil I, S. 74, 86.

che Bekanntmachung zu, wenn eine Zustellung unter der letzten bekannten Anschrift nicht möglich war und Erkundigungen beim Einwohnermeldeamt (wenig überraschend) erfolglos blieben.[215] Zum Vorgehen siehe *Abbildung 2.*

Prüfungsreihenfolge bei öffentlicher Zustellung

1. Übersendung per Post blieb erfolglos (die Übersendung per Post ist entbehrlich, wenn gleich die persönliche Zustellung durch Boten versucht wurde).
↓

2. Mindestens zwei persönliche Zustellungen durch Boten konnten nicht erfolgen, weil kein Name am Klingelschild stand und der Betreffende nicht zu ermitteln war.
↓

3. Anfrage beim Einwohnermeldeamt blieb ohne Ergebnis; eine andere Anschrift ist auch amtsintern nicht bekannt.
↓

4. Zeitnah nach der Negativmeldung des Einwohnermeldeamts ist die Zustellung durch öffentliche Bekanntgabe zulässig.

Abbildung 2: Verfahren bei öffentlicher Zustellung[216]

Die öffentliche Zustellung erfolgt dann gemäß § 10 VwZG und den Regelungen in der Hauptsatzung durch Aushang an der Bekanntmachungstafel der Verwaltung.

12. „Rechtskonsulenten", Bevollmächtigte, Beistände

a) „Rechtskonsulenten"
Verschiedene „Reichsregierungen" haben für sich das lukrative Geschäftsfeld entdeckt, interessierte Menschen in kurzen Ausbildungen zu „Rechtskonsulenten" des „Deutschen Reiches" auszubilden. Diese sollen dann „Rechtsberatung" im Sinne des „Deutschen Reiches" erbringen. Es gibt ferner „Reichsbürger"-Organisationen, die sich als soziale Einrichtung tarnen und vorgeben, rechtliche Unterstützung zu gewähren. Dazu gehören Gruppen wie „Bürgerbüro Deutschland", „Trust des indigenen Volkes Germanitien",

---

[215] Vgl. z.B. Verwaltungsgericht Augsburg, Urteil vom 23.3.2004 – Au 3 K 03.1183, juris.
[216] Eigene Darstellung.

„Ringvorsorge", „Justizopferhilfe" oder „Schutzbund der Kreditnehmer LV Hessen"[217].

„Rechtskonsulenten" wie z.B. die *Bürger Kanzlei Graf von Andechs*[218] treten mit großem Brimborium und mit Briefköpfen auf, die denen großer Anwaltskanzleien nachempfunden sind und skurrile, Internationalität und Kompetenz vortäuschende Abkürzungen verwenden.[219] Die Sprache ist mit juristischer „Fachterminologie" durchsetzt,[220] ergibt aber bei näherem Durchlesen nur einen einzigen tieferen Sinn, nämlich den Unsinn.

Typisch ist auch, den Abschluss von „Verträgen" zu unterstellen, und zwar regelmäßig durch schlüssiges Handeln. Ein solcher „Vertragsabschluss" soll z.B. in der Weise zustande kommen, indem aufgezählt wird, mit welchen behördlichen Handlungen und Bescheiden der „Reichsbürger" nicht konfrontiert werden möchte. Für den Fall, dass dennoch ein behördliches Einschreiten erfolgt, sei der „Vertrag" durch schlüssiges Handeln zustande gekommen, der eine „Vertragsstrafe" der Behörde auslöst, etwa in der Weise: Es wird „vereinbart", dass keine Bußgeldbescheide zugestellt werden und wenn doch, sei der „Vertragspartner" (die Behörde) verpflichtet, wegen Nötigung, *„Plünderung"*, Bedrohung, *„Täuschung im Rechtsverkehr"*, *„Personenstandsfälschung"* oder anderer frei erfundener Konstrukte wie *verweigerte Rechtssicherheit und Rechtsbeugung im Amt"* eine beträchtliche Vertragsstrafe zu bezahlen. Kurz: Die Schreiben sind darauf angelegt, mit gewaltigen Wortkonstruktionen Eindruck zu schinden. Dahinter verbirgt sich allerdings – nichts.

b) Beistände und Bevollmächtigte

Gemäß § 14 des Verwaltungsverfahrensgesetzes (VwVfG) kann sich jeder Beteiligte durch einen anderen vertreten lassen. Dieser andere muss keineswegs ein Anwalt sein. Der Bevollmächtigte muss sich, sofern die Behörde es verlangt,[221] durch eine schriftliche Vollmacht legitimieren. Ein Beteiligter kann auch gemäß § 14 Abs. 3 VwVfG bei einer persönlichen Vorsprache einen Beistand mitbringen, dessen Legitimation sich dann durch die mündliche Erklärung ergibt, dass er der Beistand sein soll. Gemäß § 14 Abs. 5 VwVfG sind

---

[217] Dieser *„Bund"* wollte beim Europäischen Gerichtshof für Menschenrechte (EGMR – von der Organisation versehentlich mit dem EuGH verwechselt) eine Klage erheben auf *„Feststellung des Nichtbestehens der BRD"*. Das wird in Straßburg auf viel Verständnis stoßen.

[218] Siehe dazu unter V. 9.

[219] Nicht zu verhehlen ist, dass diese Aufmachung ungeheuren Eindruck auf Bedienstete macht, die auf den ersten Blick von einer realen Anwaltskanzlei ausgehen.

[220] Vgl. Amtsgericht Reutlingen, Beschluss vom 3.5.2012 – 10 Cs 26 Js 23507/11, nicht veröffentlicht.

[221] Und sie sollte es immer verlangen!

Bevollmächtigte und Beistände zurückzuweisen, wenn sie entgegen § 3 des Rechtsdienstleistungsgesetzes (RDG) Rechtsdienstleistungen erbringen. Bevollmächtigte und Beistände können gemäß § 14 Abs. 6 VwVfG vom Vortrag zurückgewiesen werden, wenn sie hierzu ungeeignet sind. Vom mündlichen Vortrag können sie nur zurückgewiesen werden, wenn sie zum sachgemäßen Vortrag nicht in der Lage sind. Diese Regelung gilt aber nicht für Rechtsanwälte (§ 14 Abs. 6 Satz 2 VwVfG).

Eine analoge Vorschrift findet sich in § 80 der Abgabenordnung (AO).[222]

Für die Beschäftigten, die die Bücher des Sozialgesetzbuches anwenden, findet sich eine annähernd gleichlautende Regelung in § 13 des Sozialgesetzbuches Zehntes Buch (SGB X). § 13 Abs. 5 SGB X in Verbindung mit § 73 Abs. 6 Satz 3 des Sozialgerichtsgesetzes (SGG) benennt einen zusätzlichen Personenkreis, der nicht ausgeschlossen werden darf: Neben Rechtsanwälten (§ 13 Abs. 6 Satz 2 SGB X) sind dies die Vertreter von Gewerkschaften, Arbeitgeberverbänden, berufsständischen Vereinigungen sowie die in § 14 Abs. 3 Satz 2 SGG näher bezeichneten Vereinigungen, die Sozialberatung betreiben. Die oben aufgeführten „Reichsbürger"-Sozialverbände fallen nicht hierunter und müssen daher zurückgewiesen werden. Zu erkennen sind die Organisationen an der bekannten Diktion, u.a.: Die Bundesrepublik bestehe nicht oder sei eine Firma, alles illegal.

c) Zurückweisung von Beiständen und Bevollmächtigten

Ob ein Bevollmächtigter oder Beistand gemäß § 14 Abs. 5 VwVfG zurückzuweisen ist, weil er gegen das Rechtsdienstleistungsgesetz verstößt, ist wie folgt zu beurteilen: § 3 RDG bestimmt, dass die Erbringung von Rechtsdienstleistungen nur im Rahmen des Rechtsdienstleistungsgesetzes zulässig ist. Danach wäre gemäß § 6 RDG im Prinzip allein eine unentgeltliche Beratung zulässig. Sie ist aber nur dann zulässig, wenn sie innerhalb familiärer, nachbarschaftlicher oder ähnlich enger persönlicher Beziehungen erfolgt. Eine entgeltliche Tätigkeit wäre nur zulässig, wenn die Person besonders registriert ist (z.B. als Inkassounternehmen oder für Rentenberatung).

Auf „Rechtskonsulenten" treffen diese Eigenschaften nicht zu. Regelmäßig werden sie fremde Personen „rechtlich beraten" – und im Regelfall entgeltlich. Regelmäßig wird keine Ausbildung erfolgt sein, die die erforderliche Sachkenntnis vermittelt hat. Sobald der Eindruck entsteht, der „Rechtskonsulent" ist keine persönlich nahestehende Person oder übt dieses Amt entgeltlich aus,

---

[222] Über § 14 Abs. 6 VwVfG hinaus lässt § 80 Abs. 8 AO auch die Zurückweisung von Notaren und Steuerberatern nicht zu.

ist er gemäß § 14 Abs. 5 VwVfG (bzw. § 80 Abs. 7 und Abs. 9 AO[223] oder § 13 Abs. 5 SGB X) zwingend zurückzuweisen, weil seine Tätigkeit gegen § 3 RDG verstößt.

d) Zurückweisung von Beiständen und Bevollmächtigten gemäß § 14 Abs. 6 VwVfG
Sobald ein Beistand oder ein Bevollmächtigter (der kein Rechtsanwalt ist) anfängt, auf Basis der „Reichsbürger"-Ideologie vorzutragen, ist § 14 Abs. 6 VwVfG (bzw. § 80 Abs. 8 und Abs. 9 AO[224] oder § 13 Abs. 6 SGB X) einschlägig. Der Bevollmächtigte oder Beistand wird zurückgewiesen, weil er nicht sachgerecht vorträgt. Auch ein als Beistand auftretender Ehegatte, der keinen geeigneten Vortrag leisten kann, ist zurückzuweisen. Erforderlich ist ein Vortrag zur Sache und nicht der „Reichsbürger"-Humbug vom fortbestehenden Reich und der Nichtgeltung bundesdeutscher Gesetze.

Im gerichtlichen Verfahren gilt dasselbe Prinzip wie im Verwaltungsverfahren: Wer nicht zum Vortrag in der Lage ist, wird als Bevollmächtigter zurückgewiesen.[225]

Im Zivilrecht finden sich entsprechende Vorschriften zur Zurückweisung von Bevollmächtigten in § 79 Abs. 3 der Zivilprozessordnung (ZPO): Das Gericht kann dem Bevollmächtigten die weitere Vertretung untersagen, wenn er zu sachgerechtem Vortrag nicht in der Lage ist. Die Vorschrift gilt gemäß § 90 Abs. 1 Satz 3 ZPO entsprechend für die Zurückweisung eines Beistandes.

13. Sozialhilfe, Arbeitslosengeld II und die Haager Landkriegsordnung

Nachdem vormals Anträge auf Sozialleistungen noch nach *„Bismarckscher Gesetzgebung"* beantragt wurden,[226] treten seit 2015 vermehrt Fälle auf, in denen „Reichsbürger" *„Unterhaltszahlungen nach Art. 7 der Haager Landkriegsordnung (HLKO)"* begehren.[227] Die Ansprüche wurden beim Sozialamt

---

[223] § 80 Abs. 7 (Bevollmächtigter) und Abs. 9 AO (Beistand).
[224] § 80 Abs. 8 (Bevollmächtigter) und Abs. 9 AO (Beistand).
[225] Vgl. z.B. Finanzgericht Berlin-Brandenburg, Urteil vom 17.1.2013 – 7 K 7303/11, juris, bezüglich eines Bevollmächtigten, dem anscheinend die Zulassung als Steuerberater entzogen worden war.
[226] Vgl. Landessozialgericht Berlin-Brandenburg, Beschluss vom 15.5.2014 – L 31 AS 762/14 B ER (rechtskräftig), juris.
[227] Vgl. Landessozialgericht Chemnitz, Urteil vom 19.1.2017 – L 8 SO 135/13 (rechtskräftig), LKV 2017, S. 335 f. (bearbeitet von Caspar/Neubauer); siehe dazu die Anmerkung von Caspar/Neubauer, LKV 2017, S. 336; Landessozialgericht München, Beschluss vom 29.6.2016 – L 7 AS 380/16 B ER; Landessozialgericht Essen, Urteil vom 11.4.2016 – L 20 SO 35/15 (rechtskräftig): der Kläger begehrte *„Leistungen nach der Haager Land-*

oder gar beim Landesamt für Versorgung und Soziales geltend gemacht.[228] Die Gerichtsverfahren hatten alle keinen Erfolg – für die „Reichsbürger".

Art. 7 HLKO betrifft Leistungen an Kriegsgefangene. Die Begründung der „Reichsbürger" ist diese: Die Bundesrepublik Deutschland existiere nicht und sei eine Firma und er, der „Reichsbürger", sei – warum auch immer – *offizieller Kriegsgefangener* der Regierung der BRD.[229] Der materielle Hintergrund: Anstelle des limitierten Arbeitslosengeldes II begehrten die Kläger als „Kriegsgefangene" den Sold eines Bundeswehrsoldaten in Höhe von 1.835 Euro pro Monat.[230]

Hier gilt: Auch wer die Existenz der Bundesrepublik Deutschland leugnet, möglicherweise aufgrund von krankhaften Wahnvorstellungen, hat einen Anspruch auf Hilfe, wenn er hilfsbedürftig ist. Meistens wird wegen der Nachrangigkeit des Sozialamtes das Jobcenter zuständig sein – es sei denn, dass Grundsicherung im Alter oder bei Erwerbsminderung nach den §§ 41 ff. des Sozialgesetzbuches Zwölftes Buch (SGB XII) in Betracht kommt. Der Antrag müsste dann als Antrag auf Leistungen nach dem Sozialgesetzbuch Zweites Buch (SGB II) ausgelegt und an das Jobcenter abgegeben werden.[231] Das Verfahren nimmt seinen gewöhnlichen Gang, der „Reichsbürger" wirkt mit oder er wirkt nicht mit, wobei Letzteres die Ablehnung des Antrags nach sich zieht.[232]

---

kriegsordnung als ... Bismarcksche Sozialhilfe"; Landessozialgericht Halle, Beschluss vom 6.5.2015 – L 8 SO 15/15 B ER (rechtskräftig); Urteil vom 25.3.2015 – L 8 SO 8/13 (rechtskräftig): der Kläger wechselt hier erst im Berufungsverfahren vom SGB II auf die Haager Landkriegsordnung; Sozialgericht Düsseldorf, Gerichtsbescheid vom 25.3.2014 – S 28 SO 683/13; Sozialgericht Dresden, Gerichtsbescheid vom 15.5.2013 – S 5 SV 31/13.

[228] Vgl. Verwaltungsgericht Cottbus, Beschluss vom 4.2.2016 – VG 1 L 888/15, juris (betreffend Eilverfahren gegen das Sozialamt) mit Verweis auf das beim gleichen Gericht anhängige Verfahren VG 1 K 1013/15 (betreffend Klage gegen das Landesamt für Soziales und Versorgung).

[229] Und siehe da: Wenn es ums Geld geht, wird auch die Existenz der Regierung der Bundesrepublik wieder anerkannt. Im Krieg befindet sich aber nur der „Reichsbürger" alleine. Hierzu ein trockener Kommentar des Landessozialgerichts München, Beschluss vom 29.6.2016 – L 7 AS 380/16 B ER: Der Antragsteller sei kein Kriegsgefangener; es stehe im jederzeit frei, die Bundesrepublik zu verlassen und *„in das (existierende) Land seiner Wahl zu reisen"*.

[230] Vgl. Landessozialgericht Halle, Urteil vom 25.3.2015 – L 8 SO 8/13 (rechtskräftig).

[231] Vgl. Sozialgericht Detmold, Gerichtsbescheid vom 14.3.2016 – S 18 AS 1800/14, juris.

[232] Vgl. Landessozialgericht Berlin-Brandenburg, Beschluss vom 15.5.2014 – L 31 AS 762/14 B ER (rechtskräftig), juris, wonach das Jobcenter wegen fehlender Mitwirkung gemäß § 60 Abs. 1 des Sozialgesetzbuches Erstes Buch (SGB I) die Bewilligung von Arbeitslosengeld II verweigern durfte. Eine „Reichsbürger"-Familie, die Sozialleistungen auf Grundlage *„Bismarckscher Gesetzlichkeiten"* begehrte, wollte ihren Wohnsitz nicht durch Vorlage einer Meldebescheinigung nachweisen.

Wenn der Antragsteller es ablehnt, sein Begehren als (hilfsweisen) Antrag auf Leistungen nach SGB II oder SGB XII auslegen zu lassen, um weiterhin auf der Haager Landkriegsordnung zu beharren,[233] muss die Behörde erklären, dass kein Krieg herrscht, der Antragsteller kein „Kriegsgefangener" ist, ein solcher Anspruch nicht existiert[234] und deshalb auch nicht beschieden werden kann. Im Ablehnungsbescheid muss ausdrücklich vermerkt sein, dass der Antragsteller kein Arbeitslosengeld II begehrt hat.

14. Beamtenrecht und Disziplinarrecht

Kaum glaublich, aber wahr: Es gibt auch Beamte, die sich der „Reichsbürger"-Diktion bedienen und die Existenz ihres Dienstherrn infrage stellen.

Ein solches Verhalten wird in der Regel disziplinar- und beamtenrechtliche Folgen haben. Denn Beamte, die die Gründung und den Fortbestand der Bundesrepublik Deutschland sowie die Geltung des Grundgesetzes leugnen, verstoßen gegen eine ihnen obliegende zentrale beamtenrechtliche Dienstpflicht. Die Ausführungen der Beamten könnten auch nicht als „harmlose Spinnerei" bagatellisiert werden.[235] Die vorläufige Dienstenthebung und der Einbehalt von Teilen der Dienstbezüge wurde für rechtmäßig erklärt.[236]

---

[233] Vgl. Verwaltungsgericht Cottbus, Beschluss vom 4.2.2016 – VG 1 L 888/15, juris, mit dem Hinweis, dass ein explizit auf die Haager Landkriegsordnung gestützter „Anspruch" nicht in einen Anspruch auf Leistungen nach dem SGB II oder SGB XII umgedeutet werden kann, sodass kein Verweis des beim Verwaltungsgericht anhängigen Rechtsstreites an das Sozialgericht in Betracht kommt.

[234] Vgl. Verwaltungsgericht Gelsenkirchen, Gerichtsbescheid vom 15.12.2014 – 6 K 4638/14, juris, mit dem Hinweis, dass die Haager Landkriegsordnung nur die Vertragsparteien bzw. deren Rechtsnachfolger bindet, nicht aber Privatpersonen subjektive und damit einklagbare Rechte gewährt; Landessozialgericht Niedersachsen-Bremen, Beschluss vom 12.5.2014 – L 8 SO 31/14 B ER, juris, mit dem Hinweis, dass die Bundesrepublik nach den Regelungen der Haager Landkriegsordnung nicht verpflichtet sei, Sold auszuzahlen, und die Bewilligung von Arbeitslosengeld II an der fehlenden Mitwirkung scheitere.

[235] Die beiden Polizeibeamten hatten versucht, sich einer Unterhaltsverpflichtung zu entziehen. Dem Sozialamt, das Unterhaltsvorschuss leistete, traten sie mit dem gesamten „Reichsbürger"-Programm entgegen: Leugnung der Existenz der Bundesrepublik und der Geltung des Grundgesetzes, Belehrung über den vermeintlichen „rechtlichen Status Deutschlands", „Allgemeine Geschäftsbedingungen" mit der Aufforderung, das Sozialamt müsste bei Aufrechterhaltung seiner Rechtsauffassung „Vertragsstrafen" in beträchtlicher Höhe bezahlen etc.; siehe dazu unter III. 10.

[236] Vgl. Oberverwaltungsgericht Magdeburg, Beschluss vom 21.5.2015 – 10 M 4/15, juris, mit dem Hinweis mit dem Zaunpfahl, dass ein solcher Verstoß zur Entfernung aus dem Beamtenverhältnis führen kann.

Ein weiterer Beamter war nach zustimmenden Ausführungen zur „Reichsbürger"-Weltsicht vom Dienst suspendiert worden. Das Tragen der Uniform und das Führen der Dienstwaffe war ihm untersagt worden. Sein Antrag auf Wiederherstellung der aufschiebenden Wirkung seines Widerspruchs gegen die für sofort vollziehbar erklärten Anordnungen hatte keinen Erfolg. Es bestünden keine durchgreifenden Bedenken gegen die Rechtmäßigkeit des für sofort vollziehbar erklärten Verbotes. Der Verdacht einer Dienstpflichtverletzung liege nahe, weshalb die weitere Ausübung der Dienstgeschäfte unvertretbar erscheine.[237]

V. Strafrecht und Ordnungswidrigkeitenrecht

1. Allgemeines

Ob eine Strafanzeige geboten ist, ist im Einzelfall zu prüfen. Zur eigenen Absicherung sollte eine Behörde Strafanzeige erstatten, um sich vor einer möglichen Strafvereitelung im Amt gemäß § 258a des Strafgesetzbuches (StGB) zu schützen. Ob ein Verhalten strafbar ist oder nicht, überprüft nicht die Verwaltung, sondern die Staatsanwaltschaft. Die Behörde prüft, ob eine Ordnungswidrigkeit vorliegt, die mit einem Bußgeld zu ahnden ist. In allen Fällen, in denen der Täter nicht zurechnungsfähig ist, wird strafrechtlich nichts passieren. Allerdings müsste für jede Tat festgestellt werden, ob sie im Zustand der Schuldunfähigkeit begangen wurde. Ob ein bestimmtes Verhalten strafbar oder als Ordnungswidrigkeit durch die Behörde zu verfolgen ist, wird nachfolgend erörtert.[238]

2. Urkundenfälschung und Betrug

Häufig wird bei „Reichsbürger"-Dokumenten an eine Urkundenfälschung (§ 267 StGB) gedacht. Sie wird aber dann nicht vorliegen, wenn eine Fantasieurkunde erstellt und davon Gebrauch gemacht wird unter Ausweisung einer Behörde namens „Deutsches Reich", die offenkundig nicht existiert. Dies gilt sowohl für „Pässe" als auch für „Führerscheine" des „Deutschen Reiches".

---

[237] Vgl. Verwaltungsgericht München, Beschluss vom 20.6.2016 – M 5 S 16.12.50, juris.
[238] Vgl. ausführlich zum Strafrecht Vormbaum, Moritz (2017): „Reichsbürger" und Strafrecht, in: Juristische Rundschau (JR), Heft 10/2017, S. 503 ff.

Durch Anweisung des US State Department Berlin gemäß der fortgeltenden SHAEF-Gesetzgebung für alle Siegermächte des Zweiten Weltkriegs zur Bildung einer Kommissarischen Reichsregierung für den Staat Deutsches Reich zur Geschäftsnummer GDR/AKB-I vom Vorsitzführenden der Interalliierten Kommandantur Berlin genehmigt, in Verbindung mit der Anfrage auf Genehmigung gemäß BK/O (51) 56 zum Aktenzeichen DR-RP-KHN 322-01-11/04 AE und dadurch durch den SHAEF-Gesetzgeber dienstverpflichtet.

Verfassungs- Beamten- & Amtseid

Gemäß den gesetzlichen Bestimmungen des in der Fassung vom 30. Januar 1933 fortgeltenden Reichsbeamtengesetzes vom 18. Mai 1907 (RGBl. S. 245), insbesondere dem § 3, und der in der Fassung vom 30. Januar 1933 fortgeltenden Reichsverfassung vom 11. August 1919 (RGBl. S. 1383), insbesondere den Artikeln 176 und 177, in Verbindung mit der bis zum durch den handlungsfähigen Staat Deutsches Reich unterzeichneten Friedensvertrag mit allen Siegermächten des Zweiten Weltkriegs fortgeltenden SHAEF-Gesetzgebung, insbesondere des Artikels I § 1 des SHAEF-Gesetzes Nr. 1 sowie Artikel I § 1, Artikel III § 4 und Artikel VII § 9 Absatz (e) des SHAEF-Gesetzes Nr. 52 vom 18. September 1944 (Amtsblatt US Mil.-Reg. Deutschland Ausgabe A), habe ich

···· **Herr** ▬▬▬▬▬▬▬▬▬▬▬ **P** ▬▬▬
geboren ▬▬▬▬▬▬▬▬▬▬▬▬ **Freistaat Preußen**

als Staatsbürger des Deutschen Reiches, unter Beachtung der gesetzlichen Bestimmungen des Reichsbeamtengesetzes, insbesondere der §§ 10, 11 und 13, und der Reichsverfassung mit allen auf ihr basierenden gesetzlichen Bestimmungen des Staates Deutsches Reich, heute, für das Amt

Leiter der Abteilung 3 beim Reichsministerium des Inneren
im Dienstrang eines Inspektors

in freier Selbstbestimmung zur Wahrung und dem Schutz des fortbestehenden völker-, reichsverfassungs-, preußisch landesverfassungs- und berlin provinzialverfassungsrechtlich Besonderen Status von Berlin den folgenden Beamten- und Amtseid, gemäß der Verordnung über die Vereidigung der öffentlichen Beamten vom 14. August 1919 (RGBl. S. 1419), geleistet:

> „Ich schwöre Treue der Verfassung, Gehorsam den Gesetzen und
> Gewissenhafte Erfüllung meiner Amtspflichten."
> „ Ich schwöre, so war mir Gott helfe! "

Groß-Berlin, den 19. November 2004

▬▬▬▬▬▬▬▬▬▬▬▬▬▬▬▬

Eigenhändige Unterschrift

Mit dem am heutigem Tage unterschriebenen Beamten- und Amtseid, der am Tag der Übergabe der Ernennungsurkunde volle Rechtskraft erlangt, ist der o.g. Unterzeichner, gemäß § 2 des in der Fassung vom 30. Januar 1933 fortgeltenden Reichsbeamtengesetzes vom 18. Mai 1907, unmittelbarer Staatsbeamter des Deutschen Reichs auf Lebenszeit. Er ist zur Ausübung des oben erwähnten Amtes durch den fortbestehend handlungsfähigen SHAEF-Gesetzgeber dienstverpflichtet, bestätigt durch die Art. 2 und 4 des Übereinkommen zur Regelung bestimmter Fragen in Bezug auf Berlin vom 25.09.1990 (BGBl. 1990, Teil II, Seite 1274 und BGBl. 1994, Teil II, Seite 26), und unterliegt bis zum mit den Siegermächten des Zweiten Weltkrieges abzuschließenden Friedensvertrag, der Anweisung, Kontrolle und Gerichtsbarkeit des SHAEF-Gesetzgebers USA.

Groß-Berlin, den 19. November 2004

Es wird die eigenhändige Unterschrift vom
heutigem Tage bestätigt und beglaubigt

Abbildung 3: Ernennungsurkunde des „Reichsbürgers" P. vom 19.11.2004[239]

Eine Ausnahme wäre dann anzunehmen, wenn eine Urkunde einer realen Behörde verfälscht wird, indem etwa diese als ausstellende Behörde ausgewiesen wird, während die Urkunde tatsächlich vom „Reichsbürger" erstellt wurde. Das wird bei „Reichsbürgern", die die Bundesrepublik nicht anerkennen, eher selten passieren.

[239] Bild: Fotokopie der Ernennungsurkunde des „Reichsbürgers" P., der sich zum Abteilungsleiter beim *„Reichsministerium des Inneren"* ernennt – im Dienstrang eines Inspektors. Das dürfte real existierende ministerielle Abteilungsleiter nachhaltig schockieren. Mit der „Wahrheit" nimmt P. es dann nicht so genau, da kann ihm auch Gott nicht mehr helfen.

Auch keine Urkundenfälschung ist das Fahren mit selbst gefertigten Kfz-Kennzeichen. Hier kann eine Ordnungswidrigkeit vorliegen, wenn das Auto nicht zugelassen ist. Zu prüfen ist ferner, ob ein Verstoß gegen das Gesetz über die Pflichtversicherung für Kraftfahrzeughalter (Pflichtversicherungsgesetz [PflVG]) vorliegt, weil – was bei einem Kfz-Kennzeichen eines „Reichsbürgers" sehr wahrscheinlich ist – das Auto nicht versichert ist.

Wenn jemand mit einem selbst gefertigten Führerschein angetroffen wird, ist zu prüfen, ob ein Fahren ohne Fahrerlaubnis vorliegt. Das dürfte meistens anzunehmen sein. Häufig ist Grund für ein Fahren mit einem „Führerschein des Deutschen Reiches", dass die bundesdeutsche Fahrerlaubnis entzogen wurde. Wenn der „Reichsbürger" beim Fahren keinen gültigen Führerschein bei sich führt, wohl aber über eine gültige bundesdeutsche Fahrerlaubnis verfügt, wäre dies eine Ordnungswidrigkeit gemäß § 75 Nr. 4 in Verbindung mit § 4 Abs. 2 Satz 2 der Fahrerlaubnis-Verordnung (FeV).

Die Geltendmachung und versuchte Durchsetzung nicht existierender Geldforderungen (Stichwort „Malta Inkasso") wurde nicht als Betrug, wohl aber als versuchte Nötigung mit einer Freiheitsstrafe auf Bewährung bestraft.[240] In jedem Fall sollten Versuche, sich Geld via „Malta Inkasso" zu erschleichen, zur Anzeige gebracht werden. Gegebenenfalls wird dann die deutsche Staatsanwaltschaft, wenn eine örtliche Zuständigkeit verneint wird, die maltesische Staatsanwaltschaft informieren und bitten, einen Prozessbetrug nach maltesischem Recht zu prüfen.[241]

3. Staatsschutzdelikte

Eine Verwendung von Kennzeichen verfassungsfeindlicher Organisationen gemäß § 86a StGB wird im Regelfall auch bei Benutzung des Reichsadlers nicht vorliegen, es sei denn, der Vogel hält noch einen Kranz mit Hakenkreuz in den Krallen. Im Übrigen setzt § 86a StGB voraus, dass diese Kennzeichen verbreitet werden, sprich: einem größeren Kreis als nur dem Adressaten eines Anschreibens zugänglich gemacht wird.

Die missbräuchliche Verwendung des Bundesadlers oder von Wappen, die dem Bundesadler zum Verwechseln ähnlich sehen, führt gemäß § 124

---

[240] Vgl. Sächsische Zeitung Online vom 30.8.2017: Bewährungsstrafe für Reichsbürgerin, unter http://www.sz-online.de/sachsen/bewaehrungsstrafe-fuer-reichsbuergerin-3761565.html, Stand der Abfrage: 23.12.2017. Vgl. ausführlich zum „Malta Inkasso" Neubauer (Fn. 105), S. 208 ff., in diesem Band. Als problematisch könnte sich beim Betrug erweisen, wer in einem automatisierten Verfahren getäuscht wird, wenn die Berechtigung einer Forderung nicht geprüft wird.

[241] Eine Strafbarkeit besteht in Malta nach Art. 106 Criminal Code.

des Gesetzes über Ordnungswidrigkeiten (OWiG) zu Bußgeldbescheiden des Bundesverwaltungsamtes.

Das Verbreiten von Propagandamitteln verfassungswidriger Organisationen (§ 86 StGB) betrifft allein Organisationen, die verboten sind. Soweit die „Reichsbürger" Propagandamittel einer noch existierenden und nicht verbotenen „Organisation" verbreiten, trifft dieses Tatbestandsmerkmal nicht zu.

4. Straftaten gegen die öffentliche Ordnung

Ob eine Volksverhetzung gemäß § 130 StGB vorliegt, muss individuell geprüft werden. Die Behauptung der Fortexistenz des Deutschen Reiches allein reicht nicht aus, sondern ist durch das Recht auf freie Meinungsäußerung gedeckt.

Das Auftreten eines „Reichskanzlers" lässt häufig an eine Amtsanmaßung (§ 132 StGB) denken. Diese wird aber nicht vorliegen, wenn die Existenz eines Amtes vorgetäuscht wird, das erkennbar nicht existiert. Im Gegensatz dazu wird im Fall des DPHW, das polizeiliche Befugnisse für sich reklamierte,[242] dieser Tatbestand problemlos festzustellen sein. Wenn jemand sich als Pseudopolizei aufspielt, ist umgehend Strafanzeige zu erstatten.

Ein Siegelbruch gemäß § 136 StGB kann vorliegen, wenn eine Vollstreckungsdienstkraft Häuser oder Kraftfahrzeuge versiegelt hat und diese Siegel vom „Reichsbürger" unter Hinweis auf die Nichtexistenz der Bundesrepublik Deutschland entfernt werden. Auch hier empfiehlt sich eine Strafanzeige.

Die Bildung krimineller Vereinigungen gemäß § 129 StGB liegt vor, wenn eine Vereinigung gebildet wurde, um Straftaten zu begehen. Beim DPHW hatte die Staatsanwaltschaft zunächst geprüft, ob diese Vorschrift einschlägig ist. Denn mit dem DPHW wurde eine Pseudopolizei gegründet, die sich polizeiliche Exekutivmaßnahmen anmaßte, die auf Körperverletzung, Nötigung und Freiheitsberaubung hinausliefen. In der Anklage wurde die Bildung einer kriminellen Vereinigung nicht weiterverfolgt.[243]

5. Nötigung und Bedrohung

Bei der Nötigung (§ 240 StGB) und der Bedrohung (§ 241 StGB) muss geprüft werden, ob ein individualisierbares Übel angedroht wird. Den Hinweis, es könne die Todesstrafe verhängt werden, bezeichneten verschiedene Staats-

---

[242] Siehe dazu unter II. 5.
[243] Die Beteiligten sind in erster Instanz alle zu Gefängnisstrafen ohne Bewährung verurteilt worden, in zweiter Instanz dann allerdings zu Haftstrafen auf Bewährung. In einem Fall war die Revision der Staatsanwaltschaft erfolgreich.

anwaltschaften als absurd: Eine Strafe sei eine staatliche Sanktion, die in den Strafgesetzen vorgesehen sein muss und eines Gerichtsurteils bedarf. Anders wäre es, wenn anstelle der Todesstrafe mit einer Tötung (Mord oder Totschlag) gedroht wird. Wenn ein „Reichsbürger" kundtut, er habe verstorbene Personen mittels geheimer Strahlenwaffen oder Gedankenübertragung umgebracht, ist dies erkennbar realitätsferner Unsinn. Die Drohung mit „Malta Inkasso" stellt eine versuchte Nötigung dar.

6. Beleidigung

Die Schreiben haben häufig einen beleidigenden Ton. Insbesondere, wenn ein Beschäftigter oder die Verwaltungsbehörde mit Funktionsbezeichnungen des Dritten Reiches belegt wird (z.B. Landrat als „*Gauleiter*", Landkreis als „*KZ*"), wird die betroffene Person oder die Verwaltung hiermit nicht einverstanden sein.

Wenn die Tat gemäß §§ 185 ff. StGB strafrechtlich verfolgt werden soll, sollte der Hauptverwaltungsbeamte neben der Erstattung einer Strafanzeige einen Strafantrag nach § 194 StGB stellen. Das Problem ist: Liegt ein Vorsatz vor, jemanden beleidigen zu wollen, oder bewegt sich der „Reichsbürger" innerhalb seiner Wahnvorstellung? Bei Personen, die nicht schuldfähig sind, wird genau aus diesem Grund ein Strafverfahren nicht durchgeführt werden. Dies wird von „Reichsbürgern" häufig als Propagandaerfolg verkauft.[244] Fazit: Hier muss man hart im Nehmen sein und davon ausgehen: Solche Leute können mich nicht beleidigen.

7. Recht am eigenen Bild

Gemäß § 33 in Verbindung mit § 22 des Gesetzes betreffend das Urheberrecht an Werken der bildenden Künste und der Photographie (KunstUrhG) macht sich strafbar, wer Bilder ohne Einwilligung des Abgebildeten veröffentlicht. Das kann passieren, wenn ein „Reichsbürger" ohne Einwilligung (heimlich) filmt.[245] Problematisch wird die Sache, wenn zwar klar ist, wer gefilmt hat, aber nicht klar ist, wer diesen Film ins Internet eingestellt hat. Sollte der Server, auf welchem sich das Bild oder Video befindet, im Ausland stehen, werden große Schwierigkeiten bestehen, den Betreiber zur Löschung oder Preisgabe des Namens der einstellenden Person zu veranlassen.

---

[244] Siehe am Beispiel von Wolfgang Ebel unter IV. 8. e).
[245] In einem Fall hatte ein „Reichsbürger" eine Kleinstkamera in seiner Brille eingebaut!

8. Beschädigung von Personaldokumenten

Eine Strafbarkeit wegen Sachbeschädigung (§ 303 StGB) kommt in Betracht, wenn der „Reichsbürger" der Behörde einen von ihm beschädigten oder zerstörten Personalausweis oder Reisepass mit der bekannten Begründung übergibt, die Bundesrepublik gäbe es nicht oder er sei *aus der BRD aus-getreten"*. Bei Rückgabe von Personaldokumenten – zerstört oder unversehrt – ist eine Ordnungswidrigkeit gemäß § 32 des Personalausweisgesetzes (PAuswG) zu prüfen. Sie liegt nur dann vor, wenn der „Reichsbürger" kein bundesdeutsches Personaldokument mehr besitzt, also weder einen Personalausweis noch einen Pass. Den Strafantrag zur Verfolgung der Sach-beschädigung stellt die für die Ausstellung zuständige Behörde, sprich: die Gemeinde, Stadt oder Amtsverwaltung; sie ist auch zuständig für die Verfolgung der Ordnungswidrigkeit.

9. Rechtsdienstleistungsgesetz

Ein Verstoß gegen das Rechtsdienstleistungsgesetz (RDG) kann vorliegen, wenn „Rechtskonsulenten"[246] auftreten und sich als Quasi-Anwälte gebärden, um ihre „Mandantschaft" zu „schützen" (z.B. vor der Entziehung der Fahrerlaubnis oder vor Gebührenbescheiden). Ein solcher Verstoß gemäß § 19 RDG ist eine Ordnungswidrigkeit, für deren Ahndung in Brandenburg der Präsident des Brandenburgischen Oberlandesgerichts in Brandenburg an der Havel zuständig ist.

Ein Beispiel für professionelle illegale „Rechtskonsulenten" ist die *„Bürger Kanzlei Graf von Andechs"*, gegen die ermittelt wurde.[247] Diese Pseudokanzlei[248] erweckt den Anschein eines bundesweit agierenden Rechtsanwaltsbüros. Auffällig ist allerdings: Es werden nur die Orte der vermeintlichen Büros aufgeführt, nicht aber Namen der „Anwälte" bzw. „Rechtskonsulenten". Besonders originell ist, dass diese „Kanzlei" keine eigene Bankverbindung nennt. Das ist deshalb erstaunlich, weil sich *„Graf von Andechs"* der „Zivilrechtler"-Argumentation[249] bedient und von Verwaltungen Vertragsstrafen in Millionenhöhe fordert, ohne zu sagen, wohin dieses viele Geld gezahlt werden soll. Das verdeutlicht die fehlende Ernsthaftigkeit der „Anspruchsteller".

---

[246] Siehe dazu unter IV. 12.
[247] Staatsanwaltschaft Berlin, Aktenzeichen: 281 Js 4275/12. Der Ausgang des Verfahrens ist leider nicht bekannt.
[248] Bei der Berliner Adresse handelt es sich um eine Briefkastenfirma.
[249] Siehe dazu unter III. 10. b).

VI. Fazit

Die Thesen der „Reichsbürger" sind nicht diskutierbar. Es handelt sich um Absurditäten. Über diese Themen wird die Behörde nicht diskutieren. Auf keinen Fall wird auf die „Argumentation" der „Reichsbürger" eingegangen. Der Behördenmitarbeiter prüft, ob jenseits des ganzen Humbugs ein substanzieller Gehalt vorhanden ist. Wenn ein „Reichsbürger" gegen einen Bescheid protestiert, muss geprüft werden, ob dieses Schreiben als Widerspruch zu bewerten ist (vermutlich ja) und ob ein Sachverhalt vorgetragen wird, der den Widerspruch als begründet erscheinen lässt (vermutlich nein). Ausführungen zum Fortbestehen des Deutschen Reiches stellen keinen Sachverhalt dar, über den länger als zwei Sekunden nachgedacht werden soll. Wenn der „Reichsbürger" allerdings 15 Seiten „Reichsbürger"-Sermon von sich gibt und im letzten Satz schreibt: *„und im Übrigen war ich es gar nicht"*, dann muss diese Aussage gewürdigt werden. Eventuell scheidet damit der „Reichsbürger" als Störer oder Täter einer Ordnungswidrigkeit aus.

Es wird davon abgeraten, eine „Reichsbürger"-Angelegenheit wegen ihrer vermeintlichen Wichtigkeit oder Besonderheit oder aufgrund des Insistierens des Antragstellers den Vorgesetzten vorzulegen. Auch die Vorgesetzten möchten hier berücksichtigen, dass sie zwar eventuell beratend zur Seite stehen, aber nicht im Schreiben auftauchen. Andernfalls vermitteln sie dem „Reichsbürger" das Gefühl der Besonderheit und Wichtigkeit.

Verwaltungs- wie auch Ordnungswidrigkeitenverfahren dürfen nicht ohne Weiteres eingestellt werden! Wenn die Behörde auf die Einnahme von Verwaltungsgebühren oder Bußgeldern verzichtet, schafft sie Anreize zur Nachahmung. Das ist tunlichst zu vermeiden!

Für Strafanzeigen gilt: Vieles, was „Reichsbürger" vortragen, ist hanebüchenes Zeug. Nur: Grober Unfug ist nicht strafbar. Ob sich jemand für einen „Reichskanzler" hält oder für einen „preußischen Minister" oder für den leibhaftigen Darth Vader: In allen Fällen mangelt es erkennbar an einem Realitätsgehalt. Taten im Zustand der Schuldunfähigkeit werden nicht strafrechtlich geahndet. Die öffentliche Verwaltung ist kein Zuckerschlecken. Manchmal braucht man ein dickes Fell, und manchmal ein sehr dickes.

Reinhard Neubauer

„Malta Inkasso": „Wer wird Millionär?" in der „Reichsbürger"-Variante

I. Einleitung

Seit 2014 breitet sich eine neue „Reichsbürger"-Idee aus, die in Sachsen, Sachsen-Anhalt, Thüringen, Baden-Württemberg, Berlin, Nordrhein-Westfalen und seit 2016 auch in Brandenburg für Wirbel sorgt: „Malta Inkasso". Inzwischen wurde versucht, auch die Bundeskanzlerin und den Bundespräsidenten mit der „Malta-Masche" zu behelligen.[1]

Es handelt sich um eine Erfindung von „Reichsbürgern" aus der Gruppe der „Selbstverwalter" bzw. „Zivilrechtler".[2] Diese schrieben an die öffentlichen Verwaltungen, dass sie die Behörde nicht anerkennen und bei einem weiteren behördlichen Vorgehen „Vertragsstrafen" fordern würden. Diese vermeintlichen Strafen wurden in „Allgemeinen Geschäftsbedingungen" (AGB) näher beziffert.[3] Anschließend versuchten einige „Reichsbürger", unter Bezug auf diese „Allgemeinen Geschäftsbedingungen" ihre nicht existierenden Fantasieforderungen in Millionenhöhe durchzusetzen. Betroffen waren neben der Bundeskanzlerin und dem Bundespräsidenten Richter, Gerichtsvollzieher, Ministerial-, Polizei- und Justizbedienstete – und zwar zum Teil unter ihrer Privatanschrift.[4] Es gibt auch „Reichsbürger", die allein

---

[1] Vgl. Spiegel Online vom 13.7.2016: Gerichtsvollzieher-Trick: „Reichsbürger" bedrohen Merkel und Gauck, unter http://www.spiegel.de/politik/deutschland/reichsbuerger-bedrohen-angela-merkel-und-joachim-gauck-a-1102853.html, Stand der Abfrage: 23.12.2017. Es konnte bisher nicht festgestellt, dass Mahnbescheide tatsächlich zugestellt wurden.

[2] Vgl. zu den „Zivilrechtlern" Caspar, Christa/Neubauer, Reinhard (2017): Durchs wilde Absurdistan: Was zu tun ist, wenn „Reichsbürger" und öffentliche Verwaltung aufeinandertreffen, S. 119 (149 ff.), in diesem Band.

[3] Vgl. zu den „Allgemeinen Geschäftsbedingungen" Caspar/Neubauer (Fn. 2), S. 151 f., in diesem Band.

[4] Eine Vollstreckung gegen eine Kommune – die ja der gewöhnliche „Reichsbürger" nicht anerkennt – würde nicht zum Erfolg führen, alldieweil die Vollstreckung der Zulassung der Kommunalaufsichtsbehörde bedarf, vgl. § 118 Abs. 1 der Kommunalverfassung des Landes Brandenburg (BbgKVerf) vom 18.12.2007, Gesetz- und Verordnungsblatt Teil I, S. 286, zuletzt geändert durch Gesetz vom 10.7.2014, Gesetz- und Verordnungsblatt Teil I, Nr. 32; § 122 der Sächsischen Gemeindeordnung (SächsGemO) in der Fassung der Bekanntmachung vom 3.3.2014, Gesetz- und Verordnungsblatt S. 146, zuletzt geändert durch Gesetz vom 13.12.2016, Gesetz- und Verordnungsblatt S. 652; § 152 des

damit drohten, die Pseudo-Forderungen *„über Washington"* vollstrecken zu lassen – wohl in der Erwartung, dass die Behördenmitarbeiter angesichts der Androhung einer Millionenforderung davon absehen würden, Bußgelder über 20 Euro zu vollstrecken.

Eine weitere Methode ist die, die angeblichen Vertragsstrafen in einem Mahnschreiben per Zustellungsurkunde (ZU) zustellen zu lassen. Hierzu bedienen sich die „Reichsbürger" einer Fantasie-„Behörden"-Bezeichnung, um damit die Postzustelldienste zu übertölpeln. Denn Zustellungen mit ZU können nur durch Behörden oder Gerichte bewirkt werden, nicht aber durch Privatpersonen, auch wenn sich diese hinter einer „Behörden"-Bezeichnung verstecken. Wichtig ist es zu erkennen, dass hier keine reale Forderung durch eine reale Behörde erhoben wird. Eine wirksame Zustellung kann allerdings durch eine Nicht-Behörde nicht bewirkt werden. Im Übrigen entsteht eine Forderung auch nicht dadurch, dass das entsprechende Drohschreiben förmlich zugestellt wird. Fazit: Anzeige erstatten wegen versuchter Nötigung. Und: Selbstverständlich nicht bezahlen.

Dies klingt natürlich sehr surreal: Wie kann jemand, der keine Forderung hat, eine solche vollstrecken? Dazu vorab die beruhigende Nachricht: Es hat bisher nicht funktioniert – und es wird auch nicht funktionieren.[5] Die weniger beruhigende Nachricht: Es wird aber immer wieder versucht.

II. Was geschieht?

Die Vorgehensweise ist wie folgt:[6] Der „Reichsbürger" lässt sich vom UCC-Register[7] in Olympia (Washington)[8] registrieren. Dann meldet er dort seine

---

Kommunalverfassungsgesetzes des Landes Sachsen-Anhalt (KVG LSA) vom 17.6.2014, Gesetz- und Verordnungsblatt S. 288.

[5] Vgl. Antwort der Bundesregierung auf eine Kleine Anfrage der Abgeordneten Halina Wawzyniak u.a. – Drucksache 18/9868 –, Deutscher Bundestag, Drucksache 18/9978.

[6] Sehr ausführlich wird die „Malta-Masche" und die Möglichkeiten, dagegen vorzugehen, auf der Homepage des Ministeriums für Justiz und Gleichstellung des Landes Sachsen-Anhalt beschrieben, vgl. unter http://www.mj.sachsen-anhalt.de/service/recht-und-gesetz/malta-masche/, Stand der Abfrage: 23.12.2017. Eine umfassende Darstellung findet sich zudem bei Thöne, Meik (2017): Die „Malta-Masche" der Reichsbürger – oder: Fährnisse unbesehener Vollstreckung, in: Zeitschrift für das Privatrecht der Europäischen Union (GPR), Heft 4/2017, S. 191 ff.

[7] Vgl. zum UCC-Schuldnerregister Caspar/Neubauer (Fn. 2), S. 154, in diesem Band.

[8] Olympia liegt im Bundesstaat Washington! In einigen Veröffentlichungen (vgl. Spiegel online vom 13.7.2016: Gerichtsvollzieher-Trick: „Reichsbürger" bedrohen Merkel und

„Forderung" an, also z.B. eine „Vertragsstrafe" gegen einen Beschäftigten der öffentlichen Verwaltung in Höhe von, sagen wir, 1 Mio. Dollar. Sicher ist sicher, denn der normale „Reichsbürger" hält den Euro für eine illegale Währung. Er gibt ferner an, dass die Forderung nicht bestritten wurde – was im Regelfall auch stimmt.[9] Diese Anmeldungen und die Datenübermittlung erfolgen ausschließlich elektronisch und sind nicht manuell beeinflussbar. Die „Forderung" wird im Register elektronisch und damit ungeprüft gespeichert. Sie ist zwar nicht als reale Forderung entstanden, wohl aber registriert – ohne dass damit allerdings ihre Berechtigung festgestellt wäre.[10] Das bedeutet ferner, dass eine Eintragung im Register sich auch nicht als vollstreckbarer Titel darstellt; eine Einreise in die USA ist nach wie vor problemlos möglich, ohne dass der Reisende an der Grenze damit konfrontiert würde, im UCC-Register sei eine Forderung eingetragen.

Es sind in mehreren Fällen Forderungen im UCC-Register eingetragen worden. Soweit eine Eintragung bekannt und eine Löschung der Pseudoforderung aus dem UCC-Register gefordert wurde, ist dem entsprochen worden, ohne dass es zu weiteren Problemen gekommen wäre.[11]

Gauck, unter http://www.spiegel.de/politik/deutschland/reichsbuerger-bedrohen-angela-merkel-und-joachim-gauck-a-1102853.html, Stand der Abfrage: 23.12.2017, und Focus online vom 13.7.2016: Reichsbürger bedrohen Merkel und Gauck und greifen zur Malta-Masche, unter http://www.focus.de/politik/deutschland/ins-visier-geraten-reichsbuerger-bedrohen-merkel-und-gauck-und-greifen-zur-malta-masche_id_5725393.html, Stand der Abfrage: 23.12.2017) wird von „in Washington" gesprochen und damit vermutlich die Stadt Washington D.C. gemeint. Diese liegt aber gut 4.500 km vom UCC-Register entfernt – für den Fall, dass jemand persönlich vorsprechen möchte.

[9] Es wird dennoch davon abgeraten, auf Schreiben von „Reichsbürgern" zu reagieren und die angeblichen „Schadensersatzforderungen" zu bestreiten. Dies würde nämlich bedeuten, sich auf eine Ebene mit dem Irrationalismus zu begeben und diesen damit als diskussionswürdig anzuerkennen. Das ist er nicht!

[10] Vgl. Caspar/Neubauer (Fn. 2), S. 154, in diesem Band. Es handelt sich um eine bloße Registrierung. Das UCC-Register hat keine Wirkung wie hierzulande die Schufa: Die Tatsache, dass eine ungeprüfte Forderung im Register aufgeführt wird, tangiert die Kreditwürdigkeit der aufgeführten Person nicht. Der Zweck der Registrierung ist allein der, die Rangfolge verschiedener Forderungen gegenüber einem Schuldner festzulegen. Sprich: Die erstrangige Forderung geht im Falle einer Vollstreckung vor.

[11] Es gibt folglich – wohl allein zur Drohung – mehr Eintragungen im UCC-Register als Mahnbescheide maltesischer Inkasso-Unternehmen. Für Letztere wird ein höheres Maß an krimineller Energie benötigt: Wie eine Eintragung einer nicht existenten Forderung in einem Register ohne weitere Folgerungen zu bewerten ist, soll hier nicht erörtert werden. Der Versuch, eine solche Forderung in Kenntnis ihres Nichtbestehens zu vollstrecken, dürfte mit Sicherheit strafrechtlich relevant sein.

Wenn eine Löschung nicht erfolgt, wäre Raum für folgenden als „Malta-Masche" bezeichneten Trick:[12] Die vermeintlich bestehende Forderung wird an ein Inkasso-Unternehmen abgetreten, das im Wege des Mahnverfahrens versucht, die Forderung zu vollstrecken.[13] Bisher sind folgende Inkasso-Unternehmen bekannt geworden:
– „Pegasus International Incasso Ltd.",
– „Prometheus S.E.H.R. Ltd.",
– „Horus Holding Ltd.".

Die Wahrscheinlichkeit, von diesen Unternehmen irgendwelchen Regress (Prozess- und Anwaltskosten) erlangen zu können, dürfte ziemlich limitiert sein.

Alle Unternehmen haben ihren Sitz auf Malta und erwirkten nach der Abtretung in einem vereinfachten Verfahren („Special Summary Procedure") einen maltesischen Mahnbescheid. Diesen wollten die Unternehmen in Deutschland auf der Grundlage der Zustellungsverordnung der Europäischen Union (EuZVO)[14] zustellen und vollstrecken lassen. Ein derartiger Mahnbescheid im vereinfachten Verfahren ist zulässig zur Vollstreckung von Schulden – daher vermutlich der Umweg über das UCC-Register, um sich eine „Forderung" abtreten zu lassen.

Mutmaßlich handelt es sich um Firmen, die von „Reichsbürgern" errichtet wurden – was auf eine gewisse kriminelle Energie hindeuten würde.

Eine solche förmliche Zustellung eines ausländischen Schreibens müsste vom maltesischen Gericht über die örtlich zuständigen deutschen Amtsgerichte an den Adressaten erfolgen. Dass Zustellungen tatsächlich erfolgt sind, konnten wir im kommunalen Bereich bisher nicht feststellen. Derartige Zustellersuchen wurden regelmäßig von den Rechtspflegern der Gerichte

---

[12] In der Juristensprache auch (versuchter) Betrug genannt. Wenn die Behörde zu einem Unterlassen veranlasst werden soll, wäre noch an (versuchte) Nötigung zu denken.
[13] Dieser Trick wurde bereits durch Anhänger des OPPT angewendet, vgl. Caspar/Neubauer (Fn. 2), S. 154, in diesem Band.
[14] Verordnung (EG) Nr. 1393/2007 vom 13.11.2007, Amtsblatt (EU) Nr. L 324 vom 10.12.2007, S. 79. Die EuZVO regelt in Art. 1 die Zustellung von gerichtlichen oder außergerichtlichen Schriftstücken in Zivil- oder Handelssachen innerhalb der Länder der Europäischen Union. Die Geltendmachung von Ansprüchen per Mahnbescheid aufgrund einer *„Haftung des Staates für Handlungen oder Unterlassungen im Rahmen der Ausübung hoheitlicher Rechte"* ist explizit ausgeschlossen. Damit unterfallen die von den „Reichsbürgern" geltend gemachten Fantasieforderungen nicht dem Anwendungsbereich des Art. 1 EuZVO.

unerledigt nach Malta zurückgeschickt[15] mit der Begründung, sie würden den Anforderungen des Art. 1 EuZVO nicht entsprechen.

Das Inkasso-Unternehmen auf Malta wird vermutlich aus mehreren Gründen bemüht:

– Das Mahnverfahren ist einfacher als in Deutschland.
– Malta ist ein EU-Land und unterliegt damit der EuZVO.
– Die Inseln liegen viele Kilometer von der Bundesrepublik entfernt, ein unerfahrener vermeintlicher Schuldner wird womöglich nicht die lange Reise nach Valletta wegen eines sinnfreien Rechtsstreites auf sich nehmen wollen – wobei man sich, wie in Deutschland, auch anwaltlich vertreten lassen könnte.
– Die Zeitspanne zum Einschreiten ist angesichts der bestehenden Landes- und Sprachgrenzen sehr kurz.
– Zudem fallen bei einer Vollstreckung des maltesischen Mahnbescheides noch keine Gebühren an.[16]

Bei einem deutschen Mahnbescheid müsste – im automatisierten Verfahren – spätestens beim Erlass des Vollstreckungsbescheides eine Gebühr bezahlt werden. Diese ist im Falle einer Millionenforderung erstens nicht unbeträchtlich und zweitens am Ende, wenn alles real verläuft, für den „Reichsbürger" ein Totalverlust. Also unterlässt er im Regelfall den waghalsigen Versuch, seine nicht existierende „Forderung" mithilfe eines deutschen Mahn- bzw. Vollstreckungsbescheides durchzusetzen. Der Ausnahmefall ist allerdings u.a. in Sachsen bereits vorgekommen: Ein „Reichsbürger" versuchte, eher niedrigere Beträge von Beschäftigten der öffentlichen Verwaltung mithilfe eines Mahnbescheides zu erschleichen.[17] Hier gilt: Einspruch gegen den Mahnbescheid einlegen! Wenn der „Reichsbürger" dann noch weiter vorgehen will, müsste er ein gerichtliches Verfahren anstrengen und hier Gebühren vorschießen. Da der Ausgang eines solchen Gerichtsverfahrens für den „Reichsbürger" absehbar negativ sein wird, dürfte ein solches Vorgehen sehr unwahrscheinlich sein.

---

[15] Vgl. Pressemitteilung des Ministeriums für Justiz und Gleichstellung des Landes Sachsen-Anhalt Nr. 066/2015 vom 26.10.2015.

[16] Was natürlich dann nicht von Relevanz ist, wenn es das eigene „Reichsbürger"-Inkassounternehmen ist.

[17] Auch Frank Schmidt berichtete über einen Fall, in welchem ein „Reichsbürger" seine Forderung mit einem deutschen Mahnbescheid durchsetzen wollte, vgl. Schmidt, Frank (2015): Malta Inkasso, unter http://blog.krr-faq.net/?p=1487, Stand der Abfrage: 23.12.2017. Vermutlich unterstellte er, dass der vermeintliche „Schuldner" von einem offensichtlichen Unfug ausgeht (was ja auch stimmt), um aus diesem Grunde das Einlegen des Einspruchs gegen den Mahnbescheid zu unterlassen (was ein Fehler wäre).

Eine andere Möglichkeit wäre die, im Wege des europäischen Mahnverfahrens einen europäischen Zahlungsbefehl in Malta[18] zu erwirken. Grundlage hierfür ist die Verordnung (EG) Nr. 1896/2006 vom 12.12.2006[19]. Auch diese Verordnung regelt in ihrem Art. 2 Abs. 1, dass sie nicht anwendbar ist in Angelegenheiten, die einer Amts- oder Staatshaftung entsprechen würden. Das angerufene – hier also: maltesische – Gericht müsste prüfen, ob diese Voraussetzungen vorliegen. Der angebliche Gläubiger müsste gemäß Art. 4 der Verordnung (EG) Nr. 1896/2006 ferner dartun, dass die Forderung fällig ist. Das Verfahren ist an deutlich mehr Formvorschriften gebunden als der maltesische Mahnbescheid und dürfte sich daher für den beabsichtigten Betrugsversuch als weniger praktikabel herausstellen.

III. Die Feuerwehr

Das Bundesministerium der Justiz und für Verbraucherschutz sowie das Auswärtige Amt stehen seit 2015 in Kontakt mit Stellen in den USA und auf Malta, damit unberechtigte „Forderungen" im UCC-Register schnellstmöglich entfernt werden und Vollstreckungen unterbleiben.[20]

Die deutsche Botschaft in Valletta hat sich mit den zuständigen maltesischen Behörden in Verbindung gesetzt und auf die Problematik aufmerksam gemacht. Es muss dennoch damit gerechnet werden, dass es zu Zustellversuchen kommt, wenn sich die Forderung gegen eine Privatperson unter ihrer Privatanschrift richtet. Allerdings sind die deutschen Gerichte angewiesen, maltesische Mahnbescheide zu prüfen, ob sie im Einklang mit den europäischen Rechtsvorschriften zugestellt werden können.

Es gibt ferner Informationen diverser Senatsverwaltungen und Ministerien der Länder, die für Justiz bzw. für Inneres zuständig sind.[21]

---

[18] Oder einem anderen europäischen Gericht – entscheidend ist der Sitz des Antragstellers in einem EU-Land.

[19] Amtsblatt (EU) Nr. L 399 vom 30.12.2006, S. 1 ff.

[20] Vgl. Mitteldeutsche Zeitung vom 28.10.2015: Die Malta Masche – „Reichsbürger" versuchen Justizbedienstete in Magdeburg einzuschüchtern, unter http://www.mz-web.de/mitteldeutschland/die-malta-masche--reichsbuerger--versuchen-justizangestellte-in-magdeburg-einzuschuechtern-23097684, Stand der Abfrage: 23.12.2017. Vgl. auch Antwort der Bundesregierung auf eine Kleine Anfrage der Abgeordneten Halina Wawzyniak u.a. – Drucksache 18/9868 –, Deutscher Bundestag, Drucksache 18/9978.

[21] Das Ministerium des Innern und für Kommunales des Landes Brandenburg hat im Oktober 2016 für die obersten Landesbehörden eine ausführliche Übersicht mit Empfehlungen und Adressen erstellt. Derartige Schreiben gibt es auch in den anderen Bundesländern.

Damit sollte für die Zukunft sichergestellt sein, dass „reichsbürgerliche" Mahnbescheide aus Malta nicht zugestellt, sondern zurückgesandt werden – sofern sie überhaupt noch von Malta aus abgeschickt werden können.

IV. Was tun, wenn's trotzdem brennt?

1. USA

Dem Mahnbescheid liegt regelmäßig eine abgetretene „Forderung" zugrunde, die im UCC-Register angemeldet ist. Es empfiehlt sich daher, im UCC-Register[22] nachzuforschen, ob dort eine Forderung notiert ist. Diese Empfehlung gilt insbesondere für Personen, denen mit einer Eintragung im UCC-Register gedroht worden ist.

Wenn eine „Forderung" zu Unrecht eingetragen ist, sollte die Behördenleitung eine Löschung beantragen. Diese ist in Englisch[23] zu richten an:

Notary Public Program
Uniform Commercial Code Program
POB 9660
Olympia, Washington 98507-9660
E-Mail: ucc@dol.wa.gov
Telefon: 001 360 664 1530

Die Anzeige müssen die UCC-File Number, Datum und Namen der betroffenen Personen enthalten, d.h. des Antragstellers (Secured Party) und des Belasteten (Debitor).

Ist die Forderung gelöscht, wird sich im Regelfall auch der drohende Folgeschritt „Malta Inkasso" erledigt haben.

---

[22] Uniform Commercial Code-Register des Washington State Department of Licensing, vgl. unter https://fortress.wa.gov/dol/ucc/, Stand der Abfrage: 23.12.2017. Auf der Homepage des Ministeriums für Justiz und Gleichstellung des Landes Sachsen-Anhalt findet sich ein Link zu einer Anleitung, wie Anfragen an das UCC-Register auszufüllen sind, vgl. unter http://www.mj.sachsen-anhalt.de/service/recht-und-gesetz/malta-masche/, Stand der Abfrage: 23.12.2017.
[23] Vom Ministerium des Innern und für Kommunales des Landes Brandenburg wird ein englischsprachiger Formulierungsvorschlag auf Anfrage bereitgehalten.

2. Deutschland

Schreiben, in denen „Reichsbürger" Verwaltungshandeln mit „Vertragsstrafen" laut „Allgemeinen Geschäftsbedingungen" (AGB) verhindern wollen, sollten ordentlich abgeheftet und auf keinen Fall weggeworfen werden.[24]

Wenn sich ein Beschäftigter durch die Schreiben von „Reichsbürgern" bedroht fühlt, stellt sich die Frage, ob beim Melderegister eine Auskunftssperre beantragt werden sollte, gemäß § 51 des Bundesmeldegesetzes (BMG). Diese müsste gut begründet werden. Sie würde verhindern, dass ein Mahnbescheid an die Privatadresse zugestellt werden kann. Ferner wäre eine Strafanzeige in Erwägung zu ziehen.

Sollte wider Erwarten ein Mahnbescheid zugehen, mit welchem eine „Forderung" laut „AGB" geltend gemacht wird, sind der Dienstvorgesetzte und die Behördenleitung zu informieren. Diese sollten Strafanzeige stellen.

Die geltend gemachte Forderung wäre nach hiesiger Auffassung als eine Art Amtshaftung zu klassifizieren, sodass in den Kommunen der Kommunale Schadensausgleich informiert werden müsste; er wird aber nicht die Prozessvertretung auf Malta übernehmen. Daher wäre es zweckmäßig, ein maltesisches Anwaltsbüro zu beauftragen, das mit dem Verfahrensrecht vertraut ist und auch keine Probleme mit der Landessprache hat.

Im Falle von Landesbediensteten muss geklärt werden, ob der Dienstherr Rechtsschutz gewährt. Das ist in einigen Bundesländern der Fall. Das Land Brandenburg hat zugesichert, seinen Landesbediensteten im Falle eines Falles bei den Verfahrenskosten Unterstützung zu leisten,[25] ebenso das Land Berlin.

Es empfiehlt sich daher, dass bereits vor einem möglichen Chaos in den Kommunen der Dienstherr aufgrund seiner Fürsorgepflicht Erklärungen abgibt, seinen Beschäftigten Rechtsschutz zu gewähren. Sollte wie auf Bundes- und Landesebene eine Richtlinie über die Gewährung von Rechtsschutz in Strafsachen bestehen, würde es sich anbieten, diese Richtlinie so zu ergänzen, dass sie auch in zivilrechtlichen Fällen von „Malta Inkasso" Anwendung findet. Die Fürsorgepflicht und der Rechtsschutz sollten sich auch auf Fälle erstrecken, in denen die Beschäftigten allein aufgrund ihrer dienstlichen und rechtlich nicht zu beanstandenden Tätigkeit unverschuldet in eine zivilrechtliche Auseinandersetzung gezogen werden.

---

[24] Merke: Beweismittel sichern. Der Absender ist in der Regel eine reale Person.

[25] Ministeriumssprecher Kitterer, zitiert nach Berliner Zeitung vom 19.8.2016: Die Malta-Masche der Reichsbürger.

3. Malta

Wenn versucht wird, einen maltesischen Mahnbescheid mit „Reichsbürger"-Hintergrund zuzustellen, sollte die Staatsanwaltschaft eingeschaltet werden. Die deutsche Staatsanwaltschaft wird sich dann mit den maltesischen Behörden in Verbindung setzen.

Auf Malta gibt es Rechtsanwälte, die mit dem Phänomen „Malta Inkasso" vertraut sind und Beschäftigte vertreten können.[26] Wer nicht (dienstlich) nach Malta reisen möchte, sollte einen solchen Anwalt beauftragen.[27]

Der maltesische Mahnbescheid muss in einem Zeitraum von 15 bis 30 Tagen nach Zustellung vor dem zuständigen maltesischen Gericht in wirksamer Form bestritten werden. Andernfalls ergeht ein stattgebendes Urteil.[28] Wenn widersprochen wird, läuft das Verfahren ähnlich wie hierzulande weiter: Es kommt zu einem Prozess vor einem ordentlichen Gericht. Ob der „Reichsbürger" oder sein Inkasso-Unternehmen dort auftauchen werden, steht eher nicht zu vermuten.

Was man nicht tun sollte: Das Schreiben ignorieren bzw. zurückschicken. Denn das Verfahren des maltesischen Gerichts läuft und wird nicht durch Nichtstun aufgehalten.[29]

Gegen einen europäischen Zahlungsbefehl müsste binnen 30 Tagen Einspruch bei dem ausstellenden Gericht eingelegt werden.

V. „Malta Inkasso" auf Deutsch

Es soll Fälle gegeben haben, in denen ein „Reichsbürger" versucht hat, über einen deutschen Mahnbescheid seine Fantasieforderung zu vollstrecken.[30] Hier gelten die vorgenannten Empfehlungen entsprechend und insbesondere: Auf dem Durchschlag, der dem Mahnbescheid beigefügt ist, sollte umgehend Einspruch gegen den Mahnbescheid eingelegt werden, damit nicht ein Vollstreckungsbescheid erwirkt werden kann. Der wäre vorläufig vollstreckbar.

---

[26] Die zuständigen Ministerien bzw. Senatsverwaltungen (Inneres oder Justiz) verfügen über Adresslisten.

[27] Es sollte geklärt werden, ob der Dienstherr aufgrund seiner Fürsorgepflicht Rechtsschutz gewährt. Das ist in einigen Ländern und kommunalen Verwaltungen bereits geregelt.

[28] Es besteht die Möglichkeit, Rechtsmittel beim Court of Appeal einzulegen.

[29] Vgl. rbb Online vom 18.8.2016: Reichsbürger setzen Richter mit Fantasie-Schulden unter Druck, unter http://www.rbb-online.de/politik/beitrag/2016/08/reichsbuerger-malta-inkasso-richter.html, Stand der Abfrage: 28.8.2017 (aktuell nicht mehr abrufbar).

[30] Vgl. Schmidt, Frank (2015): Malta Inkasso, unter http://blog.krr-faq.net/?p=1487, Stand der Abfrage: 23.12.2017.

VI. Fazit

Die „Malta-Masche" funktioniert folglich in fünf Schritten (siehe *Abbildung 1*):

---

1. In vermeintlichen „Allgemeinen Geschäftsbedingungen" wird den Beschäftigten, Richtern, oder Gerichtsvollziehern angedroht, dass bei weiterem Einschreiten eine Vertragsstrafe in beträchtlicher Höhe fällig werden soll. Zu dieser Drohung greifen inzwischen recht viele „Reichsbürger". Auf diese Anschreiben wird nicht reagiert, um nicht den Anschein zu erwecken, dass die Schreiben für seriös erachtet werden. In Betracht kommen kann eine Strafanzeige unter dem Aspekt der (versuchten) Nötigung.

↓

2. Wenn die Behörden nicht reagieren, kann eine Eintragung der angeblichen Forderung als unbestrittene Schulden im UCC-Register in den USA erfolgen. Zu diesem Schritt entschließen sich deutlich weniger „Reichsbürger". Denn man muss sich vom UCC-Register registrieren lassen und über ein gerütteltes Maß an krimineller Energie oder fehlender Geschäftsfähigkeit verfügen. Hier kann eine Löschung der „Forderung" beantragt werden.

↓

3. Die Endstufe ist die, die „Forderung" an ein maltesisches Inkasso-Unternehmen abzutreten. Das machen nur noch sehr wenige „Reichsbürger". Erforderlich ist nämlich ein Inkasso-Unternehmen, das zu allen Schandtaten bereit ist – vermutlich daher das eigene Unternehmen in Form einer Limited (Ltd.) mit sehr begrenzter Haftung.

↓

4. Das Inkasso-Unternehmen erwirkt im vereinfachten Verfahren einen Mahnbescheid, indem es die angebliche Forderung als Schulden deklariert. Das maltesische Gericht übersendet den Mahnbescheid nach Deutschland, um ihn über das zuständige deutsche Gericht zustellen zu lassen. Diese Fälle sind sehr selten.

↓

5. Der Schlusspunkt wäre: Das deutsche Gericht stellt den Mahnbescheid zu, der Beschäftigte hat ein Problem. Ein solcher Fall ist hier noch nicht bekannt geworden. Sollte es zu einer Zustellung kommen, müsste auf Malta vor dem zuständigen Gericht ein Einspruch eingelegt und begründet werden.

Abbildung 1: Verfahren der „Malta-Masche"[31]

[31] Eigene Darstellung.

Um auf die Eingangsfrage zurückzukommen: Bisher ist niemand mit der „Malta-Masche" Millionär geworden. Nachdem dieser Trick publik geworden ist und Gegenmaßnahmen ergriffen wurden, steht nicht zu befürchten, dass „Reichsbürger" damit künftig gegen Beschäftigte der öffentlichen oder der Justizverwaltung erfolgreich vorgehen können.[32] Die einzige Gefahr durch „Malta Inkasso" besteht eigentlich nur noch für den Anwender – bei der Geltendmachung von Forderungen in Millionenhöhe z.B. in Gestalt einer Haftstrafe. Eine Protagonistin, die mit der „Malta-Masche" 190 Millionen Euro erschwindeln wollte, wurde wegen versuchter Nötigung zu einer Haftstrafe von neun Monaten auf Bewährung verurteilt.[33] Und bereits die Geltendmachung von Vertragsstrafen führte zu einer Verurteilung zu einer Haftstrafe ohne Bewährung.[34]

Die Drohkulisse bleibt allerdings. Und dieser Schockeffekt – der Verwaltungsmitarbeiter persönlich mit seinem überschaubaren Gehalt soll Millionen Euro oder Dollar an „Strafe" bezahlen – ist vermutlich die eigentliche Absicht für das ganze Verfahren.[35]

---

[32] Die die Bundeskanzlerin und den Bundespräsidenten betreffenden Eintragungen im UCC-Register, die ein „Reichsbürger" veranlasst hatte, sind inzwischen gelöscht. Hier wird die „Malta-Masche" keinen Erfolg haben können. Inzwischen wollen auch die verantwortlichen Stellen auf Malta ihre Justiz nicht mehr missbrauchen lassen und strafrechtlich gegen „Reichsbürger" vorgehen, vgl. n-tv vom 6.12.2016: Malta beendet die Malta-Masche, unter http://www.n-tv.de/politik/Malta-beendet-die-Malta-Masche-article19267581.html, Stand der Abfrage: 23.12.2017.

[33] Vgl. Sächsische Zeitung Online vom 30.8.2017: Bewährungsstrafe für Reichsbürgerin, unter http://www.sz-online.de/sachsen/bewaehrungsstrafe-fuer-reichsbuergerin-3761565.html, Stand der Abfrage: 23.12.2017.

[34] Dabei ging es „nur" um 100.000 Dollar, vgl. Offenbach-Post Online vom 11.10.2017: „Ich werde hier vergewaltigt!", unter https://www.op-online.de/region/dreieich/richter-amtsgericht-langen-verurteilt-reichsbuerger-wegen-noetigung-drei-monaten-haft-8760705.html, Stand der Abfrage: 23.12.2017.

[35] Sozusagen die Fortsetzung der Drohung mit Haager Landkriegsordnung und Todesstrafe, vgl. Caspar/Neubauer (Fn. 2), S. 142 ff., in diesem Band.

Teil 3

Das „Reichsbürger"-Milieu in Brandenburg

Dirk Wilking

Die Anschlussfähigkeit der „Reichsbürger" im ländlichen Raum aus der Sicht des Mobilen Beratungsteams im Brandenburgischen Institut für Gemeinwesenberatung

I. Einleitung

Das Mobile Beratungsteam von „Demos – Brandenburgisches Institut für Gemeinwesenberatung" berät auf Anfrage im Land Brandenburg zivilgesellschaftliche Akteure und Verwaltungen zum Problembereich „Rechtsextremismus". Seit dem Jahr 1992 ist es aufsuchend und akteursorientiert in brandenburgischen Kommunen tätig. Im Jahr 1998 wurde das Mobile Beratungsteam wesentlicher Bestandteil des Handlungskonzeptes „Tolerantes Brandenburg" und agiert seitdem – personell erweitert – in den Gemeinden und Städten Brandenburgs vorwiegend im Bereich zivilgesellschaftlichen Engagements. Im Laufe der Jahre hat sich der Beratungsbedarf aufseiten der Verwaltungen deutlich erhöht. In diesem Zusammenhang wurde auch das Mobile Beratungsteam mit dem Phänomen der „Reichsbürger" konfrontiert.

Zumeist – und zu Recht – wird das Phänomen der „Reichsbürger" vor allem unter dem Fokus der Reaktion auf deren Handlungen betrachtet. Ein „Reichsbürger" macht etwas, und man reagiert darauf. Als Problem für die Struktur werden diese Aktivisten kaum wahrgenommen. Ein Aspekt wird dabei aber eher vernachlässigt· Auf wen wirken deren Aktionen im sozialen Umfeld und in welchen Milieus entstehen diese Strukturen? Diesem Thema soll hier nachgegangen werden.

II. Sind „Reichsbürger" eine Gefahr für die Gesellschaft?

Es besteht keine Gefahr, dass das „Reichsbürger"-Milieu massenhaft Anklang in der Bevölkerung findet. In der Vergangenheit und auch gegenwärtig sind diese Gruppen auf die Feindschaft zu öffentlichen Verwaltungen fokussiert. Sie haben auch keinerlei Ambitionen, eine irgendwie geartete Mehrheitsfähigkeit zu erreichen. Dennoch stellen „Reichsbürger" auf unterschiedliche Weise eine Gefahr für das Zusammenleben in Dörfern und Kleinstädten dar.

Unter dem Etikett „Reichsbürger" werden jene Einzelpersonen oder Gruppen summiert, die behaupten, dass es die Bundesrepublik Deutschland nicht gibt, sondern das Deutsche Reich weiter fortbestehe.[1] Nicht alle Personen oder Gruppen sind dem rechtsextremen Spektrum zuzuordnen.[2] Da sie jedoch allesamt die Existenz der Bundesrepublik bestreiten und damit auch die Legitimität ihrer Organe (Parlament, Gerichte und Verwaltungen), sind sie qua Selbstdefinition demokratiefeindlich. Der Begriff „Reichsbürger" wird zunächst als Ablehnung der Bundesrepublik verwendet. Im weiteren Sinne knüpft er aber häufig an das Reichsbürgergesetz[3] von 1935 an – und steht damit in Verbindung zur rechtsextremen Szene. Das Reichsbürgergesetz unterschied die deutschen Staatsangehörigen in „Reichsbürger" und einfache Staatsangehörige. Gemäß § 2 Abs. 1 des Reichsbürgergesetzes sind die „Reichsbürger" nur die Staatsangehörigen *deutschen und artverwandten Blutes"*. Nach § 2 Abs. 3 des Reichsbürgergesetzes können nur „Reichsbürger" alleinige Träger der vollen politischen Rechte sein.

Vor allem in den ländlichen und kleinstädtischen Regionen Brandenburgs lassen sich die dortigen „Reichsbürger" nicht isoliert betrachten. Sie stellen dort in der Regel zwar keine politisierte Gruppe mit vereinheitlichtem Ziel dar, aber sie kommunizieren direkt und indirekt mit rechtsextremen Milieus. Viele Stimmungslagen, die gemeinhin unter dem Schlagwort „Politikverdrossenheit" gehandelt werden, sind bei genauerer Betrachtung eher Verwaltungsverdrossenheit.[4] Themen wie Altanschließergebühren, Ordnungswidrigkeiten, Abwasseranschlüsse, Straßenanliegergebühren, Legalisierung von Wochenendgrundstücken und andere – für die Bürger zumeist recht kostspielige – Verwaltungsmaßnahmen sind das bevorzugte Handlungsgebiet der „Reichsbürger" und werden im kommunalen Umfeld kommuniziert. Sie haben eher selten konkrete politische Programme, sondern gerieren sich in der Ablehnung der bestehenden als alternative Verwaltung mir einer eigenen Legitimität. Es kann davon ausgegangen werden, dass sie zu diesem Zweck versuchen, die öffentlichen Verwaltungen sinnlos zu

---

[1] Vgl. zur Einteilung der „Reichsbürger" in vier Gruppen Keil, Jan-Gerrit (2017): Zwischen Wahn und Rollenspiel – das Phänomen der „Reichsbürger" aus psychologischer Sicht, S. 54 (54 f.), in diesem Band.

[2] Vgl. zur Sicht des Verfassungsschutzes Brandenburg Hüllen, Michael/Homburg, Heiko (2017): „Reichsbürger" zwischen zielgerichtetem Rechtsextremismus, Gewalt und Staatsverdrossenheit, S. 15 (15 ff.), in diesem Band.

[3] Vom 15.9.1935, Reichsgesetzblatt Teil I, S. 1146.

[4] Vgl. zur Politik- bzw. Staatsverdrossenheit Hüllen/Homburg (Fn. 2), S. 37 f., in diesem Band.

beschäftigen und das öffentlichkeitswirksam zu kommunizieren.[5] Es scheint zunächst, dass die „Reichsbürger" in ihrem Kommunikationsverhalten also weniger auf ihr Umfeld wirken, sondern eher das Umfeld auf diese Akteure, die diese Stimmungen in radikalisierter Form in Handlung umsetzen. Auch wenn diese Handlungen natürlich eine Wirkung erzeugen (vor allem zunächst in den betroffenen Verwaltungen), findet die Kommunikation eher zwischen dem jeweiligen „Reichsbürger" und seinem Milieu statt.

Korrespondiert der Aspekt eines wie immer gearteten „Deutschen Reiches" latent mit extremistischen Fantasien eines „Vierten Reiches", wie etwa bei Horst Mahler, so findet man auf lokaler Ebene nicht nur eine Delegitimation vorhandener staatlicher Einrichtungen, sondern meist parallel den Anspruch auf eine Art „Selbstverwaltung" in einem fundamentalistischen Sinne. Unausgesprochen bleibt dabei in der Regel, dass Migranten nicht mehr als Bestandteil der Gemeinschaft angesehen werden.

Die Frage, ob „Reichsbürger" eine Gefahr für die Gesellschaft darstellen, lässt sich nicht eindeutig beantworten. Etliche „Reichsbürger" sind durch biografische Turbulenzen aus der Bahn geworfen worden und versuchen, sich durch den Anschluss an die „Reichsbürger"-Idee als Einzelkämpfer im kommunalen Raum so etwas wie „höhere Weihen" für ihre Frustrationen zu schaffen. Diese Menschen können sich bis in den Bereich der Unzurechnungsfähigkeit in die Ideen hineinsteigern. In Brandenburg gibt es einige Beispiele, wo das psychiatrisch manifest geworden ist und sogar im Suizid geendet hat. Eine Eigenschaft dieser Einzelpersonen ist, dass sie zwar Verwaltungen und öffentliche Einrichtungen belästigen, ggf. sogar gefährlich sein können, jedoch kaum eine propagandistische Wirkung in das Gemeinwesen entfalten können.

Wenn diese Menschen jedoch von Rechtsextremisten funktionalisiert werden oder mit ihnen zeitweilige oder dauerhaftere Verbindungen eingehen, können erhebliche Auswirkungen auf das öffentliche Leben eintreten. In diesen Fällen ist es zudem schwer festzustellen, ob die offen in Erscheinung tretenden „Reichsbürger" Täter oder Opfer sind. Zumeist sind sie beides.

---

[5] Vgl. zu Vorgehensweise und Strategien der „Reichsbürger" Caspar, Christa/Neubauer, Reinhard (2017): Durchs wilde Absurdistan: Was zu tun ist, wenn „Reichsbürger" und öffentliche Verwaltung aufeinandertreffen, S. 119 (120 ff.), in diesem Band; Caspar, Christa/ Neubauer, Reinhard (2012): Durchs wilde Absurdistan – oder: Wie „Reichsbürger" den Fortbestand des Deutschen Reiches beweisen wollen, in: Landes- und Kommunalverwaltung (LKV), Heft 12/2012, S. 529 ff. Die Vermutung, dass sie die Verwaltungen „lahmlegen" wollten (vgl. ebenda, S. 537), ist aus Sicht der Verwaltungen zwar naheliegend, doch scheint es sich aus der Perspektive der „Reichsbürger" eher um symbolische Delegitimationsriten zu handeln.

III. Das „Reichsbürger"-Milieu in Brandenburg

Nachfolgend wird das „Reichsbürger"-Milieu aus der Sicht des Mobilen Beratungsteams in Brandenburg dargestellt.[6]

1. Stadt Zossen

Über einige Jahre hinweg gab es etwa eine unselige Melange in Zossen, wo „Reichsbürger" ein integraler Bestandteil der rechtsextremen Szene waren.[7] Die Kameradschaft Freie Kräfte Teltow-Fläming, DVU, Verschwörungsfanatiker und „Reichsbürger" bildeten ein Milieu aus, das über Jahre das Erscheinungsbild der Stadt prägte.[8]

Medial wirksam wurde vor allem Rainer Link, der als rechtsextremer Unternehmer in der Stadt ein Internet-Café betrieb und 2009 Suizid beging. Er war Holocaustleugner, demontierte Stolpersteine zum Gedenken an jüdische Bürger der Stadt und wurde später innerhalb der rechtsextremen Szene als Produzent homosexueller Kinderpornografie geoutet. Er hatte in Zossen direkten Kontakt mit Horst Mahler und stand der „Reichsbürger"-Idee nahe. In seinem Café verkehrten dissoziale rechtsextreme Jugendliche, die später das „Haus der Demokratie" in Flammen aufgehen ließen.[9]

Zudem verfügte die Szene in Zossen von 2008 bis 2011 über ein Internetnetzwerk „Püppilotta",[10] in dem verschiedenste Verschwörungsfantasien auf kommunaler Ebene mit Aktivitäten des Mossad, des CIA und anderer Organisationen in Verbindung gebracht wurden. Die drei wesentlichen Redakteure des Netzwerkes arbeiteten ehrenamtlich und finanzierten ihre Homepage auf Spendenbasis, bis 2011 das Geld ausging. Einer der Schreiber ist 2007

---

[6] Vgl. zur Sicht des Verfassungsschutzes Brandenburg Hüllen/Homburg (Fn. 2), S. 31 ff., in diesem Band.

[7] Vgl. detailliert Nienhuisen, Andrea/Kasiske, Jan (2010): Zossener Zustände 2009 – Chancen und Grenzen bürgerschaftlichen Engagements am Beispiel einer Kleinstadt, in: Wilking, Dirk/Kohlstruck, Michael (Hg.): Einblicke III. Ein Werkstattbuch, Potsdam (Demos – Brandenburgisches Institut für Gemeinwesenberatung), S. 41 ff.

[8] Vgl. zur Problematik der rechtsextremen Milieus in ländlichen Räumen und Kleinstädten Botsch, Gideon/Kopke, Christoph (2009): Die NPD und ihr Milieu. Studien und Berichte, Münster, Ulm; Wilking, Dirk (2009): Rechtsextremismus in den ländlichen Räumen Brandenburgs, in: Bund der deutschen Landjugend (Hg.): Es wächst nicht einfach Gras darüber. Rechtsextremismus in den ländlichen Räumen. Eine Arbeitshilfe, Berlin.

[9] Vgl. Berg, Stefan (2010): Die Eignungsprüfung, in: Der Spiegel vom 10.5.2010, unter http://www.spiegel.de/spiegel/print/d-70417361.html, Stand der Abfrage: 23.12.2017.

[10] Die Homepage wurde bis 2015 als RBB-Zossen mit Inhalten dargestellt, vgl. unter http://www.rbb-zossen.com, Stand der Abfrage: 26.1.2015 (aktuell nicht mehr abrufbar).

zufällig in einem anderen Zusammenhang porträtiert worden: *„Steffen N. ist Heimkind, seine Eltern kennt er nicht, eine Geburtsurkunde existiert nicht. Das einzige offizielle Dokument, das er besitzt, ist ein Reisepass. Und auch den hat er nur, weil ein fürsorglicher Beamter ihm nach einem Gefängnisaufenthalt helfen wollte, wenigstens offiziell zu existieren."* [11]

Die Kameradschaft Teltow-Fläming zählte zu den handlungsorientiertesten im Land Brandenburg und rekrutierte sich mehrheitlich aus bildungsschwachen, männlichen Mitgliedern. Die Täter waren in der Regel eher Jugendliche, die von den älteren, geistig Überlegenen zu speziellen Taten angestiftet wurden.

Allen beschriebenen Akteuren gemeinsam ist, dass sie ein Unterschichtenmilieu erreichen, das nahezu vollständig nicht öffentlich wahrgenommen wird. Dieses Milieu kann seine Entwertungserfahrungen über die verschiedenen Gruppen (in der Regel als Hass) artikulieren und auch in Handlung überführen.

Der „Reichsbürger" W. ist mit Link im Jahr 2006 aus Berlin-Spandau nach Zossen gekommen. Gemeinsam hatten sie bereits 2004 vor Bernauer Schulen gegen die „Auschwitz-Lüge" polemisiert. Link wie W. selbst fokussierte sich eher auf den Bereich der Holocaust-Leugnung, während die „Reichsbürger"-Idee eher im Hintergrund stand. W. wird, wenn er sich vor Gericht verantworten muss – was schon häufiger der Fall war – von dem einschlägig bekannten Anwalt Wolfram Nahrath vertreten. So bizarr und absurd die Argumentation dieser Gruppe für aufgeklärte Geister auch erscheinen mag – es gibt keinen Grund, sie als harmlos zu betrachten. Sie sind wahrscheinlich nur Akteure in eigener Sache, aber – und das macht ihre Gefahr aus – für die ansprechbaren Milieus, die sich häufig als sprachlos empfinden, sind sie eine geeignete Folie, um ihren Hass darauf zu projizieren. In dieser Hinsicht spielt es keine Rolle, ob ein „Reichsbürger" vermeintlich oder tatsächlich ein Fall für die Mediziner ist. Der Kommunikationsweg scheint andersherum zu laufen: „Reichsbürger" fühlen sich von bestimmten, gesellschaftlich nicht mehr wahrgenommenen Milieus bestätigt und versuchen, den auf sie projizierten Hass in eine Form zu bringen.

---

[11] Schottner, Dominik (2007): In Flodderland sterben die Tiere, in: Die Tageszeitung vom 27.1.2007: Ohne Kenntnis von Zossen und die dortigen rechtsextremen Einbindungen des N. hat Schottner ihn als subproltarischen Choleriker in einem ökologisch verseuchten Abbruchmilieu beschrieben.

2. Landkreis Elbe-Elster

Im Landkreis Elbe-Elster hat sich schon relativ früh, d.h. Ende der 1990er-Jahre eine regionale „Reichsbürger"-Szene entwickelt.[12] Als Szene war sie über lange Zeit nicht erkennbar, weil die agierenden Personen nicht öffentlich als Gruppe wahrnehmbar waren, recht verstreut lebten und zudem an unterschiedliche Milieus angebunden waren. Auf das Problem aufmerksam wurde das Mobile Beratungsteam in Brandenburg durch Hinweise von engagierten Gruppen, dass ihr „Hauptgegner" in der dörflichen Kommune die Freiwillige Feuerwehr sei, die als „DVU-Ortsgruppe" beschrieben wurde. Das war sie nicht, aber es gab lebhaften Austausch mit einem „Reichsbürger". Der Tischler F.W.R. war vor seiner Mitgliedschaft in der „Kommissarischen Reichsregierung" (KRR) von Wolfgang Ebel Mitglied der DSU und der rechtsextremen DVU. 1994 war er noch Vorsitzender des brandenburgischen Landesverbandes der DSU. Er kandidierte 1999 bei der Landtagswahl in Brandenburg noch für die DVU, wurde später auch Referent der DVU-Fraktion im Brandenburger Landtag. Danach wandte er sich den „Reichsbürgern" zu – mit den üblichen Konsequenzen. Ab 2003 wurden gegen ihn Strafbefehle wegen Beleidigung, Verleumdung und Amtsanmaßung mit jeweils einigen hundert Euro Geldstrafe verhängt. Eine strafbewehrte Unterlassungserklärung musste er als unerlaubter „Rechtsberater" ebenfalls unterzeichnen. In allen Fällen weigerte er sich, die Gelder zu bezahlen, und ging dafür in Zwangshaft.

---

[12] Herzlich gedankt sei an dieser Stelle dem Leiter der brandenburgischen Polizeidirektion Süd, Sven Bogacz, für seine kritischen Kommentare zu den Erscheinungsformen in dem ehemals gemeinsamen Arbeitsfeld Elbe-Elster.

Abbildung 1: „Amtssitz" des F.W.R. im Ortsteil Gräfendorf der Stadt Herzberg (Elster) im Jahr 2004[13]

Zunehmend geriet F.W.R. ins soziale Abseits und entwickelte immer größeren Fanatismus. Nach einem Hintergrundgespräch mit dem Mobilen Beratungsteam in Brandenburg recherchierte der Journalist Jürgen Becker zu dem regionalen Phänomen und veröffentlichte einen Artikel in der „Lausitzer Rundschau", in dem er mit Einverständnis der Akteure deren vollen Namen sowie Fotos verbreitete.[14] Dieser sehr gut recherchierte und durch direkten Kontakt gesättigte Artikel wirkte durchaus positiv in die Kommunen, die dem Phänomen mehr Aufmerksamkeit schenkten. Allerdings war die Wirkung auf die „Reichsbürger"-Gruppe zunächst auch eher stimulierend. F.W.R. kämpfte an allen Fronten und wehrte sich vor allem gegen den Herzberger Wasser- und Abwasserzweckverband (HWAZ) mit einer „Tafel der Betrüger": *„Am 9.9. hat der ‚HWAZ' unter dem RÄDELSFÜHRER K. überfallartig den Wasseranschluß beseitigt, da der ‚Verband' ‚HWAZ' KEINE RECHTSGRUNDLAGEN hat, die uns zum Anschluß verpflichten und (einen) Präzedenzfall durch mehrere brutale Terror-Überfälle unter Mittäterschaft der ‚Polizei' gegen uns zu verhindern suchte!!! NIEMAND muß sich anschließen und KEINERLEI finanzielle Beiträge entrichten [...]"* (die Namen, Adressen und Telefonnummern der beteiligten Personen wurden ebenfalls auf der Tafel öffentlich gemacht). Gerade die Aktion gegen den HWAZ sorgte in den Dörfern für eine

---

[13] Bild: Mobiles Beratungsteam in Brandenburg, 2004.
[14] Becker, Jürgen (2004): Ominöser „Reichsstammtisch", in: Lausitzer Rundschau vom 5.1.2004.

klammheimliche Solidarität. Zwar gab es keine unmittelbaren Sympathie-bekundungen, aber die Tatsache, dass sich ein Bürger gegen den HWAZ offensiv wehrte, wurde mit großem Interesse verfolgt. Zudem gewann F.W.R. in seinem Dorf einen Gesinnungsgenossen, der sich ebenfalls offensiv zu den „Reichsbürgern" bekannte. Der formuliert 2004 großspurig: *„Wir haben schließlich unsere eigenen Reichsgerichte und in Sachsen bereits eine bewaffnete Polizei"*. In dem Artikel von Jürgen Becker wird deutlich, dass es sich nicht um eine im engeren Sinne straffe Organisation handelt, sondern eher um eine lokale Wirkungsgruppe. Diese Gruppe hatte rund ein Dutzend Mitglieder und streute über ein recht große Region: von Görlitz bis Finsterwalde und von Cottbus bis Dresden. Aufgrund der geografischen Distanzen und der sehr heterogenen Interessenlagen (individuelle Verarbeitung von persönlichen Niederlagen versus ideologische Einheitlichkeit) haben die Gruppenbildungen im Bereich der „Reichsbürger" zumeist nur eine geringe Halbwertzeit. So wurde auch F.W.R. aus der Bahn katapultiert. Die gegen ihn verhängten Geldstrafen und Bußgelder bezahlte er nicht, musste dafür in Haft und „emigrierte" schließlich nach Norwegen. Von dort aus mischte er aber weiter in Internetforen der „Reichsbürger" mit und denunzierte seine ehemaligen Mitstreiter als „Feiglinge" und Profiteure des Verkaufs von „Reichsdokumenten".

Abbildung 2: Haus des F.W.R. im Ortsteil Gräfendorf der Stadt Herzberg (Elster) im Jahr 2004, bevor er sich zur „Auswanderung" gezwungen sah[15]

---

[15] Bild: Mobiles Beratungsteam in Brandenburg, 2004.

3. Region Niederlausitz

Der „ranghöchste Reichsbürger" in der Region Südbrandenburg war der gelernte Kellner F.U.K. (Jahrgang 1964), der seit den frühen 1990er-Jahren als Gastwirt in der Niederlausitz mehrere Gaststätten betrieb. Ursprünglich in Massen – seit dem Jahr 1997 Ortsteil der Gemeinde Massen-Niederlausitz – startend, wo er in der Gaststätte „Zur Linde", die seiner Mutter gehörte, etliche rechtsextreme Konzerte zuließ oder selbst veranstaltete. Damals organisierte der bekannte Hamburger Neonazi Christian Worch (heute Vorsitzender der rechtsextremen Partei DIE RECHTE) in der „Linde" selbst Skinhead-Konzerte. Der Gastronom versuchte, über eine seit dem Jahr 1991 in Kaposvár/Ungarn eingetragene Kommanditgesellschaft eine Finanzberatung aufzubauen. Dabei hatte er sich extrem hoch verschuldet. Er flüchtete vor den Gläubigern nach Südamerika, wurde von dort aber wieder ausgeliefert. Völlig bankrott suchte er Schutz und Beschäftigung in der Gaststätte seiner Mutter und entfaltete von dort starke Aktivitäten im Bereich der rechtsextremen Szene. Ende der 1990er-Jahre gab es regional deutliche Verbindungen zwischen F.U.K. und dem „Kampfbund Deutscher Sozialisten" (KDS). Im Jahr 1998 hatte es in Massen einen Aufmarsch Rechtsextremer gegeben, an dem italienische und kanadische Teilnehmer zugegen waren. Die Szene orientierte sich seit dieser Zeit zwar stark an der NPD, hatte aber auch stark DDR-nostalgische Züge. Einer ihrer Anführer und zugleich Mitorganisator des Aufmarsches wurde 1998 an der niederländischen Grenze beim Drogenschmuggel erwischt. Durch die Kronzeugenregelung kam er auf freien Fuß und war seitdem verschwunden. Über die Verbindungen zum „Kampfbund Deutscher Sozialisten" verfügte F.U.K. über ein durchaus beachtenswertes Netzwerk in der rechtsextremen Szene. Neben Worch stand er mit Frank Hübner (ehemals „Deutsche Alternative" – eine Organisation die mithilfe von Michael Kühnen in Ostdeutschland geschaffen wurde –, bis 2014 Stadtverordneter für die NPD in Cottbus) in Verbindung, wie auch mit Sebastian Schmidtke (Mitglied beim „Märkischen Heimatschutz", heute NPD-Chef in Berlin). Beide waren damals Kader der militanten, gewaltbereiten rechtsextremen Szene. Auch der damalige Chef des „Kampfbundes Deutscher Sozialisten", Thomas Brehl, nahm die „Reichsbürger"-Idee auf und behauptete 2003 gegenüber dem Bundesinnenministerium, dass allein im Jahr 2002 über 46.000 Personaldokumente des „Deutschen Reiches" in Umlauf gegeben worden seien.

Nachdem die Kommune Massen die „Linde" aufgekauft hatte, um Konzerte mit rechtsextremen Gruppen und Besuchern zu verhindern, expandierte das Familienunternehmen. Frau K. übernahm daraufhin formal die

Kneipe „Friedenseiche" in Lug, einem Dorf mit 165 Einwohnern und seit 2003 zur Gemeinde Bronkow gehörend, und in Lübbenau pachtete sie für ihre beiden Kinder jeweils eine eigene Gastwirtschaft (2001 die Disco „Turbine" für ihren Sohn und die Gaststätte „Zum Bullengäßchen" für ihre Tochter; beide Unternehmen waren im folgenden Jahr aber wieder aufgegeben worden). Frau K. zog sich aus Altersgründen aus dem Geschäft zurück und zog von Lug in ein Dorf im Spreewald. Sie selbst beschreibt die „Reichsbürger"-Aktivitäten ihres Sohnes als Abgang in eine Sekte, in der er nicht mehr erreichbar sei.

Abbildung 3: Gaststätte „Friedenseiche" im Ortsteil Lug der Gemeinde Bronkow im Jahr 2004[16]

In der von F.U.K. selbst betriebenen Gaststätte „Friedenseiche", die an der Grenze zwischen Landkreis Oberspreewald-Lausitz und Landkreis Elbe-Elster und mit direkter Autobahnanbindung an die A13 Berlin-Dresden liegt, etablierte er dann eine Außenstelle der „Kommissarischen Reichsregierung" von Ebel. Zunächst war er „Oberregierungsrat", genauer *„Amtsträger im Amte eines Oberregierungsrates der Kommissarischen Provinzialregierung in der preußischen Provinz Sachsen".*

[16] Bild: Mobiles Beratungsteam in Brandenburg, 2004.

Abbildung 4: Schild an der Gaststätte „Friedenseiche"
im Ortsteil Lug der Gemeinde Bronkow im Jahr 2004[17]

Seit Mai 2004 war er „Innenminister" der „Kommissarischen Reichsregierung". Er hatte regelmäßigen Kontakt zu Ebel und servierte dem anlässlich von Presseterminen auch schon mal den Kaffee. Wie bei „Reichsbürgern" häufig wurde er mehrfach zu Haftstrafen verurteilt – in seinem Fall wegen nichtbezahlter Buß- und Ordnungsgelder sowie wegen Fahrens ohne Fahrerlaubnis. Das Verhältnis zu Ebel trübte sich aber ein, nachdem F.U.K sich einem Zirkel von „Putschisten" anschloss, die den „Reichskanzler" ausbooten wollten. Ebel setze F.U.K. daraufhin ab. Die regionale Wirkung seiner Aktivitäten war zwar überschaubar, aber durchaus nachhaltig. So erreichte das Mobile Beratungsteam in Brandenburg im Jahr 2003 eine Anfrage der Stadt Lübbenau wegen eines Flugblattes. Das Flugblatt der „Reichsbürger" wurde in einem Lübbenauer Gartenbaubetrieb und Blumenhandel an Kunden verteilt, mit dem Hinweis, dass man sich jeweils montags im Dorf Lug treffe. Unklar war zunächst, wer das Material verteilt, weil die Familie eher zum weltoffenen und liberalen Teil der Stadt Lübbenau gehört. Es stellte sich heraus, dass es sich eher um ein innerfamiliäres Problem handelte, das sich dann relativ schnell auflösen ließ.

[17] Bild: Mobiles Beratungsteam in Brandenburg, 2004.

BEIDE, BUNDESREPUBLIK DEUTSCHLAND (BRD) UND DEUTSCHE DEMOKRATISCHE REPUBLIK (DDR), EXISTIERTEN NACH DEM ZWEITEN WELTKRIEG *NUR* ALS BESATZUNGSRECHTLICHE BEHELFSMITTEL DER ALLIIERTEN. - - DIE ALLIIERTEN BESEITIGTEN NAZI-GESETZE, SORGTEN ABER DAFÜR, DASS DAS DEUTSCHE REICH VÖLKERRECHTLICH NICHT UNTERGING. BERLIN ERHIELT VON DEN ALLIIERTEN BESONDEREN STATUS, UND WAR NACH DEM ZWEITEN WELTKRIEG NIEMALS BESTANDTEIL DER BRD.

BIS HEUTE EXISTIERT DAS DEUTSCHE REICH ALS KOLONIE DER USA.

DEUTSCHES REICH HAT NICHTS MIT „DRITTEN REICH" DER NAZIS ZU TUN!

1985 GABEN DIE SIEGERMÄCHTE DES 2. WELTKRIEGES DEM DEUTSCHEN REICH MIT NEUEN AMTSTRÄGERN DIE VOLLE HANDLUNGSFÄHIGKEIT ZURÜCK.

„ *DEUTSCHLAND* " - DAS IST

DAS DEUTSCHE REICH IN DEN GRENZEN VOM 31.12.1937!

1990 WURDE DAS GRUNDGESETZ DER BRD AUFGEHOBEN.

PARIS, 17.7.1990: DIE UDSSR ENTZIEHEN DER DDR SÄMTLICHE STAATSRECHTE. GLEICHZEITIG STREICHEN DIE USA DIE PRÄAMBEL UND DEN ARTIKEL 23 DES GRUNDGESETZES DER BRD. DAMIT SIND BEIDE DEUTSCHE STAATEN, DDR UND BRD, GLEICHZEITIG UND SOFORT UNTERGEGANGEN UND NICHT LÄNGER HANDLUNGSFÄHIG. DER (SPÄTERE) EINIGUNGSVERTRAG VON BRD UND DDR IST NICHT GÜLTIG.

SEIT 18.7.1990 IST JEDER DEUTSCHE OHNE AUSNAHME STAATSBÜRGER DES DEUTSCHEN REICHES.

AM 18.7.1990 SIND DAS GESETZ ÜBER DIE POLITISCHEN PARTEIEN DER BRD, DAS DEUTSCHE RICHTERGESETZ UND ALLE WEITEREN GESETZE IN DER BRD – UND DDR - ERLOSCHEN. SEITDEM SIND ALLE POLITISCHEN PARTEIEN IN DEUTSCHLAND NUR NOCH KRIMINELLE VEREINIGUNGEN, DIE DAS DEUTSCHE VOLK MIT WILLKÜR - OHNE RECHTSGRUNDLAGE - KNECHTEN UND AUSBEUTEN.

ES GILT AUSSCHLIESSLICH DIE REICHSVERFASSUNG VOM 11.8.1919 UND DIE REICHSABGABENORDNUNG DES JAHRES 1931 IN DER DURCH DIE ALLIIERTEN ZUM 22.5.1949 BEREINIGTEN FASSUNG. FÜR DIE RICHTER GILT DAS REICHSRECHTLICHE GERICHTSVERFASSUNGSGESETZ ZUR WEIMARER VERFASSUNG.

SÄMTLICHE STEUERN UND ABGABEN KÖNNEN - UND DÜRFEN - RECHTSWIRKSAM UND MIT SCHULDBEFREIENDER WIRKUNG AUSSCHLIESSLICH NUR AN DAS DEUTSCHE REICH GEZAHLT WERDEN!

Für Rückfragen, Einzelheiten und weitere Informationen:

http://www.der-reichskanzler.de   Tel 030 – 80 29 166

Abbildung 5: Flugblatt der „Kommissarischen Reichsregierung" von 2003[18]

[18] Vgl. unter http://www.reichsanzeiger.de/, Stand der Abfrage: 25.9.2003 (aktuell nicht mehr abrufbar).

Nach den (nicht systematisch recherchierten) Erfahrungen mit „Reichsbürgern" in Südbrandenburg bilden diese ein Netzwerk von einigen geografischen Ausmaßen von Brandenburg (Lübbenau/Spreewald, Finsterwalde, Herzberg [Elster], Bad Liebenwerda, Bronkow) bis nach Sachsen (Bad Muskau, Lauta). Erstaunlich ist bei dieser geringen Personenzahl, dass die Akteure verhältnismäßig lange und verbissen im Milieu bleiben. F.U.K. ist bis heute dabei (immer noch als „Innenminister") und scheint sein Netzwerk weiter stabil zu halten. Derzeit soll er von Polen aus eine Firma für Haushaltsauflösungen betreiben. Das „Reichsbürger"-Milieu hatte isoliert betrachtet nie ein Gefahrenpotenzial für die Öffentlichkeit. Angestellte staatlicher Institutionen waren eher Opfer dieser Menschen. Betrachtet man aber das Netzwerk, so ergibt sich ein leicht anderes Bild. Die sog. Montagsdemonstrationen 2013/2014 waren sehr stark durch „Reichsbürger" beeinflusst, ebenso wollen einige Akteure einen punktuellen Zusammenschluss von „Hooligans gegen Salafismus" (HoGeSa), Montagsdemonstrationen und „Reichsbürgern" herstellen. Zudem kann man die „Reichsbürger" in Südbrandenburg zumindest in Teilen als sehr gut vernetzt mit der militanten rechtsextremen Szene bezeichnen.

4. „Grundgemeinde Gosen" in der Gemeinde Gosen-Neu Zittau

Die schon an anderer Stelle analysierten Gruppierungen der „Reichsbürger"[19] haben recht unterschiedliche Wirkungsregionen. Es gibt derzeit keine landesweit präsente Gruppe, aber dort, wo sie aktiv sind, haben sie deutlich andere Wirkungen als die Einzelakteure. In den größeren Städten spielen diese Gruppen keine erkennbare Rolle in der Zivilgesellschaft. Das sieht in ländlichen Regionen aber schon deutlich anders aus. Durch seine Nähe zu Berlin und Erkner ist die Gemeinde Gosen-Neu Zittau zum Teil ein „uneigentlicher" Ort des Rechtsextremismus: Berliner Akteure wohnen auf einem der vielen Wochenendgrundstücke, wo Veranstaltungen und Feiern geschehen, die von den lokal Verantwortlichen nicht wahrgenommen werden können oder nicht beeinflussbar sind (z.B. spontan stattfindende Partys am Ortsrand oder auf dem Wasser). Eine strukturierte rechtsextreme Jugendszene gibt es in Gosen nicht. Ein Hammerskin-Aktivist lebt zwar im Ort, ist aber in Berlin aktiv.[20] 2003 fand der „3. Kulturtag volkstreuer Verbände in der Mark Brandenburg" in Gosen statt, war aber so konspirativ geplant, dass kommu-

---

[19] Vgl. Keil (Fn. 1), S. 54 f., in diesem Band.
[20] Vgl. Fight Back. Neonazis in Berlin & Brandenburg – eine Antifa-Recherche, Ausgabe 5/ 2013, S. 39.

nale Gegenwehr nicht mehr stattfinden konnte.[21] Im Januar 2011 wurde auf die Kleingartenlaube eines jüdischen Berliners ein antisemitischer Brandanschlag verübt. Die Fassade des Bungalows war mit Davidstern und dem Wort „raus" beschmiert. Der Fall sorgte für bundesweite Aufmerksamkeit, weil hier eine Familie von Opfern erneut antisemitischen Attacken ausgesetzt wurde.[22] Alle diese Fälle haben gemeinsam, dass sie nicht im Bereich der sozialen Kontrolle der Gosener liegen.

Anders ist das in dem „Reichsbürger"-Fall des B.W., der sich in verschiedenen Zirkeln des „Reichsbürger"-Milieus aufhielt, phasenweise auch seine Frau darin involvierte und als „Rechtskonsulent" über Jahre die lokalen Behörden belästigte. *„In Gosen war kurze Zeit eine Gruppe namens ‚Gemeinschaft deutscher Rechts-Konsulenten' aktiv."*[23] Kommunal war er aber nicht integriert, galt als „irrer", zugezogener Sonderling. Nachdem B.W. nach Mecklenburg-Vorpommern gezogen ist und dort nunmehr Ayurveda und begleitete Reisen nach Südindien anbietet, könnte man vermuten, dass sich mit diesem „Einzeltäter" die „Reichsbürger"-Aktivitäten in dem Örtchen erledigt hätten.

Das Gegenteil trat indes ein: Es bildete sich im Jahr 2013 eine Gruppe, die sich öffentlich und mit vollem Namen zu Wort meldete, um sich als „Grundgemeinde Gosen" und damit als „eigentliche" Gemeindevertretung zu proklamieren.

---

[21] Der „Kulturtag" wurde von der „Heimattreuen Deutschen Jugend" (HDJ), der „Gemeinschaft Deutscher Frauen" (GDF) und der „Berliner Kulturgemeinschaft Preußen" (BKP) zumeist konspirativ veranstaltet, vgl. Fight Back. Neonazis in Berlin & Brandenburg – eine Antifa-Recherche, Ausgabe 5/2013, S. 9.

[22] Vgl. Presseerklärung des Beauftragten für die Bekämpfung des Antisemitismus vom 25.1.2011: Jüdische Gemeinde zu Berlin verurteilt Brandanschlag in Gosen bei Erkner, unter http://www.hagalil.com/archiv/2011/01/25/gosen/, Stand der Abfrage: 23.12.2017.

[23] Antwort der Landesregierung auf die Kleine Anfrage 2649 des Abgeordneten Klaus Ness (SPD) – Drucksache 5/6720 –, Landtag Brandenburg, Drucksache 5/6888, S. 3.

Grundgemeinde Gosen

Berghaus - An der Schillerwarte 14, 15537 Gosen

Protokoll der Gemeindegründung am 5. März 2013

Im Bewußtsein ihrer Verantwortung für sich selbst, für ihre Familien, ihren Heimatort und ihr Land haben die Anwohner vom Berghaus Gosen zusammen mit weiteren Menschen die Grundgemeinde Gosen gegründet.

Alle elf Gründungsmitglieder haben sich zuvor durch Beitritt zur „Freie Wähler Initiative NEU-Beginn Deutschland" gemäß Natur- und Völkerrecht für diesen Gründungsakt bevollmächtigt.

Der Beitritt weiterer Gemeindemitglieder ist das Anliegen der Gründungsmitglieder, um die Ziele und Wünsche der Grundgemeinde Gosen mit den Bewohnern und ortsansässigen Menschen in Gosen zu erarbeiten.

Bis zur Bildung und Wahl eines Gemeinderates sowie eines/einer Bürgermeisters/Bürgermeisterin wird die Gemeinde nach Außen vertreten durch die beauftragten Gemeindesprecher

Julia Ulrich

und

Thorsten Margies

beide wohnhaft an der Adresse der Grundgemeinde Gosen.

Der Gründungsakt wurde in der Gründungsurkunde protokolliert und ist von allen Gründungsmitgliedern eigenhändig unterzeichnet worden.

Für das Protokoll zeichnet Christoph Hennig

Abbildung 6: Flugblatt zur Gründung der „Grundgemeinde Gosen" von 2013[24]

---

[24] Bild: Fotokopie des Flugblatts.

235

Sie bekannten sich als „Freie Wähler Initiative NEU-Beginn" und sind organisatorisch den „Selbstverwaltern" von „freiWIND" zuzuordnen.[25] Die Akteure der „Reichsbürger" als „Selbstverwalter", hier in Form der Begründer der „Grundgemeinde Gosen", hatten für ihre Zwecke und ihren Verein von privater Hand eine Immobilie gemietet. Ein aufmerksamer Gemeindevertreter und Herausgeber der Gemeindezeitung „Kappstrom" setzte sich mit dem Eigentümer in Verbindung, um diesen über die Aktivitäten und politischen Zielsetzungen zu informieren. Er veröffentlichte zudem in der Gemeindezeitung einen weiteren Artikel über Ziel und Zweck des „Reichsbürger"-Milieus. Er folgte auch dem Rat des Mobilen Beratungsteams in Brandenburg, die Gemeindevertretung bezüglich der Aktivitäten der Mitglieder der „Grundgemeinde Gosen" zu informieren. Thema war dort die alternative Bürgermeisterwahl der Gründungsmitglieder der „Grundgemeinde Gosen". Nach Absprache mit dem Gemeinderatsmitglied bereitete das Mobile Beratungsteam eine Bürgerinformationsveranstaltung zum Thema „Reichsbürger" vor. Mittlerweile gab es mit dem Eigentümer des Vereinssitzes Gespräche. Dieser sah für sich keinen Handlungsbedarf, da die „Grundgemeinde Gosen" aus seiner Sicht nicht zum rechtsextremen Spektrum gehört. Nach verschiedenen Interventionen ist die stellvertretende Vorsitzende des ortsansässigen Kulturvereins von ihrem Amt zurückgetreten. Sie war Mitglied der „Grundgemeinde Gosen". Die neuen, als „Reichsbürger" firmierenden Personen sind dabei nicht nur Zugereiste, sondern zum Teil alteingesessene Gosener Bürger. Die Kommune von Gosen reagierte sowohl aufseiten der Verwaltung wie auch aufseiten der Politik vorbildlich auf die Aktivitäten der „Reichsbürger". In einem dreiseitigen Text wendet sich der Gemeindevertreter André Organiska an die Bevölkerung, um über die Gefahren der „Reichsbürger" aufzuklären.[26] Interessant ist der Fall Gosen, weil er aufzeigt, dass die „Reichsbürger"-Idee durch die „irren" Vertreter nicht etwa diskreditiert wird, sondern sich unterschwellig verbreitet. Erst, nachdem der Exzentriker das Gebiet verlassen hatte, formierte sich die bürgerliche Gruppe, um nicht stigmatisiert zu werden.

---

[25] Vgl. unter http://freiwind.org, Stand der Abfrage: 29.7.2014 (aktuell nicht mehr abrufbar): *„eine Bewegung, die mit einfachen Mitteln den ‚Staatsapparat' wieder vom Kopf auf die Füße stellen will."*

[26] Vgl. Organiska, André (2012): Rechtsextremisten, „Reichsbürger" und „Reichsregierungen". Wie Extremisten in unserer Region versuchen, aus der Erde eine Scheibe zu machen, in: Kappstrom. Nachrichten aus Gosen, Neu-Zittau, Burig, Steinfurt, 3. Jahrgang, Ausgabe 5/2012.

5. Das „Deutsche Polizei Hilfswerk" in Erkner und den Gemeinden Schöneiche bei Berlin und Gosen-Neu Zittau

Im Sommer 2013 ergab sich dann eine etwas brisante Situation, weil in Erkner, Schöneiche bei Berlin und Gosen rege Werbeaktivitäten des „Deutsche Polizei Hilfswerk" (DPHW) zu verzeichnen waren. Das im April 2012 in Sachsen gegründete DPHW stilisiert sich als eine Art Bürgerwehr, die in Ersatzfunktion zur regulären Polizei tritt.[27] Von Sachsen aus expandierte diese Gruppe, die eindeutig „Reichsbürger"-Ideen vertritt, nach Brandenburg. Im Raum Erkner entfaltete sie 2013 deutlich wahrnehmbare Aktivitäten. Das DPHW ist u.a. in Schöneiche bei einer Veranstaltung der GRÜNEN aufgetreten, bei einer Veranstaltung in Erkner und in Grünheide (Mark). Die Staatsanwaltschaft Dresden ermittelte gegen die sächsischen Mitglieder seit Februar 2013 wegen Bildung einer kriminellen Vereinigung gemäß § 129 des Strafgesetzbuches (StGB).[28] In Brandenburg kam es dann zu einer Durchsuchung in Schöneiche (im unmittelbaren Einzugsbereich Gosens), bei der funktionstüchtige Gewehre gefunden wurden.[29] Die Brisanz dieser Gruppe für Gosen bestand in dem eher zufälligen Überschneiden von Aktivitäten: Die „Selbstverwalter" waren auf eine bewaffnete Gruppe gestoßen, die dieselben Ziele verfolgt. Durch die Strafverfolgung sind diese Gruppen allerdings nicht gemeinsam handlungsfähig geworden. Eine ähnliche Konstellation in einem zentrumsfernen Gebiet hätte möglicherweise zu dramatischen Entwicklungen führen können. In der Kombination „Selbstverwalter" (d.h. der Staat wird ignoriert und durch Bürger, die ihr Gesicht öffentlich zeigen, ersetzt) und DPHW (als mögliche Exekutive dieser „Selbstverwalter") wäre eine tendenziell gewalttätige Mischung entstanden. Selbststaatlichkeit korrespondiert mit Selbstjustiz.

---

[27] Vgl. Meiborg, Mounia (2013): Eins, zwei, falsche Polizei. Wie eine krude „Bürgerwehr" in Sachsen und Brandenburg Staatsmacht spielt, in: Die Zeit vom 5.9.2013, Ausgabe 37/2013, unter http://www.zeit.de/2013/37/polizeihilfswerk-sachsen-brandenburg, Stand der Abfrage: 23.12.2017.

[28] Vgl. Caspar/Neubauer (Fn. 5), S. 124, in diesem Band.

[29] Vgl. Berliner Morgenpost vom 4.6.2014: Razzia: Dutzende Polizisten beschlagnahmen Waffen bei „Reichsbürger".

Abbildung 7: Uniform des „Deutsche Polizei Hilfswerk"[30]

Abbildung 8: Von der Polizei sichergestellte Utensilien von „Reichsbürgern", die im Jahr 2012 im thüringischen Sonneberg mehrfach Behörden bedrängten, hier u.a. Dienstausweis des „Deutsche Polizei Hilfswerk"[31]

6. „Fürstentum Germania" in der Gemeinde Plattenburg

Einen überregionalen Organisationsgrad zeigten die Aktivitäten um das „Fürstentum Germania" in der Gemeinde Plattenburg.[32] Hier wurde eine kleine Gemeinde regelrecht Objekt von „Reichsbürgern". Die Gemeinde Plattenburg im

[30] Bild: http://de-de.facebook.com/DPHW.de, Stand der Abfrage: 23.12.2017.
[31] Bild: © Stefan Thomas, camera900.de, 2012.
[32] Der Fall ist sehr ausführlich dokumentiert, weshalb hier eine breite Abhandlung des Falles nicht erfolgt, vgl. im Einzelnen Schlamann, Gabriele (2010): Die Auseinandersetzung mit dem „Fürstentum Germania" in der Gemeinde Plattenburg 2009, in: Wilking/Kohlstruck (Fn. 7), S. 125 ff.; Feist, Mario (2010): Das „Fürstentum Germania" – „Nicht rechts, nicht links, sondern vorne?", in: Wilking/Kohlstruck (Fn. 7), S. 109 ff.

Landkreis Prignitz grenzt an die Kreisstadt Perleberg. Die Gemeinde hat knapp 4.000 Einwohner in 22 Ortsteilen und stellt damit fast prototypisch den ländlichen Raum des Landes Brandenburg dar. Zu Beginn des Jahres 2009 wurde im Schloss im Ortsteil Krampfer der Gemeinde Plattenburg das „Fürstentum Germania" gegründet. Im Sommer und Herbst 2008 wurde das heruntergekommene Schloss als mögliches Objekt eines bundesweit agierenden Kreises von spirituell durchwobenen „Reichsbürgern" in Erwägung gezogen. Das Gutshaus war zum Teil einsturzgefährdet und verfügte weder über fließendes Wasser noch über einen Anschluss an die Kanalisation. Die Präambel des „Fürstentums" war eine radikale, letztlich substanzlose Friedensidee. Zunächst war das „Fürstentum Germania" also nicht als eindeutig rechtsextrem zu fassen. Das machte die Wahrnehmung vor Ort recht schwierig. Es war erst ein Sammelbecken von Demokratieverdrossenen und unterschiedlichen Strömungen aus Esoterik, Verschwörungsfantasie und „Reichsbürgern", aber auch aus ökologischen Szenen.

Abbildung 9: Schloss im Ortsteil Krampfer der Gemeinde Plattenburg im Jahr 2014[33]

---

[33] Bild: Mobiles Beratungsteam in Brandenburg, 2014.

Spezifisch an dem Versuch in der Gemeinde Plattenburg war, dass das Schloss von außen erobert wurde, d.h., die lokale Bevölkerung blieb bei dem Prozess zunächst außen vor und leistete bei den ersten ideologischen Expansionsbemühungen erheblichen Widerstand. Das lag zum einen an einer Vorerfahrung der Bewohner: *„Zu Beginn des Jahres 2007 wurde die Gemeinde Plattenburg mit dem Gerücht konfrontiert, der bekannte, mittlerweile verstorbene rechtsextreme Anwalt Jürgen Rieger wolle in dem Dorf Kleinow ein Grundstück kaufen."*[34] Schon wegen dieses Gerüchtes wurden zahlreiche Gegenaktivitäten in den Dörfern gestartet, von denen die neuen Schlossherren nichts wissen konnten. Das Schloss spielt wie für viele Dörfer eine wichtige Rolle in der Dorfidentität. Die Familie von Möllendorf bestimmte als Gutsbesitzer über Jahrhunderte das Schicksal des Dorfes. Wie woanders auch ist das Gutshaus (in Brandenburg zumeist etwas größenwahnsinnig als „Schloss" bezeichnet) in ruinösem Zustand und praktisch unverkäuflich. Noch heute zeigt der Friedhof die gutsherrlichen Verhältnisse. *„Eine Hälfte für die Dorfbewohner, die andere Hälfte für die Familie von Möllendorf mit einem eigenen Eingangstor."*[35] Das Schloss ist traditionell intensiver Bestandteil der Identität, aber gleichzeitig auch eine fremde Sphäre. Dieser Effekt spielte auch eine Rolle in der Wahrnehmung der Schlossbewohner als Bedrohung der Demokratie. War die Ablehnung gegen Rieger noch deutlich, spielte der neue Besitzer mit seinem Titel: „Fürst Michael Freiherr von Pallandt" – das schien zum „Schloss" zu passen. Die zunächst als „Spinner" abgetanen neuen Bewohner des Dorfes wären wohl bloße Außenseiter geblieben, wenn sie nicht ein eigenstaatliches „Fürstentum Germania" ausgerufen hätten. Damit wurde der Aspekt der „Okkupation" des Dorfes sehr deutlich und entsprechend war auch die Ablehnung. Sowohl die Kommune als auch die lokale Bevölkerung hat sich sehr eindeutig positioniert und sehr offen kommuniziert. Anders als in Gosen konnte die Gruppe der „Reichsbürger" keine Wirkung in ihrem Sinne im Dorf erzielen. Ursache dafür ist wahrscheinlich das Kommunikationsverhalten der „Reichsbürger": Es gab kaum eine direkte Ansprache von Gesicht zu Gesicht – eine Basis dörflicher Kommunikation –, und die Bewohner konnten den überdeutlichen Widerspruch zwischen Plan (das Fürstentum hat praktisch nur virtuell bestanden und war damit aber für die Dorfbewohner einsehbar[36]) und Wirklichkeit (man konnte täglich sehen, dass sich kaum etwas an dem Schloss veränderte) erkennen. Zwar haben sich die Bewohner des Schlosses aktiv

---

34 Schlamann (Fn. 32), S. 126.
35 Vgl. unter http://www.brandenburg-abc.de/verzeichnis/objekt.php?mandat=18602, Stand der Abfrage: 23.12.2017.
36 Vgl. Feist (Fn. 32), S. 122 ff.

bemüht, einen Kontakt zur Dorfbevölkerung herzustellen, aber diese waren nicht dorfkompatibel: Spendensammlungen und Anfragen nach technischer Unterstützung waren nicht auf Gegenseitigkeit fundiert, sondern forderten ohne Gegenleistung. Die Idee der „Reichsbürger" hat keine Anschlussfähigkeit im Dorf erreichen können. Nach einigen Monaten wurde das Schloss durch die Verwaltung versiegelt (wegen Verstoßes gegen baubehördliche Auflagen) und das Fürstentum war gescheitert. Übrig geblieben ist nur wenig von der Episode: einige Meter Akten in der Verwaltung und im regionalen Umfeld Betriebe, die „Engelgeld" annehmen. In Krampfer waren vor allem die Vorteile der Beratung im ländlichen Raum sichtbar. Die Verwaltung hat sehr gut reagiert und eine hohe Kommunikationsfähigkeit gezeigt. Die Bevölkerung wurde sehr deutlich mit eingebunden, und auftretende Konflikte wurden über externe Unterstützung entschärft oder beseitigt.

IV. Resonanz der Themen der „Reichsbürger" im ländlichen Raum

Die Frage, welche Themen der „Reichsbürger" kompatibel für Bürger des ländlichen Raumes sind, lässt sich nicht pauschal beantworten. Da ist zunächst ein wesentlicher Grundzug des „Reichsbürger"-Milieus, der auf große Resonanz stößt: Bürger befassen sich mit den rechtlichen Grundlagen des Staates. Dass dies dilettantisch, selektiv und in der Regel falsch ist, ist fachlich eindeutig. Der Impuls in den Teilen der Bevölkerung, die gerne mit den Argumenten der „Reichsbürger" spielen, generiert sich aber weniger aus Gründen der Vernunft, sondern eher aus einer Art Fundamentalismus. Justiz wird in Teilen der ländlichen Bevölkerung als ein staatliches System begriffen, mit dem sie sich nicht selbst beschäftigen dürfen. Ihre Erfahrung zeigt, dass zwischen sich selbst und der Gerechtigkeit keine unmittelbare Verbindung besteht, sondern dass sie in der Regel immer eines „Vermittlers" bedürfen, der sich ihnen gegenüber nicht verantworten muss. Hier greifen Muster, wie sie in den USA auch bei fundamentalistischen Christen zu finden sind:[37] Die Vermittlung wird grundsätzlich abgelehnt. Umso mehr, wenn die Betroffenen durch Justiz und Verwaltung Entwertungserfahrungen gemacht haben. Ein Führerscheinentzug im ländlichen Raum etwa wirkt sich naturgemäß um ein Vielfaches härter aus als im (groß)städtischen Raum. Ähnlich ver-

---

[37] Vgl. Stahl, Trystan/Homburg, Heiko (2017): „Souveräne Bürger" in den USA und deutsche „Reichsbürger" – ein Vergleich hinsichtlich Ideologie und Gefahrenpotenzial, S. 263 (263 ff.), in diesem Band.

hält es sich mit zahllosen anderen Entscheidungen von Verwaltungen und Justiz. Sie greifen massiv in das soziale Gefüge und das Selbstbewusstsein der Betroffenen ein. Um Selbstwertgefühl und Status zu sichern, bietet sich das Konstrukt der „Reichsbürger" dann durchaus an: Den Entscheidungsträgern wird die Legitimität kurzerhand abgesprochen, der Betroffene wird zum Opfer und zum Widerstandskämpfer stilisiert und (unter Inkaufnahme des „Exotenstatus") in das lokale Gemeinwesen etabliert. Anders als in Städten, wo solche Menschen schnell isoliert und als Spinner verrufen sind, wird im ländlichen Raum – wo man nicht ohne Weiteres ein Individuum aus der Wir-Gruppe ausschließen kann – der Respekt der Gruppe durchaus erreicht. Dieser Respekt generiert sich häufig über das „Kämpfen" (jemand wehrt sich gegen staatliche Entscheidungen bis zum bitteren Ende) und über die durchaus attraktive Grundidee der „Selbstverwaltung". Die Ideen der „Reichsbürger" stoßen in bestimmten Milieus (vor allem bei Menschen, die sich in irgendeiner Form als Verlierer empfinden) auf Resonanz, weil sie anbieten, sich mit den Grundlagen des Staates auseinanderzusetzen und dadurch Erklärungsmodelle für ihre verletzte Identität zu finden. Wenn der Staat uneigentlich ist, dann fällt ihr eigenes Defizit kaum ins Gewicht.

„Reichsbürger" treten am wirksamsten im ländlichen Raum auf, weil es dort wenig politisches Gegengewicht gibt und einige ihrer Themen auf Resonanz treffen. Dort können sie auf die dörfliche Solidarität gegenüber Angriffen von außen hoffen, und die informelle Kommunikation funktioniert dort gut. Häufig treten sie auch noch mit weiteren, oft spirituell durchsetzten Aktivitäten auf. So etwa im Tandem mit „germanischer Heilkunde" oder dem „Engelgeld". Hier gibt es deutliche Schnittstellen zu ländlich-alternativen Szenen. Es wird weniger offen rechtsextreme Ideologie transportiert, sondern eher durch den utopischen Charakter eines von unten selbst organisierten Parallelstaates eine indirekte Akzeptanz für rechtsextreme Strukturen geschaffen. Zum Teil treten „Reichsbürger" als Kneipengesellschaft auf, die sich mit „Reichsführerscheinen" auf experimentelle Touren begibt, um zu testen, ob sie mit diesen „durchkommen". Der Spaß an Anarchie als Kneipenspiel und der Verkauf von „Reichsführerscheinen" und anderen „Dokumenten" hat aber durchaus Bezüge, die sich auf die Region niederschlagen. Der dahintersteckende Gedanke ist „Die Polizei zockt uns ab" und eine verbreitete Verwaltungsverdrossenheit. Ein beliebtes Thema sind auch Abwasseranschlüsse. In beiden Fällen bilden sich aus vereinzelten „Reichsbürgern" und einigen Sympathisanten lokale Wirkungsgruppen, die im langjährigen Effekt ein antidemokratisches Milieu ausbilden.

Die Selbststilisierung als „Reichsbürger" beginnt schon im engeren Familienkreis. Oft sind die engsten Verwandten der letzte Halt, der die „Reichsbürger" mit den Lebenswirklichkeiten verbindet. In unmittelbarem Sinne ist aber auch das Umfeld von „Reichsbürgern" betroffen. Familienmitglieder werden meistens zu einer Entscheidung für oder gegen die betreffende Person genötigt. Affektiv versuchen die Familienmitglieder so lange als möglich, die Bindungen aufrechtzuerhalten. Bleiben sie solidarisch, haben die Angehörigen häufig auch alle rechtlichen Konsequenzen mit zu tragen. Familien werden dadurch häufig zerstört (als Folge von Verschuldung, Pfändungen, Zwangsvollstreckungen und Haft) und der Freitod eines „Reichsbürgers" ist nicht allzu selten. Neben den Schuld- und Versagensgefühlen werden dann auch die Langzeitfolgen sichtbar: Das Erbe belastet die Familien oft noch viele Jahre.

V. Fazit und Ausblick

Auch wenn es in Brandenburg zum Stichtag 31.12.2016[38] nur 224 polizeilich bekannte Fälle im „Reichsbürger"-Spektrum gab, bereiten sie jede Menge Ärger im öffentlichen Sektor. Die Variationsbreite reicht von Nötigung, körperlichen Angriffen bis zur bürokratischen Belästigung. Die Erfahrungen des Mobilen Beratungsteams in Brandenburg zeigen, dass vor allem die Druckszenarien, die in Verwaltungen ausgelöst werden, selten öffentlich wahrnehmbar werden und damit auch Gegenanstrengungen der Öffentlichkeit unterbleiben. Verwaltungen, die am häufigsten von Aktivitäten der „Reichsbürger" betroffen sind, haben in der Öffentlichkeit überwiegend ein schlechtes Image (u.a. Straßenverkehrsbehörden, Bauämter, Finanzämter) und verhalten sich deshalb ungern öffentlich. Das sollte sich aber ändern. Eine verwaltungsinterne Behandlung mag zwar im Einzelfall erfolgreich sein, aber sie berücksichtigt nicht die möglichen Auswirkungen auf das Gefüge der Region. Es gibt Milieus, wo staatliche Maßnahmen pauschal als Zwangsmaßnahmen angesehen werden, aber – und das ist entscheidend – diese Auffassung kann nur dann maßgeblich eingedämmt werden, wenn Verwaltungsmitarbeiter als Mitbürger kenntlich werden, die denselben Anspruch auf körperliche und psychische Unversehrtheit haben wie jeder andere auch. Die Bedrohungen durch „Reichsbürger" verletzen Verwaltungsmitarbeiter und damit auch die Basis des Zusammenlebens in den Kommunen. Eine direkte Kommunikation von Vorfällen im Nahbereich u.a. durch Politiker, engagierte Bürger und Presse wäre deshalb wünschenswert.

---

[38] Vgl. im Einzelnen Keil (Fn. 1), S. 60 ff., in diesem Band. Zum Stichtag 25.12.2017 konnten bereits 440 polizeilich bekannte „Reichsbürger" und „Selbstverwalter" im Land Brandenburg gezählt werden, vgl. Hüllen/Homburg (Fn. 2), S. 31, in diesem Band.

Yasemin Désirée Krüger

Das „Reichsbürger"-Milieu in Brandenburg aus demokratietheoretischer Perspektive

I. Einleitung

Sowohl Pegida, Anti-Asyl- und „Nein-zum-Heim"-Kampagnen als auch in einem gänzlich anderen politischen Spektrum die Proteste gegen das TTIP- bzw. CETA-Abkommen, Stuttgart 21 oder die Occupy-Bewegung – es scheint, als seien die Menschen in der Bundesrepublik Deutschland mehr in Bewegung denn je. Fast allerorten und zu fast allen Themen sind Protestphänomene und Bewegungen feststellbar.[1] Auch im Land Brandenburg konnte ein massiver Anstieg von Versammlungen unter freiem Himmel verzeichnet werden: Insgesamt wurden im Jahr 2015 722 (2013: 420)[2] gezählt, davon waren 105 flüchtlingsfeindlich bis offen rechtsextremistisch motiviert.[3] Obwohl sich die einzelnen Formationen mit einer Vielzahl von Themen befassten und dabei jeweils sehr unterschiedliche politische Richtungen verfolgten, eint sie augenscheinlich eine Gemeinsamkeit: Sie bündeln Unzufriedenheiten, die sich besonders gegen das Agieren der politischen Eliten und der demokratischen Institutionen richten.[4] Dies geht mit einem Vertrauensverlust in die Politik und einer Entfremdung zwischen Gewählten und Wählern einher.[5] Die Wahlerfolge populistischer Parteien untermauern diese Vermutung.[6]

---

[1] Vgl. Ullrich, Peter (2015): Postdemokratische Empörung. Ein Versuch über Demokratie, soziale Bewegungen und gegenwärtige Protestforschung, 2. Auflage, Berlin, S. 9.

[2] Vgl. Sperfeld, Stefan (2016): Dauereinsatz in Brandenburg. Polizei muss sich um immer mehr Demos kümmern, in: rbb-online vom 8.3.2016, unter http://www.rbb-online.de/politik/beitrag/2016/03/brandenburg-immer-mehr-demonstrationen-bringen-polizei-ans-limit.html, Stand der Abfrage: 16.2.2017 (aktuell nicht mehr abrufbar).

[3] Vgl. Aktionsbündnis Brandenburg: Flüchtlingsfeindliche Kampagnen in Brandenburg 2015, unter http://www.aktionsbuendnisbrandenburg.de/sites/default/files/DemosInBrandenburg2015.pdf, Stand der Abfrage: 16.2.2017 (aktuell nicht mehr abrufbar).

[4] Vgl. Öztürk, Asiye (2012): Protest und Beteiligung, in: Aus Politik und Zeitgeschichte, Heft 25-26/2012, S. 1.

[5] Vgl. Öztürk (Fn. 4), S. 1 f.

[6] Gemeint sind die Wahlerfolge der AfD bei den Landtagswahlen 2016 in Berlin, Mecklenburg-Vorpommern und Sachsen-Anhalt, vgl. Elmer, Christina/Hebel, Christina (2016): Wahlanalyse. AfD mobilisiert Enttäuschte – nicht Überzeugte, in: Spiegel Online vom 13.3.2016, unter http://www.spiegel.de/politik/deutschland/wahlergebnisse-2016-in-der-analyse-afd-mobilisiert-nichtwaehler-a-1081852.html, Stand der Abfrage 23.12.2017.

Grundsätzlich lässt sich für die Bundesrepublik Deutschland ein Doppel-befund feststellen: Während auf der einen Seite gesellschaftliche Integrations-kräfte von etablierten Parteien und Verbänden schwinden, entwickelt sich auf der anderen Seite anscheinend eine rege Zivilgesellschaft mit postkonventi-onellen Partizipationsformen.[7] Dazwischen lässt sich viel zielloser Verdruss einer typischen Misstrauensgesellschaft wiederfinden.[8] Des Weiteren können politische Teilhabe im Allgemeinen und Protest im Besonderen als Symptome einer Legitimations- und Partizipationskrise des politischen Systems begriffen werden.[9] Erstaunlich ist jedoch, dass das Wissen über ebendiese Bürger und ihre Protestformationen sehr gering ist.[10] Es kommt erschwerend hinzu, dass diese heterogene Protestlandschaft analytisch schwer zu erfassen und das Spektrum unübersichtlich ist.[11] Dies trifft vornehmlich auf eine Gruppe zu, die sich zwischen den zahlreichen Mahnwachen, Aufmärschen, Friedensde-monstrationen und Abendspaziergängen bewegt und mit auf den ersten Blick sehr skurrilen Forderungen und Aussagen auf sich aufmerksam macht. Die Rede ist von den „Reichsbürgern".

II. „Reichsbürger" als Protestphänomen?

„Reichsbürger" beschränken sich nicht nur auf reine Propagandaarbeit, Selbst-darstellung oder vereinzelte politische Aktionen. Vielmehr überhäufen sie Ver-waltungen, Ministerien und Politiker kontinuierlich mit diffusen Schreiben und Anträgen. Nimmt man die zahlreichen Internetaktivitäten (z.B. Webseiten) und sozialen Netzwerke hinzu, lässt sich feststellen, dass es sich um weit mehr als nur um ein skurriles Randphänomen handelt. Eher erscheint es, als erobere sich das „Reichsbürger"-Phänomen einen festen Platz in der deutschen Pro-testlandschaft. Es stellt sich also die Frage, ob „Reichsbürger" aufgrund einer gewachsenen Unzufriedenheit mit der Funktionsweise der repräsentativen De-mokratie und ihren mangelnden Einflussmöglichkeiten aktiv geworden sind.[12]

---

[7] Vgl. Walter, Franz (2013): Bürger in Bewegung. Zur Einführung, in: Marg, Stine/Geiges, Lars/Butzlaff, Felix/Walter, Franz (Hg.): Die neue Macht der Bürger. Was motiviert die Protestbewegungen?, Bonn, S. 8.

[8] Vgl. Walter (Fn. 7), S. 8.

[9] Vgl. Klecha, Stephan/Marg, Stine/Butzlaff, Felix (2013): Wie erforscht man Protest? For-schungsdesign und Methodik, in: Marg, Stine/Geiges, Lars/Butzlaff, Felix/Walter, Franz (Hg.): Die neue Macht der Bürger. Was motiviert die Protestbewegungen?, Bonn, S. 12.

[10] Vgl. Klecha/Marg/Butzlaff (Fn. 9), S. 12.

[11] Vgl. Walter (Fn. 7), S. 8.

[12] Vgl. Klecha/Marg/Butzlaff (Fn. 9), S. 12.

Der hier vorgestellte Ansatz erläutert daher das „Reichsbürger"-Phänomen aus politikwissenschaftlicher Perspektive als eigenständiges soziales Protestmilieu mit entsprechend eigenständiger Protestform und „Weltsicht". Als empirischer Zugang dienten 279 gesichtete Briefe, Faxe und E-Mails von „Reichsbürgern", die in verschiedenen Verwaltungen, Behörden, Ämtern und Gerichten im Land Brandenburg eingegangen sind. Davon wurden 23 einer vertieften inhaltsanalytischen Auswertung unterzogen.

III. Kategorien von „Reichsbürgern"

Die Sichtung und Auswertung der Schreiben ermöglichte nicht nur eine Teilbetrachtung, sondern ebenso einen tieferen Einblick in das Innenleben dieser „Reichsbürger".[13] Dies gilt besonders für deren Selbstwahrnehmung als auch für deren latente und manifeste Einstellungen und Werthaltungen. Im Ergebnis konnten trotz der zu betonenden Heterogenität der Szene bestimmte „Reichsbürger"-Kategorien ausgemacht werden. Anhand gewisser Konfliktlinien lassen sich „Reichsbürger" hinsichtlich ihrer Einstellungen, Verhaltens- und Vorgehensweisen idealtypisch in die folgenden sechs Kategorien einteilen, wobei sich in der Realität diverse Mischformen ergeben können:
- antidemokratisch-revisionistische „Reichsbürger";
- verdrossene „Reichsbürger";
- aggressive, gewaltbereite „Reichsbürger";
- regionale, unstrukturierte „Reichsbürger";
- Anhänger regional strukturierter „Königreiche";
- Milieumanager.

1. Antidemokratisch-revisionistische „Reichsbürger"

Die Akteure zeichnen sich durch eine traditionell nationalistisch geprägte Haltung aus. Sie glauben, das Deutsche Reich – und damit verbunden oftmals das Dritte Reich – z.B. in den Grenzen von 1937 sei nie untergegangen. Anhänger dieser Linie sind Revisionisten und somit Teil der rechtsextremistischen Szene, die für eine Wiederherstellung des Deutschen Reiches mittels der Idee des „Reichsmythos" eintreten.[14] Auch in ihren Einstellungen weisen sie rechtsextremistische Merkmale auf, wobei der ethnische Abstammungsge-

---

[13] Vgl. zur „Reichsbürger"-Rhetorik Keil, Jan-Gerrit (2017): Zwischen Wahn und Rollenspiel – das Phänomen der „Reichsbürger" aus psychologischer Sicht, S. 54 (64 ff.), in diesem Band.

[14] Vgl. Hüllen, Michael/Homburg, Heiko (2017): „Reichsbürger" zwischen zielgerichtetem Rechtsextremismus, Gewalt und Staatsverdrossenheit, S. 15 (26 ff.), in diesem Band.

danke, die Homogenität der Volksnation und Antisemitismus von besonderer Bedeutung sind.

2. Verdrossene „Reichsbürger"

Dabei handelt es sich weniger um dezidiert rechtsextremistisch motivierte Akteure als vielmehr um Personen, die sich vom politischen System abgewandt haben, weil sie sich mit ihren Werten und Bedürfnissen politisch nicht mehr vertreten fühlen.[15] Jene „Reichsbürger" sind zumeist sehr empfänglich für rechtspopulistische Attitüden.[16] Sie weisen in ihren Einstellungen eine Politik- bzw. Staatsverdrossenheit auf, die sich in Form von Unzufriedenheit sowie Ablehnungs- und Misstrauenshaltung gegenüber dem Staat samt seiner Institutionen, politischen Akteure und Gesetze zeigt.[17] Einige fordern darüber hinaus mehr direktdemokratische Teilhabe und folgen einem Demokratieverständnis, das als „vulgär-demokratisch"[18] bezeichnet werden kann.

3. Aggressive, gewaltbereite „Reichsbürger"

Laut Richard Stöss zielt Protestverhalten in erster Linie auf Provokation ab und beruht auf dem Ausleben *„aggressiver Persönlichkeitsmerkmale"*[19]. Für das „Reichsbürger"-Phänomen bedeutet dies, Protestverhalten und Gewalt dürfen nicht gleichgesetzt werden. In den vergangenen Jahren kam es vermehrt zu Einzelfällen, in denen „Reichsbürger" körperliche Übergriffe und Körperverletzungen begangen und sogar zur Waffe gegriffen haben.[20] Der überwiegende Teil der „Reichsbürger" äußert sich zwar aggres-

---

[15] Vgl. Hüllen/Homburg (Fn. 14), S. 37 f., in diesem Band.

[16] Vgl. Keil (Fn. 13), S. 54, in diesem Band.

[17] Vgl. zur Politik- bzw. Staatsverdrossenheit Hüllen/Homburg (Fn. 14), S. 37 f., in diesem Band.

[18] Nach Ernst Fraenkel ist damit eine weit verbreitete und tief in den „Alltagsverstand" weiter Teile der deutschen Bevölkerung eingeprägte Forderung nach einer echten, unmittelbaren, nicht-repräsentativen und identitären „Volksherrschaft" gemeint, vgl. Fraenkel, Ernst (2007): Die repräsentative und die plebiszitäre Komponente im demokratischen Verfassungsstaat [1958], in: Brünneck, Alexander von/Buchstein, Hubertus/Göhler, Gerhard (Hg.): Ernst Fraenkel. Gesammelte Schriften, Band 5: Demokratie und Pluralismus, Baden-Baden, S. 283 ff.

[19] Stöss, Richard (2000): Rechtsextremismus im vereinten Deutschland, 3. Auflage, Berlin (Friedrich-Ebert-Stiftung), S. 136.

[20] Vorläufiger Höhepunkt dieser Entwicklung ist ein im bayerischen Georgensgmünd am 19.10.2016 erschossener Polizist, vgl. Hüllen/Homburg (Fn. 14), S. 15 f., in diesem Band; Keil (Fn. 13), S. 103 ff., in diesem Band.

siv, wendet jedoch keine Gewalt an. Allerdings stellt dieses aggressive Verhalten, welches sowohl schriftlich, telefonisch als auch persönlich gegenüber Behördenmitarbeitern zum Ausdruck kommt, für die Betroffenen durchaus eine Form von Gewalt dar. Sie werden bedroht, beleidigt, traktiert, erhalten Todesurteile und Morddrohungen. „Reichsbürger" versuchen damit einerseits, ihr Gegenüber einzuschüchtern und andererseits, ein hohes Selbstbewusstsein zu demonstrieren, da sie sich gegen die Institutionen auflehnen und so ihren Machtanspruch festigen wollen. Die Aggressivität und Gewaltbereitschaft kann damit erklärt werden, dass sie aufgrund ihrer Ideologie einen sich selbst auferlegten Handlungsdruck verspüren. Ihr Weltbild ist geprägt von einem Freund-Feind-Schema und es gilt für sie, den Feind zu bekämpfen. Dieser ist die „BRD GmbH" samt ihren „Angestellten".[21]

4. Regionale, unstrukturierte „Reichsbürger"

Hierzu zählen alle Akteure, die in regional sehr losen Netzwerken entweder als Einzelperson oder als Trittbrettfahrer in Erscheinung treten.[22] Insbesondere „Selbstverwalter", also Personen, die ihren Austritt aus der Staatsbürgerschaft verkünden und Mini-Staaten auf ihren Grundstücken gründen, werden hier verortet.

5. Anhänger regional strukturierter „Königreiche"

Manche „Reichsbürger" bilden keine das ganze „Reich" umfassende Fantasieregierungen, sondern verfolgen in Anlehnung an einen regional größer gefassten Selbstverwalter-Ansatz Monarchien und lassen sich von Gefolgsleuten zu Fürsten oder Königen ausrufen.[23] Zudem sind der Kategorie Personen zuzuordnen, die neben szeneübergreifenden Verschwörungsfantasien auch noch offen für esoterische und sektiererische Ideen sind.[24] Dabei treten besonders Naturrechtsanhänger und Rechtsesoteriker hervor.

---

[21] Vgl. zur „BRD GmbH" Hüllen/Homburg (Fn. 14), S. 29 f., in diesem Band; Caspar, Christa/Neubauer, Reinhard (2017): Durchs wilde Absurdistan: Was zu tun ist, wenn „Reichsbürger" und öffentliche Verwaltung aufeinandertreffen, S. 119 (149 ff.), in diesem Band; Stahl, Trystan/Homburg, Heiko (2017): „Souveräne Bürger" in den USA und deutsche „Reichsbürger" – ein Vergleich hinsichtlich Ideologie und Gefahrenpotenzial, S. 263 (273), in diesem Band.

[22] Vgl. zu den regionalen, unstrukturierten „Reichsbürgern" Hüllen/Homburg (Fn. 14), S. 37 ff., in diesem Band.

[23] Vgl. dazu Keil (Fn. 13), S. 54, in diesem Band.

[24] Vgl. dazu Keil (Fn. 13), S. 54 f., in diesem Band.

6. Milieumanager

Die letzte Kategorie bilden unternehmerisch orientierte Personen, die als Milieumanager zu bezeichnen sind.[25] Sie versuchen, über die Anfachung diverser Verschwörungsfantasien das Milieu zu festigen bzw. auszuweiten, und sind insbesondere daran interessiert, über den Verkauf von Milieuprodukten Geld zu verdienen.

IV. „Reichsbürger" als Ausdruck eines neuen Typus postdemokratischer Protestphänomene

Ist das Verhalten von „Reichsbürgern" möglicherweise damit zu erklären, dass sie misstrauisch gegenüber der repräsentativen Demokratie sowie unzufrieden mit ihren eigenen politischen Einflussmöglichkeiten und den Leistungen des demokratischen Systems sind? Dieser vom britischen Politikwissenschaftler Colin Crouch unter dem Schlagwort „Postdemokratie" in die demokratietheoretische Diskussion eingeführte Gedanke könnte jedenfalls dem Handeln bzw. Aktivwerden von „Reichsbürgern" zugrunde liegen.[26] Grundsätzlich wird mit den Schlagwörtern „Krise der Repräsentation" und „Krise der Demokratie" eine Zeitdiagnose gestellt, die im üblichen Sprachgebrauch bereits seit Längerem als „Politikverdrossenheit" bekannt ist.[27] In den vorausgegangen Abschnitten wurde deutlich, dass es sich bei „Reichsbürgern" um Personen handelt, die ein übermäßig stark ausgeprägtes Misstrauen und eine Ablehnungshaltung gegenüber dem Staat samt seinen Institutionen und politischen Akteuren aufweisen. Kurz zusammengefasst beschreibt Crouch, dass die Institutionen der parlamentarischen Demokratie – periodische Wahlen, Wahlkämpfe, Gewaltenteilung – formal betrachtet völlig intakt seien.[28] Die grundlegenden demokratischen Institutionen und Prozeduren hätten somit zwar Bestand, de facto verlören sie aber massiv an Bedeutung für die demokratische Entscheidungsfindung.[29] Die

---

[25] Vgl. zu den Milieumanagern Hüllen/Homburg (Fn. 14), S. 39 f., in diesem Band; Keil (Fn. 13), S. 55, in diesem Band.

[26] Vgl. Klecha/Marg/Butzlaff (Fn. 9), S. 21.

[27] Vgl. Ullrich (Fn. 1), S. 15.

[28] Vgl. Buchstein, Hubertus/Nullmeier, Frank (2006): Einleitung: Die Postdemokratie-Debatte, in: Forschungsjournal Neue Soziale Bewegungen (NSB): Postdemokratie. Ein neuer Diskurs?, Heft 4/2006, S. 16.

[29] Vgl. Buchstein (Fn. 28), S. 17.

Politik würde wieder „zu einer Angelegenheit geschlossener Eliten"[30] werden, welche reale Politik hinter verschlossenen Türen und im Interesse der Wirtschaft regele.[31] Die Mehrheit der Bürger nehme dabei eine zunehmend „passive, schweigende, ja sogar apathische Rolle" ein, da sie zwar die massenmedial vermittelte Inszenierung von Politik beobachte, aber selbst kaum noch politischen Einfluss ausüben könne.[32] Ebenso würde die Parteipolitik und der Wettkampf um Wählerstimmen zunehmend von Inhalten befreit.[33] Die „politische Klasse" trete gegenüber den Wählern wie eine „Firma" gegenüber ihren Kunden auf und der einzelne Politiker wie ein Investor oder Manager.[34] Dabei wählt Crouch bewusst den Begriff „Firma", um erstens diese Form der politischen Entscheidungsfindung von demokratischen Handlungen abzugrenzen und zweitens die an einer marktwirtschaftlichen Denkweise orientierte Zielsetzung der Akteure zu verdeutlichen, welche nicht gemeinwohl-, sondern profitorientiert sei.[35] Crouch schreibt auch den Massenmedien eine besondere Rolle im Hinblick auf die postdemokratische Entwicklung zu, denn diese agierten zusehends gemäß ökonomischer Logiken und vernachlässigten ihre Vermittlungs- und Informationsfunktion.[36] Letztlich meint Crouch, die Postdemokratie sei eine Scheindemokratie im institutionellen Gehäuse einer vollwertigen Demokratie, in welcher die Bürger als Demos zwar nicht de jure, aber de facto entmachtet würden.[37] Dass die Postdemokratisierung als eine Krisendiagnose – so Crouch weiter – formuliert werde, sei maßgeblich darauf zurückzuführen, dass im Zuge dieser Entwicklungen grundlegende demokratische Werte und Rechte der Bürger verletzt werden.[38] Postdemokratische Verhältnisse könnten so im Fall der Verletzung Protestphänomene erzeugen und befeuern.[39]

---

[30] Crouch, Colin (2008): Postdemokratie, Frankfurt am Main, S. 133.

[31] Vgl. Crouch (Fn. 30), S. 10.

[32] Vgl. Ritzi, Claudia (2014): Die Postdemokratisierung politischer Öffentlichkeit. Kritik zeitgenössischer Demokratie – theoretische Grundlagen und analytische Perspektiven, Wiesbaden, S. 20.

[33] Vgl. Ritzi (Fn. 32), S. 17.

[34] Vgl. Ritzi (Fn. 32), S. 17.

[35] Vgl. Crouch, Colin (2008): Postdemokratie, in: Neue Gesellschaft/Frankfurter Hefte, Heft 4/2008, S. 4 ff., zitiert nach Ritzi (Fn. 32), S. 18.

[36] Vgl. Crouch, Colin (2008): Postdemokratie, in: Neue Gesellschaft/Frankfurter Hefte, Heft 4/2008, S. 4 ff., zitiert nach Ritzi (Fn. 32), S. 18.

[37] Vgl. Crouch, Colin (2008): Postdemokratie, in: Neue Gesellschaft/Frankfurter Hefte, Heft 4/2008, S. 4 ff., zitiert nach Ritzi (Fn. 32), S. 18.

[38] Vgl. Schaal, Gary S./Ritzi, Claudia (2012): Neoliberalismus und Postdemokratie: Bausteine einer kritischen Gesellschaftstheorie, Hamburg, Leipzig, S. 17.

[39] Vgl. Schaal/Ritzi (Fn. 38), S. 17 f.

V. Postdemokratische Merkmale im „Reichsbürger"-Milieu

In der Betrachtung der Fragestellung ging es um die Auswirkung der beschriebenen postdemokratischen Situation und um die These, bei „Reichsbürgern" handele es sich um ein Protestphänomen. Wie bereits erläutert, prägt das heterogene „Reichsbürger"-Milieu ein Mischung diverser Einstellungen, Verhaltens- und Vorgehensweisen, die sich über diverse Mechanismen wie Netzwerke, Organisationen, Gruppen und das Teilen einer gemeinsamen Identität in Form von Narrativen und Verschwörungsfantasien stabilisieren.[40] Allerdings sind sie dabei nicht unbedingt mit bestimmten klassischen Protestmilieus verbunden.[41] Trotz der teilweise völlig gegensätzlichen Ausrichtungen, die „Reichsbürger" vertreten, teilen sie aber bestimmte Strukturmuster, die genuin mit der Postdemokratie verbunden scheinen und im Modus des Protestes ihren Ausdruck finden.[42] Ihre postdemokratischen Kernmerkmale, wie im Einzelnen zu zeigen sein wird, sind:[43]

- radikale Ablehnung des politischen Systems und des Staates;
- radikale Ablehnung der politischen Eliten und politischen Autoritäten;
- radikale Ablehnung aller politischen und sonstigen Institutionen;
- Neoliberalismus- und Globalisierungskritik;
- Ablehnung der politischen Ver- und Einordnung;
- „vulgär-demokratisches" Demokratieverständnis und Populismus;
- Protest auf Basis internetbasierter und verschwörungsfantasieorientierter Parallel- bzw. Gegenöffentlichkeiten.

1. Radikale Ablehnung des politischen Systems und des Staates

Die radikale Ablehnungshaltung von „Reichsbürgern" zeigte sich in den analysierten Schreiben äußerst vielfältig und diffus. So äußern die Verfasser, sie erkennen weder die Bundesrepublik als Staat noch ihr politisches System an. Die verschiedenen Formen der Ablehnungen sind daher als grundsätzliche Ablehnungshaltung von „Reichsbürgern" gegenüber dem politischen System in seiner Gesamtheit der politischen Institutionen, der politischen Prozesse und der Inhalte der politischen Entscheidungsfindung zu beschreiben.[44] Die

---

[40] Vgl. Ullrich (Fn. 1), S. 21.
[41] Vgl. Ullrich (Fn. 1), S. 21.
[42] Vgl. Ullrich (Fn. 1), S. 21.
[43] Vgl. Ullrich (Fn. 1), S. 21.
[44] Vgl. Nohlen, Dieter/Thibaut, Bernhard (2015): Politisches System, in: Nohlen, Dieter/ Grotz, Florian (Hg.): Kleines Lexikon der Politik, 6. Auflage, Bonn, S. 511.

Ablehnung bezieht sich außerdem auf die Gesamtheit der Institutionen, die an der politischen Willensbildung und -durchsetzung beteiligt sind. Dazu gehören das Regierungssystem, die Staatsorganisation, das Wahlsystem und die Verfassung. So behaupten „Reichsbürger" u.a., dass das Grundgesetz keine Verfassung sei, sondern ein *„illegitimes, nichtiges"* und nicht *„vom deutschen Volk"* bestimmtes *„Provisorium"* darstelle. Weiter wird die Annahme vertreten, dass das Grundgesetz *„erst nach Vollendung der Einheit und Freiheit Deutschlands"* gelten könne. Dies sei jedoch nicht geben *„da Deutschland keinen Friedensvertrag"* habe. Selbst dann würde das Grundgesetz keine Gültigkeit besitzen, weil es durch eine Verfassung ersetzt werden müsse, *„die von dem deutschen Volke in freier Entscheidung beschlossen"* werden müsste. Ebenso wird das Wahlsystem nicht anerkannt und u.a. behauptet, dass sich die Bundesregierung *„unheilbar nichtig im Amt"* befände. Demgegenüber wird als Ablehnung des Staates der territorial begrenzte politische Herrschaftsverband, der das Monopol legitimer Gewaltsamkeit für sich beansprucht, verstanden.[45] Im engeren Sinne ist damit die Ablehnung des Staates als politische Einrichtung gemeint, die mit der Ausübung allgemein verbindlicher Steuerungs-, Regulierungs- und Koordinierungsfunktionen betraut ist. Es wird z.B. behauptet, die Bundesrepublik sei kein Staat, sondern eine *„Wirtschafts- und Verwaltungseinheit"*, die einen *„Hoheitsbetrieb (öffentliches Recht)"* innerhalb *„ihres Gewerbebetriebes"* simuliere. Oftmals wird in diesem Kontext die Bundesrepublik als „Firma", „NGO" (englisch: non-governmental organization = Nichtregierungsorganisation) oder „GmbH" bezeichnet und das Grundgesetz als dessen „Allgemeine Geschäftsbedingungen" (AGB).[46] Crouch wählte für sein Postdemokratie-Konzept den Begriff „Firma", um die postdemokratische Entscheidungsfindung von demokratischen Handlungen abzugrenzen und um die an einer marktwirtschaftlichen Denkweise orientierte Zielsetzung zu verdeutlichen. Zwar darf bezweifelt werden, dass „Reichsbürger" im Sinne von Crouchs Konzept argumentieren, jedoch teilen sie in ihrer Wahrnehmung die Annahme, die Bundesrepublik sei eine *„Firma"*, *„nicht legitimiert"* und keine *„repräsentative, parlamentarische Demokratie"*. Zusätzlich wird von „Reichsbürgern" nicht nur der Bundesrepublik, sondern von fast allen westlichen Nationen, insbesondere der USA, der Firmencharakter unterstellt.[47] Die Staatlichkeit wird daher negiert und ihr aufgrund dessen *„Scheinstaatlichkeit"*

---

[45] Vgl. Weber, Max (1956): Wirtschaft und Gesellschaft. Grundriss der verstehenden Soziologie, Tübingen, Kapitel 1 § 17.

[46] Vgl. zu den „Allgemeinen Geschäftsbedingungen" Caspar/Neubauer (Fn. 21), S. 151 f., in diesem Band.

[47] Vgl. zur USA Stahl/Homburg (Fn. 21), S. 263 ff., in diesem Band.

und das *„Vorgaukeln von Rechtstaatlichkeit"* vorgeworfen. Folglich werden alle Gesetze, Rechtsvorschriften, Verordnungen, Urteile und vieles mehr nicht anerkannt und negiert, was mit Blick auf die Einhaltung zu einer Totalverweigerung führt. Darüber hinaus wird die Souveränität der Bundesrepublik Deutschland verneint, da sie nach wie vor durch die ehemaligen Besatzungsmächte kontrolliert und ein *„Besatzungskonstrukt"* sei. Die bereits beschriebene Forderung zur Rückkehr der staatlichen Grenzen von 1937 verdeutlicht auch die Ablehnung des Staatsterritoriums, des Staatsvolkes und somit der Staatsmacht. Einigen Schreiben war zu entnehmen, dass die Ablehnungshaltung mit der Bereitschaft eines Umsturzes zugunsten eines nicht näher bestimmten politischen Systems einhergeht.

2. Radikale Ablehnung der politischen Eliten und der politischen Autoritäten

Die radikale Ablehnung des politischen Systems und des Staates geht mit der Ablehnung der politischen Eliten und politischen Autoritäten einher.[48] Als politische Elite wird eine soziale Gruppe angesehen, die bestimmte Positionen im Herrschaftszentrum des politischen Systems innehat und dadurch maßgeblich politische Grundsatzentscheidungen fällt bzw. diese im politischen Interessenskampf beeinflusst.[49] Die Parteien haben nach dem Grundgesetz eine mitwirkende und damit zentrale Rolle bei der Vermittlung der gesellschaftlichen Interessen innerhalb des politischen Systems.[50] Die Weimarer Verfassung, auf die sich Reichsbürger oft berufen, wies den Parteien diese Rolle so nicht zu.[51] Somit ist die Ablehnung der spezifischen Form des Parteiensystems ein wichtiges Element der allgemeinen Systemablehnung.[52] Ebenso die Einstellungen zu den einzelnen Parteien spielt eine Rolle. „Reichsbürger" werfen der Elite und der Opposition *„Betrug und Hochverrat am Volke"* vor. Deutschland befände sich außerdem *„unter der Fuchtel von geistig gestörtem verlogenem Parteienpersonal"*, das *„wissentlich das Recht brechen"* und sich somit *„illegal bereichern"* würde. Politiker werden außerdem als *„Usurpatoren"* bezeichnet, weil sich die Parteien in dem *„Konstrukt BRD"* *„das Land unter den Nagel gerissen haben"* und sie den „Reichsbürgern" als *„den*

---

48 Vgl. Fuchs, Dieter (1989): Die Unterstützung des politischen Systems der Bundesrepublik Deutschland, Opladen, S. 108.
49 Vgl. Krämer, Raimund (2011): Res Publica. Eine Einführung in die Politikwissenschaft, 3. Auflage, Potsdam, S. 60.
50 Vgl. Art. 21 GG.
51 Vgl. Fuchs (Fn. 48), S. 94.
52 Vgl. Fuchs (Fn. 48), S. 94.

wahren Deutschen Demokratie vorheucheln". Neben den Parteien werden auch gezielt Politiker u.a. als „Abgeordnetenhansel" angefeindet. Besonders häufig werden ihnen „Amtsmissbrauch", „Amtsanmaßung" und „Nötigung" unterstellt. Vor allem treffen diese Aussagen Bundeskanzlerin Angela Merkel, die keine Kanzlerin, sondern eine „Geschäftsführerin einer Nicht-Regierungs-organisation" sei. Die „deutschfeindliche Merkel-Regierung" sei daher sofort aufzulösen und es wird darüber hinaus in Anspielung auf den Bundespräsi-denten Joachim Gauck das sofortige „Ende der verGAUCKelung" gefordert. Neben der politischen Elite werfen die „Reichsbürger" auch den Autori-täten wie Richtern, Staatsanwälten, Polizisten, Beamten und Angestellten des öffentlichen Dienstes fehlende Befugnisse, rechtsunwirksames Handeln und Rechtswidrigkeit vor. Begründet wird dies mit einer willkürlichen Vielzahl von scheinjuristischen Argumentationen, Fehlinterpretationen und Verschwö-rungsfantasien. So sei jeder Beamte und Angestellte des öffentlichen Dienstes „von den USA eingesetzt" und handele „eigenverantwortlich als Privatper-son". Insgesamt zeigt sich in der Ablehnung von politischen Eliten und Auto-ritäten eine latente Politik-, Politiker- und Staatsverdrossenheit, die mit einer ausgeprägten Misstrauens- und Ablehnungshaltung gegenüber bestimmten politischen Institutionen einhergeht.[53]

3. Radikale Ablehnung aller politischen und sonstigen Institutionen

Politische und sonstige Institutionen sind sowohl öffentlich-rechtliche Ein-richtungen als auch privatrechtliche Unternehmen. Anhand der hier gesich-teten und ausgewerteten Schreiben wurde eine deutliche Misstrauens- bis Ablehnungshaltung u.a. gegenüber Gerichten, kommunalen Verwaltungen, dem Berufsbeamtentum und dem Parlament erkenntlich. Besonders dem Deutschen Bundestag als Parlament und gesetzgebendem Organ misstrauen „Reichsbürger". Er wird sogar als „grundgesetzwidrig zusammengesetztes Parlament ohne Befugnisse" betrachtet. Auch den judikativen und exekuti-ven Institutionen werden Misstrauen und Ablehnung entgegengebracht. Das betrifft vornehmlich die Gerichte und die Polizei. Es wird z.B. gefordert, das Bundesverfassungsgericht „wegen Kollaboration und Verfassungshochver-rat" aufzulösen. Ebenso herrscht ein Misstrauen gegenüber Banken, Kirchen, supranationalen Institutionen wie der Europäischen Union oder internationa-len Organisationen wie den Vereinten Nationen.

---

[53] Vgl. zur Politik- bzw. Staatsverdrossenheit Hüllen/Homburg (Fn. 14), S. 37 f., in diesem Band.

4. Neoliberalismus- und Globalisierungskritik

Pluralistische Gesellschaften erzeugen aus sich selbst heraus einen stetigen Globalisierungs- und Modernisierungsprozess, wodurch die Individuen einem kontinuierlichen Veränderungsdruck unterlegen sind. Negativ wirkt sich dies besonders auf Personen aus, die sich in schwächeren Positionen befinden oder dies zumindest annehmen. In solchen ausweglos erscheinenden Drucksituationen, die z.B. durch sozialen Abstieg oder drastische Verschlechterung der wirtschaftlichen Situation hervorgerufen werden können, eröffnen Verschwörungsfantasien bzw. historisch-fiktionale Gegenerzählungen *„einen trügerischen Königsweg zur Deutung kompliziertester Sachverhalte und Zusammenhänge"*[54]. Diese vermitteln das *„sichere Gefühl endlich Bescheid zu wissen"*[55]. So steht in einem Brief, dass *„wirtschaftlich erfolgreiches Arbeiten heutzutage nicht oder nur eingeschränkt möglich ist"* und dass der Verfasser seine wirtschaftliche Existenz bedroht sehe. Auch wenn diese Argumentation dazu missbraucht wird, um sich gegen Steuerzahlungen zur Wehr zu setzen, wird dadurch eine mögliche Motivation, sich einer systemfeindlichen Ideologie zuzuwenden, deutlich. Besonders die Finanzkrise und die Eurokrise wurden zu Schlagwörtern diverser Protestbewegungen. Dass dies sich ebenfalls auf das „Reichsbürger"-Milieu ausgewirkt hat, zeigen die Versuche, eigene Banken, Wirtschafts- und Währungssysteme aufzubauen. Es wird z.B. bei den fingierten Schadensersatzforderungen die *„Zahlung in Gold, Silber oder Platin"* neben dem *„aufgenötigten Euro"* als Zahlungsmethode benannt. Weiterhin äußern sich „Reichsbürger" insgesamt negativ und ablehnend – ähnlich wie weitere Protestformationen – gegenüber internationalen Finanzierungsinstitutionen wie dem ESM und multinationalen Freihandelsabkommen wie CETA und TTIP. Gepaart mit Verschwörungsfantasien wird der Protest mittels populistischen Parolen wie *„an den ESM verraten und verkauft"* zum Ausdruck gebracht.

5. Ablehnung der politischen Ver- und Einordnung

„Reichsbürger" lehnen es ab, sich innerhalb des politischen Rasters zu verordnen. Sie bilden keine Parteien, um am politischen Geschehen teilzunehmen. Sie bilden – neben individueller Totalverweigerung – vielmehr Fantasie-

---

[54] Jaworski, Rudolf (2004): Verschwörungstheorien aus psychologischer und aus historischer Sicht, in: Pöhlmann, Matthias (Hg.): „Traue niemandem!". Verschwörungstheorien. Geheimwissen. Neomythen, Berlin, S. 44.

[55] Jaworski (Fn. 54), S. 44.

staaten oder ähnliche Gebilde und verorten sich somit bewusst außerhalb der demokratisch verfassten, pluralistischen Meinungsbildung. So äußerten einige, weder *„Anhänger irgendeiner verlogenen Partei, Religion, Sekte"* noch *„Verfechter einer ideologischen demagogischen oder sonstigen Idee"* zu sein. Man sei *„nicht links, nicht rechts oder antisemitisch"*, sondern nur *„der Wahrheit, dem Recht und der Rechtschaffenheit verpflichtet"*. „Reichsbürger" verstehen sich in ihrer Selbstwahrnehmung als unpolitisch, weil sie nur nach der Wahrheit und nach Frieden streben. Auch die Selbstverwaltung sei *„parteipolitisch neutral orientiert"*, da sich nur an der *„aktuellen Rechtssituation und deren logischer Konsequenz"* orientiert werde. Dabei wird die Benennung als „Reichsbürger" abgelehnt und sich vehement vom Rechtsextremismus distanziert. Angehörige des „Freistaates Preußen" echauffieren sich z.B. darüber, dass das Land Brandenburg sie offiziell als „Reichsbürger" und als rechtsextrem bezeichnet.[56] Wie auch andere „Reichsbürger" ziehen sie im Umkehrschluss Vergleiche zum Nationalsozialismus und beschuldigen Behörden und Staat, nicht *„entnazifiziert"* zu sein. Sie klagen, die Rechtsprechung würde sich weiterhin auf nationalsozialistische Rechtsvorschriften berufen. Oft wird mit Bezug auf die Staatsangehörigkeit argumentiert, die Bezeichnung bzw. die Angabe „deutsch" im Personalausweis stamme von Adolf Hitler. Dies mache angeblich alle Menschen zu „Reichsbürgern" des Dritten Reiches, wodurch alle Deutschen quasi „Reichsbürger" seien und deren Staatenlosigkeit dadurch bestätigt werden würde. Es kann nicht abschließend geklärt werden, ob den Verfassern bewusst ist, dass sie in ihren Argumentationen, narrativen Gegenerzählungen, Forderungen und Behauptungen an rechtsextremistische Vorstellungen und Ideologiefragmente anknüpfen. Trotz jeglicher Ablehnung der politischen Verordnung äußern einige „Reichsbürger" konkret ihre Widerstands- bzw. Protesthaltung. Man befände sich in einer gegenwärtigen Situation, welche die *„offensichtlichste Widerstandssituation"* sei, in *„der wir Deutschen uns jemals befunden haben"*, und deshalb sei *„das deutsche Volk zum Widerstand"* aufzurufen. Aus *„politischen Gründen"* wollen „Reichsbürger" daher weder kommunale Abgaben bezahlen noch Gesetze anerkennen.

6. „Vulgär-demokratisches" Demokratieverständnis und Populismus

„Reichsbürger" lehnen die Demokratie als Herrschaftsform nicht per se ab. So bekennt sich die Gruppe „Freistaat Preußen" zu einem freiheitlichen, demokratischen Rechtsstaat. Wie auch einige andere beruft sie sich dabei auf

---

[56] Vgl. zum „Freistaat Preußen" Hüllen/Homburg (Fn. 14), S. 48 ff., in diesem Band.

die Weimarer Verfassung, nach deren Verabschiedung das Deutsche Reich von einer konstitutionellen Monarchie erstmals zur einer parlamentarischen Demokratie wurde. Da jedoch keine weiteren konkreten Aussagen über ihr Demokratieverständnis gemacht werden, kann die These aufgestellt werden, dass „Reichsbürger" über ein sehr einfaches Verständnis von Demokratie verfügen. Dies ergibt sich aus Unzufriedenheit mit und Ablehnung der praktizierten Form der Demokratie in Deutschland.[57] Dies wurde bereits als „vulgär-demokratisches" Demokratieverständnis benannt.[58] So skandieren „Reichsbürger" mit Parolen wie *„alle Staatsgewalt, alle Macht geht vom Volke aus, das Volk ist der Souverän"* oder *„alle Staatsgewalt geht ausschließlich vom deutschen Volk aus"*. Darüber hinaus wurde die Forderung geäußert, eine Verfassung *„durch das deutsche Volk selbst nach isländischem Vorbild"* zu entwerfen.[59] Hier wird der Wunsch erkennbar, dass „Reichsbürger" unmittelbar befragt werden und mitbestimmen möchten. Dass sie bereits in einem demokratisch verfassten System leben, in welchem alle Macht vom Volk bereits ausgeht, scheinen sie nicht wahrhaben, verstehen oder akzeptieren zu wollen. „Reichsbürger", so scheint es, haben kein Gespür für die Komplexität von Politik und die aufwendigen wie auch zeitintensiven Vermittlungs- und Aushandlungsprozesse von Interessen. Auch scheinen sie nicht zu begreifen, dass ein politisches Individualinteresse nicht automatisch das Mehrheitsinteresse bestimmt, sondern eigene Interessen mit denen der anderen abgeglichen werden müssen, da dieses Verfahren konstituierend für die Meinungsbildung demokratisch-pluralistischer Gesellschaft ist. Dagegen setzen „Reichsbürger" ihre egozentrische Form von Deutung, Austausch und Selbstorganisation, womit sie lediglich ihre individuellen Betroffenheiten kultivieren und damit diametral gegen die Kollektivierung divergierender Interessen abzielen. Es war die belgische Politikwissenschaftlerin Chantal Mouffe, die betonte, dass postdemokratische Zustände und die nur noch graduellen inhaltlichen Differenzen der Volksparteien das Aufkommen (rechts)populistischer Bewegungen

---

[57] So der Dresdner Politologe Hans Vorländer, zitiert nach Garber, Patrick (2015): Pegida hat ein vulgär-demokratisches Verständnis von Politik, vgl. unter http://www. deutschlandradiokultur.de/dresdner-politologe-hans-vorlaender-pegida-hat-ein-vulgaer.990.de.html?dram:article_id=337501, Stand der Abfrage: 23.12.2017.

[58] Siehe dazu unter III. 2.

[59] Der Staat Island hatte den Versuch unternommen, eine Neufassung der isländischen Verfassung im Crowdsourcing-Verfahren zu erarbeiten. Der Prozess gilt inzwischen jedoch als gescheitert. Vgl. Steinbeis, Matthias (2012): Das Verfassungsreferendum in Island. Modell für mehr Bürgernähe in Europa?, unter http://www.deutschlandfunk.de/das-verfassungsreferendum-in-island.724.de.html?dram:article_id=225095, Stand der Abfrage: 23.12.2017.

fördern.[60] Im Zusammenhang mit dem Rückgang der Mitgliedschaften großer Parteien sowie der sinkenden Parteibindung und Wahlbeteiligung erfolgt eine Entfremdung insbesondere von Randgruppen von der politischen Klasse. Dass somit auch im „Reichsbürger"-Milieu populistische Äußerungen kursieren, zeigt u.a. die Aussage, *„deutche Interessen wurden verkauft[,] um kräftig Diäten zu kassieren"*. In solchen und zahlreichen ähnlich gelagerten Bekundungen kommt der grundsätzliche Politikverdruss zum Ausdruck und gleichzeitig wird vermieden, sich politisch einzuordnen.

7. Protest auf Basis internetbasierter und verschwörungsfantasie-orientierter Parallel- bzw. Gegenöffentlichkeiten

Das Internet und die sozialen Medien sind mitunter die wichtigsten Plattformen und Multiplikatoren für „Reichsbürger". Auffällig oft wurden als Beweise für die Behauptungen und Argumentationen fragwürdige Internetadressen[61] und YouTube-Kanäle als Quelle genannt. Einigen Schreiben wurden auch dubiose Zeitschriften- bzw. Magazinartikel,[62] historische Schriften oder anderweitige Dokumente bzw. Nachweise beigefügt, welche augenscheinlich ebenfalls überwiegend aus dem Internet stammten. Die Aneignung ihres Politikverständnisses erfolgt demnach offenbar durch die *„verworrenen Tiefen des Webs"*[63]. Die radikale Ablehnung des Staates und das absolute Misstrauen gegenüber seinen bestehenden Intuitionen *„geht mit der Bereitschaft einher, auch noch der ominösesten Information von obskuren Webseiten zu vertrauen"*[64]. Sie richten sich gegen die *„Systempresse"*, der man Lügen unterstellt und in einen großen Verschwörungszusammenhang stellt.[65] Dabei lassen sich Verschwörungsfantasien und historisch-fiktionale Gegen-

---

[60] Vgl. Mouffe, Chantal (2011): „Postdemokratie" und die zu zunehmende Entpolitisierung, in: Aus Politik und Zeitgeschichte, Heft 1-2/2011, S. 3 ff.

[61] Es werden z.B. Berichte und Beiträge vom Weblog „Der Honigmann sagt…" als Quelle angeführt. Der Blog beinhaltet rechtsextreme, fremdenfeindliche, antisemitische und verschwörungsideologische Themen aller Art. Betrieben wird der Blog von Ernst Köwig, vgl. unter https://derhonigmannsagt.wordpress.com/, Stand der Abfrage: 16.2.2017 (aktuell nicht mehr abrufbar).

[62] Bei einigen Briefen wurden Artikel aus dem rechtsesoterischen und verschwörungsideologischen Magazin2000plus beigelegt. Das Magazin und der dazugehörige Verlag wird von Ingrid Schlotterbeck betrieben, welche ehemals zur Kommissarischen Reichsregierung Wolfgang Ebels gehörte, vgl. unter http://www.magazin-2000plus.de/, Stand der Abfrage 16.2.2017 (aktuell nicht mehr abrufbar).

[63] Ullrich (Fn. 1), S. 25.

[64] Ullrich (Fn. 1), S. 25.

[65] Vgl. Ullrich (Fn. 1), S. 25.

erzählungen nicht einseitig als *„krankhafte Kopfgeburten einzelner Fanatiker begreifen"*[66]. Sie verweisen selbst in ihren paradoxesten und sonderlichsten Übersteigerungen immer zugleich auf Einstellungen, Meinungen und Erwartungshaltungen, die breiter im gesamtgesellschaftlichen Umfeld verankert sind.[67] Nur so erklärt sich die oftmals verblüffende Resonanz.[68] Im Zuge zahlreicher Protestformationen wurden vornehmlich das Misstrauen und die Ablehnung der deutschen Medienlandschaft und deren Berichterstattung deutlich. Besonders Parolen gegen die *„GEZ-Gebühren"* verdeutlichen dies. Auch „Reichsbürger" fordern den *„Schluss mit BRD-Abzocke Firlefanz wie GEZ"*, da eine *„totale Unterdrückung durch Lügen über alle Medien"* stattfinden würde. Es würde eine regelrechte *„Pressehetze gegen Reichsdeutsche"* vollzogen. Aus diesem Grund verweisen „Reichsbürger" fast ausschließlich auf Internetquellen, die ihre Einstellungen stützen, und nutzen die szene- bzw. milieuüblichen Publikationen. Dazu zählt insbesondere das selbstpublizierte Werk von Klaus Maurer „Die ‚BRD'-GmbH oder zur völkerrechtlichen Situation in Deutschland und den sich daraus ergebenden Chancen für ein neues Deutschland".

VI. Fazit

Es lässt sich grundsätzlich feststellen, dass sich Protestbewegte wie „Reichsbürger", wenn auch nicht in jedem Fall bewusst, in postdemokratischen Verhältnissen wähnen, sich als entrechtet betrachten und glauben, z.B. von einer „Firma" regiert zu werden. Diese subjektiv empfundene Verletzung von Rechten kann sowohl einen erheblichen Vertrauensverlust und Verdruss als auch Misstrauen gegenüber dem politischen System und seinen Repräsentanten erzeugen. Um ihrer Unzufriedenheit Ausdruck zu verleihen und sich dagegen zu wehren und eben nicht in die Rolle des *„passiven, schweigenden oder apathischen Bürgers"*[69] zu verfallen, greifen offenbar immer mehr Bürger zum Mittel des Protests. Zunehmende Postdemokratisierung schafft folglich Protestphänomene, die von bestimmten Milieus mehr oder weniger getragen werden. Das „Reichsbürger"-Milieu ist dabei nur ein – wenn auch skurriler und widersprüchlicher – Teil davon. „Reichsbürger" lassen sich dabei als Ausdruck eines (postdemokratischen) Protestphänomens insoweit verstehen, als

---

[66] Jaworski (Fn. 54), S. 43.
[67] Vgl. Jaworski (Fn. 54), S. 43.
[68] Vgl. Jaworski (Fn. 54), S. 43.
[69] Ritzi (Fn. 32), S. 20.

sie konkret das politische System in seiner Gesamtheit eindeutig ablehnen. Auch verkörpern sie ein fundamentales Misstrauen gegenüber sämtlichen politischen und staatlichen Institutionen, Parteien, Politikern und der Regierung sowie dem Staat an sich. Was sie im Einzelfall veranlasst hat, sich dieser Ideologie zuzuwenden, bzw. woraus sich ihre Motivation tatsächlich ergibt, ist nicht zweifelsfrei nachzuvollziehen. Jedoch kann die Vermutung angestellt werden, dass sie sich – neben rechtsextremistischen Tendenzen – aufgrund postdemokratischer Zustände als gefühlte oder tatsächliche Globalisierungs- und Modernisierungsverlierer vom politischen System abgewandt haben und tief in Verschwörungsfantasien eintauchen. Diese liefern ihnen die *„einzig logische"* Erklärung für alles. Wie bereits angedeutet, darf bezweifelt werden, dass „Reichsbürger" im Kontext der Postdemokratie argumentieren bzw. sich darauf beziehen. Jedoch können sie trotz allem als Protestphänomen abseits klassischer Klassifikationsmuster identifiziert werden.[70] Hervorzuheben ist allerdings, dass das „Reichsbürger"-Milieu samt seiner Akteure, Gruppen und Agitationen alles in allem ein höchst widersprüchliches Gesamtbild darstellt. „Reichsbürger" bilden ein Sammelsurium, das unvermittelte und nicht zusammenhängende sowie auch völlig widersprüchliche Positionen vertritt.[71] Sie lehnen den Staat und das politische System einerseits ab, andererseits nutzen sie seine staatlichen Leistungen. Darauf deuten zahlreiche dem Verfassungsschutz Brandenburg vorliegende Informationen zumindest hin. Sie identifizieren sich nicht als Staatsangehörige, fordern jedoch Mitbestimmung und direkte demokratische Teilhabe.

Aufgrund der vorangegangenen Ausarbeitungen wird hier folgendes Ergebnis festgehalten: Zum einen stellt das „Reichsbürger"-Milieu als Protestphänomen einen eigenständigen Phänomenbereich dar und ist nicht nur teilweise rechtsextremistisch motiviert, sondern wohl sogar eng mit dieser Szene verbunden. Zum anderen ist das „Reichsbürger"-Phänomen im dreifachen Sinne als postdemokratisch zu verstehen:[72]

– als diffuse Reaktion auf postdemokratische Verhältnisse im politischen System Deutschlands;
– als mehr oder weniger explizierte Kritik an diesen Verhältnissen;
– als Protesthabitus von Menschen, die vermutlich größtenteils sozial abgehängt sind bzw. sich subjektiv so fühlen, die sich politisch völlig entfremdet haben und die nicht in herkömmliche politische Milieus eingebunden sind.

---

[70] Vgl. Ullrich (Fn. 1), S. 22.
[71] Vgl. Ullrich (Fn. 1), S. 23.
[72] Vgl. Ullrich (Fn. 1), S. 25.

Teil 4

Vergleich der „Reichsbürger" mit den „souveränen Bürgern" in den USA

Trystan Stahl, Heiko Homburg

„Souveräne Bürger" in den USA und deutsche „Reichsbürger" – ein Vergleich hinsichtlich Ideologie und Gefahrenpotenzial

I. Einleitung

In den letzten Jahren kann in der Bundesrepublik Deutschland eine Zunahme von Aktivitäten im Zusammenhang mit „Reichsbürgern" und „Selbstverwaltern" festgestellt werden.[1] Während „Reichsbürger" häufig Bezüge zum Rechtsextremismus aufweisen,[2] gilt dies weniger für „Selbstverwalter". Beide Strömungen eint jedoch die Behauptung, die Bundesrepublik sei illegal. „Reichsbürger" orientieren sich in ihren wirren Vorstellungen an einer vermeintlichen Fortexistenz des „Deutschen Reiches" in Staatsgrenzen jenseits der Bundesrepublik und bilden fiktive „Exilregierungen". „Selbstverwalter" lehnen die Bundesrepublik ebenfalls ab, wobei sich ihre Wunschgebilde territorial kleinteiliger ausprägen und häufig nur Grundstücke umfassen.

Der Beitrag vergleicht diese Bestrebungen mit entsprechenden Erscheinungen in den Vereinigten Staaten von Amerika (USA) und stellt die Frage nach einem Zusammenhang. Hierbei werden Gemeinsamkeiten, aber auch Unterschiede herausgearbeitet. Das Ziel liegt in der Einschätzung möglicher Entwicklungen und damit verbundener Gefahrenpotenziale in der Bundesrepublik. Ein Vergleich von „Reichsbürgern" und „Selbstverwaltern" in der Bundesrepublik Deutschland mit „souveränen Bürgern" in den USA (englisch: sovereign citizens, die nachfolgend auch als „Selbstverwalter" bezeichnet werden) erfordert mehrere Ebenen. Die Szenen unterscheiden sich sowohl innerhalb der Länder selbst als auch zwischen den Ländern.

---

[1] Vgl. zur Einteilung der „Reichsbürger" in vier Gruppen Keil, Jan-Gerrit (2017): Zwischen Wahn und Rollenspiel – das Phänomen der „Reichsbürger" aus psychologischer Sicht, S. 54 (54 f.), in diesem Band.

[2] Vgl. zur Sicht des Verfassungsschutzes Brandenburg Hüllen, Michael/Homburg, Heiko (2017): „Reichsbürger" zwischen zielgerichtetem Rechtsextremismus, Gewalt und Staatsverdrossenheit, S. 15 (15 ff.), in diesem Band.

Zusammengefasst finden sich:

– Anhänger eines (zum Teil völkisch begründeten) Fortbestandes des Deut-
  schen Reiches (Deutschland);
– Anhänger historischer Einzelstaaten wie „Freistaat Preußen"
  (Deutschland);[3]
– Esoteriker mit guru-artiger Führungsfigur (Deutschland, USA);
– Vertreter zahlreicher Verschwörungsfantasien (Deutschland, USA);
– Steuergegner (Deutschland, USA);
– (zum Teil rassistisch und/oder antisemitisch motivierte) christliche Funda-
  mentalisten (USA);
– (zum Teil auf den Islam bezogene) ethnische Minderheiten (USA).

Vertreter dieser Gruppen stehen nicht strikt getrennt nebeneinander. Teilweise können sich Ausprägungen überlagern. Unterschiedliche Ideologien
und Handlungen können beim einzelnen „Selbstverwalter" und „Reichsbürger" zum Tragen kommen. Verbindender Faktor ist die Ablehnung staatlicher
Autorität und dagegengesetzte „Selbstverwaltung".

Im Ergebnis unterscheiden sich die USA und Deutschland in den Dimensionen der Straftaten. Während in den USA zahlreiche schwere Gewaltstraftaten bis hin zur Tötung von Polizisten auftreten und sich diese oft spontan
ereignen, ist ein solches Ausmaß an Gewalt in Deutschland noch nicht erreicht. Gleichwohl wurde in Georgensgmünd (Bayern)[4] im Oktober 2016
der Polizist Daniel E. getötet, womit sich die deutsche Szene derjenigen in
den USA deutlich angenähert hat. Ansonsten neigen deutsche „Reichsbürger" und „Selbstverwalter" zurzeit noch eher zu geplanten Aktivitäten, die
mit Ordnungswidrigkeiten, verbalen Drohungen und Freiheitsberaubungen
unter Anwendung körperlicher Gewalt einhergehen.

II. Historie

1. Historische Einordnung und Entwicklung in den USA

Die Geschichte der „souveränen Bürger" in den USA beruht zum Teil auf
ausdifferenzierten und komplexen Einzeltheorien, aber auch auf gemeinsamen Annahmen. So habe es einen Punkt in der amerikanischen Geschichte

---

[3] Vgl. zum „Freistaat Preußen" Hüllen/Homburg (Fn. 2), S. 48 ff., in diesem Band.
[4] Vgl. Hüllen/Homburg (Fn. 2), S. 15 f., in diesem Band; Keil (Fn. 1), S. 103 ff., in diesem
    Band.

gegeben, an welchem die Gründerväter einen Bruch mit einem anerkannten Gemeinschaftsrecht vollzogen hätten (englisch: common law). An dessen Stelle hätten die Gründerväter Verwaltungsrecht und internationales Handelsrecht gesetzt. Während es unter dem Gemeinschaftsrecht freie Männer gegeben habe, gelte heute das Recht eines geheimnisvollen Dritten im Hintergrund. Der Zeitpunkt dieser Abkehr wird in den Einzeltheorien unterschiedlich angesetzt. Häufig wird das Ende des amerikanischen Bürgerkrieges in Verbindung mit dem XIV. Zusatzartikel zur Verfassung der Vereinigten Staaten von Amerika vom 17.9.1787[5] herangezogen. Mit diesem Zusatzartikel wurde 1868 die Einbürgerung der früheren Sklaven ratifiziert. Auch das Ende des Goldstandards im Jahre 1933 als Reaktion auf die Weltwirtschaftskrise wird genannt.[6] Weitere Ansätze sind im Antisemitismus zu finden, wonach „Juden als lenkende Kraft im Hintergrund" wirkten, und in rassistischen Weltbildern, nach denen Afroamerikaner keine freien Bürger sein könnten. Die Ansichten einiger „Selbstverwalter" in den USA sind direkt verbunden mit Theorien einer internationalen Weltverschwörung, an der Regierungen und Banken beteiligt sein sollen.

Ihren Vorläufer finden „souveräne Bürger" in der Organisation „Posse Comitatus", benannt nach dem „posse comitatus act" aus dem Jahr 1878.[7] Dieses Bundesgesetz gilt als Abschluss der erneuten Eingliederung der Südstaaten nach dem amerikanischen Bürgerkrieg 1861 bis 1865 (englisch: reconstruction). Geregelt wird darin der Einsatz von Soldaten in den einzelnen Bundesstaaten.[8] Die Organisation „Posse Comitatus" war auf lokaler Ebene aktiv, d.h., Bundesbehörden der Vereinigten Staaten wurden nicht anerkannt. Vielmehr orientierten sich dessen Anhänger an den kleinsten Gebietskörperschaften der Vereinigten Staaten, den „counties", und betrachteten diese als autonome lokale Gemeinschaften. Deren höchste Autorität sei der direkt gewählte Sheriff. Gründer der „Posse Comitatus" war im Jahr 1969 Henry Lamont Beach, vormals Mitglied der „Silver Legion of America", einem Verbund von Sympathisanten des deutschen Nationalsozialismus, gegründet

---

[5] Vgl. unter http://usa.usembassy.de/etexts/gov/gov-constitutiond.pdf, Stand der Abfrage: 23.12.2017.

[6] Hier bildeten staatliche Goldreserven einen Gegenwert zum US-Dollar.

[7] Vgl. Bjelopera, Jerome P. (2013): The Domestic Terrorist Threat: Background and Issues for Congress, in: CRS Report for Congress, Washington, D.C./USA (Congressional Research Service), S. 27.

[8] Vgl. Harvey, James P. (2007): Not In Our Own Backyard: Posse Comitatus and the Challenge of Government Reorganization, in: The Counterproliferation Papers, Future Warfare Series No. 42, Maxwell Air Force Base, Montgomery/USA (USAF Counterproliferation Center), S. 13 ff.

unmittelbar nach der „Machtergreifung" im Jahr 1933.[9] „Posse Comitatus" wuchs bis 1990 stetig an, und es entwickelten sich Theorien und Vorgehensweisen, welche bis heute wesentliche Grundlagen der „souveränen Bürger" sind.[10] Dazu zählen die Ablehnung staatlicher Dokumente, insbesondere von Führerscheinen und Lizenzen, die Ablehnung von Steuern und die Nutzung von Fantasiedokumenten, aber auch die Belästigung von Behörden mit langen Eingaben per Post und Fax (englisch: paper terrorism).

Eingebettet war dieser Prozess in eine „christliche Identität". Dies ist ein weiter Begriff, der Antisemitismus und die „Vorherrschaft der weißen Rasse" mit religiösen Elementen der Gründungsgeschichte der USA verbindet. Erste Gewalt im Zusammenhang mit „souveränen Bürgern" gab es zu Beginn der 1980er-Jahre. 1983 wurde der erste Polizist ermordet.[11] 1995 wurde auf das „Murrah Federal Building" in Oklahoma City ein Terroranschlag verübt, bei dem 168 Menschen starben.[12] Der Haupttäter, Timothy McVeigh, fiel in den Jahren zuvor durch Techniken der „souveränen Bürger" auf und wird heute dieser Szene zugeordnet.[13]

Mit dem Ende des Kalten Krieges 1989/1990 gab es in den USA zunächst einen Fokus auf innenpolitische Fragen. Aus unterschiedlichen Motivationen heraus wuchsen in weiteren Schichten der Bevölkerung Ansichten, nach denen staatliche zentrale Autoritäten abgelehnt wurden. So wurde die „Posse Comitatus" zum Kern einer breiteren Bewegung (englisch: sovereign movement). Diese zersplitterte in den 1990er-Jahren in weit verzweigte Einzeltheorien, deren gemeinsamer Kern die Suche nach einer formellen Begründung der angeblich fehlenden Autorität des Staates blieb.

Darunter finden sich bis heute gemäßigte Steuergegner, christliche Fundamentalisten, afroamerikanische Gruppen und Verschwörungsfanatiker. Der Umgang des Staates mit den „souveränen Bürgern" vollzog sich in den USA über mehrere Etappen. Zwischen 2001 und 2008 gab es Versuche, insbesondere gemäßigte Vertreter aus der Anti-Steuer-Bewegung in offizielle

---

9 Vgl. Lobb, David (1999): Fascist Apocalypse: William Pelley and Millennial Extremism. Paper presented at the 4th Annual Conference of the Center for Millennial Studies, in: new world orders – millennialism in the western hemisphere, journal of millennial studies, Syracuse/USA, S. 5.

10 Vgl. „Origins" unter http://archive.adl.org/learn/ext_us/scm.html?xpicked=4&item=20, Stand der Abfrage: 23.12.2017.

11 Vgl. http://archive.adl.org/learn/ext_us/scm.html?xpicked=4&item=20, Stand der Abfrage: 23.12.2017.

12 Vgl. unter https://www.fbi.gov/history/famous-cases/oklahoma-city-bombing, Stand der Abfrage: 23.12.2017.

13 Vgl. „Introduction" unter http://archive.adl.org/learn/ext_us/scm.html?xpicked=4&item=20, Stand der Abfrage: 23.12.2017.

Entscheidungsprozesse einzubinden. In einer erneuten Hochphase der Bewegung 2009 bis 2012 wurde diese Strategie jedoch verworfen.[14] „Souveräne Bürger" ignorierten weiterhin den Staat als legitime Instanz. Ebenso erwiesen sich Geldstrafen als nicht effizient, da diese in keinem Verhältnis zum Aufwand standen. Einzig die Anpassung und konsequente Anwendung rechtlicher Normen zum Zwecke der Strafverfolgung erwiesen sich in den USA als ein in Teilen wirksames Instrument zur Eindämmung und Bekämpfung der Aktivitäten von „souveränen Bürgern".[15] Die US-Bundesstaaten gingen unterschiedlich mit der Nutzung frei erfundener Dokumente um. Teilweise war nur die Fälschung offizieller Papiere eine Straftat, nicht aber die Nachahmung staatlich aussehender Dokumente.[16] Die Grenze zwischen strafbarer Fälschung und Fantasiedokumenten war fließend. Durch die Anpassung rechtlicher Normen laufen bewährte Methoden von „Selbstverwaltern" in den USA heute zusehends ins Leere. Der gehäufte Einsatz körperlicher Gewalt gegen Polizisten, vor allem bei Verkehrskontrollen, war eine Reaktion darauf. Heute sprechen die Ideen der „souveränen Bürger" vor allem Personen in wirtschaftlich schwierigen Situationen an. Die Szene bietet scheinbar einfache und schnelle Lösungen. Andere Motivationen lagen und liegen in der Ablehnung von Steuerpflichten, Einschränkungen in der Fahrerlaubnis oder staatlich kontrollierter Kindererziehung. Manch einer wird „souveräner Bürger", weil er glaubt, sich hierdurch Strafverfolgungsmaßnahmen entziehen zu können. Eine solche Mischung unterschiedlicher Motivationen, Sichtweisen, Auslöser und Handlungen erschwert die Einordnung im Einzelfall.

2. Historische Einordnung und Entwicklung in Deutschland

In der Bundesrepublik ist die politische Vorstellungswelt vieler „Reichsbürger" verknüpft mit der revisionistischen Programmatik rechtsextremistischer Parteien der unmittelbaren Nachkriegszeit zur „Wiederherstellung des Deutschen Reiches".[17] Erste „Reichsbürger" formierten sich im Jahr 1980 um den Fahrdienstleiter bei der Deutschen Reichsbahn Wolfgang Ebel. Dieser behauptete bis kurz vor seinem Tod im Dezember 2014, er habe 1985 im

---

[14] Hier der Antritt der Präsidentschaft Barak Obamas am 20.1.2009.

[15] Vgl. MacNab, J. J. (2010): „Sovereign" Citizen Kane, in: Special Issue Intelligence Report: „Sovereign" Citizens, Montgomery/USA (Southern Poverty Law Center), S. 5.

[16] Vgl. Regional Organized Crime Information Center (2010): Sovereign Citizen Movement. Extremists Claim To Be „Beyond the Law", Nashville/USA, S. 12.

[17] Vgl. Ministerium des Innern des Landes Brandenburg (2013): Verfassungsschutzbericht Brandenburg 2012, Potsdam, S. 92.

Auftrag der Alliierten als „Generalbevollmächtigter" eine „Kommissarische Reichsregierung" gebildet und nehme die Funktionen des „Präsidenten des Deutschen Reiches", des „Reichskanzlers" und des „Gerichtspräsidenten am Reichsgericht" wahr. Von seiner Gruppierung spalteten sich andere „Reichsregierungen" ab. Weitere entstanden losgelöst davon.

Ein neueres Phänomen in der Bundesrepublik ist die „Selbstverwaltung". Hier wird versucht, meist losgelöst von rechtsextremistischen Bestrebungen, eigene Mini-„Staaten" zu gründen. Während „Reichsregierungen" zunächst eine vormals westdeutsche Erscheinung waren, finden sich „Selbstverwalter" heute vor allem in den ostdeutschen Bundesländern. „Selbstverwaltung" scheint hier vorwiegend ein Instrument zu sein, auf politische Unzufriedenheit zu reagieren und individuelle ökonomische Probleme zu lösen.

III. Argumentationsstränge

1. Argumentation in den USA

a) Verfassung und XIV. Zusatzartikel[18]

Mit der Ratifizierung des XIV. Zusatzartikels zur Verfassung der Vereinigten Staaten von Amerika wurde im Jahr 1868 die Grundlage für die Staatsbürgerschaft in den USA geschaffen.[19] „Souveräne Bürger" behaupten, diese Norm würde lediglich ex nunc („ab jetzt, von nun an") Wirkung entfalten und beinhalte keine Übergangsregelung. Daher sei offen, welcher Status vor Inkraftsetzung galt. Infolgedessen gehen „souveräne Bürger" davon aus, der Zusatzartikel regele lediglich den Status für Einwohner von Washington D.C. und den der Afroamerikaner, welche nach Abschaffung der Sklaverei die Staatsbürgerschaft der Vereinigten Staaten freiwillig angenommen hätten. Alle anderen Einwohner der Vereinigten Staaten hätten nie einen „Staatsbürgerschaftsvertrag" auf gegenseitiger und freiwilliger Basis mit den USA geschlossen, sondern seien unfreiwillig Bürger geworden. Daher könnten sie ihre Staatsbürgerschaft jederzeit kündigen. Dies geschehe konkret durch Rückgabe von Dokumenten wie Führerschein oder Ausweis. So erlange man

---

[18] Vgl. „Ideology" unter http://archive.adl.org/learn/ext_us/scm.html?xpicked=4&item=20, Stand der Abfrage: 23.12.2017.

[19] *„All persons born or naturalized in the United States, and subject to the jurisdiction thereof, are citizens of the United States and of the State wherein they reside"*, vgl. unter www.loc.gov/rr/program/bib/ourdocs/14thamendment.html, Stand der Abfrage: 23.12.2017.

einen souveränen Status, der auch die Loslösung von staatlicher Gerichtsbarkeit und Steuerpflichten umfasse. Verpflichtet seien solche „souveränen
Bürger" nur noch einem ungeschriebenen Gemeinschaftsrecht, welches auf
abendländisch-christlichen Kulturtraditionen beruhe (englisch: common
law).

b) Entscheidungen des obersten Gerichtshofes

Angehörige der Szene zitieren zur Rechtfertigung ihrer Ideologie und ihres
Handelns oftmals aus dem Zusammenhang gerissene Auszüge von Gerichtsentscheidungen.[20] In der Entscheidung „John Bad Elk/United States" aus
dem Jahr 1900 wurde der Angeklagte in der Revision vor dem obersten Gerichtshof der Vereinigten Staaten freigesprochen.[21] Er hatte sich mit Waffengewalt seiner Festnahme widersetzt und dabei einen Polizisten erschossen.
Es stellte sich heraus, dass die Festnahme rechtsstaatlich nicht begründet
werden konnte. In der Folge wurde John Bad Elk das Recht zugesprochen,
sich seiner Festnahme auch mit Waffengewalt zu widersetzen. In der Logik
eines „souveränen Bürgers" heißt das, wenn er seine Staatsbürgerschaft ge-
kündigt habe, hätte ein Polizist keine rechtsstaatliche Grundlage mehr, ihn
zu belangen. Geschehe dies doch, dürfe er den Polizisten sogar erschie-
ßen.[22] Seit dem Jahr 2000 wurden bei Verkehrskontrollen sechs Polizisten
von „souveränen Bürgern" erschossen.[23]

c) Verschwörungsfantasien

Ein anderer Strang in der Argumentation geht davon aus, die Vereinigten
Staaten seien mit dem Verlust des Goldstandards im Jahr 1933 zahlungsun-
fähig geworden. In der Folge seien diese Staatsschulden an internationale
Bankiers abgetreten und die Bürger als Pfand hinterlegt worden.[24] Hierfür
habe das Finanzministerium der Vereinigten Staaten für jeden Bürger angeblich geheime Konten eingerichtet, auf welchem Steuern und andere Abgaben
für die Gläubiger der Vereinigten Staaten gebucht würden. Geburtsurkunden

---

[20] Wichtig ist dabei die besondere Bedeutung, die frühere gleichartige Entscheidungen im
Rechtssystem der USA einnehmen (englisch: case law).

[21] Vgl. unter https://supreme.justia.com/cases/federal/us/177/529/case.html, Stand der Abfrage: 23.12.2017.

[22] Vgl. unter www.outpost-of-freedom.com/gl931221.htm, Stand der Abfrage: 23.12.2017.

[23] Vgl. unter https://leb.fbi.gov/2011/september/sovereign-citizens-a-growing-domestic-
threat-to-law-enforcement, Stand der Abfrage: 23.12.2017.

[24] Vgl. unter https://leb.fbi.gov/2011/september/sovereign-citizens-a-growing-domestic-
threat-to-law-enforcement, Stand der Abfrage: 23.12.2017.

und Ausweise zur Sozialversicherung seien dabei als eine für die Gläubiger hinterlegte Sicherheit dieses Pfandes zu verstehen. Mit der Kündigung der Staatsbürgerschaft und der damit verbundenen Erlangung der Souveränität würde dieses Gläubigerverhältnis aufgelöst, und die „illegal" abgeführten Steuern und sonstigen Leistungen müssten an den „souveränen Bürger" zurückerstattet werden. Unter Verweis auf den „Uniform Commercial Code" (UCC), einer zentralen Norm im Handelsrecht der Vereinigten Staaten, fordern „souveräne Bürger" dann bis zu 20 Millionen US-Dollar von der Bundessteuerbehörde.[25] Der UCC regelt u.a. die „stillschweigende Anerkennung". Dies ist eine auch im deutschen Handelsrecht bekannte Regelung: Ein Angebot, das nicht ausdrücklich abgelehnt wird, gilt unter Kaufleuten als angenommen.[26] Da sich „souveräne Bürger" nicht als Staatsbürger begreifen, nehmen sie an, zwischen ihnen und dem Staat würde Handelsrecht gelten. Reagiert die Steuerbehörde nicht auf Forderungen und Nachfragen von „souveränen Bürgern", zöge dies daher eine angebliche Anerkennung und eine Auszahlungspflicht nach sich.[27]

Hier wird deutlich, warum der Unterschied zwischen „Mensch" und „Person" für „souveräne Bürger" elementar ist. Mit der Person, welche mit ihrem Namen und der Steuernummer definiert sei, würde ein Objekt beschrieben, das als Pfand für die Schulden der Vereinigten Staaten eintrete. Person und Mensch seien identisch, solange sich der Mensch nicht für souverän erklärt. Um dem Ausdruck zu verleihen, wurden Formen kreiert, um mit der Unterschrift den Menschen von der Person abzugrenzen. „John, Familie der Smith" soll den Menschen durch die vom Staat unabhängige Familie definieren. Zusätze zum Namen und Symbole zum Copyright haben ähnliche Funktionen.[28]

---

[25] Vgl. MacNab (Fn. 15), S. 6. Alternativ seien die Forderungen auch in Gold- oder Silbermünzen auszuzahlen, vgl. Anti-Defamation-League (2012): The Lawless Ones. The Resurgence of the Sovereign Citizen Movement, New York/USA, S. 20. Vgl. zum UCC Caspar, Christa/ Neubauer, Reinhard (2017): Durchs wilde Absurdistan: Was zu tun ist, wenn „Reichsbürger" und öffentliche Verwaltung aufeinandertreffen, S. 119 (154 ff.), in diesem Band.

[26] Vgl. § 362 des Handelsgesetzbuches (HGB).

[27] „Souveräne Bürger" glauben, man könne die Staatsbürgerschaft kündigen und sich sodann selbst nach Gemeinschaftsrecht verwalten. Doch sie anerkennen die USA als Staat und versuchen, US-Normen (z.B. UCC) zu ihren Gunsten auszulegen. Das unterscheidet diese Bewegung teilweise von „Reichsbürgern" und „Selbstverwaltern" in Deutschland, die die Existenz der Bundesrepublik leugnen.

[28] Siehe u.a. „sovereign living soul", „no liability accepted", „under duress", „accepted for value", vgl. unter https://leb.fbi.gov/2011/september/sovereign-citizens-a-growing-domestic-threat-to-law-enforcement, Stand der Abfrage: 23.12.2017.

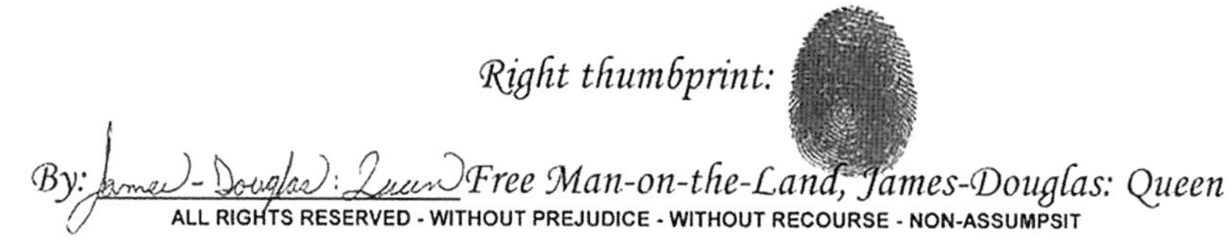

Right thumbprint:

By: James - Douglas : Queen Free Man-on-the-Land, James-Douglas: Queen

Abbildung 1: Szene-typische Unterschrift eines „souveränen Bürgers" aus den USA, Schreibweise des Namens mit Doppelpunkt, Zusatz zum Namen: „Free Man", Hinweise zum Copyright und ein Daumenabdruck in roter Tinte[29]

d) Religiös-kulturelle Einflüsse und Rassismus

Argumentationsmuster der „souveränen Bürger" sind eng mit antisemitischen und rassistischen Ansichten verflochten. Internationale Bankiers, welche als Gläubiger hinter der Regierung der Vereinigten Staaten stünden, seien Vertreter eines „jüdischen Kapitals".[30] Im Gegensatz zu weißen „souveränen Bürgern" gelte für Afroamerikaner kein Gemeinschaftsrecht, sondern nur das Recht der „illegalen" Vereinigten Staaten. Vor diesem Hintergrund kam es im Zusammenhang mit dem Beginn der Präsidentschaft Barak Obamas im Jahr 2009 zu einer Hochphase der Szene. Neben europäischstämmigen „souveränen Bürgern", die sich an christlichen Bezügen der amerikanischen Gründerzeit ausrichten, sind heute auch afroamerikanische Gruppen in der Szene tätig. Zu unterscheiden sind dabei zwei wesentliche Strömungen:[31]

– Zur ersten Strömung zählen die „Moorish Nation" und die „Nuwaubian Nation". Sie entstanden vor einem primär islamischen Hintergrund im Zusammenhang mit der schwarzen Bürgerrechtsbewegung. Jedoch sind auch andere Religionen bis hin zu okkulten „außerirdischen" Erlöserszenarien erkennbar. Für die Anhänger gilt das Oberhaupt ihres Glaubens als einzige Autorität.

– Die zweite Strömung ist das „Washitaw Empire". Deren Anhänger gehen davon aus, dass afrikanische Seefahrer lange vor der westlichen Zivilisation den amerikanischen Kontinent besiedelten und einzig die Legitimation zur Ausübung von Herrschaft auf dem Kontinent hätten. Ihr Ziel ist es, die europäischstämmigen „Kolonialisten" zu vertreiben und die „schwarze

---

[29] Vgl. unter www.jdqpublicnotice.com/wp-content/uploads/2011/04/declaration-of-sovereignty 0001-e1302365727261.jpg, Stand der Abfrage: 29.7.2015 (aktuell nicht mehr abrufbar).

[30] Vgl. unter www.splcenter.org/get-informed/intelligence-files/ideology/sovereign-citizens-movement, Stand der Abfrage: 23.12.2017.

[31] Vgl. Anti-Defamation-League (2012): The Lawless Ones. The Resurgence of the Sovereign Citizen Movement, New York/USA, S. 11 ff.

Nation" neu zu errichten. „Selbstverwaltung" ist in diesen Gruppen eher ein Baustein neben anderen, dafür aber in radikaler Ausprägung.

Solche Ansätze von „Selbstverwaltung" ethnischer Minderheiten sind in Deutschland nicht erkennbar. In der weiteren Auseinandersetzung werden sie daher nicht berücksichtigt, auch deshalb nicht, weil ihre Aktivitäten in den USA eine vergleichbar nachrangige Rolle spielen. Gleichwohl zeigt sich hier besonders deutlich, dass Konzepte zur „Selbstverwaltung" in den USA auf unterschiedlichsten Ansätzen beruhen.

2. Argumentation in Deutschland

a) Fortbestand des Deutschen Reiches

Wie in den USA suchen auch „Selbstverwalter" und „Reichsbürger" in der Bundesrepublik einschneidende historische Ereignisse als Anknüpfungspunkte für ihre Weltsicht. Insbesondere wird der Zusammenbruch des „Dritten Reiches" im Jahr 1945 mit angeblich ungeklärten Fragen zum Rechtsstatus der Bundesrepublik verknüpft.[32] Häufig berufen sich „Reichsbürger" und „Selbstverwalter" auf ein Urteil des Bundesverfassungsgerichts[33] vom 31.7.1973 und zitieren u.a. folgenden Satz: *Das Deutsche Reich existiert fort [...], besitzt nach wie vor Rechtsfähigkeit, ist allerdings als Gesamtstaat mangels Organisation, insbesondere mangels institutionalisierter Organe selbst nicht handlungsfähig.* " Dadurch sehen sich „Reichsbürger" angespornt, Organe des Deutschen Reiches „neu zu schaffen".

Beispiele dafür sind verschiedene „Exilregierungen" oder „Kommissarische Reichsregierungen".[34] Manche davon entstehen, weil innerhalb einer „Reichsregierung" eine Gruppe gegen eine andere „putscht". Jedoch eint alle „Reichsbürger" der Glaube an die angeblich fehlende Legitimität der Bundesrepublik. Sie sei nur „Treuhänderin" des Deutschen Reiches bis zu dessen

---

[32] Vgl. zu den „Argumenten" der „Reichsbürger" Caspar/Neubauer (Fn. 25), S. 128 ff., in diesem Band; Caspar, Christa/Neubauer, Reinhard (2012): Durchs wilde Absurdistan – oder: Wie „Reichsbürger" den Fortbestand des Deutschen Reiches beweisen wollen, in: Landes- und Kommunalverwaltung (LKV), Heft 12/2012, S. 529 (532 f.).

[33] Bundesverfassungsgericht, Urteil vom 31.7.1973 – 2 BvF 1/73, BVerfGE 36, S. 1 (16 f.) = Neue Juristische Wochenschrift (NJW) 1973, S. 1539 ff.; vgl. Hüllen/Homburg (Fn. 2), S. 26 f., in diesem Band; Caspar/Neubauer (Fn. 25), S. 130 f., in diesem Band.

[34] Vgl. zu den „Kommissarischen Reichsregierungen" und „Exilregierungen" Hüllen/Homburg (Fn. 2), S. 33 ff. und S. 46 ff., in diesem Band.

wieder errichteter Handlungsfähigkeit, welche „Reichsregierungen" für sich bereits in Anspruch nehmen.

b) Status der „BRD GmbH"

Eine zweite Argumentation geht zwar von der Existenz der Bundesrepublik aus, sieht in ihr jedoch keinen Staat im völkerrechtlichen Sinne, sondern eine privatrechtliche „BRD GmbH".[35] Bestätigt fühlen sich die Anhänger dieser Linie durch die in Frankfurt am Main ansässige „Bundesrepublik Deutschland – Finanzagentur GmbH", welche die staatliche Kreditaufnahme der Bundesrepublik koordiniert.[36] Hier sind zu den USA vergleichbare Ansätze von Verschwörungsfantasien zu finden. So hat die „USA Incorporation 4/19/89" tatsächlich ähnliche Aufgaben in der Kreditwirtschaft der Vereinigten Staaten und wird von „souveränen Bürgern" gleichsam als Beleg vorgebracht, die Vereinigten Staaten seien kein Staat, sondern ein Unternehmen. Eine weitere Variante erkennt die auf Grundlage des „Zwei-plus-Vier-Vertrages" im Jahr 1991 erlangte endgültige Souveränität der Bundesrepublik nicht an. Angeblich hätten „Verfahrensfehler" vor dem Inkrafttreten des Vertrages zur Auflösung der Bundesrepublik geführt.[37] Den durch die angebliche Auflösung der Bundesrepublik hinterlassenen Freiraum wollen nun „Reichsregierungen" besetzen, damit Deutschland wieder seine legitime Handlungsfähigkeit erlange. Spätestens an dieser Stelle verwischen die Grenzen zwischen den einzelnen Theorien. Wahlweise und kombiniert wird sowohl von „Reichsbürgern" als auch von „Selbstverwaltern" mit einem Fortbestand des Deutschen Reiches argumentiert und auf einen privatrechtlichen Status von Mitarbeitern der „BRD GmbH" verwiesen. Ebenso werden umfangreiche „Austrittserklärungen" – zum Teil mit Kopien von Gerichtsurteilen und UN-Resolutionen – sowohl an deutsche Behörden als auch an Botschaften der vormaligen Besatzungsmächte versandt.[38]

---

[35] Vgl. zur „BRD GmbH" Hüllen/Homburg (Fn. 2), S. 29 f., in diesem Band; Caspar/Neubauer (Fn. 25), S. 149 ff., in diesem Band.

[36] Eintragung im Handelsregister des Amtsgerichts Frankfurt am Main unter HRB 51411, vgl. unter http://www.deutsche-finanzagentur.de/de/finanzagentur/ueber-uns/, Stand der Abfrage: 23.12.2017.

[37] Vgl. zur These vom Untergang der Bundesrepublik Caspar/Neubauer (Fn. 25), S. 134 ff., in diesem Band, sowie LKV 2012, S. 529 (533).

[38] Hier vor allem die Resolution der UN-Generalversammlung A/RES/56/83 vom 12.12.2001. In dieser wird die Staatenverantwortlichkeit in „gescheiterten Staaten" (englisch: failed states) geregelt, vgl. unter http://www.un.org/depts/german/gv-56/band1/ga56vol1-ann2.pdf, S. 530 ff., Stand der Abfrage: 23.12.2017.

IV. Vergleich der Szenen

1. Darstellung nach Merkmalen[39]

a) Ideologie

Merkmal	Vereinigte Staaten von Amerika	Bundesrepublik Deutschland
Weltbild und Verschwörungsfantasien	Die Regierung der Vereinigten Staaten habe seine Bürger nach einem Staatsbankrott als Pfand für seine Schulden hinterlegt, werde seitdem von (jüdischem) Fremdkapital gesteuert und habe damit seine Eigenschaft als Staat verloren. Als Ersatz gelte für die Vereinigten Staaten nun privates Recht, in welchem dem Einzelnen ein Status als Bürger nur „angeboten" würde. Dieses Angebot könne abgelehnt oder nachträglich gekündigt werden. US-Amerikaner seien zunächst Bürger ihrer Bundesstaaten und könnten ihren unfreiwilligen Status als Bürger des übergeordneten Staatenbundes „Vereinigte Staaten" jederzeit kündigen. Wesentlich in vielen Ansätzen der Szene in den USA ist ein fundamental-christliches Element.	„Reichsbürger": Das Deutsche Reich existiere nach dem Zusammenbruch 1945 fort, stünde jedoch noch immer unter alliierter Besatzung und müsse als „Reich" nur neu organisiert werden. Dagegen sei die Bundesrepublik wahlweise illegal, nur „Treuhänderin des Deutschen Reiches" oder lediglich eine privatrechtliche GmbH. „Selbstverwalter": Das Deutsche Reich sei 1945 ersatzlos untergegangen und/oder müsse nur reorganisiert werden. Ein rechtmäßiger deutscher Staat sei abwesend und die Bundesrepublik sei illegal. Durch die Abwesenheit eines Staates könne jeder Deutsche seine eigene „Selbstverwaltung" organisieren und/oder der „BRD GmbH" kündigen.
Bezüge zum Rechtsextremismus	Die Ursprünge der „souveränen Bürger" sind verflochten mit der Idee einer „jüdischen Weltverschwörung". Zentrale Argumentationen betrachten die afroamerikanische Bevölkerung zudem zwingend als einen Teil des abzulehnenden politischen Systems.	Insbesondere bei „Reichsbürgern" sind personelle und ideologische Bezüge zum Rechtsextremismus vorhanden. Dazu zählt insbesondere die Orientierung an einem „Großdeutschen Reich", wahlweise in den Grenzen des Kaiserreiches oder von 1937. Bei „Selbstverwaltern" sind diese Bezüge weniger bis gar nicht ausgeprägt.

---

[39] Unter Verwendung der Merkmale nach dem E-IOS-W-Schema nach Prof. Dr. Armin Pfahl-Traughber; ohne Betrachtung der Extremismusintensität.

Namenszusätze	Es wird eine abstrakte Trennung von „Mensch" und „Person" vorgenommen. Während die „Person" ein Bürger der Vereinigten Staaten und deren „Pfand" zur Tilgung der Staatsschulden sei, repräsentiere der „Mensch" den freien „souveränen Bürger". Diverse Zusätze bei Unterschriften sowie bestimmte Formen der Groß- und Kleinschreibung sollen diesen Unterschied betonen: „JOHN SMITH" wird als „Person" angesehen, während „John, Family of Smith" als Name des „Menschen" genutzt wird.[40]	Der in den Vereinigten Staaten verbreitete Versuch einer Trennung zwischen „Person" und „Mensch" findet sich in der Trennung zwischen „Personal" und „Bürger" wieder. Dafür wurden die Namenszusätze aus den USA zum Teil wortgenau ins Deutsche übersetzt: „Heinz, Familie der Müller". Auch eine Trennung zwischen Groß- und Kleinschreibung ist von zentraler Bedeutung. Mit Großbuchstaben seien einst nur Sklaven erfasst worden und heute das „Personal" der Bundesrepublik.[41]
Recht und Autorität	Nach dem Austritt aus der Staatsbürgerschaft der Vereinigten Staaten gelte ein überliefertes, ungeschriebenes Gemeinschaftsrecht, welches auf abendländisch-christlichen Kulturtraditionen beruhe und vom „freien Mann" ausgehe (englisch: common law). Dieser treibe mit seinem selbst Erwirtschafteten Handel und sei gegenüber niemandem abgabepflichtig. Teilweise werden jedoch lokal anerkannte Persönlichkeiten als Autoritäten anerkannt. Dazu zählen vor allem direkt gewählte Sheriffs. Die Szene prägt sich regional aus und bildet eher flache Hierarchien.	Anders als in den USA beziehen sich „Reichsbürger" und „Selbstverwalter" in der Bundesrepublik stets auf geschriebenes Recht. Soweit vom Fortbestand des Deutschen Reiches ausgegangen wird, sind dies wahlweise die Verfassungen von 1919 oder 1871. Manche „Reichsregierungen" beschließen darauf aufbauend „Verfassungsänderungen" und Gesetze. „Reichsregierungen" sind hierarchisch strukturiert und vertreten einen überregionalen Anspruch.

---

[40] Hier wird bei „souveränen Bürgern" auch vom „flesh-and-blood-name" gesprochen; siehe dazu z.B. die Abbildung 1.
[41] Vgl. ab Minute 20:05 unter www.youtube.com/watch?v=ep9n0ryj0no, Stand der Abfrage: 10.11.2014 (aktuell nicht mehr abrufbar).

b) Organisation

Merkmal	Vereinigte Staaten von Amerika	Bundesrepublik Deutschland
Potenzial an Personen	Das „Southern Poverty Law Center" schätzt den harten Kern der „souveränen Bürger" auf rund 100.000 Personen. Etwa weitere 200.000 Personen sollen gegenüber Behörden Techniken dieser Szene getestet haben, welche in landesweiten Seminaren vermittelt wurden.[42] Die Zahl offener Gegner staatlicher Steuererhebung beträgt 500.000. Die Bundessteuerbehörde der Vereinigten Staaten (IRS) erhält jährlich bis zu 30.000 Verweigerungen zur Steuererklärung und rund 100.000 Protestbriefe von Steuergegnern.[43]	Es liegen nur Schätzungen des Verfassungsschutzes für das Land Brandenburg vor. Danach werden, mit steigender Tendenz, über 160 Personen dem Spektrum der „Reichsbürger" und „Selbstverwalter" zugeordnet.
„Ersatzregierungen"	Die Ausrufung nationaler bzw. regionaler „Ersatzregierungen" ist in den USA die Ausnahme.[44] Der Anspruch, sich selbst zu verwalten, erstreckt sich primär auf lokale Ebenen, wo kleine Gruppen mit flachen Hierarchien gebildet werden. Die Gruppen sind zum Informationsaustausch überregional nur lose verbunden (englisch: leaderless resistance).	„Reichsregierungen" sind hierarchisch strukturiert, streben nach landesweiter Vernetzung und vertreten einen überregionalen Anspruch. Dieser Anspruch umfasst Gebiete in- und außerhalb der Bundesrepublik, zum Teil in den Grenzen des Deutschen Reiches (Revisionismus). „Selbstverwalter" verfolgen eher lokale Ansprüche.
Äußeres #Erscheinen	Es finden sich Aufkleber an Kfz-Kennzeichen oder an Eingängen von Privatgrundstücken.[45]	Wiederholt wird an Kfz-Kennzeichen das Emblem der Europäischen Union mit den „Reichsfarben" überklebt. An Grundstücken finden sich Hinweise, unrechtmäßiges Betreten werde wegen Verstoßes gegen die Menschenrechte vor internationalen Gerichten verfolgt und führe zu privaten Schadensersatzforderungen.

[42] Vgl. unter www.splcenter.org/get-informed/intelligence-files/ideology/sovereign-citizens-movement, Stand der Abfrage: 10.4.2017. Die Aussagekraft solcher Zahlen ist begrenzt, da es die fehlende organisatorische Struktur an einem formellen Beitritt fehlen lässt. Teilnehmerzahlen von Seminaren und die Erfassung von Schreiben an Behörden bilden hier eine Grundlage.

[43] Vgl. MacNab (Fn. 15), S. 5.

[44] Eine Ausnahme bildet die „Republic for the United States of America". Im Jahr 2010 erklärten sich Vertreter dieser Gruppe zur ersten legitimen US-Regierung seit 1868, vgl. unter www.youtube.com/watch?v=7Jd9PCBfNd8, Stand der Abfrage: 23.12.2017.

[45] Siehe u.a. „do not stop", „I'm a sovereign", „do not detain".

Zersplitterung	Es existieren mit der „Moorish Nation" und dem „Washitaw Empire" auch afroamerikanische, teilweise islamisch orientierte Ansätze innerhalb der Szene in den USA. Hinzu kommen christliche und/oder rassistisch motivierte Gruppen, gemäßigte Steuergegner und diverse Verschwörungsfanatiker. Ein „souveräner Bürger" zu sein, ist heute ein Baustein für unterschiedliche Ideologien.	„Selbstverwaltungen" ethnischer Minderheiten sind in der Bundesrepublik ebenso unbekannt wie eine Ausrichtung an ungeschriebenen Gesetzen einer abendländisch-christlichen Kultur. „Reichsbürger" sind in erster Linie revisionistisch, zum Teil extremistisch ausgerichtet und konkurrieren untereinander. „Selbstverwalter" bündeln vordergründig politisch Unzufriedene und Personen in finanziell schwieriger Lage. Die Klientel von „Reichsregierungen" und „Selbstverwaltern" geht fließend ineinander über.
Bürgerwehren	Organisierte und bewaffnete Gruppen sind regional und national in den USA tätig: „U.S. Constitution Rangers", „Civil Rights Task Force", „Special United States Marshals", „Sovereign Citizen World Guard", „Sovereign Cop Watch".	Ein aktiv-kämpferisches Auftreten bildet in der Bundesrepublik die Ausnahme. Zu erwähnen ist aber das „Deutsche Polizei Hilfswerk" (DPHW), eine zum Teil bewaffnete mit militärischen Rängen strukturierte Gruppe, die bis 2013 mit „Festnahmen" und Gewalt gegen Vollstreckungsbeamte auffiel.[46]
Fiktive Gerichtsbarkeit	Selbst ernannte Richter verurteilen Personen wegen der Verletzung des Gemeinschaftsrechts.[47] Es werden „Haftbefehle" erlassen und „Kopfgelder" ausgesetzt. Diese Urteile werden zum Teil lokal anerkannten Sheriffs mit der Aufforderung zur Vollstreckung vorgelegt.[48]	Insbesondere „Reichsregierungen" bilden fiktive „Reichsgerichte" und versenden Urteile an Behörden und an die Privatanschriften ihrer Mitarbeiter, darunter auch „Todesurteile".[49]

[46] Vgl. Rathje, Jan (2014): „Wir sind wieder da". Die „Reichsbürger": Überzeugungen, Gefahren und Handlungsstrategien, Berlin (Amadeu Antonio Stiftung), S. 22 f. Vgl. zur Aktivität des DPHW in Brandenburg sowie zu Uniform und Dienstausweis des DPHW die Abbildungen 7 und 8 bei Wilking, Dirk (2017): Die Anschlussfähigkeit der „Reichsbürger" im ländlichen Raum aus der Sicht des Mobilen Beratungsteams im Brandenburgischen Institut für Gemeinwesenberatung, S. 221 (237 f.), in diesem Band.

[47] „Souveräne Bürger" sprechen hier von „common law courts".

[48] Ein Sheriff nimmt als lokaler Polizeichef eine zentrale Rolle im Rechtssystem der USA ein und wird von den Bürgern des Counties in den meisten Bundesstaaten der USA direkt gewählt.

[49] Vgl. Ministerium des Innern des Landes Brandenburg (Fn. 17), S. 90.

c) Strategie

Merkmal	Vereinigte Staaten von Amerika	Bundesrepublik Deutschland
Schriftverkehr	In bis zu 300 Seiten langen Schreiben werden die Verfassung, Urteile des obersten Gerichtshofes und Normen aus dem Handelsrecht zitiert.[50] Teil dieser Schreiben ist die Aufforderung an Behörden, die „legitime Autorität" zu benennen, in dessen Auftrag der Behördenmitarbeiter handelt. Es kommt zu Klagen gegen Behörden und ihre Bediensteten wegen vermeintlich fehlender Zuständigkeit. Im Schriftverkehr fallen Namenszusätze auf, welche die Souveränität verdeutlichen sollen.	Zwar ist der englische Begriff „paper terrorism" in der Bundesrepublik nicht geläufig, die Methode aber durchaus bekannt. Umfangreich werden nationale und internationale Normen und Gerichtsurteile zitiert. Reagieren Behörden nicht, wird unterstellt, die „Selbstverwaltung" bzw. der Austritt aus der Staatsbürgerschaft sei vollzogen worden. Ebenso werden Behörden aufgefordert, „legitime Autoritäten" zu benennen. Im Schriftverkehr fallen Namenszusätze auf, welche die Souveränität verdeutlichen sollen.[51]
Erklärung des „Austritts"	An staatliche Stellen wird eine Erklärung versandt, von nun an „souverän" zu sein. Diese Erklärung enthält Zitate u.a. aus dem Handelsrecht und der Verfassung der Vereinigten Staaten. Auf diese Weise will sich der „souveräne Bürger" als „freier Mann" vor der Steuerpflicht und anderen staatlichen Zugriffen schützen. Zusätzlich werden Ausweise und andere Dokumente an Behörden zurückgesandt.	Überwiegend wird vor Behörden eine wortidentische „Proklamation der natürlichen Person nach § 1 BGB" erklärt. Danach, so der Glaube der Erklärenden, sei man nicht mehr Bürger der Bundesrepublik. Andere berufen sich bei ihrem „Austritt" aus der Staatsbürgerschaft zusätzlich oder ausschließlich auf weitere bundesdeutsche Gesetze und auf internationales Recht (Hager Landkriegsordnung, UN-Charta und UN-Resolutionen).

---

[50] Hier hat sich in der Auseinandersetzung mit „souveränen Bürgern" der Begriff „paper terrorism" etabliert.

[51] Vgl. zur „Reichsbürger"-Rhetorik Keil (Fn. 1), S. 64 ff., in diesem Band.

Eigene Dokumente	Umfangreich stellen sich „souveräne Bürger" eigene Ausweise zum Personenstatus und Papiere zur wirtschaftlichen Betätigung aus. Diese sind teilweise professionell aufgemacht, orientieren sich an Vorlagen staatlicher Stellen und sollen Schutz vor staatlichen Eingriffen bieten.	In der Erstellung und Verwendung selbst erstellter Papiere ist zwischen den USA und der Bundesrepublik kein wesentlicher Unterscheid erkennbar. Es handelt sich hier um Fantasiedokumente; da aber der Anspruch erhoben wird, diese „Ausweise" seien vom Völkerrechtssubjekt Deutschland ausgestellt worden, ist der Übergang von straffreier Fantasie zu strafbarer Fälschung fließend.[52]
Verbreitung der Thesen	Neben landesweiten Seminaren werden Filme im Internet verbreitet und Bücher angeboten. Vereinzelt haben sich regionale Zeitungen und Radiostationen etabliert. Auffällig ist die Weiterverbreitung in Gefängnissen (englisch: prison influence). Gefängnisbüchereien bieten die erforderliche Literatur und inhaftierte „souveräne Bürger" erzeugen Neugier bei Mitgefangenen. Gefängnisse werden zur Rekrutierung neuer Anhänger genutzt.	Es kommt zu „Kabinett-Sitzungen" von „Reichsregierungen", zu Seminaren und der Verbreitung von Thesen insbesondere über das Internet. Ebenso findet sich einschlägige rechtsextremistische Literatur zur „Reichsideologie". Daneben scheint das persönliche Umfeld eine zentrale Rolle einzunehmen.

[52] Vgl. Oberlandesgericht Stuttgart, Beschluss vom 25.4.2006 – 4 WS 98/06, juris, 2. Leitsatz: Nach § 132 Alt. 2 des Strafgesetzbuches (StGB) macht sich nicht schuldig, wer im Namen des „Deutschen Reiches" Personalausweise oder Führerscheine herstellt, die in keiner Weise den Anschein amtlicher Dokumente erwecken. In diesem Beschluss wurde die Ausstellung eines „Reichsausweises" nicht als Amtsanmaßung gewertet. Allerdings wurde die Verwendung solcher Ausweise im Geschäftsverkehr vom Oberlandesgericht Celle, Beschluss vom 19.10.2007 – 32 Ss 90/07, juris, als Urkundenfälschung im Sinne des § 267 StGB gewertet. Entscheidend für eine rechtliche Würdigung ist die grafische und inhaltliche Gestaltung von „Reichsausweisen" im konkreten Einzelfall. Hat diese Gestaltung Beweischarakter für den Rechtsverkehr, dann ist von Urkundenfälschung im Sinne des § 267 StGB auszugehen. Welche Merkmale diesen Beweischarakter erfüllen, ist in der Rechtsprechung nicht gefestigt.

| Wirtschaftliches Verhalten | In Teilen wird versucht, ein eigenes Wirtschaftssystem aufzubauen, das Versicherungen und eigene Währungen umfasst. Der Übergang zur Wirtschaftskriminalität mit Geldwäsche und Steuerhinterziehung ist fließend. Geldquellen sind daneben der Verkauf von „Dokumenten" (Ausweise, Gutachten etc.) und einschlägiger Literatur sowie Einnahmen aus Seminargebühren. | Der Versuch der Etablierung eines eigenen Wirtschaftssystems erfolgte insbesondere durch das „Königreich Deutschland", eine Organisation in der Grauzone zwischen „Reichsbürgern" und „Selbstverwaltern".[53] Andere Geldquellen sind wie in den USA Seminargebühren und der Verkauf von „Dokumenten" und einschlägiger Literatur. |

d) Wirkung

Merkmal	Vereinigte Staaten von Amerika	Bundesrepublik Deutschland
Waffen und Gewalt	Seit dem Jahr 2000 wurden sechs Polizisten von „souveränen Bürgern" im Zusammenhang mit Verkehrskontrollen und dem Vorlegen falscher Führerscheine erschossen. Die größte Resonanz hatte in 2010 der Fall „Kane".[54] Gewalt gegen Vertreter des Staates findet in den USA eher spontan als Reaktion auf unmittelbare Konfrontationen statt. Seit dem Jahr 2012 werden zudem gezielte Angriffe erkennbar, da Kontrollen mit dem Ziel der Eskalation zuvor bewusst provoziert werden.	Waffen wurden bereits mehrfach eingesetzt und ein Polizist getötet. In Ansätzen ging das „Deutsche Polizei Hilfswerk" dazu über, staatliche Vertreter mittels körperlicher Gewalt festzusetzen, um die Ausübung ihrer Tätigkeit zu unterbinden. Ebenso sind im Zusammenhang mit dem „Deutschen Polizei Hilfswerk" Schusswaffen und Munition beschlagnahmt worden. Daneben kommt es durch „Reichsbürger" und „Selbstverwalter" zu Drohungen und tätlichen Übergriffen.
Reaktion in Verwaltungen	Kleinere Verfahren gegen „souveräne Bürger" werden von Behörden immer wieder eingestellt, weil der Aufwand zu hoch ist.	Vereinzelt waren und sind Behörden bemüht, die in Schriftwechseln von „Reichsbürgern" vertretenen Auffassungen zu widerlegen. Dieser Aufwand ist jedoch nach einem Urteil des Verwaltungsgerichts Frankfurt (Oder)[55] vom 12.7.2011 nicht notwendig.

[53] Diese Aktivitäten wurden von der Bundesanstalt für Finanzdienstleistungsaufsicht (BaFin) wiederholt untersagt, zuletzt am 27.11.2014, vgl. unter http://www.bafin.de/SharedDocs/ Veroeffentlichungen/DE/Verbrauchermitteilung/unerlaubte/2014/vm_141127_fitzek_ michaelis_schulz.html, Stand der Abfrage: 23.12.2017.

[54] Vgl. unter www.splcenter.org/get-informed/intelligence-report/browse-all-issues/2010/ fall/sovereign-citizen-kane, Stand der Abfrage: 23.12.2017.

[55] Vgl. Verwaltungsgericht Frankfurt (Oder), Urteil vom 12.7.2011 – 7 K 626/10, juris, Leitsatz: Klagen sog. „Reichsbürger", die die Legitimität der Rechtsordnung der Bundesrepublik Deutschland bestreiten, sind unzulässig; ihnen fehlt wegen der offenkundigen Missbräuchlichkeit des zur Verbreitung ihrer Ideologie instrumentalisierten Verfahrens das allgemeine Rechtsschutzbedürfnis.

Reaktion bei Gerichten	Aufgrund der gesetzlichen Vorgaben zur Prüfung und Aufbewahrung aller eingereichten Schriften in gerichtlichen Verfahren mussten in der Vergangenheit auch die abstrusesten, zum Teil hunderte Seiten füllenden Eingaben formell geprüft werden. Die Abweisung solcher Anträge wurde durch eine Anpassung der Normen deutlich vereinfacht.	Unter Verweis auf das Urteil des Verwaltungsgerichts Frankfurt (Oder)[56] vom 12.7.2011 lässt sich der Aufwand auch in der Bundesrepublik künftig knapper halten.

2. Folgerungen aus dem Vergleich

Zahlreiche Stilmittel von „Selbstverwaltern" und „Reichsbürgern" in der Bundesrepublik sind in den USA zu finden, umgekehrt gilt dies nicht immer. Jene Vorgehensweisen, die in der Bundesrepublik bereits feststellbar sind, haben in den USA aber eine signifikant stärkere Ausprägung. Hinzu kommt eine um zehn bis fünfzehn Jahre frühere Entstehung der Szene in den USA. Dies legt nahe, dass die methodischen Grundlagen beider Länder in den Vereinigten Staaten zu suchen sind und die in der Bundesrepublik noch nicht erkennbaren Methoden zeitversetzt auftauchen könnten.

Zwar hat die Entstehung von „Reichsbürgern" und „Selbstverwaltern" in der Bundesrepublik spezifische Ursachen in der deutschen Geschichte des 20. Jahrhunderts. „Reichsbürger" haben aber wesentliche Argumentationsmuster und Stilmittel aus der Szene der „souveränen Bürger" in den USA übernommen. Noch mehr trifft das für deutsche „Selbstverwalter" zu. Beispielhaft sei hier verwiesen auf die zum Teil wortgenaue Übersetzung von Namenszusätzen („natürlich beseelter Mensch" und „sovereign living soul"), den Ansatz, der Staat sei ein Handelsunternehmen („BRD GmbH" und „USA Incorporation"), bis hin zu Details, dass die von „Selbstverwaltern" erhobenen finanziellen Forderungen auch in Gold- oder Silbermünzen ausgezahlt werden könnten.

Zu berücksichtigen ist der politisch-kulturell unterschiedliche Rahmen, der beide Länder insbesondere mit Blick auf die Freiheit der individuellen Lebensführung unterscheidet. Dass der Staat mit Regeln und Normen die Lebensbereiche des Einzelnen durchdringt, ist – über nahezu alle politischen Strömungen hinweg – in den USA geringer ausgeprägt als in der Bundesrepublik. Somit bieten die Vereinigten Staaten mehr Anknüpfungspunkte für

---

[56] Vgl. Verwaltungsgericht Frankfurt (Oder), Urteil vom 12.7.2011 – 7 K 626/10, juris.

„Selbstverwaltung". Daraus resultiert möglicherweise das enorme Personenpotenzial, welches in den Vereinigten Staaten der Bewegung der „souveränen
Bürger" zugerechnet wird.

V. Konkrete Verbindungen in die USA

In der tabellarischen Darstellung sind zunächst Merkmale erfasst, welche
vergleichbares Vorgehen und Instrumente in Deutschland und den USA auf-
zeigen. Weniger Schnittpunkte ergeben sich bislang im direkten personellen
Austausch über die Ländergrenzen hinweg. In einigen Forenbeiträgen finden
sich Einträge von als „Reichsbürger" erkennbaren Personen, die Bezug nehmen, auf in den USA einschlägig bekannte Autoren wie Winston Shrout und
Dean Clifford.[57] Auch finden sich hier Hinweise auf in den Vereinigten Staaten
populäre Szene-Werke wie „Cracking the Code".[58] In diesem Werk werden
Vorgehens- und Denkweisen beschrieben, welche auch in der Bundesrepublik Anwendung finden: Schreibweise und Deutung von Namen, Umgang mit
staatlichen Dokumenten, Fragen zum Handelsrecht, Erstellung von „Prokla-
mationen". Über die Vereinigten Staaten hinaus fanden sich in der Recherche
nach einschlägigen Begriffen vereinzelt auch Beiträge von „Selbstverwaltern"
in anderen englischsprachigen Ländern (z.B. in Kanada, Australien und dem
Vereinigten Königreich).

VI. Erste Einschätzungen

1. Ideologie

Ein wesentlicher Unterschied in der Argumentation lässt sich in den Rechts-
traditionen beider Länder feststellen:
   Im angelsächsischen Rechtssystem der Vereinigten Staaten gibt es primär
ein auf den Einzelfall bezogenes Recht (englisch: case law). Vergleichbare
Fälle in der Vergangenheit werden hierbei als rechtlicher Maßstab für Urteile
in der Gegenwart herangezogen. Umfangreiche Gesetzestexte wie in der
Bundesrepublik sind dem Rechtssystem der Vereinigten Staaten fremd. Verab-

---

[57] Vgl. unter www.aktion-kehrwoche.com/de/archives/3980, Stand der Abfrage: 10.11.2014
(aktuell nicht mehr abrufbar).
[58] Vgl. unter http://de.scribd.com/doc/47841573/Cracking-the-Code-Third-Edition, Stand
der Abfrage: 23.12.2017.

schieden sich „souveräne Bürger" aus dem am „case law" orientierten Rechtssystem, fallen sie zurück auf angeblich ungeschriebenes Gemeinschaftsrecht „common law".

In Kontinentaleuropa liegt die Rechtstradition dagegen anders. Jeder Fall wird für sich, neu und nur am Maßstab der gesetzlichen Norm entschieden (englisch: code law). In dieser Rechtstradition sozialisierte „Reichsbürger" brauchen für ihre Ideenwelt ein geschriebenes Recht (z.B. in Form einer Verfassung) als eine feste Orientierung.

Auch deshalb sind spontane Aktionen in der Bundesrepublik weniger wahrscheinlich als in den USA. Der „Reichsbürger" zitiert eher Normen, der „souveräne Bürger" handelt eher spontan nach selbst definiertem „Gemeinschaftsrecht". Dennoch ist eine Zunahme von strafbaren Handlungen von „Reichsbürgern" sowohl quantitativ als auch qualitativ für die Zukunft nicht auszuschließen. Allerdings werden „Reichsbürger" vermutlich bereits zuvor in anderer Form verbal aufgefallen sein. Dagegen kann ein „souveräner Bürger" erstmalig mit spontan begangenen Straftaten in Erscheinung treten.

Die Ideologie von „Selbstverwaltern" und „Reichsbürgern" ist auf Zersplitterung angelegt, denn sie ist anwendbar für beliebige Gruppen, die sich aus unterschiedlicher Motivation dem Geltungsbereich rechtsstaatlicher Normen zu entziehen versuchen. Somit ergibt sich eine Gefährdungseinschätzung der Szene sowohl aus der Einzelbetrachtung als auch aus der Summe aller Gruppen. Mit zunehmender Anhängerzahl steigt das Konfliktpotenzial nicht linear, sondern auch die Intensität nimmt zu, da der Rechtsstaat Grenzen aufzeigt, entsprechendes Verhalten sanktioniert und damit die „Frustgrenze" der Anhänger sinkt. Die Weltanschauung der „Selbstverwalter" und „Reichsbürger" erzwingt letztlich illegale Handlungen. Dazu zählen Steuerverweigerung, Ignoranz gegenüber behördlichen Bescheiden, Erstellung und Verwendung von Fantasiepapieren bis hin zur Fälschung, Betrugsdelikte, Androhung von (Gewalt-)Straftaten und schlimmstenfalls deren Ausübung, Bildung von Bürgerwehren und deren Bewaffnung. Die Folge sind zahlreiche Konflikte mit dem Rechtsstaat. Die Szene hat Ausstrahlungskraft auf psychisch Anfällige und Personen in finanziellen Zwangslagen. Solche Personen glauben, einen Ausweg für individuelle Probleme gefunden zu haben. Durch die Szene selbst herbeigeführte oder zumindest zusätzlich verstärkte Zwangslagen führen so jedoch zu einer weiteren Verschlimmerung der individuellen Situation. Wer sich noch ohne finanzielle Probleme der Szene anschließt und deren Verhaltensweisen konsequent übernimmt, ruiniert sich letztlich ebenso. Vertreter der Szene in beiden Ländern zeigen eine starke ideologische Durchdringung. Trotz des finanziellen und persönlichen Misserfolgs steigt die Anhängerzahl weiter.

2. Gefahrenpotenzial

Zurzeit ist von einem weiteren Anwachsen der Szene in Deutschland auszugehen. Da die Szene auf zahlreichen Motivationen zum Anschluss beruht, ergibt sich ein breites Personenpotenzial. Das Internet bündelt und verstärkt entsprechende Bestrebungen. Mit einer Zunahme der Aktivitäten werden sich gerichtliche Verfahren häufen und damit die Belastung der Behörden steigen. Die Fälle des im Jahr 2016 im bayerischen Georgensgmünd erschossenen Polizisten sowie des ebenfalls gegen Polizisten gerichteten Schusswaffengebrauchs von Adrian U. im sachsen-anhaltinischen Reuden zeigen, dass sich Akteure der deutschen „Reichsbürger"- und „Selbstverwalter"-Szene ebenso stark wie in den USA radikalisiert haben und vor schlimmsten Gewaltstraftaten nicht mehr zurückschrecken.[59] Mit dieser Gewaltbereitschaft muss auch zukünftig gerechnet werden. Die zahlreichen Waffenbeschlagnahmungen unterstreichen diese Gefahrenprognose.

Das Konfliktpotenzial der Szene betrifft teilweise unzureichend geregelte Grauzonen des Rechts. Um Fantasiedokumente, Ersatzwährungen, Bürgerwehren und „paper terrorism" konsequent verfolgen bzw. unterbinden zu können, werden rechtliche Normen in Zukunft konkretisiert werden müssen. In den USA erwiesen sich indes Verfügungen, Haft- und Geldstrafen nur teilweise als wirksame Instrumente. Das Denken von „Selbstverwaltern" und „Reichsbürgern" verfestigt sich zunehmend zu einer Ideologie und diese lässt sich mit Geldstrafen nicht wirksam bekämpfen. In den USA konnten allerdings lokal anerkannte Autoritäten (z.B. ein direkt gewählter Sheriff) eine Vermittlerrolle einnehmen. Dies wird sich mangels vergleichbarer Autoritäten in Deutschland nur bedingt umsetzen lassen. Ein solcher Ansatz zeigt aber, dass die Einbindung des lokalen Umfeldes von „Reichsbürgern" und „Selbstverwaltern" eine zentrale Bedeutung hat. Nur in einem gemeinsamen Wirken aus staatlicher Ahndung und zivilem Engagement vor Ort wird der Rechtsstaat einer Erosion seiner Geltungskraft Einhalt gebieten.

---

[59] Vgl. zu den Fällen „Reuden" und „Georgensgmünd" Hüllen/Homburg (Fn. 2), S. 15 f., in diesem Band; Keil (Fn. 1), S. 103 ff., in diesem Band.

Verzeichnis der Autoren und Herausgeber

Caspar, Christa
Diplom-Politkwissenschaftlerin, Heilpraktikerin für Psychotherapie, Coach, Berlin

Homburg, Heiko
Soziologe und Politikwissenschaftler (M. A.), Referatsleiter im Ministerium des Innern und für Kommunales des Landes Brandenburg, Abteilung Verfassungsschutz, Referat „Prävention, Öffentlichkeitsarbeit, Verfassungsschutz durch Aufklärung", Potsdam

Hüllen, Michael
Diplom-Politikwissenschaftler, Stellvertretender Referatsleiter im Ministerium des Innern und für Kommunales des Landes Brandenburg, Abteilung Verfassungsschutz, Referat „Prävention, Öffentlichkeitsarbeit, Verfassungsschutz durch Aufklärung", Potsdam

Keil, Jan-Gerrit
Diplom-Psychologe, Kriminalpsychologe beim Polizeipräsidium des Landes Brandenburg im Landeskriminalamt, Abteilung Staatsschutz, Eberswalde

Krüger, Yasemin Désirée
Kulturwissenschaftlerin (B.A), Politikwissenschaftlerin (M.A.)

Neubauer, Reinhard
Assessor, Justitiar des Landkreises Potsdam-Mittelmark, Bad Belzig

Stahl, Trystan
Politikwissenschaftler (B.A.)

Wilking, Dirk
Ethnologe und Germanist (M. A.), „Demos – Brandenburgisches Institut für Gemeinwesenberatung", Potsdam